Schmidt, Müller

Leistungsorientierte Bezahlung

Modernisierung des öffentlichen Sektors **Sonderband 42**

Gedruckt mit freundlicher Unterstützung der Hans-Böckler-Stiftung.

Werner Schmidt
Andrea Müller

Leistungsorientierte Bezahlung in den Kommunen

Befunde einer bundesweiten Untersuchung

Die ‚gelbe Reihe' »Modernisierung des öffentlichen Sektors« im Internet:
www.gelbereihe.de

Bibliografische Information der Deutschen Nationalbibliothek

Die Deutsche Nationalbibliothek verzeichnet diese Publikation in der Deutschen Nationalbibliografie; detaillierte bibliografische Daten sind im Internet über http://dnb.d-nb.de abrufbar.

ISBN 978-3-8360-7292-2
ISSN 0948-2555

Druck: Rosch-Buch, Scheßlitz Printed in Germany

Inhalt

Vorbemerkung

Empirische Untersuchungen auf dem Terrain der Arbeitsbeziehungen müssen stets damit rechnen, dass ihre Befunde nicht nur wissenschaftlich begründet Widerspruch oder Zustimmung erfahren, sondern auch damit, dass Erkenntnisse interessenbedingt abgelehnt, ignoriert oder lediglich selektiv wahrgenommen werden. Beim Gegenstand unserer Studie, dem zwischen den Tarifparteien der Kommunen heftig umstrittenen Leistungsentgelt, war dies in besonderem Maße zu erwarten. Obgleich sozialwissenschaftliche Studien Interessendivergenzen nicht aufheben können, bieten empirisch begründete Erkenntnisse den Parteien doch die Chance, ihre Orientierungen im eigenen Interesse sowie dem des öffentlichen Dienstes und der dort Beschäftigten zu überprüfen. Zumindest sollte die Chance bestehen, dem Disput um die leistungsorientierte Bezahlung jenseits von Heilsversprechen und Schreckensszenarien argumentativ ein wenig auf die Beine zu helfen.

Vor dem Hintergrund des tarifpolitischen Konflikts wissen wir die Unterstützung ganz besonders zu schätzen, die wir bei der Durchführung unseres Projektes erfahren durften. Unser Dank gilt allen Vertretern und Vertreterinnen der Kommunen sowie der Personalräte, allen Führungskräften und Beschäftigten, mit denen wir über ihre Erfahrungen sprechen konnten, sowie jenen, die einen unserer Fragebögen ausgefüllt haben. Besonders dankbar sind wir für die reichliche Unterstützung, die wir in Kommunen für die Beschäftigtenbefragungen erhielten. Dank schulden wir auch unseren studentischen Mitarbeiterinnen und Mitarbeitern, von denen *Marie-Christine Fregin* und *Andreas Bschaden* exemplarisch genannt seien, ohne deren Unterstützung wir die umfangreichen empirischen Erhebungen kaum hätten bewältigen können. Schließlich sei dem Projektbeirat, einem Gutachten der Herausgeber der „Gelben Reihe“ sowie dem Verleger für hilfreiche Anregungen und der Hans-Böckler-Stiftung für die finanzielle Förderung herzlich gedankt.

1. Einleitung

1.1 Umstrittener Wandel: Leistungsentgelt nach § 18 TVöD

Der deutsche öffentliche Sektor ist seit längerem Objekt und auch Akteur von Reorganisations- und Veränderungsprozessen. Das Bild war einerseits geprägt durch Privatisierungen von Bundesunternehmen und Ausgliederungen auf der kommunalen Ebene, die dazu dienen sollten, Effizienz via Marktexposition zu fördern und öffentliche Ausgaben zu reduzieren. Andererseits sollten Verwaltungsreformen und New Public Management dazu beitragen, auch im öffentlichen Dienst selbst höhere Effizienz und eine verbesserte Dienstleistungsqualität zu erbringen. Diese Veränderungen des öffentlichen Dienstes werden häufig unter dem Stichwort der „Ökonomisierung" verhandelt (Czerwick 2007; Richter 2009).

Obgleich im internationalen Vergleich der deutsche öffentliche Sektor einmal als Hort der Stabilität galt, wird inzwischen auch hier von einer fundamentalen Reorganisation gesprochen (Keller 2011: 2345). Ein deutlicher Rückgang der Beschäftigtenzahlen des öffentlichen Sektors lässt inzwischen gerade hierzulande die Rede von *„lean government"* und *„lean state"* angemessen erscheinen (Keller 2013). Allerdings zeigen sowohl die Beschäftigtenentwicklung (Vesper 2012) als auch Beobachtungen zu New Public Management (Bogumil et al. 2007a: Abb. 4) sowie erste Anzeichen von Rekommunalisierung, dass diese Entwicklung bereits vor der Finanzmarkt- und Wirtschaftskrise an Dynamik verlor. Eine als überfällig erachtete, grundlegende Reform der Tarifbestimmungen des öffentlichen Dienstes, die eine diskriminierungsfreie, heutigen Ansprüchen genügende Entgeltregulierung anstrebte, sollte neue Modernisierungsimpulse geben. Über die erforderlichen Modernisierungsschritte herrschte zwischen den Tarifparteien jedoch kein Einvernehmen und der Versuch verlief wenig glücklich. Die Verhandlungsprozesse führten zum einen zu einer Aufspaltung der bis dahin bestehenden Tarifgemeinschaft des öffentlichen Sektors in Bund und Kommunen einerseits und die Länder andererseits. Während für den Bund und die Kommunen 2005 der Tarifvertrag für den öffentlichen Dienst (TVöD) abgeschlossen wurde, folgten die Länder erst 2006 mit dem Tarifvertrag für den öffentlichen Dienst der Länder (TV-L). Zum anderen erbrachten die Tarifabschlüsse lediglich ausgesprochen lückenhafte Vertragswerke, da die Tarifparteien sich nicht auf neue Eingruppierungsbestimmungen einigen konnten (Schmidt et al. 2011a).[1] Unter anderem weil mit der „neuen Entgeltordnung"

1 Erst 2012 wurde für die Länder eine sogenannte „neue Entgeltordnung" vereinbart, die jedoch deutlich hinter der ursprünglich intendierten, grundlegenden Neu-

das eigentliche Herzstück der Tarifverträge fehlte, rückte die Einführung von *Leistungsentgelt* oder *leistungsorientierter Bezahlung* (LOB), die zunächst beide Tarifverträge vorsahen, in den Mittelpunkt der Aufmerksamkeit. Nicht zuletzt seitens der Vereinigung der kommunalen Arbeitgeberverbände (VKA) wurden mit der Einführung des Leistungsentgelts weitreichende Modernisierungshoffnungen verknüpft, während insbesondere die Gewerkschaft Ver.di angesichts der ausbleibenden Einigung auf eine neue Entgeltordnung (und im Vertrauen auf eine baldige Einigung gemachte Zugeständnisse) sowie der bereits erfolgten „Ökonomisierung" des öffentlichen Sektors eine ablehnende Haltung gegenüber leistungsorientierter Bezahlung einnahm.[2] Die Einführung des neuen Leistungsentgelts wurde deshalb – bereits bevor über dessen reale Auswirkungen Hinlängliches bekannt war – zu einem symbolisch aufgeladenen Streitfall, in dem in den Augen der Akteure immer auch darüber hinaus gehende Modernisierungsideen, Vorstellungen zur Zukunft des öffentlichen Dienstes und zu dessen Arbeitsbedingungen und Arbeitsbeziehungen mit ausgetragen wurden.

Diese Studie behandelt die Einführung und die Erfahrungen mit Leistungsentgelt in den Kommunen. Dort im Besonderen gilt *leistungsorientierte Bezahlung* den einen als dringend erforderlich, um endlich dem Leistungsgedanken zum Durchbruch zu verhelfen und die als nötig erachtete Modernisierung voranzutreiben. Andere hingegen halten sie für eine unnötige und ineffektive Fehlanpassung an die Privatwirtschaft, auf die im gesellschaftlichen Interesse einer an der Daseinsvorsorge orientierten Erbringung öffentlicher Dienstleistungen grundsätzlich verzichtet werden sollte. Von einem gesicherten oder sogar breit geteilten Erfahrungs- und Wissensbestand kann bei diesem Thema allerdings nicht die Rede sein. Dies gilt keineswegs nur für die deutsche Diskussion; auch die internationale Debatte darf noch nicht als abgeschlossen betrachtet werden. Zumindest partiell wird darüber hinaus die Effektivität von Leistungsentgelt nicht nur im und für den öffentlichen Dienst, sondern generell kontrovers diskutiert.

Auch in der Privatwirtschaft weiß man nicht immer so ganz genau, was Leistungskomponenten außerhalb von Produktion und Verkauf wirklich nützen. Im Falle der deutschen Kommunen tritt hinzu, dass in starkem Maße auch jenseits der schieren Funktionalität des Leistungsanreizes von Arbeitnehmer-, aber auch von Arbeitgeberseite grundsätzliche Fragen der

---

bestimmung zurückbleibt. Für den Bund und die Kommunen ist bis Sommer 2013 noch immer kein Abschluss einer Entgeltordnung erfolgt.

2 In den Ländern wurde 2009 die Tarifbestimmung zur leistungsorientierten Bezahlung bereits vor der Umsetzung in landesbezirkliche Tarifverträge, an deren Abschluss die praktische Einführung geknüpft war, wieder gestrichen. In den Ländern bestanden damit mit den Kommunen nicht vergleichbare Voraussetzungen.

Leistungsgerechtigkeit damit verknüpft werden. Nicht zuletzt spielen die Einführungsumstände selbst eine Rolle, denn die Einführung erfolgte zwar auf Grundlage einer tarifvertraglichen Regelung, doch offenbar nicht auf Basis eines nachhaltigen tarifpolitischen Konsenses. Umstritten ist leistungsorientierte Bezahlung in den deutschen Kommunen auch deshalb, weil bisher fixe Entgeltbestandteile im Zuge der Einführung individuell differenziert und variabel werden sollten, was vielen Arbeitnehmervertretungen und Gewerkschaftern missfiel, und zudem, weil auch auf Arbeitgeberseite nicht alle Kommunen Leistungsentgelt erforderlich fanden. Da der Tarifvertrag den Kommunen erhebliche Spielräume bei der dezentralen Umsetzung einräumt und zugleich vor der Einführung eine einvernehmliche Regelung von Arbeitgebern und Personalräten verlangt, die unter gewissen Bedingungen auch einen Umsetzungsverzicht zulässt, galt es bereits bei Abschluss des Tarifvertrages keineswegs als selbstverständlich, dass eine breitere Einführung von Leistungsentgelt überhaupt stattfinden würde.

Da Effekte in jedem Falle nur dann erzielt werden können, wenn Vorgesetzte leistungsorientierte Bezahlung adäquat anwenden und deren Mitarbeiter und Mitarbeiterinnen die Anreize in irgendeiner Weise beachten, gilt ganz besonders für den Gegenstand Leistungsentgelt, dass dieser – wie es in der Managersprache heißt – „gelebt" werden muss. Die Funktionalität leistungsorientierter Bezahlung kann deshalb nicht diskutiert werden, ohne deren Akzeptanz zu berücksichtigen. Letztere wiederum wird nicht nur von den Bewertungsmethoden und praktischen Erfahrungen beeinflusst, sondern auch von den Diskursen der Tarifparteien. Um den Umgang und die Erfahrungen mit dem Leistungsentgelt in den deutschen Kommunen verstehen zu können, genügt es deshalb nicht, eng auf die Methoden und deren Anwendung zu fokussieren, vielmehr sind die jeweiligen Umstände der Einführung sowie die Politiken und Diskurse der Betriebs- und Tarifparteien mit in die Betrachtung einzubeziehen.

Mit der Einführung des Tarifvertrags für den öffentlichen Dienst (TVöD) wurde ein Wechsel vom sogenannten Alimentationsprinzip zum Prinzip der Leistungsorientierung bei der Bezahlung eingeleitet. Entgeltbestandteile, die der Bundesangestelltentarifvertrag (BAT) u.a. vom Familienstand abhängig gemacht hatte (Orts- und Familienzuschläge), wurden abgeschafft, Urlaubs- und Weihnachtsgeld wurden in einer Jahressonderzahlung zusammengefasst, nach Entgeltgruppen-Clustern gestaffelt und partiell auch reduziert. Neu eingeführt wurde stattdessen das Leistungsentgelt mit einem Volumen von zunächst 1% der vorjährigen ständigen Monatsentgelte, doch ausgestattet mit der Option der Steigerung auf 8% – wobei die Ausweitung des Startvolumens der Einigung der Tarifparteien bedarf. Für das Jahr 2010 erhöhte sich auf Basis ergänzender Vereinbarungen das für Leistungsentgelt zur Verfügung stehende Budget auf 1,25%, für das Jahr 2011 auf 1,5% und das Jahr 2012 auf 1,75% des Vorjahresentgelts. Zum 1. Januar 2013 erfolgte eine weitere Erhöhung auf 2% der ständigen Monatsentgelte des Vorjahres. Ob daran anschließend eine weitere Anhebung, wie es die VKA wahrscheinlich fordern dürfte, eine Stagnation oder vielleicht auch eine Abschaffung oder ein Umbau ansteht, darüber dürfte in der Tarifrunde 2014 gestritten werden.

Tarifvertraglich vorgeschrieben ist, dass dem Prozess der Einführung der leistungsorientierten Bezahlung der Abschluss einer Betriebs- oder einvernehmlichen Dienstvereinbarung vorangeht und eine paritätisch besetzte betriebliche Kommission einzurichten ist. In diesen Vereinbarungen und in der Kommission sollen die Regeln der LOB-Anwendung konkretisiert und ausgestaltet werden. Zwar wird der Verzicht auf den Abschluss einer Vereinbarung zum § 18 des TVöD-VKA, in dem sich die Bestimmungen zum Leistungsentgelt finden, mit der Nichtausschüttung und Thesaurierung von etwa der Hälfte des Finanzvolumens sanktioniert (6% des Septemberentgelts statt anfänglich 1% des Vorjahresentgelts), doch durch die mitbestimmte Einführung kann gleichwohl von keiner Seite eine Umsetzung erzwungen werden. Bei Widerstand einer Betriebspartei oder bei beiderseitigem Desinteresse ist es deshalb möglich, auf Leistungsbewertung und differenzierte Ausschüttung zu verzichten. Ein gewisses Maß an Ablehnung des Leistungsentgelts war schon allein deshalb zu erwarten, weil bisherige Erfahrungen mit Modernisierungs- und Reformmaßnahmen nicht selten negativ bewertet werden (Bogumil et al. 2007 a, b; Bogumil/Kißler 1998a, b; Jann et al. 2004; Heisig et al. 2001; Killian et al. 2006; Killian/Schneider 2003; Kißler et al. 2000a, b; Schneider 2002, 2003; Sperling 1999). Allerdings könnte ein Urteil des Bundesarbeitsgerichts (BAG 16.5. 2012 – 10 AZR 702/11) nun dazu führen, dass sich der Druck auf die Betriebsparteien erhöht, eine Dienstvereinbarung abzuschließen. Das Gericht wies die – auch von Ver.di vertretene – Sichtweise des Klägers zurück, die aufgrund des Fehlens einer Dienstvereinbarung nicht ausgeschütteten Restgelder des Vorjahres müssten zusätzlich zu den 6% des Tabellenentgelts für den Monat September ausgeschüttet werden. Damit hat das Gericht die Auffassung der VKA bestätigt, dass bei Nichtabschluss einer Dienstvereinbarung zum § 18 *jedes Jahr* nur sechs Prozent eines Monatstabellenentgelts auszuschütten sind. Hierdurch wächst erstens der Anteil der bei Fehlen einer Dienstvereinbarung nicht auszuschüttenden Restbeträge mit dem jeweils für das Leistungsentgelt vorgesehenen Volumen und zweitens füllt sich der „Topf“ der nicht ausgeschütteten Beträge immer rascher.[3]

3 Während im Falle einer fehlenden Dienstvereinbarung 2008 bei einem Leistungsentgeltvolumen von 1% des Vorjahresentgelts noch ca. 6% eines Monatsentgelts

Verzichtete ein größerer Teil der Kommunen und Betriebe – trotz der bestehenden Sanktion eines verringerten Ausschüttungsvolumens – einvernehmlich oder im Dissens auf einen Abschluss einer Dienst- oder Betriebsvereinbarung zum § 18, würde dies eine zentrale Umsetzungsschwäche darstellen und müsste als Indiz interpretiert werden, dass das Leistungsentgelt nicht den Anliegen der Akteure vor Ort entspricht. Dabei wäre es dann allerdings noch immer eine politische Frage, ob deshalb eine Abkehr von der leistungsorientierten Bezahlung einzuläuten oder daraus ein verstärkter „Bildungsauftrag" abzuleiten wäre.

Der § 18 TVöD-VKA zum Leistungsentgelt

(1) Die leistungs- und/oder erfolgsorientierte Bezahlung soll dazu beitragen, die öffentlichen Dienstleistungen zu verbessern. Zugleich sollen Motivation, Eigenverantwortung und Führungskompetenz gestärkt werden.

(2) Ab dem 1. Januar 2007 wird ein Leistungsentgelt eingeführt. Das Leistungsentgelt ist eine variable und leistungsorientierte Bezahlung zusätzlich zum Tabellenentgelt.

(3) Ausgehend von einer vereinbarten Zielgröße von 8 v.H. entspricht bis zu einer Vereinbarung eines höheren Vomhundertsatzes das für das Leistungsentgelt zur Verfügung stehende Gesamtvolumen 1 v.H. [seit 2010: – ab 1. Januar 2010 1,25 v.H., – ab 1. Januar 2011 1,50 v.H., – ab 1. Januar 2012 1,75 v.H. und – ab 1. Januar 2013 2,00 v.H.] der ständigen Monatsentgelte des Vorjahres aller unter den Geltungsbereich des TVöD fallenden Beschäftigten des jeweiligen Arbeitgebers. Das für das Leistungsentgelt zur Verfügung stehende Gesamtvolumen ist zweckentsprechend zu verwenden; es besteht die Verpflichtung zu jährlicher Auszahlung der Leistungsentgelte.

(4) Das Leistungsentgelt wird zusätzlich zum Tabellenentgelt als Leistungsprämie, Erfolgsprämie oder Leistungszulage gewährt; das Verbinden verschiedener Formen des Leistungsentgelts ist zulässig. Die Leistungsprämie ist in der Regel eine einmalige Zahlung, die im Allgemeinen auf der Grundlage einer Zielvereinbarung erfolgt; sie kann auch in zeitlicher Abfolge gezahlt werden. Die Erfolgsprämie kann in Abhängigkeit von einem bestimmten wirtschaftlichen Erfolg neben

nicht ausbezahlt werden durften, werden 2013 bei einem Volumen von 2% des Vorjahresentgelts dann bereits 18% eines Monatsentgelts nicht ausbezahlt. Die Gesamtsumme der nicht ausgeschütteten Beträge steigt damit auf 66% des monatlichen und 5,5% des Jahrestabellenentgelts (Dannenberg 2013: 100).

dem gemäß Absatz 3 vereinbarten Startvolumen gezahlt werden. Die Leistungszulage ist eine zeitlich befristete, widerrufliche, in der Regel monatlich wiederkehrende Zahlung. Leistungsentgelte können auch an Gruppen von Beschäftigten gewährt werden. Leistungsentgelt muss grundsätzlich allen Beschäftigten zugänglich sein. Für Teilzeitbeschäftigte kann von § 24 Abs. 2 abgewichen werden.

(5) Die Feststellung oder Bewertung von Leistungen geschieht durch das Vergleichen von Zielerreichungen mit den in der Zielvereinbarung angestrebten Zielen oder über eine systematische Leistungsbewertung. Zielvereinbarung ist eine freiwillige Abrede zwischen der Führungskraft und einzelnen Beschäftigten oder Beschäftigtengruppen über objektivierbare Leistungsziele und die Bedingungen ihrer Erfüllung. Leistungsbewertung ist die auf einem betrieblich vereinbarten System beruhende Feststellung der erbrachten Leistung nach möglichst messbaren oder anderweitig objektivierbaren Kriterien oder durch aufgabenbezogene Bewertung.

(6) Das jeweilige System der leistungsorientierten Bezahlung wird betrieblich vereinbart. Die individuellen Leistungsziele von Beschäftigten bzw. Beschäftigtengruppen müssen beeinflussbar und in der regelmäßigen Arbeitszeit erreichbar sein. Die Ausgestaltung geschieht durch Betriebsvereinbarung oder einvernehmliche Dienstvereinbarung, in der insbesondere geregelt werden:

- Verfahren der Einführung von leistungs- und/oder erfolgsorientierten Entgelten,
- zulässige Kriterien für Zielvereinbarungen,
- Ziele zur Sicherung und Verbesserung der Effektivität und Effizienz, insbesondere für Mehrwertsteigerungen (z.B. Verbesserung der Wirtschaftlichkeit, – der Dienstleistungsqualität, – der Kunden-/Bürgerorientierung),
- Auswahl der Formen von Leistungsentgelten, der Methoden sowie Kriterien der systematischen Leistungsbewertung und der aufgabenbezogenen Bewertung (messbar, zählbar oder anderweitig objektivierbar), gegebenenfalls differenziert nach Arbeitsbereichen, u.U. Zielerreichungsgrade,
- Anpassung von Zielvereinbarungen bei wesentlichen Änderungen von Geschäftsgrundlagen,
- Vereinbarung von Verteilungsgrundsätzen,
- Überprüfung und Verteilung des zur Verfügung stehenden Finanzvolumens, gegebenenfalls Begrenzung individueller Leistungsentgelte aus umgewidmetem Entgelt,

– Dokumentation und Umgang mit Auswertungen über Leistungsbewertungen.

(7) Bei der Entwicklung und beim ständigen Controlling des betrieblichen Systems wirkt eine betriebliche Kommission mit, deren Mitglieder je zur Hälfte vom Arbeitgeber und vom Betriebs-/Personalrat aus dem Betrieb benannt werden. Die betriebliche Kommission ist auch für die Beratung von schriftlich begründeten Beschwerden zuständig, die sich auf Mängel des Systems bzw. seiner Anwendung beziehen. Der Arbeitgeber entscheidet auf Vorschlag der betrieblichen Kommission, ob und in welchem Umfang der Beschwerde im Einzelfall abgeholfen wird. Folgt der Arbeitgeber dem Vorschlag nicht, hat er seine Gründe darzulegen. Notwendige Korrekturen des Systems bzw. von Systembestandteilen empfiehlt die betriebliche Kommission. Die Rechte der betrieblichen Mitbestimmung bleiben unberührt.

(8) Die ausgezahlten Leistungsentgelte sind zusatzversorgungspflichtiges Entgelt.

Seit im Jahr 2007 der § 18 des TVöD-VKA wirksam wurde, ist die leistungsorientierte Bezahlung zwischen der VKA und der Gewerkschaft Ver.di noch immer eine der umstrittensten tarifpolitischen Fragen. Von der Gewerkschaft Ver.di wird der § 18 als eine der „bitteren Pillen“ betrachtet, die es im Interesse eines Abschlusses des TVöD zu schlucken galt, um trotz des 2005 drohenden Regierungswechsels, der die FDP hätte mit an die Regierung bringen können, einen neuen Tarifvertrag vereinbaren zu können (Meerkamp 2008: 115). Während sich der Fachbereich Gemeinden der Gewerkschaft Ver.di inzwischen für eine Abschaffung des § 18 ausgesprochen hat, gilt dieser der VKA noch immer als ein Kernstück der Tarifreform des öffentlichen Dienstes (ähnlich auch Matiaske/Holtmann 2007: 3; Vesper/Feiter 2008 und bereits Vesper 1996). Die Einführung von Leistungsentgelt stellt für die VKA den zentralen sachlichen und symbolischen Schritt der Modernisierung (Jörges-Süß 2007; Tondorf 2007b: 18) dar und ein entscheidendes Kriterium, an dem über das Gelingen oder Scheitern der mittels Tarifvertrag angestrebten Modernisierung nicht nur der Entgeltbestimmungen, sondern auch der Steuerungsfähigkeit, der Führungskultur sowie der Stärkung von Effektivität und Effizienz des öffentlichen Dienstes entschieden wird (Schmidt et al. 2011b). Darüber hinaus betrachtet die VKA die leistungsorientierte Bezahlung als eine entscheidende Maßnahme zur Bestandssicherung des öffentlichen Dienstes durch eine Verbesserung der Dienstleistungserbringung. Der politische und symbolische Stellenwert des Leistungsentgelts ist für die VKA hoch. Unter umgekehrten Vorzeichen gilt dies auch für große Teile von Ver.di.

Nicht zuletzt aufgrund dieser spannungsgeladenen und symbolisch aufgeladenen Umstände kann der Versuch nicht schaden, sich dem Thema mit etwas wissenschaftlicher Distanz zu nähern. Es wird sich zeigen, dass leistungsorientierte Bezahlung nach § 18 TVöD-VKA weder den Schlüssel zur Lösung aller Motivations-, Führungs- und Steuerungsprobleme der Kommunen liefert, wie manche Befürworter zu glauben schienen oder zumindest glauben machen wollten, noch Leistungsentgelt durchgängig auf die Ablehnung der Beschäftigten und der Personalräte stößt. Die Umsetzung findet seltener statt als von den einen erhofft und häufiger als von den anderen befürchtet. Und dort, wo Leistungsentgeltsysteme (die wir nachfolgend mitunter auch einem im Feld verbreiteten Sprachgebrauch folgend „LOB-Systeme" nennen wollen) eingeführt sind, fehlt es einerseits in vielen Fällen an den intendierten Nutzeffekten, andererseits ist die in den Kommunen zu beobachtende Leistungsverdichtung in aller Regel auf andere Gründe zurückzuführen. Gleichwohl werden sich eine Reihe von Vor- und Nachteilen finden lassen, die beschrieben und diskutiert werden sollen.

Die Einführung von Leistungsentgelt im öffentlichen Dienst ist keineswegs eine deutsche Besonderheit, sondern erfolgte inzwischen in etlichen europäischen Ländern (OECD 2005), Deutschland gehört hierbei eher zu den Nachzüglern. Gleichwohl ist der Nutzen leistungsorientierter Bezahlung im öffentlichen Dienst auch in der internationalen Diskussion umstritten. Doch obwohl immer wieder auf seinen geringen Nutzen verwiesen wird, konnte sich leistungsorientierte Bezahlung doch zu einem erheblichen Maß etablieren. Marsden (2010) spricht von einem Paradox. Er hatte beobachtet, dass trotz langjähriger Kritik an den mangelnden Effekten leistungsorientierter Bezahlung im öffentlichen Dienst in der Praxis offenbar keine Abkehr stattfindet.[4] Er nimmt an, dies sei dadurch zu erklären, dass *performance related pay* (PRP) tatsächlich andere Funktionen erfülle als gewöhnlich angenommen. Er stellt einerseits fest, „that many employees saw little incentive and much divisiveness", andererseits jedoch konstatiert er, dass „renegotiation has emerged as a latent rather than an explicitly stated goal of PRP in the British public services" (Marsden 2004: 366).

Tatsächlich finden sich zumindest partiell bei den kommunalen Arbeitgeberverbänden mit der LOB-Einführung verbundene Intentionen jen-

4 Einige Beispiele der im internationalen Kontext keineswegs raren Diskussion zu Fragen leistungsorientierter Bezahlung seien genannt: Brown/Heyword 2002; Burgess et al. 2004; OECD 1999, 2002, 2004, 2005, 2012; Heery 1998; Marsden 2006; Marsden/French 2002; Marsden et al. 2001; Vartiainen et al. 2008.

seits leistungspolitischer Effekte im engeren Sinne (Vesper/Feiter 2008). Auch in die tarifvertraglichen Ziele selbst flossen Intentionen ein, die das bloße Ziel der Mehrleistung hinausgehen. Im § 18 werden als Ziele der leistungsorientierten Bezahlung die *„Verbesserung der öffentlichen Dienstleistungen“, „Motivation“, „Eigenverantwortung“* und *„Führungskompetenz“* genannt. Darüber hinaus ist festgelegt, dass die Betriebsparteien *„Ziele zur Sicherung und Verbesserung der Effektivität und Effizienz, insbesondere für Mehrwertsteigerungen (z.B. Verbesserung der Wirtschaftlichkeit, – der Dienstleistungsqualität, – der Kunden/-Bürgerorientierung)“* in ihren Betriebs- bzw. einvernehmlichen Dienstvereinbarungen festschreiben sollen. Nicht zuletzt eine Verbesserung der als mangelhaft geltenden Führungskultur versprachen sich die Arbeitgeberverbände neben der klassischen Anreizfunktion von der Einführung der leistungsorientierten Bezahlung.

Über die bloße Tatsache der Umsetzung hinaus sind wir der Frage nachgegangen, wie die Betriebsparteien ihren Spielraum für die Ausgestaltung der leistungsorientierten Bezahlung nutzen. Von besonderem Interesse ist dabei, welche Methode der Leistungsmessung eingesetzt wird. Neben der Häufigkeit abgeschlossener Vereinbarungen ist zwischen den Tarifparteien besonders umstritten, welche der im Tarifvertrag zugelassenen Instrumente (Zielvereinbarung, Systematische Leistungsbewertung, beide in Kombination) vorrangig und mit welcher Intention eingesetzt werden. Während Ver.di kritisiert, dass die Systematische Leistungsbewertung vorherrsche und die VKA diese bevorzuge, favorisiert letztere nach eigener Darstellung im Grundsatz wie Ver.di die Zielvereinbarung. Sie plädiert jedoch zunächst für ein Kombinationsmodell aus Zielvereinbarungen und Systematischer Leistungsbewertung, bei dem sich die Überlegenheit der Zielvereinbarung dann ja erweisen werde.

Obgleich über „die Eignung der verschiedenen Systeme der Leistungsbezahlung und -messung (...) schon oft gestritten“ wurde (Bull 2008: 549), fehlte es doch bisher nicht nur an einer hinreichenden Erhebung der damit gemachten Erfahrungen, sondern bis vor kurzem an einer Praxis leistungsorientierter Bezahlung bei Tarifbeschäftigten im öffentlichen Dienst unter den deutschen Rahmenbedingungen selbst (von in manchen Tarifbezirken im Arbeiterbereich bezahlten Zulagen abgesehen). Aus diesem Grund handelt es sich bei einem großen Teil der inzwischen publizierten Literatur um Regelauslegungen und Umsetzungshinweise mit bestenfalls unsystematischer Erfahrungsbasis, häufig um Publikationen aus den Reihen der beteiligten Tarifparteien oder von mit der Umsetzung befassten Beratern.[5]

5 Beispiele sind etwa: Ahlers et al. 2007; Boegl 2006; Böhm 2005; Fisch et al. 2007; KGSt 2006, 2007; Lerch 2006; von Roetteken 2006; Heidlas 2007; Helzel

Einem erheblichen Teil der vorliegenden einschlägigen Literatur fehlt es an einer aktuellen empirischen Basis oder sie reflektiert die Entwicklungschancen der neuen Bestimmungen des TVöD lediglich im Lichte früherer Ansätze bzw. erster Pilotversuche[6] oder argumentiert vornehmlich auf Basis der Erfahrungen mit der Regelbeurteilung im Beamtenbereich (etwa Bull 2008). Empirische Erhebungen beschränken sich entweder auf einzelne Kommunen oder auf selektive, und in keinem Fall repräsentative Stichproben (Pricewaterhouse Coopers 2008; Kienbaum 2009; Schiefer 2008; KAV Schleswig Holstein et al. 2007; Thanheiser 2009; Tondorf 2008; Tondorf/Jochmann-Döll 2007; Adamaschek/Prosoz 2010). Zudem wurden diese Studien überwiegend relativ früh durchgeführt.

Den besten Anhaltspunkt hinsichtlich der zu erwartenden Umsetzung und Instrumentenwahl gaben da unsere eigenen, allerdings auf NRW begrenzten Vorarbeiten im Rahmen des Projekts „Begleitforschung zur Entgeltreform im öffentlichen Dienst“ (Schmidt et al. 2010, 2011a, b, c, Trittel et al. 2010), denen zufolge eine Dominanz der Methode der Systematischen Leistungsbewertung zu erwarten war. Darüber hinaus gab es Anzeichen dafür, dass diese Methode in manchen Kommunen unter der Annahme gewählt wird, dass es mit dieser am einfachsten möglich sein würde, eine ernsthafte Einführung leistungsorientierter Bezahlung zu umgehen, ohne deshalb Unannehmlichkeiten wie eine lediglich partielle Ausschüttung oder Konflikte mit dem Arbeitgeberverband in Kauf nehmen zu müssen. Dies, so durfte vermutet werden, würde in manchen Fällen bis hin zu einer Umsetzung lediglich *pro forma* reichen, einer Art von „Unterleben“ im Sinne Goffmans (1973).

Die Funktionalität ist für die Bewertung leistungsorientierter Bezahlung selbstverständlich von großer Wichtigkeit, auch wenn die im Tarifvertrag genannten und die von den Betriebs- und Tarifparteien letztlich verfolgten Ziele nicht völlig identisch sind und als Funktionserfüllung nicht bei allen dasselbe gilt. Weder herrscht über die Deutung der Bestimmun-

---

2007; Bredendiek et al. 2005; Dürk/Sternatz 2007; Komba 2006; Kratz/Weiß 2006; Leist 2007; Leist/Mischlewitz 2007; Litschen 2007, 2009; Litschen/Lorenzen 2006; Martin 2006, 2007; Richter 2007; Rob 2007; Roggenkamp 2006a, b; Rüsen/Rocke 2006; Vesper/Feiter 2008. Ein Teil dieser Literatur scheint lediglich bereits feststehende Vorstellungen vom Nutzen leistungsorientierter Bezahlung, mitunter empirisch angereichert, präsentieren zu wollen (gleichwohl anregend etwa Weiß/Kratz 2008).

6 Zu denken ist etwa an Adamaschek/Oechsler 2001; Demmke 2007; Oechsler 1996; BMI 2006; Breisig 2000; Eisel 2005; Fischbach/Bahnmüller 2005; Schur 2005; Tondorf 1998, 2003, 2006; Tondorf et al. 2002; Tondorf/Jochmann-Döll 2004, 2005; Jörges-Süß/Süß 2011.

gen zur leistungsorientierten Bezahlung zwischen den tarifpolitisch beteiligten Parteien ein belastungsfähiger Konsens, noch sind sich die Tarifparteien in dieser Frage mit den Umsetzern vor Ort stets einig. Das Erreichen oder das Verfehlen mancher Ziele dürfte somit von den Parteien keineswegs stets im selben Maße als Erfolg oder Misserfolg gedeutet werden. Auch wenn etwa das generelle Ziel der Verbesserung der Dienstleistungen durchaus von allen geteilt werden mag, dürften insbesondere Effekte auf die Leistungsanforderungen durchaus konträr bewertet werden. Auch sachlich können Ziele zueinander in einem Widerspruch stehen, sich jedoch auch gegenseitig unterstützen („renegotiation and incentive can be complementary functions of PRP", Marsden 2004: 353).

Dabei ist neben den Generalfragen nach der Funktionalität von leistungsorientierter Bezahlung im Allgemeinen und im öffentlichen Dienst im Besonderen nicht zuletzt von Interesse, wie sich die Wirkungsweisen verschiedener Methoden unterscheiden. In den Fällen ernsthafter Umsetzung, von denen wir annahmen, dass sie die Mehrheit darstellen würden, sollte nach möglichen Einflussfaktoren auf die Funktionsfähigkeit von LOB-Systemen gefragt werden. Zu erwarten war, dass Information, Qualifizierung und Beteiligung der Führungskräfte und der Beschäftigten wichtige Faktoren sind, die sich auf die Akzeptanz und Funktionalität der Einführung leistungsorientierter Bezahlung auswirken. Auf Basis unseres Vorwissens aus NRW rechneten wir außerdem damit, dass Zielvereinbarungen die vergleichsweise bessere Wirksamkeit aufweisen. Führungskräfte sind ein kritischer Faktor für die Funktionsfähigkeit leistungsorientierter Bezahlung, sie prägen den Informations- und Kenntnisstand der Beschäftigten und die Qualität ihrer Bewertungsentscheidungen dürfte von höchster Relevanz für Akzeptanz und Effektivität sein. Kolportiert wird immer wieder, dass viele Vorgesetzte davor zurückschrecken, ihre Mitarbeiter einer Leistungsbeurteilung zu unterziehen, und ihnen der Aufwand für Mitarbeitergespräche zu groß erscheint. Es durfte erwartet werden, dass diese Haltung keineswegs selten ist.

Über die Akzeptanz der leistungsorientierten Bezahlung bei den Beschäftigten selbst, d.h. diejenigen, die letztlich die Träger von Verhaltensänderungen durch leistungsorientierte Bezahlung darstellen, war bisher ausgesprochen wenig bekannt. Mit Sicherheit konnte lediglich konstatiert werden, dass es auch unter den Beschäftigten Anhänger und Befürworter von Leistungsentgelt gibt und sich die Akzeptanz vor Ort unterscheidet, wahrscheinlich in erster Linie in Abhängigkeit von den gemachten Erfahrungen. Wir erwarteten, dass die Haltung der Beschäftigten gegenüber leistungsorientierter Bezahlung in erster Linie durch deren materielle Interessen, durch deren Vorstellungen von Leistungsgerechtigkeit sowie damit verbundener Anerkennungserfahrungen geprägt werden.

Obgleich es an empirischen Flächenstudien weitgehend fehlt, gibt es doch interessante Arbeiten, deren Befunde für die Anlage der Untersuchung mit herangezogen wurden und die mit unseren Befunden abgeglichen werden sollen. Insbesondere sind hier die Studien von Matiaske und Kolleg/in-n/en zu nennen (Holtmann 2008; Matiaske/Holtmann 2007; Matiaske/Weller 2007, 2008; Matiaske et al. 2005; Matiaske et al. 2007, o.J.; Weller et al. 2007; Matiaske 2012). Diese Arbeiten schließen an personalwirtschaftliche Untersuchungen an (etwa Frey/Jegen 2001, Frey 1997), die wiederum an eine psychologische Forschungstradition anknüpfen, in der zwischen intrinsischer und extrinsischer Motivation unterschieden und argumentiert wird, dass in Abhängigkeit von den Umständen Anreize Motivation sowohl fördern als auch zerstören können (vgl. etwa Deci 1971 und 1976; Lepper et al. 1973 sowie für einen Überblick Sansone/Harackiewicz 2000; kritisch hierzu z.B. Kunz 2005). Viele dieser Befunde sind allerdings nicht ohne weiteres übertragbar, da sie aus Laborstudien stammen und in der Regel unterstellen, dass „intrinsische Motivation" zunächst vorhanden ist. Dieser Umstand darf allerdings unter den Bedingungen fremdbestimmter Arbeit keineswegs als Selbstverständlichkeit gelten (Sadowski et al. 1999; Backes-Gellner et al. 2008).

Auf der Basis dreier Fallstudien argumentieren Matiaske/Weller (2008: 54), dass ab einer gewissen Prämienhöhe die mit leistungsorientierter Bezahlung verbundene Negativwirkung auf die intrinsische Motivation durch die positiven Effekte extrinsischer Anreize überkompensiert werde. Neben den Rahmenbedingungen und sonstigen Umständen darf somit – und dies deckt sich ganz mit den Vorstellungen mancher Arbeitgebervertreter – erst ab einer bestimmten Höhe damit gerechnet werden, dass leistungsorientierte Bezahlung effektiv wird. Unsere eigene Untersuchung in Nordrhein-Westfalen lässt zudem erwarten, dass je nach gewählter Methode und Ausgestaltung ganz unterschiedliche und durchaus divergente Effekte auf dem Feld der sozialen Beziehungen und der sozialen Anerkennung (Schmidt 2005; Voswinkel 2001 und 2012) auftreten. „Intrinsische Motivation", so war zu erwarten, wird insbesondere dann durch Leistungsanreize nicht beschädigt, wenn letztere nicht als Anerkennungsentzug gedeutet werden. Wahrscheinlich ist deshalb, dass eher partizipativ angelegte LOB-Systeme, in denen nicht allein auf materielle Anreize gesetzt wird, besser funktionieren (vgl. Schmidt et al. 2010). Wir erwarteten deshalb, dass u.a. in Abhängigkeit davon, ob Kontrolle oder Mitgestaltung der Beschäftigten gestärkt werden, sowohl motivationsförderliche als auch motivationsschädigende Effekte auftreten können (Schmidt et al. 2011c).

In der deutschen Arbeits- und Industriesoziologie werden in jüngerer Zeit auch mit Blick auf leistungsorientierte Bezahlung vornehmlich Phänomene der „Vermarktlichung", der „Subjektivierung" oder auch der „Finalisierung" ausgemacht (Bahnmüller 2001: 161ff.; Voswinkel/Kocyba 2008; zur sogenannten Subjektivierung liefert Matuschek 2010 einen Überblick). Empirische Befunde stützen sich diesbezüglich allerdings vornehmlich auf die Privatwirtschaft (vgl. etwa Bahnmüller 2001; Kratzer/Nies 2009; Peters/Sauer 2005; Menz 2009; Dröge et al. 2008). Inwiefern mit diesen Begriffen auch wesentliche Momente der Einführung und der Praxis von Leistungsentgelt im öffentlichen Dienst zutreffend charakterisiert werden können, wird sich zeigen.

Nicht zuletzt soll jedoch diskutiert werden, ob nicht nur einzelne LOB-Systeme vor Ort, sondern auch der § 18 TVöD-VKA selbst als hinreichend funktional gelten darf, oder ob die vereinbarten tarifvertraglichen Bestimmungen für Funktionalitätsdefizite in der kommunalen Umsetzung mit verantwortlich zu machen sind. Jenseits der Diskussion konkreter Einzelbestimmungen werden wir vor dem Hintergrund der empirischen Befunde zur Umsetzung fragen, welche Vor- und Nachteile der dezentrale Charakter der LOB-Umsetzung hat.

Abgesehen von der Frage des empirischen Vorkommens, der Akzeptanz und der Funktionalität leistungsorientierter Bezahlung wollen wir auch diskutieren, ob sich Ansätze finden lassen, die zeigen, wie leistungsorientierte Bezahlung im öffentlichen Dienst wirksam werden könnte, ohne in einen Widerspruch zu den Interessen der Beschäftigten zu geraten. Im europäischen Vergleich ist der deutsche öffentliche Dienst keineswegs besonders ineffizient oder bürokratisch schwerfällig, wie die Erzählung von der deutschen Überregulierung suggerieren mag (OECD 2008: 13; Handler et al. 2005; Wollmann 2008, 2011; Vesper 2012). Eine sich auf Schlendrian berufende Berechtigung für einen Legitimitätsentzug für die Verfolgung von Arbeitnehmerinteressen besteht jedenfalls nicht. An einem entsprechenden leistungs- und arbeitspolitischen Gesamtkonzept und einer diesbezüglichen strategischen Orientierung zum Umgang mit LOB-Systemen, dies sei vorweg gesagt, fehlt es allerdings der Gewerkschaft Ver.di, da mehrheitlich auf die Abschaffung des Leistungsentgelts gesetzt wird. Eine Abschaffung des § 18 würde eine arbeitnehmerorientierte Strategie der Umsetzung tatsächlich überflüssig machen. Falls keine Abschaffung durchgesetzt werden kann (die VKA hat bisher jedenfalls keine Kehrtwende signalisiert), dann besteht allerdings das Risiko, dass leistungsorientierte Bezahlung und insbesondere die Frage der weiteren Budgetentwicklung zu einem Dauerkonfliktthema werden. Das Problem könnte dann darin bestehen, dass sowohl die Interessen der Arbeitgeber als auch die der Arbeitnehmer bzw. die des öffentlichen Dienstes insgesamt leiden. In einem solchen Fall könnte sich ein für beide Seiten suboptimaler Zustand perpetuieren, in dem es weder nach vorn noch zurück geht.

Die schwache Rolle, in die Ver.di dabei geraten zu sein scheint, lässt sich jedoch nicht aus einer Sachdefensive erklären. Ver.di müsste mit der ursprünglichen Orientierung auf Zielvereinbarungen und der Bereitschaft, empirische Evidenzen zu berücksichtigen, argumentativ eigentlich eher in der Offensive sein. Allerdings scheint der Gewerkschaft eine punktuelle *Krise der Intermediationsfunktion* zu erfahren und in eine reaktive Rolle geraten zu sein, aus der heraus es nicht besonders gut gelingt, zwischen den tarifvertraglichen Vorgaben und der grundsätzlichen Ablehnung durch eine Mehrheit der Funktionsträger zu vermitteln.

Keineswegs unproblematisch stellt sich die Situation allerdings auch für die VKA dar. Zwar fasst sie immer wieder einstimmige Beschlüsse zur Fortführung der Leistungsorientierung, doch ein relevanter Teil der Kommunen steht der leistungsorientierten Bezahlung noch immer skeptisch bis ablehnend gegenüber. Auf der Seite des Arbeitgeberverbandes existieren zwar nur in Ausnahmefällen manifeste Konflikte um die leistungsorientierte Bezahlung, doch eine *latente Schwäche der Repräsentationsfunktion* ist diesbezüglich auch auf Arbeitgeberseite durchaus auszumachen. Dies macht auch die Verbandsvertreter auf Arbeitgeberseite nervös. Der wenig kompromissorientierte Streit zwischen den Tarifparteien muss unseres Erachtens deshalb auch vor dem Hintergrund der jeweiligen organisationsinternen Aushandlungsprozesse verstanden werden. Es geht beim Leistungsentgelt nicht nur um einen Streit um geeignete Modernisierungsschritte, in dem sich *„Modernisierer"*, denen es um Reformen im Interesse einer Steigerung von Effizienz und Effektivität des öffentlichen Dienstes geht, und *„Bewahrer"*, denen es ein Anliegen ist, ihnen nicht sinnvoll erscheinende Veränderungen zu vermeiden, gegenüberstehen. Es geht auch um einen verteilungspolitisch gedeuteten Interessenkonflikt und schließlich darum, das eigene Gesicht zu wahren, um nicht im intraorganisationalen Bargaining Position einzubüßen.

Unsere nachfolgenden Darlegungen zielen erstens darauf, zum Thema leistungsorientierte Bezahlung eine hinreichend breite Datenbasis zu schaffen, um zweitens Risiken und eventuelle Entwicklungschancen empirisch begründet aufzeigen zu können. Drittens soll die Untersuchung einen weiteren Beitrag zur noch immer vergleichsweise vernachlässigten sozialwissenschaftlichen Untersuchung der Arbeitsbeziehungen des öffentlichen Dienstes leisten.

1.2 Erhebungsmethoden

Um einen relevanten Beitrag zur Analyse der leistungsorientierten Bezahlung im öffentlichen Dienst und auch zur Rationalisierung der um sie geführten Debatte liefern zu können, erschien uns vor dem Hintergrund unterschiedlicher Größenstrukturen der Kommunen in den Ländern sowie nicht auszuschließenden, regional unterschiedlichen Engagements der Tarifparteien für die Umsetzung des § 18 eine bundesweite Untersuchung erforderlich. Auch sprach das Ziel, trotz der Uneinigkeit der Tarifparteien über Umsetzungsstand und Nutzen der leistungsorientierten Bezahlung, eine möglichst hohe Akzeptanz der Befunde im Feld zu erreichen, für bundesweite Erhebungen und das Erstellen einer soliden Datenbasis.

Im Einzelnen umfasste die Studie folgende Arbeitsmodule: Erstens Fallstudien zur Umsetzung der leistungsorientierten Bezahlung in den Kommunen, zweitens eine bundesweite, standardisierte Doppelbefragung von kommunalen Arbeitgebern und Personalräten, drittens standardisierte Befragungen von Beschäftigten und viertens eine sozialwissenschaftliche Beobachtung des politischen Prozesses auf der tarifpolitischen Ebene. Darüber hinaus wurde über weitere Entwicklungsmöglichkeiten des § 18 TVöD-VKA und der praktischen Anwendung leistungsorientierter Bezahlung im öffentlichen Dienst nachgedacht.

Fallstudien

In 18 Kommunen in den drei Bundesländern Bayern, Nordrhein-Westfalen[7] und Sachsen haben wir Interviews mit Arbeitgebern und Personalräten sowie zum Teil Gruppendiskussionen mit Führungskräften und Mitarbeiter/inne/n geführt.

Diese Fallstudien dienten dazu, die Praxis leistungsorientierter Bezahlung in den Grundzügen verstehen und auf Handlungs- und Wirkungszusammenhänge befragen zu können. Wir versuchten nicht, alle Varianten der LOB-Umsetzung abzubilden, doch einige erwartungsgemäß relevante Einflussfaktoren zu variieren (kleine, mittlere und große Kommunen, verschiedene Bundesländer, verschiedene Methoden der Leistungsbewertung sowie in jedem Bundesland einen Fall von Nichtanwendung). Darüber hinaus haben wir uns darum bemüht, von uns erwartete typische Konstellationen zu berücksichtigen, wie wir sie bereits im Projekt „Entgeltreform“ in NRW gefunden hatten. In einer umfangreichen Analyse von Dienst-

7 In Nordrhein-Westfalen konnten wir aufgrund des Projekts „Entgeltreform“ bereits auf voruntersuchte Fallstudien zurückgreifen, die wir lediglich im Hinblick auf neuere Entwicklungen aktualisieren mussten (vgl. Schmidt et al. 2011a).

und Betriebsvereinbarungen (Trittel et al. 2010), hatten wir diese anhand ihres „vereinbarten Sinns" typologisiert.

Abgesehen von Vereinbarungen, die primär darauf zielten, eine pauschale Ausschüttung zu ermöglichen und gewissen Zwischenformen, ließen sich die Intentionen der Dienst- und Betriebsvereinbarungen unter die Typen „Partizipation", „Selektion" und „Minimalismus" fassen. Während für den Typus „Partizipation" Mitarbeitergespräche und -beteiligung sowie eine Präferenz für Zielvereinbarungen charakteristisch waren, wurde in Vereinbarungen des Typus „Selektion" versucht, durch technische Regelungen, etwa eine Quotenvorgabe, einer breiten Prämienausschüttung vorzubeugen. Als „Minimalismus" bezeichneten wir einen weiteren Typ von Vereinbarungen, in dem kaum über den § 18 hinausgehende oder diesen konkretisierende Regelungen getroffen werden. Nachdem wir über die Vereinbarungen hinaus uns auch einen Eindruck von der Praxis der Umsetzung in NRW verschafft hatten, passten wir die Typologie entsprechend an. Der Blick richtete sich jetzt nicht mehr primär auf die „minimalistische Regelung", sondern auf die gesamte „konventionelle Praxis". Unter „Konventionalität" fassten wir die Einführung eines LOB-Systems, bei der wenig gestaltende, an Steuerung oder Beteiligung der Beschäftigten orientierte Absichten auszumachen waren und für gewöhnlich die Systematische Leistungsbewertung im Stile einer persönlichen Beurteilung (und öfter auch angelehnt an die im öffentlichen Dienst bekannte Regelbeurteilung) praktiziert wurde. Allerdings fanden sich häufiger als erwartet auch bei diesem Typus durchaus engagierte Akteure. Zudem zeigte sich, dass die Methode Zielvereinbarung in manchen Fällen eher als Instrument der Partizipation und in anderen eher als Steuerungsinstrument verstanden wurde (Schmidt et al. 2011a: Tab. 28). Auch von dieser Vorerfahrung mit Umsetzungsvarianten ließen wir uns bei der Auswahl der Untersuchungsfälle leiten. Tabelle 1.1 orientiert sich an dieser Typologie, charakterisiert die Fälle jedoch in einer auf Basis unserer Erhebung empirisch modifizierten Weise, auf die wir zurückkommen werden (vgl. Tab. 1.1 auf S. 26f.).

Die Experteninterviews (vgl. u.a. Trinczek 1995; Witzel 1982, 2000) und Gruppendiskussionen (beispielsweise Liebig/Nentwig-Gesemann 2002) wurden leitfadengestützt geführt und (von zwei Ausnahmen abgesehen) vollständig transkribiert. Ergänzt wurden die Gespräche um die Analyse der jeweiligen Dienstvereinbarungen und gegebenenfalls von weiteren LOB-relevanten Dokumenten, etwa von den Kommunen selbst erstellten statistischen Auswertungen zur Bewertung unterschiedlicher Beschäftigtengruppen.

Standardisierte Befragung von Arbeitgebern und Personalräten

Auch da zu erwarten war, dass sich die Haltung gegenüber der LOB und das Umsetzungsverhalten sowohl zwischen einzelnen Kommunen, als auch regional unterscheiden würde, war eine repräsentative bundesweite Befragung zentral, um eine hinreichende Datenbasis für eine Bewertung von Stand und Erfolg der Umsetzung des § 18 zu schaffen. Um vor dem Hintergrund der Umstrittenheit der leistungsorientierten Bezahlung erwartbar interessen- und diskursbedingt verzerrte Wahrnehmungen relativieren zu können und die Bewertungen beider Betriebsparteien zu erfahren, haben wir sowohl kommunale Arbeitgeber als auch Personalräte mittels Fragebogen befragt. Um auch etwas über den Umgang mit LOB in kleinen Kommunen zu erfahren, in denen, wie wir annahmen, wenig Kapazitäten zur Beantwortung umfangreicher Fragebögen bestehen würden, wurde für kleine Kommunen zusätzlich ein kürzerer Fragebogen entwickelt.

Es wurden deshalb auf der Basis von Adressverzeichnissen des Statistischen Bundesamtes zwei Zufallsstichproben gezogen: eine Stichprobe von 1.781 Kommunen mit mehr als 3.000 Einwohnern sowie eine weitere Stichprobe von 628 Kommunen mit weniger als 3.000 Einwohnern. Die Auswahl der Stichproben erfolgte geschichtet, d.h. es wurden partiell überproportionale Bruttostichproben gezogen. Diese Vorgehensweise wurde gewählt, weil wir im Falle der kleinen Kommunen kapazitätsbedingt, und im Falle großer Kommunen wegen deren relativ kleiner Anzahl mit eher spärlichem Rücklauf rechnen mussten.

Für die erste Stichprobe wurden zwei umfangreiche, in großen Teilen deckungsgleiche Fragebögen (20 Seiten, ca. 300 Variablen) ausgearbeitet, von denen der eine Fragebogen an den Arbeitgeber (AG) und der andere an den Personalrat (PR) der ausgewählten Kommunen ging. Für die Stichprobe der kleinen Kommunen (KL) wurde ein Fragebogen mit deutlich geringerem Umfang (vier Seiten, ca. 70 Variablen) erstellt, der sich gleichwohl in erheblichen Teilen mit dem anderen Fragebogen deckt. In der Erwartung, dass es in Kommunen dieser Größenordnung mit entsprechend geringer Beschäftigtenzahl häufig an einer Personalvertretung fehlen würde, richtete sich dieser Fragebogen nur an die Arbeitgeberseite.[8]

---

8 Die Angaben der Befragten bestätigten diese Vermutung: 79% gaben an, keinen Personalrat zu haben; etwa ein Zehntel der befragten kleinen Kommunen hatte nach eigenen Angaben weniger als 5 Beschäftige. Bei den Kommunen mit mehr als 3.000 Einwohnern konnten 35 Fälle festgestellt werden, in denen kein Personalrat existiert. Tatsächlich dürfte diese Zahl höher liegen, da uns das Fehlen eines Personalrats durch die Arbeitgeber vermutlich nur vereinzelt mitgeteilt wurde. Dafür, dass es auch in kleineren Kommunen mit mehr als 3.000 Ein-

≡ Tab. 1.1: Übersicht über die kommunalen Fallstudien

Nr.	Organisation	Beschäftigte	Einwohner	Experteninterview	Gruppendisk.
1	Kreis A	> 100	< 100.000	PR	
2	Kreis B	> 1.000	> 250.000	AG-PR + PR[a]	2
3	Gemeinde A	< 100	> 5.000	AG-PR	2
4	Gemeinde B	< 100	< 5.000	AG-PR	
5	Gemeinde C	> 100	< 20.000	AG-PR + AG[a]	5
6	Stadt A	< 100	< 5.000	AG	2
7	Stadt B	> 100	> 10.000	AG-PR	
8	Stadt C	> 100	> 20.000	AG-PR	4
9	Stadt D	< 1000	> 50.000	PR	
10	Stadt E	> 100	< 50.000	AG-PR	3
11	Stadt F	< 1.000	> 50.000	AG-PR	2
12	Stadt G	> 100	< 50.000	PR + PR	
13	Stadt H	< 1.000	< 100.000	AG-PR + AG-PR[a]	9
14	Großstadt A	> 5.000	< 500.000	AG-PR + PR[a]	
15	Großstadt B	> 5.000	> 500.000	PR	
16	Großstadt C	> 5.000	> 500.000	AG-PR	
17	Großstadt D	> 10.000	> 500.000	PR	
18	Großstadt E	> 10.000	> 500.000	AG-PR + PR[a]	12

Wir erhielten 426 Fragebögen der Arbeitgeberbefragung mit 3.000 und mehr Einwohnern, 604 Fragebögen der Personalrätebefragung und 206 Fragebögen der Befragung von Arbeitgebern aus Kommunen mit weniger als 3.000 Einwohnern zurück. Die Rücklaufquote (bezogen auf die ausgegebenen Fragebögen) betrug im Falle der Doppelbefragung der Kommunen mit mehr als 3.000 Einwohnern 24% bei den Arbeitgebern (AG) und 35% bei den Personalräten (PR). Die Befragung der kleineren Kommunen (KL) erbrachte einen Rücklauf von 33% (vgl. Tab. 1.2).

---

wohnern oftmals keinen Personalrat gibt, spricht auch, dass die Rücklaufquote bei den Personalräten in der Größenklasse von 3.000 bis unter 5.000 Einwohnern in der Erhebung schlechter ausfiel als auf Arbeitgeberseite, obwohl der Rücklauf bei den Personalräten in der Erhebung insgesamt höher lag.

Tab. 1.1: (Fortsetzung)

Bewertungsmethode	LOB-Typus	Nr.
SLB Basis- u. Zusatzprämie	Konventionalität	1
ZV Basis- u. Zusatzprämie	(konsultative) Partizipation	2
SLB, partiell noch Pauschale	Konventionalität, noch unvollständig eingeführt	3
SLB	Eingreifende Unilateralität	4
SLB	Konventionalität	5
SLB	Konventionalität	6
Ohne DV	Nicht-Umsetzung, Verhandlungen laufen	7
ZV (in Einzelfällen auch Kombination möglich)	Partizipation	8
ZV	Partizipation	9
Kombination (Option)	Heterogenität, Tendenz Konventionalität	10
Kombination (Option), SLB dominiert	Absicht gesteuerte Partizipation führt zu ungewollter Konventionalität	11
Ohne DV	Nicht-Umsetzung, Verständigungsprozess hat begonnen	12
SLB (Veränderung zu Basis- und Zusatzprämie, ZV ermöglicht)	Intention eingreifende Unilateralität, leichte Zunahme partizipativer Elemente	13
SLB	Gescheiterte Selektion, Konventionalität	14
Ohne DV	Nicht-Umsetzung, weitere Entwicklung offen	15
Kombination (Option)	Konventionalität	16
70% Pauschale, 30% freie Ausschüttung	Kompromisslogik	17
Option, ZV zentral, untere EG pauschal	Steuerung und Partizipation (von gesteuerter Partizipation zu partizipativer Steuerung)	18

a – In den NRW-Kommunen wurde die Sekundärauswertung von Interviews aus unserem Forschungsprojekt zur Entgeltreform im öffentlichen Dienst in vier Fällen durch jeweils ein Expertengespräch und in einem Fall durch zwei Expertengespräche ergänzt.

Die Fragebögen wurden statistisch in SPSS-Datensätzen erfasst. Da die Größe der Kommunen ein relevanter Faktor ist, der sich auf den Umgang mit LOB auswirkt, wurden die Datensätze (über die Korrektur der bewusst vorgenommenen Schichtung hinaus) nach Gemeindegrößenklassen bzw. dem Anteil der Kreise und Regionalverbände gewichtet. Durch die Gewichtung der Datensätze wurden Verzerrungen durch die Schichtung als auch beim Rücklauf korrigiert. Gewichtungsgrundlage war dasselbe Adressenverzeichnis des Statistischen Bundesamtes (Anschriften der Gemeinde-/

≡ Tab. 1.2: Die Datensätze der Flächenbefragungen

	AG (3.000 u. mehr Einwohner)	PR (3.000 u. mehr Einwohner)	KL (bis unter 3.000 Einwohner)	FALL+ (AG, PR u. KL) FALL– (nur AG u. PR)
Bruttostichprobe	1.781[a]	1.746[b]	628[c]	2.409[d]/1.781[e]
Rücklauf bzw. Nettostichprobe	426	604	206	1.064[f]/858[g]
Rücklaufquote bzw. Quote Netto-/Bruttostichprobe	23,9%	34,6%	32,8%	44,2%/48,2%

a – Zufällig ausgewählte Kommunen mit mehr als 3.000 Einwohnern; b = Bruttostichprobe AG korrigiert um Kommunen ohne Personalrat; c = Zufällig ausgewählte Kommunen mit bis unter 3.000 Einwohnern; d = Bruttostichprobe AG (inkl. PR) und KL zusammen; e = Bruttostichprobe AG (inkl. PR) ohne KL; f = 1.064 Fälle bestehend aus 426 Fällen der AG-Erhebung, 432 Fällen der PR-Erhebung sowie (bei einem Teil der Fragen) 206 Fällen der KL-Erhebung; g = bestehend aus 426 Fällen der AG-Erhebung und 432 Fällen der PR-Erhebung (ohne KL); verwendet bei Variablen, die für die kleinen Kommunen nicht erhoben wurden.

Stadtverwaltungen in Deutschland am 31.03.2011 mit Fläche am 31.12. 2009/2010 und Bevölkerung am 31.12.2009), aus dem auch die Zufallsstichprobe gezogen worden war.

Für 171 Kommunen liegen uns die Fragebögen sowohl von Arbeitgebern (AG) als auch Personalräten (PR) vor. Der Vergleich zeigt, dass bei Basisangaben, etwa der Frage, ob eine Dienstvereinbarung abgeschlossen wurde und welches Instrument der Leistungsbewertung eingesetzt wird (ob Systematische Leistungsbewertung, Zielvereinbarung oder eine Kombination beider) keine ausgeprägten Abweichungen zwischen den Angaben von Arbeitgebern und Personalräten auftreten (bezogen auf die gesamten AG- bzw. PR-Datensätze sind die Differenzen bei solchen Fragen allerdings etwas größer). Bei solchen *„hard facts"* treffen wir deshalb Aussagen mitunter unabhängig davon, ob die Angaben für einzelne Kommunen auf Personalräte oder die Arbeitgeberseite zurückgehen. Hierzu wurde ein Datensatz gebildet, den wir „FALL+" nennen, in den 426 Fälle aus dem AG-Datensatz, 432 Fälle aus dem PR-Datensatz und 206 Fälle aus der Erhebung bei kleinen Kommunen eingingen. Dieser Datensatz umfasst 1.064 Fälle, womit sich die Nettostichprobe auf 44,3% der Bruttostichprobe beläuft. Soweit Fragen in den kleinen Kommunen nicht gestellt wurden, umfasst der Datensatz 858 Fälle (48,2% der Fälle aus der entsprechenden Bruttostichprobe der Kommunen ab 3.000 Einwohnern sowie der Kreise). Wir sprechen dann vom Datensatz „FALL–" (vgl. Tab. 1.2).

Während bei den erwähnten Basisfakten nachfolgend die Datensätze „FALL+" oder „FALL–" Verwendung finden werden, greifen wir auf die separaten Datensätze AG, PR und (soweit auch im Kurzfragebogen die entsprechenden Fragen gestellt wurden) KL zurück, sobald in höherem Maße Deutungsunsicherheit oder auch Interessengebundenheit ins Spiel kommen.

Häufig werden wir die Angaben der Befragten auch vergleichend darstellen, wobei sich neben ähnlichen Tendenzen mitunter auch merkliche Deutungsdifferenzen zeigen werden. Manche Leserinnen und Leser könnten sich dann fragen, welche der Angaben denn nun tatsächlich stimme. Die fehlende Eindeutigkeit könnte auch generelle Zweifel an der Aussagekraft der Daten befördern. Hätten wir jedoch lediglich Arbeitgebervertreter gefragt (in den kleinen Kommunen häufig Bürgermeister/innen, in den größeren Kommunen in der Regel Leiter/innen des Haupt- oder Organisationsamtes bzw. Personalleiter/innen), würden zwar solche Zweifel nicht gesät – zumindest bei jenen, die dem Urteil der Arbeitgeber in dieser Frage nicht besonders skeptisch gegenüberstehen. Manche Gewerkschafter/innen dürften die Zahlen jedoch gerade dann wenig überzeugen. Hätten wir stattdessen lediglich Personalräte befragt, so wären die Zweifler mehrheitlich wohl auf Arbeitgeberseite zu finden. Kurz: Bei einer Untersuchung auf einem von Interessenwidersprüchen durchzogenen Feld, und insbesondere bei einer zwischen den Tarifparteien heftig umstrittenen Frage wie der des Leistungsentgelts, spricht viel für eine Befragung sowohl der Arbeitgeber- als auch der Arbeitnehmerseite. Aufgrund realer Wechselwirkungen zwischen Interessenlage, Vorerwartungen, Wahrnehmung und Deutung würde eine Eindeutigkeit, die lediglich auf der Basis von Arbeitgeber- oder Personalratsangaben beruht, bei vielen Angaben einen systematischen Fehler einschließen. Die Eindeutigkeit wäre lediglich fiktiv.

Da sich die Angaben beider Seiten allerdings keineswegs stets diametral gegenüberstehen, sind zumindest die groben Tendenzen auf diese Weise mit größerer Sicherheit zu bestimmen, als es bei einer Berücksichtigung lediglich einer Perspektive der Fall sein könnte. Doch es wird der Umstand nicht aufzuheben sein, dass manche Differenz sich nicht aus dem Untersuchungsgegenstand erklärt, sondern sich lediglich „im Auge des (befragten) Betrachters“ findet. Obwohl auch im öffentlichen Dienst ein Interessenwiderspruch zwischen Organisation und Beschäftigten besteht, wäre die Annahme, Arbeitgebervertreter und Personalräte würden sich im öffentlichen Dienst stets wie die Personifikationen von Kapital und Arbeit gegenüberstehen, doch aus zwei Gründen unzureichend: Zum einen besteht der Organisationszweck der Kommunalverwaltungen nicht darin, aus eigennützigen Motiven Erträge zu erwirtschaften, weshalb Arbeitgebervertreter und Beschäftigte bzw. Personalräte sich partiell, nämlich als Bürgerinnen und Bürger, gegenüber dem Staat als dem Anbieter öffentlicher Dienstleistungen durchaus in einer vergleichbaren Rolle befinden. Zum anderen sind die Arbeitgebervertreter/innen entweder gewählte Bürgervertreter oder sie befinden sich beispielsweise als Amtsleiter/innen ebenfalls in einem abhängigen Dienst- oder Arbeitsverhältnis und teilen mit den anderen Beschäftigten und den Personalräten den Beschäftigungsstatus, ohne sich dabei wie die Spitzenmanager größerer Firmen von anderen Beschäftigten so weit zu unterscheiden, dass von einer hinlänglich abgrenzbaren eigenen sozialen Schicht gesprochen werden könnte. Sowohl unter politisch gewählten als auch leitenden Führungskräften im Beamten- oder Beschäftigtenstatus, aber auch unter Personalräten war deshalb mit einer partiellen Interessenüberschneidung und einer erheblichen Rollenempathie zu rechnen. Dabei könnte arbeitgeberseitig die Übernahme von Interessenorientierungen der Arbeitnehmerseite dann höher ausgefallen sein, wenn das Ausfüllen der Fragebögen eher an Vertreter mit niedrigem Status delegiert worden war. Es ist somit von Interesse, wer auf Arbeitgeberseite die Fragebögen ausgefüllt hat.

Allerdings geben 77% derjenigen, die den Fragebogen ausgefüllt haben, an, zu den Kategorien *„(Ober-)Bürgermeister/in"*, *„Hauptdezernent/in, Leiter/in Haupt-/Organisationsamt"* oder *„Personaleiter/in"* zu gehören. Teilweise werden verschiedene der erfragten Funktionen in Personalunion ausgeübt. In jedem der Fälle sollte es sich um sachlich kompetente Ausfüller gehandelt zu haben (vgl. Tab. 1.3). 17% derjenigen, die angeben eine sonstige Funktion auszuüben, gehören ebenfalls den zuerst genannten drei Kategorien an. Ansonsten finden sich hier vor allem Personalverantwortliche, aber auch Kämmerer. Mitunter werden spezielle Funktionen genannt, wie *„LOB-Verantwortliche/r"* oder *„Projektleiter/in TVöD"*. In der Kurzbefragung der kleinen Kommunen geben 35% derjenigen, die den Fragebogen ausgefüllt haben, an, Bürgermeister/in zu sein. Der Rest zählt sich zur Kategorie der Sonstigen. Zum einen, um den Fragebogen knapp zu halten, zum anderen, weil wir damit rechneten, dass in kleineren Gemeinden durchaus unterschiedliche Zuständigkeiten für die LOB-Umsetzung bestehen konnten, haben wir darauf verzichtet, weitere Kategorien vorzugeben, eröffneten jedoch die Möglichkeit, unter der Kategorie „Sonstige" die jeweilige Position anzugeben. Hier dominieren auch bei den kleinen Kommunen Personalleiter/innen bzw. Personalverantwortliche, mitunter auch Personalsachbearbeiter/innen, es finden sich jedoch auch etliche Kämmerer.[9] Insgesamt betrachtet scheint sich in der Zusammensetzung der

9 In einem Fall wurde der Fragebogen für kleine Kommunen von einem Personalrat ausgefüllt. Dies ist wahrscheinlich ein Ausdruck davon, dass der Personalrat als Teil der Verwaltung verstanden wird, der u.a. für Tariffragen zuständig ist, und deshalb vom Bürgermeister oder der Verwaltungsleitung darum gebeten wurde, den Fragebogen auszufüllen. Gleichwohl haben wir diesen Fragebogen nicht be-

den Arbeitgeberfragebogen ausfüllenden Personen durchaus zu spiegeln, wie sich Arbeitgeberpolitik in der Frage der leistungsorientieren Bezahlung in den Kommunen artikuliert. Zentrale Akteure in größeren Kommunen sind die Haupt- und Personalamtsleiter/innen, mitunter wird die Aufgabe der Einführung und Anwendung der leistungsorientierten Bezahlung jedoch auch weitgehend an Mitarbeiter/innen der Personalabteilung übertragen, die dann manchmal zusammen mit dem Personalrat ein System der LOB-Anwendung entwickeln.

Tab. 1.3: Funktion des ausfüllenden Arbeitgebervertreters in der Verwaltung ≡

„Welche Funktion haben Sie in der Verwaltung?“[a]

	AG
(Ober)-Bürgermeister/in	3,7
Hauptdezernent/in, Leiter/in Haupt-/Organisationsamt	46,0
Personalleiter/in	49,5
Mitglied in der Betrieblichen Kommission	31,8
Verantwortliche/r für Entgeltfragen	37,5
sonstiges	13,2

a – Flächenbefragung: Datensatz AG; nur Anwender, Mehrfachnennungen, Prozente „trifft zu“

Von den Personalräten, die den Fragebogen ausgefüllt haben, geben 84% an, Personalratsvorsitzende zu sein, 10% sind stellvertretende Vorsitzende. Ansonsten handelt es sich um Personalratsmitglieder, die speziell für Entgeltfragen zuständig und in der Regel Mitglieder der betrieblichen Kommission sind – soweit leistungsorientierte Bezahlung eingeführt ist und eine Kommission existiert. Die mehrheitliche, oder zumindest die handlungsrelevante Orientierung der Personalräte dürfte in der Befragung angemessen zum Ausdruck kommen.

Standardisierte Beschäftigtenbefragungen

Da wir wissen wollten, wie zufrieden die Beschäftigten mit der leistungsorientierten Bezahlung sind und annahmen, dass der Akzeptanz der LOB eine zentrale Bedeutung auch für deren Funktionalität zukommt, führten wir, über die Gruppengespräche mit Beschäftigten und Führungskräften

---

rücksichtigt. Das Schicksal der Nichtberücksichtigung traf auch einen der Personalratsfragebogen, der uns ausgefüllt und versehen mit dem Hinweis, dass es keinen Personalrat gebe, von der Arbeitgeberseite gemeinsam mit dem Arbeitgeberfragebogen zugesandt wurde.

hinaus, auch standardisierte Beschäftigtenbefragungen durch. Es ist nicht nur schwierig, die Leistung einzelner Beschäftigter zu bewerten, sondern auch die ganzer Kommunen. Deshalb, und vor allem weil ein Rückschluss von einer veränderten Performanz auf die mögliche Ursache Leistungsentgelt nahezu ausgeschlossen ist, da eine Vielzahl anderer Ursachen auf organisationaler Ebene wirken kann, kommt der Frage, ob die Handelnden selbst einen Zusammenhang zwischen der leistungsorientierten Bezahlung und Veränderungen der Arbeitsleistung und der Dienstleistungserbringung herstellen, eine wichtige Bedeutung für die Beurteilung der Effektivität zu. Eine Möglichkeit besteht darin, die Beschäftigten danach zu fragen, ob sie sich um die Anforderungen der LOB gekümmert haben. Wir strebten deshalb eine breite, standardisierte Erhebung der Bewertungen und Erfahrungen der Beschäftigten mit der leistungsorientierten Bezahlung an. Da der Umgang der Beschäftigten mit Leistungsentgelt selbstverständlich auch von deren Erfahrungen mit spezifischen Varianten von LOB-Systemen geprägt wird und wir nach Zusammenhängen zwischen Varianten der LOB-Umsetzung, der Akzeptanz und dem Verhalten der Beschäftigten (Tarifbeschäftigte und Beamte) suchen wollten, kam eine repräsentative Befragung von Beschäftigten des öffentlichen Dienstes ohne Organisationsbezug, d.h. ohne Verkoppelung mit organisationsbezogen erhobenen Daten, wie wir sie mittels der Befragungen der Arbeitgeber und der Personalräte generierten, jedoch nicht in Frage.

Um gleichwohl Maßstäben der Repräsentativität auch in der Fläche zumindest näherungsweise zu genügen, wollten wir die Erhebungen jedoch auch nicht mit den (willkürlich ausgewählten) Fallstudien verkoppeln. Wir verbanden die Auswahl der Kommunen, die für eine Beschäftigtenbefragung in Frage kommen sollten, deshalb mit der zufällig ausgewählten Flächenstichprobe. Alle Arbeitgeber und Personalräte, denen wir den ausführlichen Fragebogen zugeschickt hatten, wurden danach gefragt, ob sie Interesse an einer Beschäftigtenbefragung hätten. Das Ziel bestand darin, auf diese Weise eine von der repräsentativen Befragung der betrieblichen Kollektivakteure abgeleitete Erhebung zu erhalten. Aus 127 Kommunen wurde seitens der Arbeitgeber oder der Personalräte oder von beiden Seiten Interesse an einer Befragung der Mitarbeiter/innen signalisiert und um einen Musterfragebogen gebeten.

Wie zu erwarten war, reduzierte sich die Zahl der Interessenten aus terminlichen und anderen Gründen deutlich, als wir eine verbindliche Erklärung über die Durchführung verlangten. Letztlich wurden in 34 Kommunen Befragungen erfolgreich durchgeführt. Da wir Beschäftigtenbefragungen nur dort durchführen wollten, wo LOB eingeführt war, war bezogen auf die Bruttostichprobe von 1.781 Kommunen (ohne kleine Gemeinden, die nicht einbezogen wurden), von der wir auf der Basis des Datensatzes „FALL–“ annehmen durften, dass 59% LOB eingeführt haben, eine Bruttostichprobe von 1.051 Fällen zu Grunde zu legen. Die 34 durchgeführten Beschäftigtenbefragungen ergeben somit eine Beteiligungsquote von 3,2% an der Bruttostichprobe der angefragten, und von 6,7% gegenüber der Nettostichprobe der antwortenden Kommunen der Flächenerhebung der Arbeitgeber- und Personalratserhebungen (basierend wiederum auf dem Datensatz „FALL–“).

Da wir in großen Kommunen aufgrund des erforderlichen Arbeitsumfangs und der anfallenden Kosten keine Vollerhebungen hätten durchführen können, in kleineren Kommunen Vollerhebungen jedoch unverzichtbar waren, und wir uns darüber hinaus bemühten, auf die kommunalen Möglichkeiten einzugehen, erfolgten die Beschäftigtenbefragungen zum Teil als Stichprobenerhebungen, partiell als Vollerhebungen. Insgesamt haben wir 7.303 Fragebögen ausgegeben und 3.211 auswertbare Fragebögen zurückerhalten. Quer über alle Kommunen hinweg ergibt sich damit eine Rücklaufquote von 44%. Allerdings schwankte der Rücklauf zwischen den Kommunen erheblich. Die beste Rücklaufquote wurde mit 96% in einer kleineren Gemeinde erzielt, die schlechteste mit 22% in einer Stadt. Für die 34 Kommunen beträgt der Rücklauf auf die ausgegebenen Fragebögen im arithmetischen Mittel 52% (Standardabweichung 16,0) – wobei die besten Rücklaufquoten in kleineren Kommunen erreicht wurden (vgl. Tab. 1.4).

Tab. 1.4: Die Beschäftigtenbefragungen: Datensatz BESCH34 ≡

	alle	ZV	SLB	Option/ Kombination
Zahl der Kommunen[a]	34	6	17	11
Mittelwert Einwohnerzahl (ohne zwei Kreise)	26.482	33.169	22.448	28.335
Mittelwert Beschäftigtenzahl	314	451	282	289
Spannweite Beschäftigtenzahl	25–791	200–791	25–770	120–680
Auswertbare Fragebogen	3.211	698	1.566	947
Rücklaufquote Mittelwert Kommunen	52%	41%	52%	51%
Spannweite Rücklaufquote Kommunen	22%–96%	22%–58%	33%–96%	27%–75%
Rücklaufquote Befragte	44%	38%	51%	39%

a – Angegeben ist hier, welche der drei Fragebogenvarianten jeweils für die Beschäftigtenbefragung eingesetzt wurde. Diese Angabe ist nicht identisch mit dem Anteil der Beschäftigten, der mit einer der Methoden bewertet wurde. In Kommunen mit Options-/Kombinationsfragebogen wurde häufig ein Teil der Beschäftigten mittels SLB und ein anderer mit ZV bewertet, lediglich 4% der Beschäftigten werden mit einer festen Methodenkombination bewertet.

Die Vermutung dürfte nahe liegen, dass jene 34 Kommunen, die bereit waren, mit uns eine Beschäftigtenbefragung durchzuführen, eine Auswahl besonders gelungener LOB-Umsetzungen darstellen würden, denn häufig wurden die Befragungen von beiden Betriebsparteien getragen, in jedem der Fälle zumindest toleriert. Ein Vergleich zentraler Angaben zur Einführung und zur Bewertung leistungsorientierter Bezahlung zeigt jedoch, dass sich die Angaben der Kollektivakteure aus den 34 Kommunen nicht sehr stark von den Kommunen insgesamt unterscheiden. Der Vergleich von Angaben der Arbeitgeber und der Personalräte aus der Flächenerhebung (Datensatz „FALL–") mit einem Auszug der Flächenerhebungsdaten für die 34 Kommunen ergibt keine sehr ausgeprägten Unterschiede bei Angaben zur Qualität der LOB-Einführung sowie zur Akzeptanz der LOB. Die Beteiligung der Beschäftigten und das Bemühen der Führungskräfte um eine angemessene Bewertung werden in den 34 Kommunen etwas schlechter bewertet als im gewichteten Datensatz der integrierten Arbeitgeber- und Personalrätebefragung. Die Daten zu den Bemühungen der Beschäftigten, eine gute Bewertung zu erreichen, zeigen keine beachtenswerten Unterschiede. Die Gesamtbeurteilung des eigenen LOB-Systems wird von der Verwaltungsspitze ähnlich bewertet wie im Durchschnitt aller Fälle, die Bewertung des LOB-Systems durch die Führungskräfte, den Personalrat und die Beschäftigten fällt für die 34 Kommunen mit Beschäftigtenbefragungen eher etwas schlechter aus (vgl. Tab. 1.5).[10] Mit Blick auf die Akzeptanz der leistungsorientierten Bezahlung bei den Beschäftigten spricht somit wenig dafür, dass die 34 Kommunen, in denen wir die Beschäftigtenbefragungen durchführten, eine Positivauswahl von Kommunen mit ungewöhnlich erfolgreicher LOB-Praxis darstellen. Allerdings ist auch die Tendenz zu einer etwas schlechteren LOB-Akzeptanz ausgesprochen schwach.

Vergleichen wir abschließend noch auf Basis des Datensatzes „FALL–" die Angaben zu den Effekten der leistungsorientierten Bezahlung aus den 34 Kommunen mit Beschäftigtenbefragungen mit denen aus allen Kommunen, fallen die Unterschiede ebenfalls eher gering aus. Eine leichte Tendenz zur besseren Bewertung findet sich in den 34 Fällen insbesondere bei typischen Zielvereinbarungseffekten, nämlich Effekten mit Bezug zu

10 Im Datensatz „FALL–" stammen ungewichtet 49,7% der Fragebögen von Arbeitgebern und 50,3% von Personalräten (gewichtet nimmt der Arbeitgeberanteil auf 61,3% zu, der Anteil der Personalräte sinkt auf 38,7%, da die antwortenden Personalräte häufiger als die Arbeitgeber aus größeren Kommunen sind). Die für die 34 Fälle in diesem Datensatz herangezogenen Fragebögen stammen zu 52,9% von Arbeitgebern und zu 47,1% von Personalräten (gewichtet AG 63,2% und PR 36,8%).

Steuerungsprozessen und Beteiligung. Dies ist Ausdruck davon, dass in den 34 Fällen der Einsatz von Zielvereinbarungen häufiger als bei allen Anwendern vorkommt. Während im Mittel aller Fälle bei 84% die SLB separat oder in einer Methodenkombination dominiert und lediglich 16% Zielvereinbarungen einsetzen (vgl. Tab. 2.9), dominiert bei den 34 Fällen die Systematische Leistungsbewertung mit 75% gegenüber der Zielvereinbarung mit 25% (jeweils allein oder in Kombination) weniger deutlich.

Tab. 1.5: Exemplarischer Datenvergleich alle Kommunen und Kommunen mit Beschäftigtenbefragungen ≡

„Abgesehen von Einzelheiten: Wie wird das bei Ihnen eingeführte System der LOB insgesamt beurteilt?“[a]

	34 Kommunen mit Beschäftigtenbefragungen		alle	
von der Verwaltungsspitze	2,26	[2,19]	2,32	(,037)
von den Führungskräften	2,78	[2,61]	2,56	(,035)
vom Personalrat	2,81	[2,69]	2,61	(,040)
von den Beschäftigten	3,16	[3,12]	2,94	(,033)

a – Flächenbefragungen: Datensatz FALL– und Auszug aus jenen Kommunen, in denen auch Beschäftigtenbefragungen durchgeführt wurden; Mittelwerte einer Skala von 1 = „sehr gut“ bis 5 = „sehr schlecht“)

Da mit den 34 Beschäftigtenbefragungen (BESCH34) ungewichtet gearbeitet wird (jede Kommune zählt gleich), wurden die hier verwendeten Daten aus den Flächenerhebungen für diese Kommunen ebenfalls nicht gewichtet (die gewichteten Angaben finden sich jedoch aus Vergleichsgründen in eckigen Klammern), anders als die Daten des Datensatzes „FALL–“. Die runden Klammern enthalten den Standardfehler des Mittelwertes für den „FALL–“-Datensatz. Auf die Angabe des Standardfehlers für die 34er-Stichprobe wird verzichtet, da der Schluss auf die Grundgesamtheit über den Datensatz „FALL–“ erfolgt und hier stattdessen betrachtet wird, wie die Werte aus BESCH34 zu „FALL–“ passen.

Die Daten aus den Flächenbefragungen (AG- und PR-Datensätze) und den Beschäftigtenbefragungen (Datensatz BESCH34) wurden in einem *„Linked Employer-Employee*-Datensatz“ verknüpft. Sei es in der Verknüpfung mit der Flächenbefragung oder bei separater Betrachtung der Beschäftigtenbefragungen, stets ging jede der 34 Kommunen gleichgewichtig in die Gesamtauswertung ein. In der Regel basieren die verwendeten Daten aus den Beschäftigtenbefragungen somit auf nicht gewogenen Mittelwerten aus den einzelnen Befragungen (meist entweder Mittelwerte einzelner Ausprägungen oder auch Mittelwerte von Mittelwerten).

Im Mittel gaben 74% der Teilnehmer/innen der Beschäftigtenbefragungen an, (ehemalige) Angestellte und 19% (ehemalige) Arbeiter/innen zu sein. Beamte und Beamtinnen waren zu 8% beteiligt. Das Lebensalter der Befragungsteilnehmer/innen beträgt im Mittel 45,8 Jahre, die Betriebszugehörigkeit 16,3 Jahre. 62% der Befragten sind weiblich, 33% geben an, eine Teilzeittätigkeit auszuüben. 17% sind in Bereichen mit vorwiegend manueller Arbeit (Bauhof, Grünbereiche etc.) tätig, 22% im Bereich der Sozial- und Erziehungsdienste, 46% in der Kernverwaltung und 16% in sonstigen Arbeitsbereichen. Im Mittel wurde die Arbeit von 64% der Befragungsteilnehmer/innen anhand der Systematischen Leistungsbewertung bewertet, 29% schlossen Zielvereinbarungen ab (darunter etliche auch in Kommunen, in denen Wahlmöglichkeit bestand) und bei 4% der Beschäftigten wurde eine feste Kombination beider Bewertungsmethoden verwendet. 3% der Befragten machten bei der Frage nach der Bewertungsmethode die Angabe „weiß nicht". 21% der Befragten sind Mitglied in einer Gewerkschaft (überwiegend Ver.di).

Beobachtung der tarifpolitischen Ebene und Zusammenwirken der eingesetzten Methoden

Um ein hinreichendes Bild der Interessenlagen und Verhandlungsprozesse zu erhalten, angemessene Kriterien einer erfolgreichen Umsetzung der leistungsorientierten Bezahlung entwickeln sowie Veränderungen registrieren und weitere Entwicklungsmöglichkeiten besser einschätzen zu können, wurden auch die Entwicklungen auf der tarifpolitischen Ebene mitverfolgt (Experteninterviews und Diskussion vorläufiger Befunde mit den Akteuren).

Es dürfte für alle Lesenden auf Anhieb nachvollziehbar sein, dass die Untersuchung eines erheblichen Arbeitsaufwands bedurfte. Doch hat sich der große Aufwand an qualitativen und quantitativen Erhebungen gelohnt, wäre es nicht sinnvoller gewesen, eine Konzentration vorzunehmen? Abgesehen davon, dass eine ausschließlich qualitativ angelegte Untersuchung nicht genügt hätte, um dem bei den Akteuren bestehenden Erkenntnisinteresse zu genügen, etwas über den bundesweiten Umsetzungsstand, die Funktionalität und die Akzeptanz der leistungsorientierten Bezahlung in der Fläche zu erfahren, wäre auch eine Beschränkung auf eine Befragung lediglich der Arbeitgeber oder der Personalräte wenig hilfreich gewesen. Zum einen wäre, worauf wir bereits hingewiesen haben, eine Befragung lediglich der Personalräte oder der Arbeitgeber der Akzeptanz bei der jeweils anderen Tarifpartei in starkem Maße abträglich gewesen. Zum anderen wäre durch methodische Engführung lediglich eine scheinbar höhere Eindeutigkeit, tatsächlich jedoch eine stärkere Einseitigkeit der Befunde erzeugt worden. Dies trifft sowohl für die quantitativen als auch die qualitativen Erhebungen zu, ist insbesondere bei letzteren in der Arbeits- und

Industriesoziologie jedoch seit langem Standardwissen. Der Umgang mit verschiedenen Perspektiven firmiert unter Stichworten wie *„cross examination"* (beispielsweise Kern/Schumann 1984: 33) und inzwischen ebenfalls bereits seit längerer Zeit unter der Bezeichnung „Triangulation" (etwa Flick 2008; vgl. auch Kelle 2008 und Pflüger 2012).

Im Rahmen einer qualitativen Erhebung kann durch eine Rekonstruktion der Sinn- und Handlungszusammenhänge eine Integration der erhobenen Daten vorgenommen werden. Die sinnverstehende Rekonstruktion liefert dabei auch einen Schlüssel für den Umgang mit interessenbedingt voneinander abweichenden Angaben. Abweichende Angaben sind insbesondere auf dem Feld der betrieblichen Arbeitsbeziehungen in qualitativen Studien geradezu erwartete Ereignisse und wesentliche Instrumente der Rekonstruktion der Vorgänge und Interessenlagen. Die Angaben der Arbeitgeber und der Personalräte aus unseren standardisierten Befragungen weichen zwar ebenfalls mehr oder weniger voneinander ab, doch die Abweichungen sind zunächst nicht integrierbar, sondern können lediglich als zwei Näherungswerte gelten, die als wechselseitige Bestätigung verstanden werden können, soweit sie ähnlich ausfallen oder dieselbe Tendenz aufweisen. Eine solche Tendenz kann dann zusätzlich als wahrscheinlich gelten, wenn auch die Beschäftigtenbefragungen diese aufweisen. Soweit die Angaben so deutlich voneinander abweichen, dass sie gegensätzliche oder kategorial sehr unterschiedliche Schlüsse nahelegen, bedürfen diese jedoch der zusätzlichen Erklärung.[11]

Da sich die Interessenlagen von Arbeitgebern und Arbeitnehmern (zumindest partiell) unterscheiden, ist jenseits von wenig interpretationsfähigen *„hard facts"* allemal mit nicht vernachlässigbaren Unterschieden zwischen den Angaben verschiedener Akteure zu rechnen. Da leistungsorientierte Bezahlung zwischen den Tarifparteien umstritten ist und sich die Orientierungen der betrieblichen Akteure häufig in Auseinandersetzung mit den Positionen der Tarifparteien entwickeln, sind auch die Angaben in den standardisierten Erhebungen durch interessen- und diskursbasiert unterschiedliche Wahrnehmungs- und Deutungsmuster geprägt. Dies dürfte kaum bezweifelt werden, wenn es etwa um die Frage geht, ob eine Fortführung oder eine Abschaffung des § 18 TVöD als sinnvoll erachtet wird. Hier sind unterschiedliche Angaben naheliegender Weise vor dem Hintergrund von Interessenlagen und der Diskurse (auch) der tarif-

11 Genau genommen sind, soweit divergente Interessen und sich widersprechende Diskurse bestehen, auch übereinstimmende Angaben erklärungsbedürftig – zumindest soweit in irgendeiner Weise Wahrnehmungs- und Deutungsunterschiede wahrscheinlich oder möglich sind.

politischen Akteure zu verstehen. Auch quantitative können ähnlich wie qualitative Daten in einem Sinn- und Handlungszusammenhang gedeutet werden. Je detaillierter das qualitative Wissen um Akteure, Diskurse und Handlungskonstellation ist, umso klarer können auch weniger offensichtliche Gründe für abweichende Angaben verstanden werden. Dadurch gelingt es zwar noch immer nicht, befragungsübergreifend einheitliche Zahlen hervorzubringen, doch deren Aussagewert kann diskutiert und *de facto* verbessert werden. Die qualitative Erhebung erleichterte nicht nur das Erarbeiten der Fragebögen für die standardisierten Erhebungen im Sinne einer explorativen Vorphase (Funktion der Exploration), sondern erlaubte somit auch, die quantitativen sowie die qualitativen Befunde in einen Sinn- und Handlungskontext zu integrieren (Funktion der Integration). Obgleich bei der folgenden Darlegung der Befunde häufig die Quantitäten in den Vordergrund rücken werden, so tragen doch die qualitativen Befunde nicht nur zu deren Verständnis bei, sondern sind auch entscheidend für die Struktur der Gesamtbetrachtung.

Die verschiedenen qualitativen und quantitativen Erhebungskomponenten dienten darüber hinaus dazu, die Validität der Befunde durch wechselseitigen Abgleich zu verbessern (Kontroll- und Kalibrierfunktion; etwa Charakterisierung der 34 Kommunen mit Beschäftigtenbefragungen anhand der Angaben der Flächenbefragungen). Wir können bei allen Begrenzungen, die auch unsere Untersuchung aufweist, unseres Erachtens in Anspruch nehmen, ein vielschichtiges Bild der leistungsorientierten Bezahlung in den Kommunen zeichnen zu können (Funktion der Mehrdimensionalität). Die Hauptschwäche des gewählten Zuganges besteht darin, dass ein erheblicher Erhebungs- und Auswertungsaufwand getrieben werden musste. Allerdings ist unseres Erachtens eine Integration verschiedener Erhebungsinstrumente und wichtiger im Feld vorkommender Perspektiven insbesondere dann von großer Bedeutung, wenn es darum geht, keine unüberbrückbare Lücke zwischen kleinteiligen wissenschaftlichen Befunden und dem von Akteuren benötigtem Handlungswissen entstehen zu lassen. Doch kann nur unter günstigen Voraussetzungen (gute Kenntnis der Erhebungsinstrumente, ausreichende Vorkenntnisse des Forschungsgegenstandes und hinreichende Ausstattung des Projekts) für den Einsatz eines solchen, vergleichsweise umfangreichen Methodenmix plädiert werden.

2. Systematische Leistungsbewertung, Zielvereinbarung oder pauschale Ausschüttung? Stand der Umsetzung

2.1 Dienstvereinbarungen zur LOB-Umsetzung

Tarifvertraglich ist vorgesehen, dass in den Kommunen vor der Einführung leistungsorientierter Bezahlung zwischen Arbeitgeber und Personalrat eine einvernehmliche Dienstvereinbarung abzuschließen ist. In dieser Vereinbarung sind die tarifvertraglichen Regeln zur leistungsorientierten Bezahlung weiter zu konkretisieren. Etwa ist darüber zu entscheiden, ob Zielvereinbarungen, die sogenannte Systematische Leistungsbewertung oder eine Kombination beider als Instrumente der Leistungsbewertung eingesetzt werden sollen. Der § 18 TVöD-VKA lässt den Akteuren vor Ort sowohl diesbezüglich als auch hinsichtlich einer Reihe anderer Aspekte einen merklichen Entscheidungsspielraum.

Dieser Weg dezentraler Konkretisierung sollte einerseits die Chance bieten, durch vor Ort erfolgende Aushandlungen eine den jeweiligen Bedingungen angepasste Lösung zu finden. Andererseits konnte auf diese Weise jedoch seitens der Tarifparteien auch versucht werden, zumindest einem Teil der variierenden Erwartungen ihrer Mitglieder entgegenzukommen. Beispielsweise wäre, wie nach Beginn der Umsetzung offensichtlich wurde, der Versuch alles andere als problemlos gewesen, alle Kommunen tarifvertraglich zur Anwendung von Zielvereinbarungen zu bewegen, obgleich sie von einem Teil der Arbeitgeber und von Ver.di (wie wir zeigen werden, durchaus mit Berechtigung) für das wirksamere und modernere Instrument gehalten wurden. Die dezentrale, betriebliche Konkretisierung der tariflichen Regelung orientierte sich deshalb zwar einerseits durchaus an den Reform- und Entbürokratisierungs-Konzepten des öffentlichen Dienstes (Bogumil et al. 2007a) sowie an der vorangegangenen Dezentralisierungswelle in der Privatwirtschaft (vgl. etwa Faust et al. 1994), andererseits hätten striktere jedoch Vorgaben auch erhebliche Belastungen für das *„intra-organizational bargaining“* beider Tarifparteien ergeben.

Da eine Dezentralisierung in der Form einer Übertragung von Entscheidungskompetenz allein auf die einzelnen Arbeitgeber auf gewerkschaftlicher Seite einen Verlust an Einfluss dargestellt hätte, konnte diese nur über den Weg des Abschlusses einer einvernehmlichen Dienstvereinbarung erfolgen, die jedoch zur Folge hatte, dass auf den Abschluss einer Vereinbarung und damit die Einführung von Leistungsentgelt verzichtet werden kann. Ein solcher Verzicht kann im Einvernehmen beider Betriebsparteien erfolgen, oder weil eine der beiden keine Einführung des Leistungsentgelts möchte. Aus diesem Grund war für die tarifpolitischen Akteure vor der Frage danach, welche Methoden vor Ort angewandt werden und wie die Systeme leistungsorientierter Bezahlung ausgestaltet werden, zunächst eine viel grundsätzlichere Frage von Interesse: Wird Leistungsentgelt unter dieser Voraussetzung überhaupt in hinlänglicher Breite eingeführt oder wird der § 18 unter dieser Voraussetzung, wie es in einem frühen Statement eines Gewerkschafters hieß, zum „Rohrkrepierer"?

Da frühere Versuche, Leistungsentgelt in den Kommunen auf freiwilliger Basis einzuführen, nur wenig erfolgreich waren (Tondorf/Jochmann-Döll 2004, Trittel et al. 2010, Schmidt et al. 2011a), konnte schon während des Verhandlungsprozesses zum TVöD mit später mitunter fehlender Umsetzungsbereitschaft gerechnet werden. Deshalb wurden in den Tarifvertrag Bestimmungen eingebaut, die den Verzicht auf den Abschluss einer Dienstvereinbarung weniger attraktiv erscheinen lassen sollten. Zum einen wurde geregelt, dass die für das Leistungsentgelt vorgesehenen Mittel auch beim Verzicht auf eine Vereinbarung keinen anderen Zwecken zugeführt werden dürfen. Dadurch sollte der Versuchung entgegengewirkt werden, mittels des Verzichts auf leistungsorientierte Bezahlung eine Quelle zum Stopfen von Haushaltslöchern zu erschließen. Zum anderen wurde vereinbart, dass ein Verzicht Konsequenzen für die Höhe des auszuschüttenden Entgeltvolumens haben sollte, d.h. den Beschäftigten in einem solchen Fall zwar eine Pauschale ausgezahlt werden muss, diese in der Höhe jedoch nur etwa der Hälfte des Betrages entspricht, der bei der Einführung leistungsorientierter Bezahlung fällig wäre (6% des Septemberentgelts, vgl. Kap. 1.1). Der Differenzbetrag sollte erst nach dem Abschluss einer Dienstvereinbarung ausbezahlt werden.

In welchem Maße sich diese Bestimmung letztlich als wirksamer Einführungszwang erweisen würde, darüber konnte freilich gestritten werden. Die Erwartungen und auch frühe Wahrnehmungen vom Ausmaß der Einführung von Leistungsentgelt lagen deshalb häufig sehr weit auseinander. Hinzu kam, dass auch die Verfahrensweise im Falle des Fehlens einer Dienstvereinbarung gewisse Deutungsräume eröffnete. Deshalb war auch diese Bestimmung zwischen den Tarifparteien selbst umstritten, und nicht allen Akteuren vor Ort war klar, ob die Tarifregel lediglich für 2008 einmalig eine reduzierte Auszahlung bestimmte, oder sich daraus so lange eine reduzierte Ausschüttung ergeben müsse, bis eine Vereinbarung abgeschlossen sei. Soweit die erste Deutung vertreten wird, ist der Druck auf den Abschluss einer Dienstvereinbarung erheblich geringer als im zweiten Falle, da sich die Auswirkungen für die Beschäftigten deutlich unterscheiden (inzwischen hat das Bundesarbeitsgericht zugunsten der zweiten Deutung entschieden, vgl. Kap. 1.1). Erwartungen, in welchem Umfang die Einführung von Leistungsentgelt unter diesen Voraussetzungen erfolgen würde, waren somit von mehreren Faktoren beeinflusst und deshalb mit erheblicher Unsicherheit behaftet.

Ob der § 18 TVöD als Erfolg oder Misserfolg zu gelten hat, entscheidet sich somit nicht allein an Fragen danach, wie genau die Einführung von Leistungsentgelt in den Kommunen vonstattenging, ob die eingeführten Systeme die erhofften Wirkungen haben und sie die nötige Akzeptanz bei den Beschäftigten finden, sondern zunächst ist die Umsetzungsquote selbst hierfür ein bedeutsames Datum. Wie hoch die *coverage rate* liegen muss, damit der § 18 in dieser Hinsicht als Erfolg gewertet werden darf, ist freilich schwer zu sagen. Nehmen wir den bisherigen Geltungsanspruch von Flächentarifverträgen des öffentlichen Dienstes zum Maßstab, die in Konsequenz der sogenannten „Tarifautomatik" zumindest formell vor Ort keine Spielräume bei Entgeltfragen boten und nahezu überall wirksam waren, fällt jede nicht nahezu vollständige Umsetzung dagegen ab.

Einheitliche Arbeitsbedingungen im öffentlichen Dienst, die durch den Zerfall der Tarifgemeinschaft von Bund und Kommunen mit den Ländern weniger selbstverständlich geworden sind, werden bei lediglich partieller Umsetzung der Tarifregelungen zusätzlich in Frage gestellt. Da die Länder die praktisch noch nicht umgesetzten Bestimmungen zum Leistungsentgelt wieder außer Kraft gesetzt haben, leidet hier die Einheitlichkeit zwar ohnehin, doch aus der Perspektive einheitlicher Arbeitsbedingungen kommt einer hohen Umsetzungsquote selbstverständlich erhebliche Relevanz zu. Darüber hinaus zielen der dezentrale Spielraum bei der Umsetzung sowie der Einsatz leistungsorientierter Bezahlung selbst allerdings gerade auf Differenzierung, weshalb auch von einem (gewerkschaftlichen) Standpunkt der Einheitlichkeit eine hohe Umsetzungsquote gleichwohl nicht zwingend positiv zu werten ist.

Nähern wir uns der Erfolgsfrage aus der Perspektive von Befürwortern der Dezentralisierung, verliert eine unvollständige Umsetzung etwas ihren Schrecken, da Regelungsunterschiede zwischen den Kommunen dann nicht unbedingt als negativ gelten müssen. Allerdings begrenzt eine unvollständige Umsetzung gerade auch die Reichweite von Leistungsdifferenzierung unter den Beschäftigten. Eine zurückhaltende Umsetzung muss dann nicht nur als Signal geringer Akzeptanz, sondern auch als eine erhebliche Schwäche gelten, wenn das Ziel verfolgt wird, mittels leistungsorientierter Bezahlung Modernisierung und Verwaltungsreform wichtige Impulse zu geben. Zumindest partiell ist dies bei der VKA der Fall (Schmidt et al. 2011b). Etwas anders stellt sich die Umsetzungsquote aus einer an einheitlichen Arbeitsbedingungen interessierten Perspektive dar: Aus einer solchen müsste einerseits ein strengerer Maßstab an die Umsetzung angelegt werden, um Einheitlichkeit zu sichern, andererseits jedoch würde gerade ein weitgehendes Scheitern der Umsetzung sowie eine eventuelle Rücknahme der Regelungen das höchste Maß an Einheitlichkeit bewahren.

Die erforderliche Höhe der *coverage rate* ist somit aus beiden Perspektiven nicht eindeutig zu bestimmen und kann deshalb aus einer Interessenperspektive, in der primär die Performanz von Aussagen zählt (Ortmann 2004), je nach Konstellation unterschiedlich bestimmt werden. Das akzeptable Maß für die Umsetzung haben die Akteure deshalb notgedrungen selbst zu bestimmen, eine objektive oder wissenschaftlich eindeutige Schwelle, ab der davon zu reden ist, dass die Einführung von Leistungsentgelt in den Kommunen als hinreichend zu gelten hat, gibt es nicht. Ganz abgesehen davon, dass in eine Gesamtbewertung des § 18 selbstverständlich mehr eingehen sollte als lediglich die Umsetzungsquote, bleibt die Angemessenheit der Bewertung doch abhängig vom Urteil der Akteure, der Tarifparteien, der einzelnen Arbeitgeber, der Personalräte und der Beschäftigten selbst. Wir werden deshalb darauf verzichten, die Umsetzungsquote als solche daraufhin zu bewerten, ob von einem hinlänglichen Erfolg oder einem Überwiegen des Misserfolgs die Rede sein muss.

Die empirisch vorgefundene Umsetzungsquote von etwas mehr als der Hälfte der Fälle liegt deutlich höher als in der Anfangsphase von Skeptikern angenommen. Von einer durchgehenden Umsetzung kann allerdings keine Rede sein. Unsere eigene Erwartung an die Umsetzung, die auf unserer auf Nordrhein-Westfalen beschränkten Vorerhebung basierte, wird bundesweit etwas unterschritten.[1]

In Tabelle 2.1 werden grundlegende Daten zum Stand der Umsetzung des Leistungsentgelts nach § 18 TVöD-VKA sowie zur Verwendung der Bewertungsinstrumente Systematische Leistungsbewertung und Zielvereinbarung dargestellt. Wiedergegeben werden Angaben auf Basis der Erhebungen in kleinen Kommunen (Datensatz KL, auf Basis einer Arbeitgeberbefragung) und den Kommunen ab 3.000 Einwohnern aus Arbeitgebersicht (AG) und aus Sicht der Personalräte (PR) sowie auf Basis des nach Fällen integrierten Datensatzes (FALL+, vgl. die Erläuterungen zu den Erhebungen und deren Auswertung im Methodenteil 1.2).

1 Unsere 2010 durchgeführte Personalrätebefragung in NRW erbrachte lediglich in 23% der Fälle den Befund einer pauschalen Ausschüttung (mit und ohne Dienstvereinbarung zusammengenommen) (Schmidt et al. 2011a: 108).

Tab. 2.1: Systematische Leistungsbewertung, Zielvereinbarung oder pauschale Ausschüttung[a]

		FALL+		AG	PR	KL
		Fälle	Beschäftigte	Fälle	Fälle	Fälle
Ausschließlich oder überwiegend Systematische Leistungsbewertung (SLB)	zusammen: 54,9	40,9	31,9	47,6	35,0	28,6
Ausschließlich oder überwiegend Zielvereinbarungen (ZV)		6,6	17,1	8,0	7,5	2,9
Ausschließlich oder überwiegend eine feste Kombination beider, in der die SLB-Anteile überwiegen		5,0	6,4	6,3	4,3	2,7
Ausschließlich oder überwiegend eine feste Kombination beider, in der die ZV-Anteile überwiegen		2,4	3,4	2,1	2,9	1,1
Pauschale Ausschüttung laut Dienstvereinbarung/Dienstanweisung	zusammen: 45,1	13,0	14,1	9,6	17,4	16,4
Informelle pauschale Ausschüttung entgegen Dienstvereinbarung/Dienstanweisung		7,2	5,0	7,5	11,5	4,6
Keine Dienstvereinbarung/Dienstanweisung vorhanden		24,9	22,1	19,1	21,5	43,8

a – Flächenbefragungen: Datensätze AG, PR, KL und FALL+; Spalte Beschäftigte = Anteil der Beschäftigten, Prozente

Soweit sich kein anderer Hinweis findet, geben Prozentzahlen stets die prozentualen Anteile an den befragten Kommunen wieder (fallbezogene Betrachtung). Lediglich in Ausnahmefällen wird nach *„Fällen“* und *„Beschäftigten“* unterschieden, dann werden unter letzteren die Beschäftigtenanteile wiedergegeben.

Deutlich wird zunächst, dass in den kleinen Kommunen in der Mehrzahl der Fälle Leistungsentgelt bisher nicht im Sinne einer differenzierten Ausschüttung eingeführt wurde. 44% geben an, keine Dienstvereinbarung abgeschlossen oder (bei Fehlen eines Personalrates) keine entsprechende Dienstanweisung gegeben zu haben. 16% teilen mit, dass zwar eine einschlägige Vereinbarung oder Anweisung bestehe, diese jedoch keine nach Leistung differenzierte, sondern eine pauschale Ausschüttung des zur Verfügung stehenden Entgeltvolumens bestimme. Bei weiteren 5% steht zwar eine differenzierte Ausschüttung auf dem Papier, doch gleichwohl erfolgt die Ausschüttung pauschal. In Interviews wurde dies auch als eine Methode (allerdings in der Regel nicht der eigenen Kommune) geschildert, um gegenüber Dritten, nicht zuletzt gegenüber dem jeweiligen Kommunalen Arbeitgeberverband (KAV) den Erwartungen konformes Verhalten zu signalisieren. Zusammengenommen geben knapp 65% aller Befragten aus kleinen Kommunen an, dass sie keine differenzierte Ausschüttung auf Basis einer Leistungsbewertung vornehmen. Keineswegs selten ist der Verzicht auf eine Dienstvereinbarung auch in den größeren Kommunen. Insgesamt betrachtet hat etwa ein Fünftel der Kommunen mit mehr als 3.000 Einwohnern demnach keine Dienstvereinbarung abgeschlossen und auch keine Dienstanweisung zur LOB-Einführung gegeben.

Arbeitgeber geben weniger häufig als Personalräte an, in einer Dienstvereinbarung eine Pauschalausschüttung geregelt zu haben. Zu einem erheblichen Maß dürften sich diese Unterschiede durch abweichende Deutungen erklären lassen. Nicht ganz auszuschließen sind jedoch auch Verzerrungen bei der Antwortbereitschaft: Die häufiger ablehnende Position auf Personalratsseite gegenüber der LOB dürfte dazu geführt haben, dass es eine Gruppe von Personalräten gibt, die stolz darauf ist, eine pauschale Ausschüttung des für die LOB zur Verfügung stehenden Entgeltvolumens durchgesetzt zu haben und deshalb eine hohe Antwortbereitschaft aufweist (17% pauschale Ausschüttung laut Dienstvereinbarung in Kommunen mit mehr als 3.000 Einwohnern). Dagegen mögen sich die Arbeitgeber zu einer solchen Vereinbarung eher weniger bereitwillig bekennen (10%; in kleineren Kommunen mit weniger als 3.000 Einwohnern 16%), wie uns aus unseren Gesprächen bekannt ist. In ähnlicher Weise dürfte dies für die Bereitschaft gelten, eine entgegen offizieller Vereinbarung erfolgende informelle Pauschalausschüttung zu nennen. Nicht ganz auszuschließen ist hier allerdings, dass sowohl die Teilnahmebereitschaft der Arbeitgeber als auch die der Personalräte etwas gelitten haben könnte. Aus Gesprächen wissen wir, dass in solchen Fällen mitunter auch vereinbart wird, dass alle Beteiligten Stillschweigen zu wahren haben.

Kurz: Neben Deutungsunterschieden, denen auch hier durchaus Relevanz zukommt, dürften sich zwischen Arbeitgebern und Personalräten auch gewisse Unterschiede der Teilnahmebereitschaft entlang der Linie von differenzierter und pauschaler Ausschüttung ergeben. Wir nehmen an, dass der Anteil differenzierter Ausschüttung deshalb bei den Arbeitgebern (Datensatz AG) mit 64% etwas überhöht und bei den Personalräten mit 48% etwas zu gering ausgefallen sein dürfte. In Kommunen mit mehr als 3.000 Einwohnern dürfte somit die Umsetzung mindestens in der Hälfte der Fälle, aber höchstens in zwei Drittel der Fälle erfolgt sein. Auf der Basis des Datensatzes „FALL–“ (ohne KL) ergibt sich eine Umsetzungsquote von 59%. Nehmen wir die kleinen Kommunen hinzu, in welchen die Umsetzung nach Arbeitgeberangaben in etwa bei einem Drittel liegen dürfte, so sollte der integrierte Wert von 55% differenzierter Ausschüttung für alle Kommunen näherungsweise zutreffen („FALL+“). Unabhängig davon, wie dies letztlich zu bewerten ist, dürfte der Stand der Einführung doch mit der Bezeichnung *Umsetzungslücke* zutreffend charakterisiert sein.

Ein Vergleich der Angaben von Arbeitgebern und Personalräten ausschließlich jener Kommunen, in denen uns die Fragebögen beider Betriebsparteien vorliegen, zeigt jedoch, dass sich die Angaben zum Anteil differenzierter Ausschüttung (dessen Höhe jedoch aufgrund der deutlich kleineren Stichprobe ansonsten weniger aussagekräftig ist) zwar deutlich annähern, aber gleichwohl Unterschiede verbleiben (AG: 66%, PR: 59%).[2] Selbst solche „hard facts“ unterliegen offenbar der Deutung: Denkbar wäre beispielsweise, dass Fälle, in denen *de facto* weitgehend, jedoch nicht gänzlich pauschal ausgeschüttet wird, einer je nach Selbstverständnis und Interessenlage unterschiedlichen Deutung unterliegen.

Allerdings zeigen gerade diese Abweichungen, dass es von erheblichem Vorteil ist, beide Akteure der betrieblichen Arbeitsbeziehungen zu befragen. Zwar vertragen sich Befunde, in denen lediglich eine Tendenz, nicht jedoch eine letztverbindliche Zahl angegeben werden kann, vordergründig nicht mit einer Ästhetik der Einfachheit und Klarheit, doch zugleich liefern sie erheblich belastbarere Daten, zumal sich die Angaben von Arbeitgebern und Personalräten zwar unterscheiden, sich jedoch in der Grundtendenz nicht widersprechen: LOB wird von einer vermutlich eher knappen Mehrzahl der Kommunen umgesetzt. Ob dies als großer Erfolg gewertet werden darf, kann zwar infrage gestellt werden, gleichwohl hat sich einiges verändert. Eine Bewertung der Veränderungen kann sich allerdings nicht auf eine bloße Betrachtung des Umsetzungsstandes beschränken. Allein weil etwas geschieht, muss dies noch kein Beleg dafür sein, dass es sich tatsächlich um eine vernünftige Praxis handelt (dies gilt auch für *performance-related pay,* vgl. Marsden 2010). Bevor wir auf die Frage der Bewertung der LOB-Einführung zurückkommen werden, wollen wir uns deshalb zunächst weiter darauf konzentrieren, empirische Befunde zum Umsetzungsstand und zur Sicht der Akteure zu präsentieren.

---

2 Im Vergleich zeigt sich, dass erstens in allen Fällen, in denen die befragten Arbeitgeber angeben, dass es keine Dienstvereinbarung/Dienstanweisung (DV/DA) gibt, dies auch die Personalräte so sehen. In wenigen Fällen gibt es den Personalräten zufolge keine DV/DA, während die Arbeitgeber von einer durch DV/DA geregelten Pauschalausschüttung oder von einer informellen Pauschalausschüttung sprechen. Zweitens besteht nicht immer Einigkeit, ob eine (geregelte oder informelle) pauschale Ausschüttung erfolgt: Personalräte sind häufiger dieser Auffassung als Arbeitgeber, allerdings kommt es in seltenen Fällen auch vor, dass Personalräte von einer differenzierten Ausschüttung berichten, während die Arbeitgeber eine Pauschalausschüttung konstatieren. Gewisse Abweichungen finden sich auch bei der Frage danach, welche Methode Anwendung findet. Die Ursache liegt primär darin, dass offenbar Deutungsspielraum besteht, ob eine der Methoden SLB oder ZV ausschließlich angewandt wird oder als dominierender Teil einer Kombination beider Methoden gilt.

Da es sich beim Verzicht auf eine differenzierte Ausschüttung von Leistungsentgelt um kein Randphänomen handelt, ist zu fragen, weshalb in vielen Fällen die Einführung leistungsorientierter Bezahlung unterblieb. Die vor dem Hintergrund der tarifpolitischen Kontroverse um das Leistungsentgelt zunächst naheliegende Vermutung, in den allermeisten Fällen seien es die Personalräte, die sich der Einführung von LOB verweigern, während die Arbeitgeber in der Regel dafür eintreten, sich angesichts der Pflicht zum Abschluss einer einvernehmlichen Dienstvereinbarung jedoch in vielen Fällen nicht durchsetzen können, bestätigt sich so nicht.

Tabelle 2.2 zeigt, dass das Fehlen einer Dienstvereinbarung zum § 18 TVöD in der Mehrzahl der Fälle keineswegs ausschließlich an einer Verweigerung des Personalrates liegt. 57% der befragten Arbeitgeber aus Kommunen ohne Dienstvereinbarung[3] geben an, dass sie Leistungsentgelt ablehnen (48% sehen sich diesbezüglich mit dem Personalrat einig). Seitens der Personalräte liegt die Zahl der Ablehner nach eigenen Angaben bei lediglich 45%.[4] Die Arbeitgeber bescheinigen den Personalräten allerdings einen höheren Anteil von 56% Ablehnern. Die Personalräte hingegen nehmen an, dass lediglich 33% der Arbeitgeber LOB im Konsens (31%) oder im Dissens (2,5%) mit dem Personalrat ablehnen.

≡ Tab. 2.2: Gründe für den Verzicht auf eine Dienstvereinbarung

„Weshalb gibt es keine Vereinbarung nach § 18 TVöD?“ [a]

	FALL+	AG	PR	KL
Es gibt keinen Personalrat				90,3
Beide Seiten sind im Prinzip dafür, konnten sich jedoch noch nicht einigen	23,0	18,6	38,7	
Beide Seiten lehnen Leistungsentgelt nach § 18 ab	32,0	48,4	30,9	10,0
Der Arbeitgeber lehnt eine Einführung ab	13,6	14,6	2,5	15,5
Der Personalrat lehnt eine Einführung ab	8,3	10,7	14,2	0,0
Eine Einigung scheiterte nicht am Leistungsentgelt, sondern an anderen Streitpunkten	8,0	11,6	11,0	3,6
Es gab eine Vereinbarung, die hat schlecht funktioniert und wurde wieder abgeschafft	7,3	4,7	13,6	1,3

a – Flächenbefragungen: Datensätze AG, PR, KL und FALL+; nur Kommunen ohne DV/DA; Mehrfachnennungen, Prozente

3 Die Angaben der Arbeitgeber in der Tabelle 2.2 für gemeinsame Ablehnung und Arbeitgeberablehnung addieren sich auf 63%, darunter sind jedoch mehrere Mehrfachangaben, weshalb die Zahl der Ablehner tatsächlich 57% beträgt.

4 Da es hier weitgehend an Mehrfachangaben fehlt, stimmt die Zahl der Ablehner unter den Personalräten mit den Angaben der Tabelle 2.2 nahezu überein.

Wenig überraschen muss es deshalb, dass deutlich mehr Personalräte als Arbeitgeber angeben, beide Seiten seien im Prinzip dafür, hätten sich jedoch bisher noch nicht einigen können. Es scheint, als ob manche Arbeitgeber – und dies würde zum Phänomen der informellen Pauschalausschüttung passen – ihre eigene Ablehnung nicht offen kundtun. Man könnte möglicherweise sogar formulieren, dass manche Arbeitgeber gewissermaßen, in metaphorisch psychoanalytischer Begrifflichkeit formuliert, die eigene LOB-Ablehnung auf die Personalräte projizieren. In jedem Falle könnte es Arbeitgebervertretern leichter fallen, bei Nachfragen (etwa durch engagierte Befürworter oder KAV-Vertreter) nach dem Stand der LOB-Umsetzung auf einen widerborstigen Personalrat und die unzulängliche Tarifregelung (einvernehmliche Dienstvereinbarung!) zu verweisen, als sich eine Nichteinführung (mit) selbst zuzuschreiben. Obgleich in etlichen Fällen durchaus einseitige Ablehnung vorliegt (mitunter schon auch durch den Personalrat) und mitunter eine Ablehnung der LOB-Einführung auf andere Streitpunkte zurückzuführen ist, muss doch konstatiert werden, dass wenig für einen in absehbarer Zeit zu erwartenden, massiven „Umsetzungsschub" spricht, wie ihn sich manche KAV-Vertreter etwa in der Konsequenz der BAG-Entscheidung zur Unzulässigkeit von Pauschalausschüttung erhoffen. Ein gewisser Anstieg der Umsetzungsquote ist jedoch durchaus wahrscheinlich.

In den drei Kommunen, bei denen wir uns vor Ort über die Gründe für deren Nichteinführung von Leistungsentgelt kundig machten, fand sich nur in einem Fall und nur begrenzte Zeit eine eindeutige Konfliktlinie, die darauf zurückzuführen war, dass der Personalrat Leistungsentgelt grundsätzlich und unter allen Umständen ablehnte, während sich die Arbeitgeberseite dafür aussprach (Stadt G). Ersichtlich war aber auch, dass das Verhältnis zwischen Personalverwaltung und Personalrat offenbar schon längere Zeit tief zerrüttet war. Beispielsweise fand die Kommunikation in einem, zumindest für eine kleinere Stadt, hohen Maße schriftlich statt, zudem wurden bisweilen Schreiben nicht zur Kenntnis genommen oder in konfliktverschärfender Weise kommuniziert. Allerdings lehnte der Personalrat Leistungsentgelt durchaus aus inhaltlich überzeugter Gegnerschaft ab, nicht wegen des generell schlechten Verhältnisses. Der Personalratsvorsitzende engagierte sich auch innergewerkschaftlich gegen leistungsorientierte Bezahlung. Inzwischen haben personelle Wechsel auf beiden Seiten zu einer gewissen Entspannung beigetragen, ein Gesprächsprozess auch zur Frage der leistungsorientierten Bezahlung hat begonnen, bei dem der Abschluss einer Dienstvereinbarung als durchaus wahrscheinlich gelten darf. Allerdings wird es voraussichtlich eine ein- oder bei Bedarf zweijährige Probephase geben, bevor dann tatsächlich differenziert ausgeschüttet wird. Abgesehen davon, dass sich das Verhältnis der Betriebsparteien etwas entspannt hat, ist der Personalrat jedoch nach wie vor nicht von der leistungsorientierten Bezahlung begeistert.

> „(...) Der gesamte Personalrat hofft eigentlich immer noch, und ein großer Teil der Beschäftigten hoffen immer noch, dass der §18 im Jahre 2014 wieder Geschichte ist. Mittlerweile sieht es ja auch so aus. In Potsdam bei der Bundeskonferenz von Ver.di gab es ja mehrere Anträge, dass dieser § 18 wieder abgeschafft wird. (...)
>
> Aber ich sehe natürlich auch keine andere Möglichkeit, um an die zurückgehaltenen Gelder zu kommen. Das ist eigentlich so der Hintergrund, wieso ich eigentlich, und auch, glaube ich, der gesamte Personalrat, etwas umgedacht haben. Dieses leistungsorientierte Entgelt ist unserer Meinung nach keine Leistungsförderung.“ (Personalrat, Stadt G)

Auch in einer weiteren, ebenfalls eher kleineren Stadt trugen eindeutig Spannungen zwischen der Personalleitung und zumindest einem Teil des Personalrats dazu bei, dass Verhandlungen nicht in Gang kamen. Die inhaltliche Nähe beider Parteien schien uns faktisch jedoch größer zu sein, als sie vor Ort wahrgenommen wurde. Der Arbeitgebervertreter beschreibt den örtlichen Konflikt als betriebliche Fortsetzung der tarifpolitischen Auseinandersetzung. Er legt dar, dass er keinen sachlichen Grund dafür sieht, dass der Tarifvertrag die leistungsorientierte Bezahlung nicht umfassend hätte regeln können.

> „(...) also, wenn ein Tarifvertrag in der Lage ist, alles zu regeln von A bis Z, ob die Kommune zehn Mitarbeiter hat oder zehntausend, dann müsste es beim Leistungsentgelt auch möglich sein.“ (Arbeitgebervertreter, Stadt B)

Die Bestimmungen des Paragraphen 18 zur dezentralen Regelung des Leistungsentgelts sieht er in erster Linie als mangelhaften Abschluss.

> „(...) es war halt mit heißer Nadel gestrickt. Man wollte zu einem Abschluss kommen. Man wusste aber, man kommt nicht zu einem Abschluss, wenn man es ausformuliert. Dann hat man ein Problem umgangen und jetzt setzt es sich halt (auf betrieblicher Ebene) fort.“ (Arbeitgebervertreter, Stadt B)
>
> „Darum sage ich immer wieder, unsere Aufgabe ist es doch nicht, dass wir Tarifpolitik, die jetzt auf einer Ebene, wo sie hingehört, nicht gemacht wird oder schlecht gemacht wird, auf örtlicher Ebene fortsetzen. Das kann es nicht sein.“ (Arbeitgebervertreter, Stadt B)

Der Arbeitgeberverband werbe für die Umsetzung, sei auch mehr oder weniger hilfreich unterstützend tätig, doch fürchte dieser nicht zuletzt, „dass man das hoch gelobte Kind der Leistungsvergütung irgendwann als

‚Problembären' bezeichnen muss." Auf der anderen Seite hätte die Gewerkschaft auf Personalversammlungen und über die Personalräte ihre „politische Meinung eingebracht."[5]

> „Normalerweise müsste man sagen, der Tarifvertrag ist geschlossen; die örtlichen Parteien haben eigentlich die Verpflichtung, etwas zu schaffen." (Arbeitgebervertreter, Stadt B)

Dabei ist er selbst gegenüber dem Nutzen leistungsorientierter Bezahlung mit Blick auf die bisher gemachten Erfahrungen in anderen Kommunen durchaus skeptisch.

> „Also, wenn man das hehre Ziel sieht, mit dem die Vergütung eingeführt worden ist, dann muss man sagen: Das ist nicht erreicht worden. Ich bin überzeugt, es gibt Systeme, die funktionieren. Aber die funktionieren vor dem Hintergrund, dass es Geld gibt, das verteilt werden muss. Und die funktionieren, ohne dass der Betriebsfrieden gestört ist, ohne dass sich die Leute an den Kragen gehen gegenseitig. Aber wenn man in dem Tarifvertrag liest, dass die öffentliche Dienstleistung verbessert werden soll und was da alles damit im Zusammenhang steht, glaube ich nicht, dass man jetzt behaupten kann, dass man in den Gemeinden, in denen so ein System kreiert worden ist, dieses Ziel erreicht hat." (Arbeitgebervertreter, Stadt B)

Eine hinlängliche Akzeptanz leistungsorientierter Bezahlung scheint ihm erreichbar zu sein, Wirksamkeit im Sinne einer Verbesserung des organisationalen Outputs jedoch nicht. Dabei hält er daran fest, dass Leistungsentgelt schon „was bringt", nur hinter dem „Ziel, mit dem diese Leistungsvergütung vereinbart worden ist", sei ein Fragezeichen anzubringen. Doch er kann auch eine Vielzahl an Schwierigkeiten aufzählen, denen die Messbarkeit von Leistung unterliegt. Darüber hinaus plädiert er dafür, bei gleicher Bewertung unabhängig von der Entgeltgruppe gleiche Beträge auszuschütten.

Während aus der Sicht des Arbeitgebervertreters lediglich sachfremde, d.h. politische und persönliche Motive auf der Seite des Personalrats vorhanden zu sein scheinen, die einer Einigung entgegenstehen, stellt der Personalrat diesen Umstand etwas anders dar:

> „2005, als (der) TVöD eingeführt wurde, im Herbst, habe ich damals als Vorsitzender vom Personalrat versucht, mit dem (Personalleiter) irgendwie ins Gespräch zu kommen. (...) Und das hat er durchweg abgelehnt, einfach mit der Begründung hat er gesagt: ‚Warum sollen wir uns da jetzt den Kopf

---

5 „Weil wir haben natürlich auch einen Personalrat, der gewerkschaftlich sehr stark engagiert ist und auch im entsprechenden Gremium eine Führungsposition innehat." (Arbeitgebervertreter, Stadt B).

heiß machen und da Arbeit investieren, wenn der kommunale Arbeitgeberverband in einem Jahr oder spätestens in anderthalb Jahren sowieso diverse Musterverträge hat oder Musterdienstvereinbarungen? Und dann nehmen wir halt eine, die zu uns passt. Und dann hat sich's.' Also, man hat sich überhaupt nicht über die eigentlichen Interessen zwischen Belegschaftsvertretung in dem Fall und Personalamt unterhalten, ob es Überschneidungspunkte gibt, ob man Gemeinsamkeiten hat oder wo es halt ernsthaft hakt. Grundsätzlich abgelehnt. (...) Dann bin ich ja nicht mehr im Personalrat gewesen. Dann gab es diese (Belegschafts-)Umfrage. (...) Und da waren 84% dagegen." (Personalrat, Stadt B)

Aus dieser Sicht hat die Kommunikationsverweigerung der Personalverwaltung den Konflikt verschärft und erst dazu geführt, dass der Personalrat sich von der Belegschaft das Mandat zur Ablehnung des Leistungsentgelts geben ließ. Hinzugefügt wird, dass das Vertrauensverhältnis gegenüber der Verwaltungsspitze gestört sei.

> „Und das ist halt die Schwierigkeit. Wenn die Vertrauensbasis nicht da ist, wird es wahnsinnig schwer, so etwas vernünftig einzuführen. Und da hängt eigentlich, von meiner Einstellung her, am meisten dran." (Personalrat, Stadt B)

Inzwischen hat der Personalrat jedoch einen Schritt zur Entspannung beschritten, in dem er eine zweite Belegschaftsbefragung eingeleitet hat, um sich das Mandat zur Verhandlung geben zu lassen. Bei Zustimmung von einem Drittel, so ist geplant, soll Verhandlungsbereitschaft signalisiert werden.

> „(...) wenn jetzt zum Beispiel 40% oder 45% dafür wären, dass man die Verhandlungen aufnimmt, dann kann man das einfach nicht ignorieren, weil die einen Anspruch auf ihr Geld haben. Irgendwo lagert das Geld hier und ist nicht ausgezahlter Lohn, der eigentlich zur Auszahlung verpflichtend wäre, wie auch immer. Und dann kann man einfach 40 oder 45% der Belegschaft nicht ignorieren, find ich jedenfalls. Deshalb haben wir die Grenze etwas weiter runtergezogen auf ein Drittel." (Personalrat, Stadt B)

Die jeweiligen Haltungen gegenüber der Einführung leistungsorientierter Bezahlung sind deshalb nicht verschwunden. Der Personalrat hält weiterhin wenig davon und die Verwaltungsspitze ist alles andere als euphorisch, auch an Vertrauen fehlt es weiterhin. Nachdem sich die Beschäftigten für die Aufnahme von Verhandlungen ausgesprochen hatten und eine betriebliche Kommission installiert worden war, gelang es nach Einschätzung des Personalrats gleichwohl, „alle kritischen Punkte einvernehmlich" (Personalrat, Stadt B) zu lösen. Der Abschluss einer Vereinbarung schien wahrscheinlich. Ob bei dieser Vorgeschichte ein wirkungsmächtiges LOB-System hervorgebracht werden kann, muss freilich offen bleiben.

Auch in der Großstadt B gibt es zum Zeitpunkt der Untersuchung keine Dienstvereinbarung zur Einführung von Leistungsentgelt. Der Arbeitgeber legte dort frühzeitig den Entwurf einer Dienstvereinbarung vor, die sich am Modell der Systematischen Leistungsbewertung orientiert hatte. Der Personalrat hingegen lehnte sowohl diese Vorgehensweise als auch den Entwurf ab:

> „Das heißt also, was der Tarifvertrag vorsieht, dass eine solche betriebliche Kommission diese Entwicklung des Systems (...) begleitet, das fiel hier in (Großstadt B) aus, sondern da kriegten sie (...) so ein Papier auf den Tisch geknallt und die Grundlage für das Papier war der Entwurf vom KAV, aber noch deutlich verschärft.“ (Personalrat, Großstadt B)

> „Also es war von Anfang an so richtig verhärtet. Und jetzt im Nachgang versuchen wir (lacht) irgendwie das System doch noch auf die Beine zu kriegen.“ (Personalrat, Großstadt B)

Während die Verwaltungsspitze den Einsatz der Systematischen Leistungsbewertung angestrebt hatte, setzte der Personalrat auf Zielvereinbarungen:

> „Also klare Ansage, die haben wir bisher auch unserer Arbeitgeberseite gemacht, also der Verwaltungsspitze: Wir wollen die systematische Leistungsbewertung nicht, wir wollen wenigstens den so halbwegs demokratischen Ansatz, das Instrument Zielvereinbarung haben, ja, wo sich die Partner auf Augenhöhe begegnen (...).“ (Personalrat, Großstadt B)

Obwohl viele unter den Personalräten „froh“ wären, „wenn das Thema stirbt“, so der Vorsitzende des Gesamtpersonalrats, sei der

> „GPR eigentlich immer der Motor gewesen, der gesagt hat, auch in der Diskussion mit unseren Kollegen aus den örtlichen Personalräten: ‚Liebe Leute, wir können hier nicht sagen: ‚Nee, machen wir nicht, wollen wir nicht.‘ Weil es ist uns nun mal durch den Tarifvertrag auferlegt worden, das Thema zu bearbeiten. Und deshalb kann es keine grundsätzliche Verweigerungshaltung geben.‘ Der Grundgedanke, der sich dahinter verbirgt, das ist ein hehrer Gedanke, Motivation, Leistungsförderung im öffentlichen Dienst. Das muss nur transparent, die Beschäftigten mitnehmend und, das sagen wir mit dem Schlagwort dazu, eben demokratisch ausgestaltet werden und nicht von oben nach unten (...) wie zu alten Preußenzeiten (...).“ (Personalrat, Großstadt B)

Zwar scheint auch hier das Verhältnis zwischen Verwaltungsspitze und Personalrat nicht in jeder Hinsicht vorbildlich zu sein. Doch offenbar geht es primär weder darum, die Einführung leistungsorientierter Bezahlung grundsätzlich zu vermeiden, noch um die Ausgestaltung des eigenen Systems und den vorgesehenen Prozess der Einführung. Der Gesamtpersonalrat bekennt sich ausdrücklich zu Leistungsorientierung, doch er streitet für Mitbestimmung und Beteiligung. Zum Zeitpunkt der Erhebung schien eine Annäherung in zukünftigen Verhandlungsprozessen nicht ausgeschlossen zu sein. Allerdings hoffte der Personalrat auf die Einsicht der Verwaltung, von ihrer starken Orientierung auf die Systematische Leistungsbewertung abrücken zu müssen. Da der Personalrat darüber hinaus in einer Befragung der Beschäftigten ermittelt hatte, dass Zielvereinbarungen keineswegs von allen bevorzugt werden, ist ein Kompromiss im Sinne einer Kombination von Zielvereinbarung und Beurteilung oder eine Optionslösung in der Großstadt B zukünftig nicht ausgeschlossen.

Bei allen Unterschieden ist doch daran zu erinnern, dass es nicht nur in den Kleinkommunen keine Selbstverständlichkeit ist, Leistungsbewertung und differenzierte Ausschüttung einzuführen.[6] Der integrierte „FALL+"-Datensatz lieferte in 45% der Fälle die Angabe, dass mit oder ohne DV/DA formell oder informell pauschal ausgeschüttet wird (vgl. Tab. 2.1).

Zwar fanden sich auf Arbeitgeberseite in den von uns geführten Interviews auch grundsätzliche Kritiker, die in der Einführung leistungsorientierter Bezahlung generell keine vernünftige Maßnahme sahen, doch das unter Arbeitgebern zentrale Argument gegen den Einsatz von Leistungsentgelt lautet meist, dass der Aufwand den Nutzen übersteige (vgl. Tab. 2.3). In besonderem Maße gilt dies für die von uns befragten kleinen Kommunen, die zu 90% über keinen Personalrat verfügen.[7] Gerade die kleinen Kommunen lehnen eine Umsetzung überwiegend deshalb ab, weil sie der Auffassung sind, dass die Zahl ihrer Beschäftigten hierfür zu gering und der Aufwand größer als der Nutzen sei. Ein Argument, dessen Berechtigung zu diskutieren erst sinnvoll möglich ist, wenn wir uns mit den auftretenden Wirkungen der LOB sowie mit dem Charakter des zu

---

6 „Am Anfang", so ein Personalverantwortlicher einer Kommune, habe „der Arbeitgeberverband immer gedroht: ‚Also, wenn jetzt jemand meint, dass er aus dieser Verpflichtung, solche Systeme zu vereinbaren, sich verabschieden könnte und Vereinbarungen trifft, dass pauschal ausgeschüttet wird, dann droht ihm letztlich der Ausschluss aus dem Arbeitgeberverband.' Und das möchte ich sehen."

7 In einer Protokollerklärung zu §18, Abs. 6: „Besteht in einer Dienststelle/in einem Unternehmen kein Personal- oder Betriebsrat, hat der Dienststellenleiter/Arbeitgeber die jährliche Ausschüttung der Leistungsentgelte im Umfang des Vomhundertsatzes der Protokollerklärung Nr. 1 zu Absatz 4 sicherzustellen, solange eine Kommission im Sinne des Absatzes 7 (= betriebliche Kommission, d. Verf.) nicht besteht."

treibenden Aufwandes genauer beschäftigt haben (vgl. Kap. 3). Nur so viel sei hier vorweggenommen: Die Abgrenzung von Aufwand und Nutzen ist keineswegs so einfach, wie es auf den ersten Blick scheinen mag und wird auch im Feld keineswegs einheitlich vorgenommen.

Tab. 2.3: Ablehnungsgründe bei kleinen Kommunen ≡

„Falls es nicht am Personalrat liegt: Weshalb lehnen Sie eine Umsetzung des § 18 TVöD ab?“[a]

	KL
Die Zahl der Beschäftigten ist dafür zu gering	77,4
Der Aufwand ist größer als der Nutzen	63,2
Es fehlt an der nötigen Arbeitskapazität	40,8
Der Nutzen von Leistungsentgelt ist nicht ersichtlich	28,9

a – Flächenbefragung: Datensatz KL; Mehrfachnennungen, Prozente

Nicht nur dort, wo es an einer Dienstvereinbarung fehlt, sondern gerade auch in Fällen, in denen trotz einer bestehenden Dienstvereinbarung, deren Wortlaut eine differenzierte Ausschüttung vorsieht, eine informelle Pauschalausschüttung stattfindet, handelt es sich in der Regel nicht um einen ungewünschten, vorübergehenden, sondern um einen beabsichtigten Zustand. Wahrscheinlich ist auch hier nicht damit zu rechnen, dass es in absehbarer Zeit zu größeren Veränderungen kommen wird. Es dominiert vielmehr wieder das Argument, dass der Nutzen von LOB gegenüber dem Aufwand zu gering sei. Über 90% der Befragten (auch der Personalräte) begründen damit die praktizierte informelle Pauschalausschüttung (vgl. Tab. 2.4).

Allerdings ist diese Begründung anders als prinzipielle Ablehnung pragmatisch angelegt und argumentiert nicht damit, LOB bringe grundsätzlich keinen Nutzen oder würde Schaden verursachen. Der Nutzen ist demnach vielmehr lediglich zu gering im Verhältnis zum Aufwand. Die

Tab. 2.4: Gründe informeller Pauschalausschüttung ≡

„Falls trotz anderer DV-Regelung pauschal ausgeschüttet wird: Weshalb wird trotz anderer Regelung pauschal ausgeschüttet?“[a]

	FALL+	AG	PR	KL
Dies war dieses Jahr nur ausnahmsweise der Fall (wegen besonderer Umstände)	8,5	7,7	4,6	0,0
LOB ist zu viel Aufwand für geringen Nutzen	91,5	92,3	95,4	100,0

a – Flächenbefragungen: Datensätze AG, PR, KL und FALL+; nur informelle Pauschalausschütter, Prozente

Verringerung des Aufwands, etwa durch einen Verzicht auf Bewertung und pauschale Ausschüttung, ist deshalb nur einer von zwei Schlüssen, die aus der Wahrnehmung, dass LOB *„zu viel Aufwand für geringen Nutzen"* sei, gezogen werden können. Der andere besteht darin, den Nutzen zu vergrößern. Vertreter der VKA versuchen deshalb davon zu überzeugen, dass der Nutzen größer sei, als häufig angenommen, indem sie – wohl nicht ganz zu Unrecht – zum einen argumentieren, dass beispielsweise im Kontext von LOB geführte Mitarbeitergespräche keineswegs ausschließlich als Aufwand zu verbuchen seien. Zum anderen weisen Verbandsvertreter darauf hin, dass auch mit einem geringen Entgeltvolumen Effekte erzielt werden könnten, da nicht allein der materielle Anreiz wirksam sei, sondern auch soziale Anerkennung eine Rolle spiele. Mitunter wird Anerkennung als der zentrale Anreizmechanismus gesehen. Darüber hinaus wird versucht, die Aufmerksamkeit der betrieblichen Akteure neben der Leistungsmotivation der Beschäftigten auch noch auf andere Effekte leistungsorientierter Bezahlung zu richten, wie etwa eine mögliche Verbesserung von Führungskompetenz und organisationaler Steuerungsfähigkeit (vgl. Schmidt et al. 2011b).

Tabelle 2.5 verdeutlicht, dass die weitaus größte Zahl der Dienstvereinbarungen in den Jahren 2007 und 2008 abgeschlossen wurde, in den Jahren 2011 und auch bereits 2010 war diesbezüglich keine starke Aktivität mehr festzustellen. Lediglich in den kleinen Kommunen scheint der Einführungsprozess noch nicht ganz abgeschlossen zu sein. Daraus zu schließen, ausschließlich in den kleinen Kommunen sei noch ein gewisses Potential unter Umständen einführungswilliger Kommunen zu finden, wäre hingegen ein vorschneller Schluss.

Kommunen, die zum Erhebungszeitpunkt noch über keine Dienstvereinbarung verfügten, fragten wir direkt danach, ob sie annehmen, dass noch eine Dienstvereinbarung zur Einführung der LOB abgeschlossen werden könnte. In knapp zwei Dritteln der Fälle gaben die Befragten an, dass sich am derzeitigen Zustand nichts mehr ändern werde und es erwartungsgemäß beim Verzicht auf eine Dienstvereinbarung bleibe. Unter den befragten kleinen Kommunen gaben dies sogar 76% an. Tabelle 2.6 zeigt

≡ Tab. 2.5: Inkrafttreten der ersten Dienstvereinbarung

„In welchem Jahr trat die erste Dienstvereinbarung zur Umsetzung des § 18 in Kraft?"[a]

	2007	2008	2009	2010	2011
FALL +	65,9	22,8	8,6	1,6	1,0
KL	63,2	20,7	9,1	2,7	4,3

a – Flächenbefragungen: Datensätze KL und FALL+; Prozente

jedoch darüber hinaus, dass in etwa einem Sechstel der knapp 25% der Kommunen, die bisher keine Dienstvereinbarung haben (FALL+), eine Dienstvereinbarung vorbereitet wird und rund 10% geben an, dass eine Dienstvereinbarung vorbereitet werden solle, wenn das Ausschüttungsvolumen weiter wachse.

Tab. 2.6: Bleibt es beim Verzicht auf eine Dienstvereinbarung? ≡

„Wird es beim Verzicht auf eine Dienstvereinbarung (bzw. Dienstanweisung) bleiben?"[a]

	FALL+	AG	PR	KL[b]
Erwartungsgemäß wird sich nichts ändern	63,5	62,1	53,9	76,3
Wir werden irgendwann (wieder) eine Vereinbarung abschließen, um Leistungsentgelt vollständig ausschütten zu können	17,0	18,7	18,4	13,4
Wenn das Ausschüttungsvolumen weiter wächst, wird eine Vereinbarung kommen	9,7	13,0	9,9	2,5
Der Abschluss einer Dienstvereinbarung ist in Vorbereitung	16,8	18,1	24,5	7,8

a – Flächenbefragungen: Datensätze AG, PR, KL und FALL+; Kommunen ohne DV/DA, Prozente; b – Fragen 2 bis 4 bei kleinen Kommunen (KL) leicht abweichend: – „Wir werden irgendwann etwas unternehmen, um vollständig ausschütten zu können." – „Wenn das Ausschüttungsvolumen weiter wächst, werden wir umsetzen." – „Eine Dienstvereinbarung/Dienstanweisung ist in Vorbereitung."

Auch mittels der tariflich vereinbarten Bestimmung, nach der bei einem Verzicht auf eine Dienstvereinbarung keine volle Ausschüttung des Leistungsentgeltvolumens erfolgen darf, gelang es offenbar nicht, in der gesamten Fläche über die Beschäftigten einen hinreichenden Druck aufzubauen, um überall Dienstvereinbarungen mit Leistungsdifferenzierung durchzusetzen. Ein entscheidender Grund hierfür dürfte sein, dass in der deutlichen Mehrzahl der Fälle mit pauschaler Ausschüttung, so geregelt über eine Dienstvereinbarung, abweichend von den Bestimmungen einer abgeschlossenen Dienstvereinbarung oder gänzlich ohne Vereinbarung, den Beschäftigen zum Erhebungszeitpunkt das volle Entgeltvolumen ausgeschüttet wird (vgl. Tab. 2.7).

Auf mögliche Szenarien der weiteren Entwicklung des Leistungsentgelts im öffentlichen Dienst werden wir nach einer detaillierten Betrachtung der Umsetzungserfahrungen jener Kommunen zurückkommen, die eine Leistungsbewertung mit differenzierter Ausschüttung eingeführt haben.

≡ Tab. 2.7: Volle oder reduzierte Pauschalausschüttung

„Falls pauschale Ausschüttung erfolgt (ob mit oder ohne Dienstvereinbarung): Erhalten die Beschäftigten die volle oder eine reduzierte Pauschalausschüttung?"[a]

	FALL+	AG	PR	KL
Ausschüttung voller Betrag (zum Erhebungszeitpunkt 1,5% des Vorjahres)	70,2	77,6	66,3	67,7
Ausschüttung Teilbetrag („6% des Septemberentgelts"), Rest wird angesammelt	25,7	20,0	28,2	23,3
Ausschüttung Teilbetrag („6% des Septemberentgelts") plus Rest des Vorjahres	4,2	2,4	5,5	9,0

a – Flächenbefragungen: Datensätze AG, PR, KL und FALL+; Prozente

2.2 Die Bewertungsmethoden und ihre Verbreitung

In diesem Schritt werden wir uns der Ausgestaltung der in den Kommunen eingeführten LOB-Systeme zuwenden. Wie wir dargelegt haben, haben die Betriebsparteien vor dem Einsatz von leistungsorientierter Bezahlung eine einvernehmliche Dienstvereinbarung abzuschließen, mit der über eine Reihe von Punkten zu entscheiden ist. Eine der wichtigsten Entscheidungen ist die über die Methode, mit der die Leistung der Beschäftigten bewertet werden soll. Die Tarifregelung bietet die sogenannte Systematische Leistungsbewertung, die Zielvereinbarung oder eine Kombination beider zur Wahl.

Was ist unter den Instrumenten Zielvereinbarung und Systematische Leistungsbewertung zu verstehen?

§ 18, Abs. 5 TVöD-VKA gibt zunächst eine Definition von Zielvereinbarungen, bei deren Anwendung die „Feststellung oder Bewertung von Leistungen (...) durch das Vergleichen von Zielerreichungen mit den in der Zielvereinbarung angestrebten Zielen" zu geschehen habe. Eine Zielvereinbarung wird darüber hinaus als „eine freiwilige Abrede zwischen der Führungskraft und einzelnen Beschäftigten oder Beschäftigtengruppen über objektivierbare Leistungsziele und die Bedingungen ihrer Erfüllung" definiert.

In Abs. 6 heißt es weiter, dass die „individuellen Leistungsziele von Beschäftigten bzw. Beschäftigtengruppen (...) beeinflussbar und in der regelmäßigen Arbeitszeit erreichbar sein" müssen.[8]

8 § 18 Abs. 6 bestimmt darüber hinaus, dass die konkrete Ausgestaltung „durch Betriebsvereinbarung oder einvernehmliche Dienstvereinbarung" geschehe, wobei folgende Punkte geregelt werden sollen:

Schließlich formulierten die Tarifparteien in einer Niederschriftserklärung[9] zu Abs. 5, Satz 2:

> „Die Tarifparteien stimmen darin überein, dass aus Motivationsgründen die Vereinbarung von Zielen freiwillig geschieht“ sowie die Feststellung, dass eine „freiwillige Zielvereinbarung (...) auch die Verständigung auf zum Teil vorgegebene und übergeordnete Ziele sein“ könne,
>
> „z.B. bei der Umsetzung gesetzlicher oder haushaltsrechtlicher Vorgaben, Grundsatzentscheidungen der Verwaltungs-/ Unternehmensführung.“

Diese Bestimmungen entsprechen dem allgemeinen Verständnis von Zielvereinbarungen (Breisig 2000). Obgleich der Tarifvertrag noch erhebliche Ausgestaltungsspielräume belässt, scheinen diese Bestimmungen nicht nur den Betriebsparteien ein hinreichend klares Verständnis davon zu ermöglichen, was unter einer Zielvereinbarung zu verstehen ist, sondern auch für unsere Zwecke vorerst zu genügen. Zwar werden in der Praxis verschiedene Mischformen angewandt, die eine Zuordnung mitunter erschweren, und der Einfluss der Beschäftigten auf die vereinbarten Ziele variiert erheblich, doch in Gesprächen vor Ort traten keine nennenswerten Unklarheiten darüber auf, was unter einer Zielvereinbarung zu verstehen sei.

Die vergleichsweise klare Definition der Zielvereinbarung erleichterte im Gespräch und in den standardisierten Erhebungen in gewisser Weise auch das Erfassen der sogenannten „Systematischen Leistungsbewertung“: Alle praktizierten Methoden, die – sei es für sich stehend oder in einer Kombination mit Zielvereinbarungselementen – nicht dem Kriterien einer

---

„Verfahren der Einführung von leistungs- und/oder erfolgsorientierten Entgelten, zulässige Kriterien für Zielvereinbarungen, Ziele zur Sicherung und Verbesserung der Effektivität und Effizienz, insbesondere für Mehrwertsteigerungen (z.B. Verbesserung der Wirtschaftlichkeit, – der Dienstleistungsqualität, – der Kunden-/ Bürgerorientierung), Auswahl der Formen von Leistungsentgelten, der Methoden sowie Kriterien der systematischen Leistungsbewertung und der aufgabenbezogenen Bewertung (messbar, zählbar oder anderweitig objektivierbar), gegebenenfalls differenziert nach Arbeitsbereichen, u.U. Zielerreichungsgrade, Anpassung von Zielvereinbarungen bei wesentlichen Änderungen von Geschäftsgrundlagen, Vereinbarung von Verteilungsgrundsätzen, Überprüfung und Verteilung des zur Verfügung stehenden Finanzvolumens, gegebenenfalls Begrenzung individueller Leistungsentgelte aus umgewidmetem Entgelt, Dokumentation und Umgang mit Auswertungen über Leistungsbewertungen.“

9 Bei einer Niederschriftserklärung handelt es sich um übereinstimmende Erklärungen der Tarifvertragsparteien, aus der keine Ansprüche hergeleitet werden können. Im Unterschied dazu werden Protokollnotizen gemeinhin als Bestandteile des Tarifvertrages gesehen.

Vereinbarung entsprechen, vielmehr formal unilateral angelegt sind, werden in den Kommunen als „Systematische Leistungsbewertung" bezeichnet (die SLB stellt damit gewissermaßen ein Art Sammelkategorie dar). Eine Reduktion der SLB auf eine irgendwie geartete einseitige „persönliche Beurteilung", eine bloße „Nicht-Zielvereinbarung", wird jedoch den Intentionen der Tarifparteien nicht wirklich gerecht, ist jedoch im Rahmen der tariflichen Bestimmungen auch nicht ausgeschlossen.

§ 18, Abs. 5 definiert Leistungsbewertung im Sinne des Tarifvertrages als

> „auf einem betrieblich vereinbarten System beruhende Feststellung der erbrachten Leistung nach möglichst messbaren oder anderweitig objektivierbaren Kriterien oder durch aufgabenbezogene Bewertung."

Abs. 6 verlangt von Betriebsparteien, dass sie in der Dienstvereinbarung

> „Methoden sowie Kriterien der systematischen Leistungsbewertung und der aufgabenbezogenen Bewertung (messbar, zählbar oder anderweitig objektivierbar)" festlegen.

Und in einer Niederschriftserklärung zu Abs. 5 wird darüber hinaus notiert, dass die „systematische Leistungsbewertung (...) nicht der Regelbeurteilung" entspreche, also dem im öffentlichen Dienst bereits vor dem Abschluss des TVöD praktizierten Beurteilungsverfahrens ohne Bezug auf leistungsabhängige Entgeltbestandteile (das insbesondere gewerkschaftlich bereits seit längerem unter Kritik stand).

Die Systematische Leistungsbewertung kann somit ein gewisses Spektrum abdecken, das von einem klassischen „Beurteilungssystem" (Bepler et al. 2012: TVöD-Kommentar zu § 18, Rn 21) bis zu einer *„aufgabenbezogenen Beurteilung"* mit klar messbaren Kriterien reicht. Während ersteres sich von einer Zielvereinbarung unter anderem dadurch unterscheidet, dass mittels umfassender Kriterien (Arbeitsqualität, Arbeitsquantität etc.; vgl. dazu Trittel et al. 2010) versucht wird, die Gesamtleistung von Beschäftigten zu erfassen, besteht bei letzterer der Unterschied zur Zielvereinbarung letztlich lediglich in der Einseitigkeit der Festsetzung der zu erfüllenden Aufgaben. Da es, wie es bereits im Kommentar zum TVöD heißt, „gerade in Bereichen, die sich nicht mit Zahlen messen lassen, schwierig" sei, „Ziele zu formulieren" (Bepler et al. 2012: TVöD-Kommentar zu § 18, Rn 17), durfte allerdings nicht erwartet werden, dass unter einer Systematischen Leistungsbewertung etwas anderes als eine klassische Beurteilung verstanden würde.

Die Formulierung von der „Schwierigkeit, Ziele zu finden", die uns auch in sehr vielen Interviews begegnete, impliziert die Annahme, dass diese Schwierigkeit mit der Entscheidung für die Systematische Leistungsbewertung umgangen werden könne. Auch wenn u.a. von manchen Vertretern des Arbeitgeberverbandes zu Recht damit argumentiert wird, dass eine gut gemachte SLB eher aufwändiger sei als die Anwendung von Zielvereinbarungen, liegt es unseres Erachtens doch gerade in der Absicht vieler Umsetzungsakteure, die zweifellos vorhandenen Mühen der Operationalisierung von Leistungsanforderungen zu vermeiden. Vielen geht es um den Versuch, Aufwand und Nutzen in einer ihnen akzeptabel erscheinenden Relation zu halten, indem sie versuchen, den Aufwand zu begrenzen. Ein vor dem Hintergrund der finanziellen und personellen Ausstattung der Kommunen durchaus nachvollziehbares Bemühen, auch wenn dabei das Risiko steigt, sich die bekannten Nachteile der klassischen Beurteilung einzuhandeln, wie beispielsweise ein hohes Maß an Subjektivität in der Einschätzung durch die Vorgesetzten, alltagssprachlich meist als „Nasenfaktor“ bezeichnet (vgl. auch Breisig 2003: 312). Zwei weitere Gründe, die aus der Sicht vieler Anwender dafür sprechen können, die Systematische Leistungsbewertung der Zielvereinbarung vorzuziehen, bestehen in der Ganzheitlichkeit der Bewertung und der stärker ausgeprägten Unilateralität des Verfahrens.

Die Kehrseite der Operationalisierung von Leistungsanforderungen, wie sie im Falle von Zielvereinbarungen oder einer aufgabenbezogenen Leistungsbewertung erfolgen muss, besteht zumindest im Falle komplexer Tätigkeiten darin, dass nicht das gesamte Tätigkeitsspektrum abgebildet werden kann. Die Folge können Fehlsteuerungen sein: Beschäftigte kümmern sich nicht nur mehr als bisher um die vereinbarten Ziele bzw. bewerteten Aufgaben, sie vernachlässigen zudem auch ihre sonstigen Aufgaben. Aus einer strikt ökonomischen Sichtweise, die unterstellt, dass Beschäftigte lediglich der Anreize wegen arbeiten und ansonsten zur Bummelei neigen und deshalb Leistungsanreize als *„the essence of economics“* (Lazear/Gibbs 2009: 285) betrachtet, ergibt sich allerdings hier ein Dilemma: Während der stärker subjektive Prozess der Beurteilung gerade wegen seiner Ganzheitlichkeit zu Fehl*bewertungen* und damit zur Störung des Anreizmechanismus führt, bedingen Zielvereinbarungen und aufgabenbezogene Bewertungen Fehl*steuerungen.* Lediglich bei Tätigkeiten, deren Leistungsanforderungen mit vertretbarem Aufwand (nahezu) vollständig operationalisiert werden können, wie es etwa in klassischen Akkordbereichen der Fall ist, kann dieses Dilemma vermieden werden. Ansonsten kann allenfalls durch das Bemühen, möglichst wichtige Aspekte der Arbeit zu erfassen, das Problem der Fehlsteuerung in seinen Folgen begrenzt werden.[10]

---

10 Bisweilen wird versucht, durch eine Kombination von Zielvereinbarung und Systematischer Leistungsbewertung die Probleme der Fehlbewertung und der Fehl-

Ebenfalls vermieden werden kann dieses Problem allerdings auch dann, wenn angenommen werden darf, die Vereinbarung besonderer Ziele impliziere nicht zwingend, dass Beschäftigte in der Konsequenz ihre sonstige Arbeit vernachlässigen. Dafür könnte sprechen, dass Beschäftigte neben materiellen Anreizen noch über zwei weitere Motivationsquellen verfügen:

Erstens, so wird argumentiert, gebe es die so genannte „intrinsische Motivation", die dazu führe, dass sich Beschäftigte in der Regel darum bemühen, ihre Arbeit gut zu erledigen, um ihrem Arbeitsleben Sinn zu geben und Spaß an der Arbeit zu haben sowie ihren eigenen moralischen Maßstäben zu genügen, insbesondere dem von den meisten akzeptierten Leistungsprinzip.

Zweitens existiere ein Bestreben nach sozialer Anerkennung durch Kolleginnen und Kollegen sowie Vorgesetzte, das dann entzogen zu werden drohe, wenn versucht würde, Arbeiten mangelhaft zu verrichten oder auf andere abzuwälzen. Der Wunsch nach sozialer Anerkennung (Voswinkel 2001, 2012) begründet sich darin, dass es ein ontologisches Merkmal des Menschen ist, sowohl Dinge sich aneignen (Lebensmittel) als auch Beziehungen zu anderen Menschen pflegen zu müssen (Schmidt 2005). Materielles Interesse und soziale Anerkennung bilden demnach zwei externe Anreize, die in einer konkreten Situation zusammen mit der intrinsischen Motivation (selbst wenn diese mehr oder weniger in eine verinnerlichte Interessen- und Anerkennungsorientierung auflösbar sein mag) das Leistungsverhalten prägen.

Soweit wir eine Dreiheit von interessenbezogenem Anreiz, Anerkennungstreben und innerer Motivation als wirksam unterstellen, ergibt sich einerseits ein Ausweg aus dem ökonomischen Dilemma von subjektiver Fehlbewertung und partieller Fehlsteuerung, da der materielle Anreiz zur Verfolgung spezifischer Ziele (Aufgaben) kein Nullsummenspiel darstellt, das zwingend zur Vernachlässigung anderer Aufgaben führt. Andererseits können sich jedoch auch zusätzliche Risiken ergeben, soweit (Fehl-)Bewertungen als Missgunst interpretiert werden und eine Objektverschiebung beim Streben nach sozialer Anerkennung erfolgt („ab jetzt ist mir egal, was mein Vorgesetzter von mir hält") sowie die intrinsische Motivation beeinträchtigt wird (Extremfall „innere Kündigung"). Fehlbewertungen könnten dann zu einem absoluten Bedeutungsverlust von Anerkennung

---

steuerung zugleich zu beheben oder zu relativieren. Hier droht dann allerdings das Risiko eines komplexen, unpraktischen und aufwändigen Instruments, dem es an Stringenz und Transparenz gebricht und das sowohl die Organisation insgesamt als auch einzelne Beschäftigte überfordert.

und intrinsischer Motivation führen, d.h. nicht nur wirkungslos bleiben, sondern sich sogar *absolut* gesehen negativ auf das Leistungsverhalten auswirken.

Die Risiken einer Fehlbewertung, wie sie in der Konsequenz ganzheitlicher Beurteilung wahrscheinlich ist, sind damit ausgeprägter als die der Fehlsteuerung durch Bewertungen von Teilaufgaben im Falle von Zielvereinbarungen. Während eine Fehlbewertung die Arbeitsmotivation beeinträchtigen kann, kann eine richtige Partialbewertung[11] das Leistungsverhalten aufgabenbezogen verstärken, ohne deshalb die intrinsische Motivation beeinträchtigen oder Störungen in der Dimension der sozialen Anerkennung auslösen zu müssen. Eine Fehlsteuerung durch an Teiltätigkeiten orientierte Anreize ist damit weniger wahrscheinlich als in einem rein ökonomischen Anreizmodell – zumindest soweit das Anreizvolumen nicht so stark ausgeprägt ist, dass die beiden anderen Faktoren *relativ* an Bedeutung verlieren (Matiaske/Weller 2008).

Versuche, den Aufwand durch eine ganzheitliche bzw. an wenigen groben Kriterien orientierte Beurteilung zu verringern, sind zwar naheliegend, führen jedoch zugleich zu einer Verringerung des Nutzens. Dieser geringe Nutzen kann ungünstigen Fall dann durch negative Effekte dann überkompensiert werden. Hingegen könnte die Einführung insbesondere von Zielvereinbarungen mit größerer Wahrscheinlichkeit Effekte auf das Leistungsverhalten erzielen, sie bedarf jedoch eines gewissen Aufwands. Damit waren paradoxe empirische Befunde zu erwarten: Einerseits ist überwiegend mit dem Einsatz der Systematischen Leistungsbewertung und nicht der Zielvereinbarung zu rechnen, während andererseits der Einsatz von Zielvereinbarungen eine höhere Wirksamkeit der leistungsorientierten Bezahlung erbringen dürfte (vgl. Kap. 3).

Wir wenden uns zunächst der Frage zu, welche Methode der Leistungsbewertung sich im Umsetzungsprozess wie stark durchsetzen konnte.

Soweit bewertet und differenziert ausgeschüttet wird, wird in drei Vierteln aller Fälle die Systematische Leistungsbewertung eingesetzt (Datensatz FALL+), in einem weiteren knappen Zehntel dominiert die SLB im Rahmen einer Kombination der Methoden. Das sind zusammen 84% der Kommunen mit differenzierter Ausschüttung und 46% aller Kommunen, die Pauschalausschütter eingeschlossen (vgl. Tab. 2.8 und 2.1). Die Angaben von Arbeitgebern und Personalräten weichen in der Tendenz nicht

11 Eine falsche Partialbewertung kann selbstverständlich auch vorkommen, sie ist jedoch weniger wahrscheinlich, da die Leistungserwartungen präziser operationalisiert werden können und im Fall der Zielvereinbarung erwartungsgemäß auch werden.

voneinander ab, wobei Personalräte etwas häufiger von Zielvereinbarungen berichten.[12] Die Systematische Leistungsbewertung ist somit die überwiegend gewählte Methode zur Leistungsbewertung im Rahmen der LOB.

35% der Arbeitgeber und 23% der Personalräte aus Kommunen mit Systematischer Leistungsbewertung geben an, dass die angewandten Bewertungskriterien „an die Kriterien der dienstlichen Regelbeurteilung angelehnt" seien. 52% der befragen Arbeitgebervertreter und 50% der Personalräte widersprechen einem solchen Statement, die anderen geben an, dies nicht zu wissen (immerhin 13% der Arbeitgeber und 28% der Personalräte; vgl. auch Tab. 2.8).

≡ Tab. 2.8: Systematische Leistungsbewertung und Regelbeurteilung

„Sind die Kriterien der SLB an die Kriterien der dienstlichen Regelbeurteilung angelehnt?"[a]

	FALL–	AG	PR
Ja	31,1	34,8	23,0
Nein	50,6	51,9	49,4
Weiß nicht	18,3	13,3	27,5

a – Flächenbefragungen: Datensätze AG, PR und FALL–; nur Kommunen mit Systematischer Leistungsbewertung, Prozente

16% der Kommunen mit differenzierter Ausschüttung arbeiten mit Zielvereinbarungen oder einer Kombination, in der Zielvereinbarungen dominieren. Das sind 9% aller Kommunen (Pauschalausschütter eingeschlossen). Der Anteil der Kommunen, die das Instrument der Zielvereinbarung einsetzen, bleibt somit hinter den optimistischen Erwartungen mancher Akteure zurück. Vergleichen wir die Angaben von Arbeitgebervertretern und Personalräten zum Vorkommen von Zielvereinbarungen, dann zeigt sich, dass sich diese nicht sehr stark unterscheiden (vgl. Tab. 2.9). Zielvereinbarungen, ausschließlich oder dominierend in einer Kombination mit SLB-Elementen, kommen laut Arbeitgebern zu einem Sechstel und nach den Angaben der Personalräte zu einem reichlichen Fünftel der Fälle mit differenzierter Ausschüttung vor. Das sind jeweils ca. 10% aller Kommunen, unabhängig davon, ob pauschal oder differenziert ausgeschüttet wird (vgl. Tab. 2.1).

12 Hier könnte insofern bei den Personalräten eine leichte Verzerrung zugunsten von Zielvereinbarungen vorliegen, da die Einführung von Zielvereinbarungen von Personalräten häufig mit Engagement getragen oder mitgetragen wurde, weshalb in solchen Fällen ein besonders ausgeprägtes Interesse am Thema und auch an der Befragung bestanden haben könnte.

Tab. 2.9: Systematische Leistungsbewertung oder Zielvereinbarung? ≡

„Welche der nachfolgenden Methoden der Leistungsmessung werden angewandt?“ [a]

	FALL+		AG	PR	KL
	Fälle	Beschäftigte	Fälle	Fälle	Fälle
Ausschließlich oder überwiegend Systematische Leistungsbewertung (SLB)	74,5	54,4	74,5	70,5	81,2
Ausschließlich oder überwiegend Zielvereinbarungen (ZV)	12,0	29,1	12,5	15,2	8,1
Ausschließlich oder überwiegend eine feste Kombination beider, in der die SLB-Anteile überwiegen	9,1	10,8	9,8	8,6	7,5
Ausschließlich oder überwiegend eine feste Kombination beider, in der die ZV-Anteile überwiegen	4,4	5,7	3,3	5,8	3,1

a – Flächenbefragungen: Datensätze AG, PR, KL und FALL+; nur Anwender mit differenzierter Ausschüttung, Prozente

Gegenüber den Eindrücken aus den Interviews, dem Vorwissen aus der Untersuchung in NRW (Schmidt et al. 2011a) sowie den dargelegten Vorüberlegungen, dass es vielen Kommunen ein Anliegen ist, den Aufwand für die Praxis leistungsorientierter Bezahlung in Grenzen zu halten, überrascht dieses Verteilungsmuster wenig. Der Schluss, mit dem Versuch, durch die Anwendung der Systematischen Leistungsbewertung bzw. Beurteilung den Aufwand zu begrenzen, wäre in der Regel auch bewusst in Kauf genommen, LOB lediglich *pro forma* anzuwenden, wäre jedoch überzogen. Immerhin investierten viele Kommunen im Einführungsprozess durchaus in Führungskräfte- und zum Teil auch Mitarbeiterqualifizierung sowie Information. In vielen Fällen scheint durchaus erhofft worden zu sein, auch ohne den Aufwand des Findens operationalisierbarer Ziele hinreichend positive Effekte zu erzielen. In wieweit diese Erwartung aufgeht, werden wir noch zeigen.

Der Versuch, geringen Aufwand zu treiben und gleichwohl auf Nutzeffekte zu hoffen, dürfte sich in gewisser Weise auch aus der Lage der öffentlichen Haushalte sowie gestiegener Anforderungen im Kommunalbereich erklären. Die implizite tarifvertragliche Vereinbarung, Leistungsanreize faktisch ohne zusätzliche Mittel, sondern durch Umwidmung und Abschöpfung des durch die LOB erzeugten Mehrwerts zu finanzieren, reflektierte bereits in ähnlicher Weise Umstände, in denen der Kommunalbereich sich um Modernisierungsprozesse zu bemühen scheint, die dann jedoch unter den Voraussetzungen von öffentlicher Verschuldung und langjähriger Unterfinanzierung in erster Linie unter der Maßgabe geringen Kosten- und Zeitaufwandes stattzufinden haben. Die Wirkungen werden dadurch begrenzt oder karikiert.

Allerdings werden Zielvereinbarungen in größeren Kommunen mit mehr Beschäftigten deutlich häufiger angewandt. Immerhin ein gutes Drittel der Beschäftigten mit differenzierter Ausschüttung arbeitet in Kommunen mit Zielvereinbarungen (vgl. Tab. 2.9), das ist ein Fünftel der Beschäftigten aller Kommunen (vgl. Tab. 2.1).[13] Um von der Einführung von Leistungsentgelt eine erfolgreiche und arbeitnehmerfreundliche Praxis leistungsorientierter Bezahlung erwarten zu dürfen, mag man diese Zahl als gering erachten, verglichen etwa mit Betrieben der Metall- und Elektroindustrie ist ein Anteil von 20% jedoch durchaus bemerkenswert. Laut Gesamtmetall beziehen in der Metall- und Elektroindustrie lediglich 0,5% der Beschäftigten Zielentgelt (Gesamtmetall 2011).

Das überproportionale Vorkommen von Zielvereinbarungen in größeren Kommunen könnte sich erstens dadurch erklären, dass sich dort der relative Aufwand zur Vorbereitung und Anwendung eines LOB-Systems (Overhead) je Beschäftigtem durch die economies of scale verringert (dies gilt jedoch kaum für einzelne Zielvereinbarungen), zweitens dürfte jedoch in größeren Kommunen auch einschlägig relevante fachliche und institutionelle Kompetenz in stärkerem Maße verfügbar sein. Fachliche Kompetenz, d.h. die Beschäftigung von Personalreferenten (gegebenenfalls der Einsatz von Beratern), die mit Systementwicklung betraut werden können, ist in großen Kommunen allemal wahrscheinlicher.

Darüber hinaus sind in größeren Kommunen Personalräte meist nicht nur vorhanden, sondern häufig auch gewerkschaftlich orientiert. Bei aller grundsätzlichen Kritik und verbreiteten Ablehnung, die der leistungsorientierten Bezahlung von Ver.di entgegengebracht wird, hat sich die Gewerkschaft im Anwendungsfall eindeutig zugunsten von Zielvereinbarungen ausgesprochen. Dies dürfte dazu beigetragen haben, dass Ver.di-nahe Personalräte sich, soweit sie nicht kompromisslos eine Dienstvereinbarung verweigerten, in etlichen Fällen für Zielvereinbarungen eingesetzt haben. Eine Dienstvereinbarung, die die Anwendung von Zielvereinbarungen regelt, muss dabei weder der ursprünglichen Intention der Arbeitgeberseite noch der des Personalrats entsprechen, sondern kann beispielsweise als Kompromiss zwischen der Absicht der LOB-Einführung mit Systematischer Leistungsbewertung und dem Ziel, auf LOB zu verzichten, zustande

13 Dementsprechend geben auch nur 11% der Befragten kleiner Kommunen mit differenzierter Ausschüttung und lediglich 4% aller kleinen Kommunen an, dass Zielvereinbarungen eingesetzt werden.

kommen. Die Anwendung von Zielvereinbarungen wäre in einem solchen Fall ein Resultat institutioneller Kompetenz, da sie von keinem der Akteure so gewollt war, jedoch durch die institutionalisierte Anforderung der Einvernehmlichkeit lediglich Verzicht oder die Einigung auf eine Kompromisslinie möglich war.

Zwei weitere Indizien dafür, dass sich manche Kommunen mit großer Überzeugung für leistungsorientierte Bezahlung oder jedenfalls die Variabilität des Entgelts einsetzen, finden sich darin, dass eine Minderheit der Kommunen Schritte über die übliche Praxis hinaus zu gehen versucht. Immerhin 4% der Arbeitgeber (mit mehr als 3.000 Einwohnern) und 3% der Personalräte geben an, in ihren Kommunen sei „schon einmal freiwillig mehr als das Pflichtvolumen nach § 18 TVöD ausgeschüttet, also der Prozentsatz (vorübergehend) erhöht“ worden. 9% der Arbeitgeber und 4% der Personalräte beantworten auch die Frage danach, ob bei ihnen „zusätzlich zu Leistungsprämie oder Leistungszulage auch eine Erfolgsprämie ausgeschüttet“ worden sei, zustimmend.[14] Wir werden auf diese beiden Punkte nicht weiter eingehen, doch sie unterstreichen, dass hinsichtlich des Umgangs mit der Frage von Leistungsentgelt inzwischen eine insgesamt heterogene Situation entstanden ist. Sie reicht von der gemeinsamen Verweigerung der Betriebsparteien gegen eine Neuerung, deren Sinn ihnen nicht einleuchtet, über eine Nicht-Umsetzung in der Folge der Ablehnung von LOB durch eine Betriebspartei und eine mehr oder weniger halbherzige Umsetzung bis hin zum mit viel Engagement und Aufwand betriebenen beiderseitigen Projekt. Diese Vielfalt im Umgang der Kommunen mit dem § 18 TVöD-VKA erschwert es den Tarifparteien, eine einheitliche Strategie zu entwickeln, in der die Anliegen aller ihrer Mitglieder aufgehoben sind.

---

14 Eine Anmerkung zur „Erfolgsprämie“, die im Tarifvertrag neben Leistungsprämie/-zulage als eigenständige Form genannt wird, und eher für auf Märkten oder marktähnlichen Feldern agierende Organisationen (etwa kommunale Eigenbetriebe) geeignet scheint: Da Markterfolg von Beschäftigten zwar in Grenzen beeinflusst, jedoch in starkem Maße von Kundenverhalten und Konkurrenzangeboten abhängt, kann Erfolg einerseits auch dann ausbleiben, wenn die Beschäftigten sich um gute Leistung bemüht haben. Andererseits kann der Erfolg zunehmen, ohne von einer Zunahme von Leistungsbemühungen begleitet zu sein. Erfolgsprämien sind zumindest in einem engeren ökonomischen Sinne somit keine Leistungsanreize, sie geben jedoch gleichwohl ein Signal der sozialen Anerkennung (Beteiligung der Beschäftigten am Markterfolg), das sich positiv auf die Beziehung des Einzelnen zur Organisation und unter Umständen auch auf das Leistungsverhalten auswirken kann.

■ 2.3 Teilnahme, Budgetbildung, Ausschüttungs- und Verteilungsregeln

Teilnahme

Ein Faktor, der zum Gelingen oder auch zum Scheitern eines LOB-Systems beitragen kann, ist unseres Erachtens in den angewandten Teilnahmeregeln zu sehen. Ob Beschäftigte am System der leistungsorientierten Bezahlung teilnehmen dürfen bzw. müssen, dürfte für die Akzeptanz und die Funktionalität von Belang sein. Zwar darf angenommen werden, dass die breite Beteiligung von Beschäftigten sowohl eine Voraussetzung für breite Akzeptanz als auch für hinreichende Funktionalität darstellt, allerdings könnten die Akzeptanz und vermittelt auch die Funktionalität darunter leiden, falls diese Beteiligung unfreiwillig stattfindet. Freiwilligkeit kann Beschäftigten Ängste nehmen und Konflikte um die LOB-Einführung entschärfen, da neben der Voice- auch die Exit-Option existiert. Soweit Freiwilligkeit allerdings dazu führen würde, dass sich ein relevanter Teil der Beschäftigten nicht an der Leistungsbewertung beteiligt, verringerte dieser Umstand selbstverständlich die Wirkungsbasis der LOB und könnte es darüber hinaus erschweren, dass sich die Beschäftigten an die leistungsorientierte Bezahlung gewöhnen und diese nach und nach zu einer Selbstverständlichkeit wird.

§ 18 Abs. 4 TVöD-VKA enthält eine klare Vorgabe, was die Teilnahmeberechtigung der Beschäftigten am LOB-System angeht. Dort heißt es: „Leistungsentgelt muss grundsätzlich allen Beschäftigten zugänglich sein."[15] Von Beschäftigten abgesehen, die nicht während des gesamten, in der Regel einjährigen Bewertungszeitraums beschäftigt waren, kamen Abweichungen von dieser Regelung nach unserem Eindruck praktisch nicht vor.

Als eine Schwäche der geltenden tariflichen LOB-Situation gilt, dass die Beamtinnen und Beamten häufig nicht in das System einbezogen sind. Da deren Dienstverhältnis nicht durch den Geltungsbereich des Tarifvertrages abgedeckt ist, ist ihre häufige Nichtteilnahme am LOB-System deshalb nicht tarifvertragswidrig, doch gleichwohl von erheblicher organisationaler Relevanz. Erstens erhält die Ungleichbehandlung von Tarifbeschäftigen und Beamten, die der betrieblichen Sozialintegration generell nicht

---

15 Weiterhin legt § 18 Abs. 4 TVöD-VKA fest, dass bei Teilzeitbeschäftigten von der grundsätzlichen Regel, dass diese „Entgeltbestandteile in dem Umfang, der dem Anteil ihrer individuell vereinbarten durchschnittlichen Arbeitszeit an der regelmäßigen Arbeitszeit vergleichbarer Vollzeitbeschäftigter entspricht" erhalten (§ 24 Abs. 2 TVöD-VKA), „abgewichen werden" darf.

förderlich ist, durch die Einführung der partiellen Einführung leistungsorientierter Bezahlung eine zusätzliche Facette. Besonders dort, wo Tarifbeschäftigte und Beamte gleiche oder ähnliche Tätigkeiten verrichten, ist dies eine für die Beschäftigten nicht nachvollziehbare Unterscheidung. Zweitens ist bei Nichteinbezug der Beamtinnen und Beamten speziell in das System leistungsorientierter Bezahlung zu befürchten, dass der Leistungsanreiz der einen zum negativen Stimulus der anderen, davon Ausgeschlossenen wird. Auch kann es vorkommen, dass die ohne Anreiz erbrachte Leistung der einen, gewissermaßen als eine ständige Kritik Zweifel an der Notwendigkeit leistungsorientierter Bezahlung auch der anderen Gruppe nährt und die Beamten gewissermaßen als eine Art „Vergleichsgruppe“ betrachtet werden.[16] Drittens kann die Nichtbeteiligung der Beamten besonders dann von Relevanz sein, wenn diese zwar selbst nicht passiv von Leistungsbewertungen betroffen, jedoch als Vorgesetzte und Bewertende aktiv in die Bewertung anderer involviert sind.

Einem Einbezug stehen in vielen Fällen Landesgesetze entgegen oder eine Beteiligung der Beamten wird nur bei guter Haushaltslage ermöglicht. Das Land Nordrhein-Westfalen entschloss sich bereits 2009 dazu, eine Beteiligung der Kommunalbeamten am LOB-System grundsätzlich zuzulassen, wenn auch unter dem Vorbehalt der Finanzierbarkeit. Ein Teil der anderen Länder folgte nach. In der großen Mehrheit der befragten Kommunen werden Beamte allerdings nicht in das LOB-System einbezogen (vgl. Tab. 2.10). Bisher ist es nicht gelungen, für einen generellen Einbezug der Beamten und Beamtinnen in das System zu sorgen. Zum Erhebungszeitpunkt wird lediglich aus 12% der Kommunen mit mehr als 3.000 Einwohnern und differenzierter Ausschüttung, in denen Beamte tätig sind, berichtet, dass die Beamten und Beamtinnen „Prämien in derselben Höhe“ ausbezahlt bekamen. Weitere 6% berichten, dass Beamte „Prämien in der beamtenrechtlich erlaubten Höhe“ oder als „Freizeitausgleich“ erhalten würden. Beamtinnen und Beamten wird dann mitunter statt Prämien zusätzliche Freizeit gewährt, wenn sich Kommunen darum bemühen, diese möglichst wie die Tarifbeschäftigten zu behandeln, es an den finanziellen Mitteln hierfür oder der gesetzlichen Grundlage zur Ausschüttung von Entgelt jedoch fehlt.

16 Da die Gruppen nicht unabhängig voneinander agieren und sich nicht nur das Vorkommen, sondern auch das Fehlen von LOB im selben organisatorischen Kontext gegenüber der vorherigen Situation auswirken dürfte, können die Beamtinnen und Beamten allerdings nicht als tatsächliche Kontrollgruppe für LOB-Effekte aufgefasst werden, obwohl dies von Beschäftigten eventuell so gesehen werden mag.

≡ Tab. 2.10: Einbezug der Beamtinnen und Beamten

„Sind die Beamtinnen und Beamten in das aktuelle LOB-System einbezogen?“[a]

	FALL–
Nein	77,4
Ja, aber nur mit Freizeitausgleich	0,5
Ja, sie erhalten ebenfalls Prämien in derselben Höhe	12,2
Ja, aber mit Prämien in der beamtenrechtlich erlaubten Höhe	5,5
Ja, aber ohne finanzielle Ausschüttung und ohne Freizeitausgleich	4,4

a – Flächenbefragungen: Datensatz FALL–; nur soweit Beamte/Beamtinnen vorhanden, Prozente

Von den Beamtinnen und Beamten abgesehen wird in der Regel den Beschäftigten die Teilnahme nicht nur ermöglicht, sie ist auch verpflichtend. In zwei Dritteln der Kommunen (FALL–) ist die Teilnahme am LOB-System verpflichtend (darunter sind auch 3% Fälle, in denen zwar – wie es der Tarifvertrag verlangt – die Beteiligung an einer Zielvereinbarung freiwillig ist, Nichtteilnahme daran jedoch zur Teilnahme an der SLB verpflichten). In knapp 5% der Kommunen wird angegeben, dass bestimmte Beschäftigtengruppen auf eine Teilnahme verzichten können („z.B. Leistungsgeminderte“), eine kleine Minderheit von 0,3% der Fälle (AG: 1,3%, PR: 0,1%) gibt an, die Teilnahme sei „komplett freiwillig“, wer nicht teilnehme, bekomme eine Pauschale. Ein knappes Drittel (FALL–: 30%) gibt an, dass die Teilnahme zwar „komplett freiwillig“ sei, wer nicht teilnehme, erhalte jedoch kein Geld. Bei näherer Betrachtung zeigt sich – wie tarifvertraglich vorgesehen – ein enger Zusammenhang zwischen Freiwilligkeit und Zielvereinbarung: Während 80% der Kommunen, in denen die SLB oder eine von dieser dominierte Kombination angewandt wird, die Teilnahme (evtl. von Sonderfällen abgesehen) verpflichtend gemacht haben, ist in Kommunen, in denen ausschließlich oder überwiegend Zielvereinbarungen oder von diesen dominierte Kombinationen angewandt werden, die Teilnahme am Leistungsentgeltsystem zu 86% freiwillig (vgl. Tab. 2.11).

Betrachten wir lediglich jene Fälle, in denen angegeben wurde, dass „ausschließlich oder überwiegend Zielvereinbarungen“ angewandt werden, schließen also die Kombinationsfälle aus, dann wächst der Anteil, der angibt, die Teilnahme sei „komplett freiwillig“ auf 91%. Da auch unter dieser Voraussetzung die Systematische Leistungsbewertung noch vorkommen kann, wenn auch in eher marginaler Weise (beispielsweise in einzel-

Tab. 2.11: Freiwilligkeit der Teilnahme nach dominierender Methode ≡

„Ist die Teilnahme am Leistungsentgelt für die Beschäftigten freiwillig?“[a]

	SLB dominiert	ZV dominiert
Nein, die Teilnahme ist verpflichtend	75,2	7,3
Bestimmte Beschäftigtengruppen können verzichten (z.B. Leistungsgeminderte)	5,1	1,6
Die Teilnahme ist komplett freiwillig (egal ob ZV, SLB) – wer nicht teilnimmt, bekommt jedoch kein Geld	17,6	85,5
Die Teilnahme ist komplett freiwillig (egal ob ZV, SLB) – wer nicht teilnimmt, bekommt eine Pauschale	0,2	0,7
Freiwillig ist nur die Zielvereinbarung, wer nicht teilnimmt, wird zur SLB verpflichtet	2,4	6,3

a – Flächenbefragungen: Datensatz FALL–; Methodenkombinationen eingeschlossen, Prozente

nen Abteilungen), darf aus einer Freiwilligkeit von 91% bei ausschließlicher oder überwiegender Zielvereinbarungen keineswegs auf einen tarifvertragswidrigen Zwang zu Zielvereinbarungen in den anderen Fällen geschlossen werden. Von nicht auszuschließenden Einzelfällen abgesehen, scheint ein strikter Zwang zum Abschluss von Zielvereinbarungen nicht vorzukommen. Da allerdings nur selten im Falle eines Nichtabschlusses eine Pauschale ausbezahlt oder zur Systematischen Leistungsbewertung verpflichtet wird, sondern schlicht kein Geld ausgeschüttet wird, besteht auch dann, wenn Zielvereinbarungen nicht verpflichtend sind, ein gewisser Druck, oder, positiv formuliert: ein Anreiz zur Teilnahme am System der leistungsorientierten Bezahlung. Immerhin 90% (FALL–) der prinzipiell teilnahmeberechtigen Beschäftigten (Beamtinnen/Beamte gegebenenfalls eingeschlossen), nehmen offenbar auch am LOB-System teil (AG und PR: 90% bzw. 91%). Auch das Zehntel der Nichtteilnehmer setzt sich nur zum Teil aus Beschäftigten zusammen, die eine Teilnahme explizit ablehnen. Darunter sind auch Beschäftigte, die wegen zu kurzen Beschäftigungszeiten, Krankheiten oder dergleichen zu Recht oder zu Unrecht nicht beteiligt waren.[17]

17 Bei den Beschäftigen, die nicht am LOB-System teilnehmen, dürfte dies etwa zur Hälfte daran liegen, dass sie die Kriterien zur Teilnahme nicht erfüllten, in der anderen Hälfte dürfte es sich um den freiwilligen Verzicht an einer Teilnahme handeln (so jedenfalls lauteten die Befunde unserer 2010 durchgeführten Personalrätebefragung in NRW).

Budgetbildung

Der Topf, aus dem die Leistungsprämien auszuschütten sind, hat laut Tarifregelung jeweils einen bestimmten Prozentsatz an den ständigen Monatsentgelten des Vorjahres zu enthalten. Zum Erhebungszeitpunkt betrug dieser Prozentsatz 1,5%, laut TVöD-VKA kann er von den Tarifparteien auf bis zu 8% gesteigert werden. Welche Chancen einzelne Beschäftigte haben, einen bestimmten Anteil aus diesem Topf zu erhalten, hängt nicht allein davon ab, wie deren persönliche Leistung durch Vorgesetzte bewertet wird, sondern auch davon, wie das Budget genau gebildet wird und welche der eigentlichen Bewertung vorgelagerte Regeln gelten. Beispielsweise kann vereinbart sein, dass nur ein bestimmter Teil der Beschäftigten eine Ausschüttung erhalten darf oder auch, dass ein Mindestanteil der Beschäftigten bedacht werden muss. Bevor wir uns diesen Ausschüttungsregeln zuwenden, die mitunter auch für erheblichen Unmut bei den Beschäftigten sorgen können, wollen wir kurz der Frage nachgehen, welche Varianten der Budgetbildung vorkommen und welche Bedeutung letzteren für die Verteilungswirkungen bei leistungsorientierter Bezahlung zukommt. Drei Varianten der Budgetbildung sind relevant.

Erstens kann ein einheitliches Budget für die komplette Verwaltung gebildet werden, d.h. entsprechend der Höhe des jeweiligen Prozentsatzes des Vorjahresentgelts wird ein ungeteilter Prämientopf gebildet, aus dem dann allen Beschäftigten in Abhängigkeit von ihrer Bewertung und den vereinbarten Ausschüttungsregeln ihre Prämien ausbezahlt werden.

Zweitens können für einzelne Organisationseinheiten eigene Budgets gebildet werden. Dann fließt lediglich der Prozentsatz der Vorjahresentgelte eines bestimmten Amtes in einen Topf, und aus diesem werden dann auch nur die Prämien dieses Amtes bestritten. Es liegt auf der Hand, dass diese Verfahrensweise eher für größere Kommunen geeignet ist. Nicht ganz so offensichtlich sind zwei weitere Effekte:

Zum einen verhindert eine Budgetbildung nach Organisationseinheiten, dass eine Quersubventionierung zwischen diesen Einheiten erfolgen kann. Im Falle eines Einheitsbudgets besteht das Risiko, dass Ämter, in denen großzügiger bewertet wird, von anderen Ämtern, in denen strengere Maßstäbe angelegt werden, subventioniert werden, soweit es nicht gelingt, verwaltungsweit eine ähnliche Bewertungspraxis zu etablieren. Treten solche Effekte der Quersubventionierung einmal auf und werden von Beschäftigten und Vorgesetzten wahrgenommen, entbehrt es nicht einer gewissen Rationalität, wenn sich eine allgemeine Tendenz zur Anhebung von Bewertungen durchsetzt. Wir sprechen hier von einem *Mechanismus der beschäftigtenvermittelten Angleichung von Bewertungs- und Ausschüttungsstandards,* auf den wir zurückkommen werden.

Zum anderen unterscheiden sich bei einer nach Organisationseinheiten differenzierten Budgetbildung aber auch die im Durchschnitt pro Person zur Verfügung stehenden Beträge je nach spezifischer Eingruppierungsstruktur der Einheiten. In der Gärtnerei oder im Bauhof wird das durchschnittliche Prämienbudget pro Person geringer ausfallen als dort, wo sich die Beschäftigten der höheren Entgeltgruppen konzentrieren. Damit ist eine bestimmte Bewertung nicht überall gleich viel wert: Soweit in der Budgeteinheit die gleiche Bewertung auch denselben Geldbetrag erbringt, kann ein Beschäftigter beispielsweise der Entgeltgruppe 9 sich glücklich schätzen, wenn er oder sie von Ingenieuren umgeben ist, jedoch dann vergleichsweise Pech haben, wenn die anderen Beschäftigten eher den unteren Eingruppierungsstufen angehören.

Drittens besteht auch die Möglichkeit, für einzelne oder für zusammengefasste Entgeltgruppen (EG-Cluster) eigene Budgets zu bilden. Auch hier wird einerseits „Quersubventionierung“ vermieden und andererseits dafür gesorgt, dass für die oberen Entgeltgruppen pro Person im Durchschnitt höhere Entgeltbeträge zur Verfügung stehen. Damit wird die – wie wir sehen werden – keineswegs gänzlich ausgeschlossene Gefahr vermieden, dass bei einer überdurchschnittlichen Bewertung der Führungskräfte und der Beschäftigten in oberen Entgeltgruppen die Anteile der einfachen Beschäftigten dorthin abfließen. Dieses Risiko besteht nicht zuletzt, weil Führungskräfte und höher qualifizierte Beschäftigte öfter als die eigentlichen „Leistungsträger“ verstanden werden und mitunter (in einem Vermischen der Konzepte von Basis- und Leistungsentgelt) angenommen wird, dass vor allem diesen deshalb das Prämienvolumen zustehe. Allerdings ist durch eine entgeltgruppenbezogene Budgetbildung aber auch ausgeschlossen, dass Beschäftigte in unteren Entgeltgruppen bei gleicher Bewertung gleich hohe Prämien erhalten wie Beschäftigte mit höherer Eingruppierung.

Vor dem Hintergrund der bereits beschriebenen Orientierung vieler Kommunen, den Aufwand für das LOB-System begrenzt halten zu wollen, darf es eigentlich nicht überraschen, dass häufig auf eine nach Organisationseinheiten oder Entgeltgruppen bzw. Entgeltgruppen-Clustern differenzierte Budgetbildung verzichtet wird. Beachtenswert ist gleichwohl, dass eine Budgetbildung mit Eingruppierungsbezug selten ist. Die Angaben in Tabelle 2.12 verdeutlichen, dass in etwa der Hälfte der Fälle eine gemeinsame Budgetbildung für die gesamte Kommunalverwaltung stattfindet, in einer zweiten großen Gruppe erfolgt die Budgetbildung differenziert nach Organisationseinheiten.[18] In weniger als einem Zehntel der Kommunen werden gesonderte Budgets für Entgeltgruppen-Cluster oder (in wenigen Fällen) separat für jede Entgeltgruppe gebildet.

≡ Tab. 2.12: Budgetbildung

„Wie wird das Budget für das Leistungsentgelt gebildet?" [a]

	FALL–	AG	PR
Ein Budget für die gesamte Verwaltung	53,3	53,8	43,3
Organisationseinheiten haben eigene Budgets	40,4	40,2	48,4
Jeweils für mehrere Entgeltgruppen wird ein separates Budget gebildet (z.B. EG 1–4, EG 5–8 etc.)	7,3	6,8	8,0
Jede Entgeltgruppe hat ein eigenes Budget	0,2	0,0	0,7

a – Flächenbefragungen: Datensätze AG, PR und FALL–; Prozente

Soweit wir annehmen dürfen, dass die Budgetbildung nach Organisationseinheiten zu keinen sehr ausgeprägten Unterschieden entlang der Eingruppierungshierarchie führt, kann somit gesagt werden, dass in der großen Mehrheit der Kommunen es bei Bewertungsschieflagen (etwa zugunsten höherer Entgeltgruppen) sowohl zur Konzentration der Prämien bei bestimmten Gruppen kommen kann als auch die Möglichkeit besteht, dass bei einem Verzicht auf bewertungsunabhängig differenzierende Ausschüttungsregeln sich Beschäftigte in den unteren Entgeltgruppen gegenüber einer Ausschüttung nach der beim Tabellenentgelt gültigen Entgeltdifferenzierung relativ besser stellen. Um mögliche Verteilungseffekte der leistungsorientierten Bezahlung betrachten zu können, ist deshalb ein Blick auf Ausschüttungsregeln sowie Bewertungspraxis erforderlich.

Ausschüttungsregeln und Verteilungswirkungen

Die Verteilungseffekte der leistungsorientierten Bezahlung werden in starkem Maße davon geprägt, nach welchen Regeln Leistungsbewertungen in Geldbeträge übersetzt werden. Wir haben danach gefragt, ob „Beschäftigte bei gleicher Bewertung denselben oder einen sich nach Entgeltgruppe oder Entgeltgruppenclustern unterscheidenden Betrag" erhalten. Zusammen mit den Angaben zur Budgetbildung liefern diese Angaben nun durchaus be-

18 Das nach Angaben der Personalräte häufigere Vorkommen von Budgetbildung nach Organisationseinheiten könnte damit zusammenhängen, dass der PR-Datensatz gegenüber dem der befragten Arbeitgeber trotz Gewichtung (die nach Einwohnerklassen erfolgte, d.h. nicht stufenlos war) größere Kommunen etwas stärker repräsentiert.

merkenswerte Befunde. Vorbehaltlich der eigentlichen Leistungsbewertung, die zumindest in problematischen Fällen ebenfalls zusätzliche statusbezogene Verteilungseffekte aufweisen kann, zieht die Umsetzung des § 18 TVöD-VKA in vielen Fällen offenbar keine stärkere gruppenbezogene Spreizung der Verdienste nach sich, als sie vor seiner Einführung bestanden hatte. In etwas weniger als der Hälfte der Kommunen mit differenzierter Ausschüttung (also Kommunen mit Pauschalausschüttung nicht eingerechnet) gilt das Prinzip, dass bei gleicher Bewertung in Abhängigkeit von der Entgeltgruppe oder Entgeltgruppenclustern (z.B. EG 1-4, EG 5-8 etc.) unterschiedliche Beträge ausgeschüttet werden (vgl. Tab. 2.13). In den anderen Fällen gilt als Ausschüttungsregel, dass eine gleiche Bewertung auch denselben Geldbetrag erbringt. In knapp 30% der Fälle besteht somit weder eine nach Entgeltgruppen differenzierte Budgetbildung, noch eine Regel zur ungleichen Wertigkeit von Bewertungen, d.h. eine gleich gute Bewertung erbringt in jeder Entgeltgruppe denselben Geldbetrag. In weiteren 25% der Kommunen wird die Regel der gleichen Wertigkeit von Bewertungen durch eine Budgetbildung nach Organisationseinheiten in ihren Wirkungen so weit abgeschwächt, wie sich die Verdienste zwischen den Organisationseinheiten unterscheiden. Innerhalb der Organisationseinheiten tritt gleichwohl derselbe Effekt einer gegenüber der Hierarchie der Entgeltgruppen stattfindenden Umverteilung zugunsten der unteren Entgeltgruppen auf.

Eingedenk der Tatsache, dass das Tabellenentgelt ansonsten nach Entgeltgruppen gestaffelt ist und das sogenannte „Startvolumen" der LOB von 1% des Vorjahresentgelts u.a. aus Teilen des differenzierten Weihnachts-

Tab. 2.13: Bewertung und Ausschüttung ≡

„Wie wird das Budget für das Leistungsentgelt gebildet?" und *„Erhalten bei gleicher Punktzahl alle Beschäftigten denselben Geldbetrag oder ist die Ausschüttung nach bestimmten Regeln gestaffelt?"* [a]

	FALL–
Gleiche Bewertung erbringt ungleiche Ausschüttung (nach Entgeltgruppen oder Entgeltgruppenclustern differenzierte Budgetbildung oder daran orientierte Ausschüttungsregel)	45,4
Gleiche Bewertung erbringt gleiche Ausschüttung in Organisationseinheiten (gleiche Bewertung erbringt gleichen Geldbetrag, doch die Budgetbildung ist differenziert nach Organisationseinheiten)	25,3
Gleiche Bewertung erbringt gleiche Ausschüttung in der Gesamtorganisation (gleiche Bewertung erbringt gleichen Geldbetrag und eine Organisationseinheiten differenzierte Budgetbildung findet nicht statt)	29,3

a – Flächenbefragungen: Datensatz FALL–; Prozente

geldes gespeist wurde (überproportional durch die höheren Entgeltgruppen), dürfte der § 18 nach seiner bisherigen Umsetzung in seinen statusbezogenen Effekten *de facto* als ein Instrument der Entgeltnivellierung zugunsten der unteren Entgeltgruppen zu verstehen sein. Dies gilt zumindest vorbehaltlich einer Betrachtung von Verzerrungen im Bewertungsprozess selbst.

Sowohl in der einschlägigen Literatur (Tondorf 2007b: 48; Schettgen 1996: 264; Breisig 1998: 183) als auch in Gesprächen vor Ort und bei sachkundigen Experten, stößt man sehr rasch auf Wissen um den Effekt einer besseren Bewertung von Beschäftigten mit höherem Status. Dieser „Hierarchieeffekt“, der sich auch häufig nachweisen lässt, wenn Kommunen ihre Bewertungen statistisch auswerten, beruht auf mehreren Ursachen und kann vermutlich nur durch bewusstes Gegensteuern vermieden werden.

Erstens dürfte positionale und soziale Nähe sowie das Gefühl der Zusammengehörigkeit zwischen Vorgesetzten und Mitarbeiter/inne/n nicht ohne Wirkung auf den Prozess der Bewertung bleiben. Die Wahrscheinlichkeit, dass beispielsweise ein Vorgesetzter, der zugleich auch Bauingenieur ist, seine Mitarbeitenden gleicher Qualifikation, deren Arbeit und deren Nöte er aus eigener Erfahrung kennt, eher besser bewertet als ein Vorgesetzter, der zu seinen Mitarbeitern und Mitarbeiterinnen größere soziale Distanz aufweist, dürfte naheliegen, kann von uns jedoch in seiner Relevanz nicht genauer bestimmt werden. Neben einer solchen mehr oder weniger impliziten Form von Solidarität unter Ähnlichen dürfte gerade positionale Nähe jedoch öfters auch Konkurrenzen zwischen Vorgesetzten und Mitarbeiter/inne/n befördern.

Zweitens nehmen die Operationalisierbarkeit von Leistungserwartungen und die Messbarkeit von Leistungsverhalten bei komplexen Tätigkeiten ab. Bei eher zentralen Führungsfunktionen bestehen zudem nur geringe Möglichkeiten des Quervergleichs mit anderen Beschäftigten, zumindest solange keine Bewertung nach monetären Kennziffern als möglich oder sinnvoll erachtet wird. Das Risiko einer Fehlbewertung steigt somit. Hierbei handelt es sich jedoch um ein Problem, das sich bei Beurteilungsverfahren in deutlicherer Weise stellt als bei Zielvereinbarungen.

Drittens gibt es die bereits angesprochene Neigung von (oberen) Führungskräften, besondere „Leistungsträger“ hervorzuheben. Dabei geraten nicht selten in einer Vermischung von Qualifikation, Aufgabenzuschnitt und Leistung bzw. der Vermengung der Bewertungsprinzipien von Basis- und Leistungsentgelt primär Führungskräfte und Beschäftigte mit strategisch wichtigen Aufgaben in den Fokus. Ein solches Bewertungsverhalten entspricht in aller Regel keiner entsprechend der Systemlogik korrekten Anwendung von Leistungsentgeltsystemen, allerdings wäre es unseres Erachtens nicht hinreichend, hier stets Bewertungsunsicherheit und „subjektive Verzerrungen" auszumachen, vielmehr handelt es sich in vielen Fällen durchaus um einen rationalen Umgang mit Bewertungsprozessen. Die Rationalität folgt dabei jedoch nicht der Logik eines LOB-Systems oder der der Leistungsgerechtigkeit, sondern der Rationalität eines am organisationalen *Output* orientierten Führungshandelns.

Letzteres begründet sich viertens nicht zuletzt darin, dass eine Demotivation durch eine Negativbewertung oder sogar eine negative Fehlbewertung bei höheren Führungskräften oder wichtigen Experten schwerer wiegende Folgen aufweisen würde als bei leichter ersetzbaren und über einen geringeren Einfluss verfügenden Beschäftigten. Mit dem Status der zu Bewertenden steigt die Befürchtung der Bewerter, durch eine schlechte Bewertung negative Effekte für die Organisation auszulösen. Allein die schiere Anzahl der untergebenen und zu bewertenden Mitarbeiter/innen ist hier von praktischer und statistischer Relevanz: Während es im Falle einer SLB-basierten Bewertung und einer größeren Gruppe durchaus plausibel erscheinen mag, demotivierende Wirkungen bei einem Teil der Mitarbeiter/innen in Kauf zu nehmen, um diese schlecht bewerten und um damit den Eindruck vermeiden zu können, die Prämien würden ohne Leistungsbezug ausgeschüttet, könnten demotivierende Effekte durch die Bewertung einer geringen Anzahl höherer Führungskräfte oder Stabsmitarbeiter durchaus kontraeffektiv sein. Die Wahrscheinlichkeit einer hundertprozentigen Positivbewertung im Falle von ein oder zwei Untergebenen (etwa Amtsleitern oder persönlichen Referenten) ist deshalb hoch, während eine vollständige Bestbewertung bei einer großen Gruppe von Beschäftigten beispielsweise im Bauhof weniger wahrscheinlich ist. Dahinter müssen sich jedoch keineswegs stets der subjektiven Wahrnehmung geschuldete Mängel verstecken, wie häufig angenommen wird.

Wir wissen auch aus unseren Fallstudien, dass der „Hierarchieeffekt" in der Tat auftritt, aber auch, dass diesem gewöhnlich entgegenzuwirken versucht wird, da er von den Personalverantwortlichen und damit befassten Personalräten bzw. den Mitgliedern der betrieblichen Kommission meist sowohl handwerklich als Folge einer Fehlanwendung von Leistungsbeurteilungen als auch in seinen Wirkungen auf das Gerechtigkeitsempfinden und die Akzeptanz der LOB als problematisch erachtet wird. Durch verschiedene Maßnahmen (Vereinheitlichung der Maßstäbe, regelmäßige Bewertungskonferenzen der Führungskräfte, Nachbesserungen etc.) wird dann meist versucht, eine Korrelation von Status und Bewertungsniveau zu unterbinden.

In einer merklichen Minderheit der Kommunen mit LOB tritt der „Hierarchieeffekt" gleichwohl zutage. Führungskräfte, Beschäftigte in höheren Entgeltgruppen und Beamte werden nach Angaben sowohl der befragten Arbeitgeber als auch der Personalräte öfter besser bewertet als andere Beschäftigte (vgl. Tab. 2.14). Mit dieser Besserbewertung korrespondieren Schlechterbewertungen bei den Beschäftigten in unteren Entgeltgruppen und – weniger ausgeprägt – bei Beschäftigtenkategorien, die sich stark mit den unteren Entgeltgruppen überschneiden (beispielsweise „ehem. Arbeiter/innen") oder die aus anderen Gründen weniger zentrale Stellungen einnehmen. Da der „Hierarchieeffekt" jedoch keineswegs nur Wahrnehmungsschwächen und der Solidarität der Besserverdienenden geschuldet ist, sondern durchaus einer organisationalen Rationalität folgt, ist er wahrscheinlich nur dann mittelfristig zu vermeiden, wenn keine Demotivation der latent besser bewerteten Führungskräfte droht. Etwa könnte auf Basis klarer Zielvorgaben versucht werden, zwischen Bewertern und bewerteten

≡ Tab. 2.14: Positive und negative Bewertungsabweichungen nach Gruppen

„Gab es Beschäftigtengruppen, die in der letzten Runde besser oder schlechter bewertet wurden als der Durchschnitt?" [a]

	AG			PR		
	besser	etwa gleich	schlechter	besser	etwa gleich	schlechter
untere Entgeltgruppen	5,8	79,4	14,8	3,3	79,5	17,2
mittlere Entgeltgruppen	4,4	94,1	1,5	3,1	91,7	5,3
höhere Entgeltgruppen	13,5	84,7	1,8	23,5	72,3	4,2
Beamte/Beamtinnen[b]	13,8	86,2	0,0	13,7	85,5	0,8
Tarifbeschäftigte	1,7	98,3	0,0	2,0	96,5	1,4
ehem. Arbeiter/innen	1,9	90,0	8,1	0,7	90,4	8,9
ehem. Angestellte	5,8	93,9	1,1	1,7	97,8	0,5
Frauen	5,0	93,8	1,2	0,7	97,1	2,1
Schwerbehinderte	5,2	94,3	0,5	0,7	97,8	1,5
Teilzeitbeschäftigte	2,0	95,5	2,5	0,3	93,5	6,1
Befristet Beschäftigte	1,4	94,1	4,5	0,2	95,6	3,9
Geringfügig Beschäftigte	0,0	96,6	3,4	0,3	92,3	7,4
Führungskräfte	18,3	79,4	2,3	27,3	68,9	3,8
Beschäftigte mit Migrationshintergrund	1,5	98,5	0,0	0,3	99,4	0,3
ältere Beschäftigte	3,1	96,9	0,0	1,2	97,7	1,1
jüngere Beschäftigte	3,4	93,5	3,1	0,7	98,1	1,2

a – Flächenbefragungen: Datensätze AG und PR; ohne Angabe „weiß nicht", nur Anwender mit differenzierter Ausschüttung; Prozente; b – Beamte/Beamtinnen sind häufig nicht beteiligt.

Führungskräften einen Konsens über die Leistungsbewertung zu erzielen. Auch könnten Führungskräfte eine uneingeschränkte Positivbewertung als belastend für den Prozess der Bewertung ihrer eigenen Mitarbeiter/innen empfinden und sich auf weniger eine positive Bewertung verständigen.

Während allerdings der „Hierarchieeffekt“ trotz seiner unbestritten negativen Begleiteffekte auf die Akzeptanz bei den Beschäftigten insgesamt durchaus vorkommt, jedoch auch von den deutlich kritischeren Personalräten keineswegs in der Mehrheit der Fälle konstatiert wird, fehlen in den Augen der befragten Akteure ausgeprägte Diskriminierungen anderer Art weitgehend (vgl. auch Abb. 2.1). Auf Unterschiede nach Geschlecht bei der Prämienausschüttung werden wir zurückkommen.

Mitunter steht einer Diskriminierung Einzelner, etwa nach Geschlecht oder Alter, schon allein entgegen, dass in bestimmten Tätigkeitsbereichen gar keine individuellen Bewertungen durchgeführt, sondern ganze Teams bewertet werden. In den allermeisten Fällen erfolgte die Leistungsbewertung jedoch individuell und nicht für Teams. Ein Umstand, der bei der großen Dominanz der Systematischen Leistungsbewertung nicht überraschen sollte, da diese – zumindest soweit sie in der Form einer Leistungsbeurteilung und keiner aufgabenbezogenen Bewertung erfolgt (wovon in den al-

Abb. 2.1 Positive und negative Bewertungsabweichungen aus Personalratssicht

„Gibt es Beschäftigtengruppen, die in der letzten Runde besser oder schlechter bewertet wurden als der Durchschnitt?“ [a]

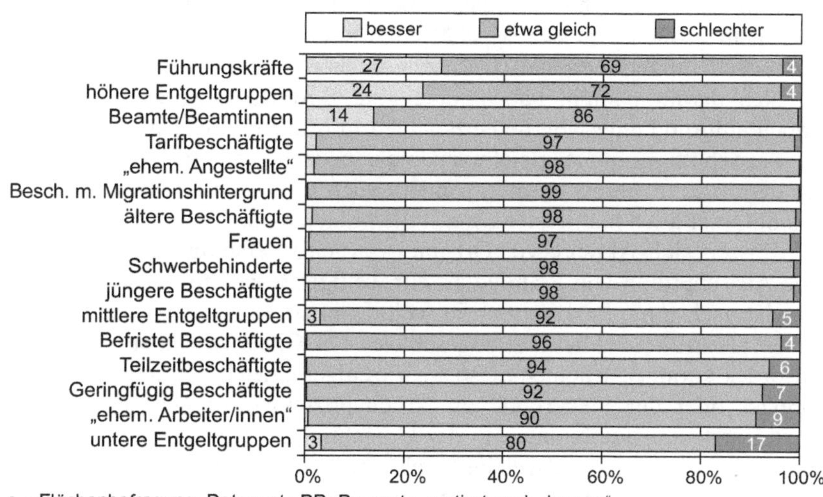

a – Flächenbefragung: Datensatz PR; Prozente, sortiert nach „besser“

lermeisten Fällen auszugehen ist) – für Teambewertungen weitaus weniger geeignet ist als die Zielvereinbarung. In 76% der Fälle erfolgt die Leistungsbewertung ausschließlich individuell und zu 12% wird angegeben, dass Bewertungen individuell und für Teams erfolgen. Weitere 12% geben ebenfalls an, dass sowohl individuelle als auch Teambewertungen angewandt werden, letztere jedoch nur im Falle von Zielvereinbarungen.

Während Zielvereinbarungen und Leistungsbewertungen für Teams weniger auf eine ausgeprägte Differenzierung zwischen den einzelnen Beschäftigten setzen, zielen andere Regelungen gerade darauf ab. Häufig ausgehend von der Annahme oder Beobachtung, dass sich das Leistungsverhalten der Beschäftigten stark unterscheidet, wird versucht, dem bewusst durch eine Konzentration der Ausschüttung auf einen besonders leistungsbereiten Teil der Beschäftigten Rechnung zu tragen oder zumindest eine breite Ausschüttung von Prämien durch Vorgaben zu verhindern. Zwar wird auch damit argumentiert, dass sich bei einer Prämienausschüttung an nur wenige durch die damit verbundene Erhöhung der Ausschüttungsbeträge der Anreizeffekt steigern würde. Doch dabei ist immer wieder auffällig, dass wenig darüber nachgedacht wird, welche Motivations- und Anreizwirkungen Vorgaben für eine konzentrierte Ausschüttung an nur einen Teil der Belegschaft haben. Darf doch bei einer vorgegebenen maximalen Ausschüttungsquote an beispielsweise 40% der Beschäftigten angenommen werden, dass (spätestens nach der ersten Bewertungsrunde) ein relevanter Anteil der Beschäftigten den Schluss ziehen wird, dass besondere Leistungen sich nicht lohnen, da die Chance auf den Erhalt einer Prämie zu gering erscheint. Dabei ist das bloße Ausbleiben von Anreizwirkungen bei einem großen Teil der Beschäftigten noch die beste, aber auch eher unwahrscheinliche Variante. Wahrscheinlicher ist, dass bei Beschäftigten, die sich darum bemüht haben, eine gute Bewertung zu erzielen, dann jedoch aufgrund einer von den erbrachten Leistungen unabhängig definierten Ausschüttungsquote gleichwohl nicht bedacht werden konnten, nicht nur der positive Anreiz entfällt, sondern auch Enttäuschung, Demotivation und mitunter auch manifester Unmut die Folgen sind.

Soweit sich Akteure vor Ort, meist arbeitgeberseitig, gleichwohl für eine Ausschüttung von Prämien an nur wenige Beschäftigte stark machen (das ist nach unserem Eindruck in weitaus mehr Kommunen der Fall gewesen als in den schließlich abgeschlossenen Dienstvereinbarungen zum Ausdruck kommt), scheinen diese auch weniger einer Logik des Leistungsanreizes oder der Steuerung von Arbeitsprozessen zu gehorchen, denn einer Logik der Belohnung und der Gerechtigkeit. Diese Logik kümmert sich nicht primär darum, welche Effekte auf das zukünftige Leistungsverhalten auftreten, sondern darum, bestimmten Beschäftigten soziale Anerkennung zuteilwerden zu lassen (oder zu entziehen) und/oder dafür zu sorgen, dass Gerechtigkeitsmaßstäbe etabliert werden, die selbst als richtig erachtet werden. Häufig steht beides in einem Zusammenhang.

Mitunter scheint die Einführung leistungsorientierter Bezahlung als ein Instrument betrachtet zu werden, das als selbstverständlich erachtete Leistungsungleichheiten abbilden, nicht jedoch durch Anreize beseitigen soll. Da eine solche Orientierung an einer Herstellung gerechter Ungleichheit meist auch auf Arbeitgeberseite nicht gänzlich durchgängig ist und die Personalräte häufig andere, mitunter konträre Gerechtigkeitskonzepte verwirklichen wollen, finden solche eher ideologischen Vorstellungen nur teilweise Niederschlag in den einvernehmlich abzuschließenden Dienstvereinbarungen. Konkurrierende Gerechtigkeitskonzepte spielen in den Kontroversen um die Einführung von Leistungsentgelt im öffentlichen Dienst jedoch eine nicht zu unterschätzende Rolle. Dies gilt im Grundsatz auch für die tarifpolitische Ebene, obgleich Pro- und Kontraargumente häufig vordergründig an technischen Stärken und Defiziten von LOB-Systemen, Umsetzungs- und Einführungsmängeln etc. festgemacht werden. Die Konflikte um die leistungsorientierte Bezahlung im öffentlichen Dienst sind jedenfalls mit differierenden Annahmen über die Funktionalität von Leistungsentgelt nicht hinreichend zu erklären, auch geht die Hauptkontroverse nicht um die prinzipielle Haltung gegenüber dem Leistungsprinzip. Das Leistungsprinzip wird von nahezu allen geteilt, jedoch auf der Basis unterschiedlicher Gerechtigkeitsprinzipien konzipiert.

Allerdings wenden letztlich nur wenige Kommunen Regeln an, die eine Ausschüttung von Leistungsentgelt lediglich an einen Teil der Beschäftigten strikt vorschreiben (Beispiel: „maximal 40% dürfen eine Prämie erhalten"). In lediglich 7% der Fälle (FALL–) existieren verbindliche Vorgaben (Maximalquoten oder andere feste Vorgaben), die unabhängig vom realen Leistungsverhalten eine Prämienausschüttung nur an einen Teil der Beschäftigten zulassen. Solche strikten Selektionsregeln sind somit selten, die Höhe von Maximalquoten liegt im Durchschnitt bei 55%.

Der Umstand, dass in 93% der Fälle strikte Selektionsvorgaben fehlen, könnte auch ein wenig durch den Erhebungszeitpunkt beeinflusst sein. Da Maximalquoten häufig dysfunktionale Effekte hervorbringen und Unmut auslösen, muss angenommen werden, dass im Jahr 2011 bereits in etlichen Fällen eine Abkehr von quotierten Ausschüttungen erfolgt ist. Soweit von Änderungen an Dienstvereinbarungen berichtet wird, geben 20% der befragten Arbeitgeber und 21% der Personalräte an, dass damit eine „breitere Ausschüttung erreicht werden" sollte. Lediglich 5% berichten davon, damit sei eine „weniger breite Ausschüttung" angestrebt worden. 6% der Arbeitgeber und 7% der Personalräte aus Kommunen mit geänderter Dienstvereinbarung geben an, mit der Änderung der Dienstvereinbarung sei die Abschaffung einer Quote verbunden gewesen, 3% (AG) bzw. 5% (PR) nennen die Absicht der Einführung einer Quote. Lediglich etwas mehr als die Hälfte der Arbeitgeber und nur ein Zehntel der Personalräte, die die Einführung einer Quote als Anlass für die Änderung der Dienstvereinbarung nennen, geben jedoch zum Erhebungszeitpunkt an, dass auch eine Maximalquote besteht, die die Zahl der Beschäftigten mit Anrecht auf eine Prämienausschüttung begrenzt. Vor dem Hintergrund der Nebenwirkungen von Maximalquoten darf dies nicht überraschen, wahrscheinlich wurden etliche auch dieser nachträglich eingeführten Maximalquoten inzwischen wegen Akzeptanzschwierigkeiten wieder abgeschafft.

Eine entscheidende Modifikation der statusgruppenbezogenen Umverteilungseffekte durch die Quotierungsmaßnahmen darf allein wegen der geringen Bedeutung nicht angenommen werden. Hinzu kommt, dass Maximalquoten selbst zumindest unmittelbar keiner Statuslogik gehorchen. Gleichwohl ist nicht auszuschließen, dass eine Verknappung aussichtsreicher Bewertungen dazu beitragen kann, den Hierarchieeffekt zu verstärken.[19] In der Mehrzahl aller Fälle fehlen jedoch nicht nur solche, den Hierarchieeffekt eventuell verstärkende Effekte von Maximalausschüttungsquoten, eine breite Streuung des Prämientopfes auf die Beschäftigten begrenzt vielmehr die Bedeutung des Hierarchieeffekts. Weniger als einem Zehntel der Beschäftigten, die am LOB-System teilnehmen, bleibt eine Ausschüttung versagt, etwa ein Drittel bekommt eine Teilausschüttung. Eine deutliche Mehrheit der Beschäftigten bekommt die volle Prämie ausbezahlt (vgl. Tab. 2.15). Laut Angaben der direkt befragten Beschäftigten fällt die Ausschüttungsquote etwas niedriger aus (vgl. Tab. 2.16).

Bemerkenswert ist, dass entgegen der Angaben von Arbeitgebern und Personalräten zum Bewertungsverhalten, die befragten, am LOB-System beteiligten Frauen seltener als die Männer angeben, eine volle Ausschüttung der Prämien erhalten zu haben (vgl. Tab. 2.16). Der Anteil der Frauen, der gar keine Ausschüttung erhielt, ist demnach ebenfalls größer als bei den Männern. Daraus unmittelbar auf eine in diskriminierender Weise schlechtere Bewertung der Frauen zu schließen, wäre allerdings insofern voreilig, als es sich hierbei lediglich um eine Folge des Hierarchieeffekts handeln könnte. Da der Anteil der Frauen in den Führungsrän-

19 Auf Basis der Personalratsangaben zeigt sich eine leichte, jedoch nicht signifikante Tendenz zur Verstärkung des Hierarchieeffektes bei Existenz einer Maximalquote oder einer Regelung mit vergleichbaren Wirkungen (Besserbewertung von Beschäftigten aus höheren Entgeltgruppen, von Beamten und Führungskräften). Die Daten der Arbeitgeberbefragung bestätigen diese Tendenz nicht.

gen unterdurchschnittlich ausfällt, ist ein geschlechtsbezogener statistischer Effekt auch dann möglich, wenn nicht das Geschlecht, sondern lediglich der Status bewertungsrelevant ist.

Tab. 2.15: Ausschüttungsquote

„Wie viele der Teilnehmer erhielten in der letzten Runde eine Ausschüttung?" [a]

	FALL+	AG	PR	KL
die volle Ausschüttung erhielten	58,7	57,0	64,0	58,6
eine Teilausschüttung erhielten	33,1	34,1	30,5	33,0
keine Ausschüttung erhielten	8,2	9,2	5,4	10,1

a – (Flächenbefragungen: Datensätze AG, PR, KL und FALL+; nur Anwender mit differenzierter Ausschüttung, Prozente

Tab. 2.16: Prämienausschüttung und Geschlecht

„Haben Sie selbst (bei der letzten Ausschüttung) ein Leistungsentgelt erhalten?" [a]

	alle	männlich	weiblich
ja, die volle Ausschüttung	43,4	46,3	42,1
ja, eine Teilausschüttung	47,6	46,5	48,0
nein	8,9	7,3	9,8

a – Beschäftigtenbefragungen: Datensatz BESCH34; Prozente

Die Bewertungsungleichheit entlang des Merkmals Status zeigt sich auch in den Beschäftigtenbefragungen (vgl. Tab. 2.17): Während im Entgeltgruppencluster 1 bis 4 lediglich 40% der Beschäftigten eine Vollausschüttung erhalten und 17% auf eine Ausschüttung verzichten müssen, lauten die entsprechenden Daten für das Cluster der Entgeltgruppen fünf bis acht 43% und 9%, für das Cluster neun bis zwölf 56% und 4% und die höchsten Entgeltgruppen 59% und 0%. Differenzieren wir nach Geschlecht, findet sich der Hierarchieeffekt bei den Frauen in ganz ähnlicher Form, bei den Männern allerdings ebenfalls mit einer Abweichung im unteren Cluster. Insbesondere dort ist der Bewertungsunterschied nach Geschlecht auffällig. Eine detaillierte Betrachtung des Clusters 1 bis 4 zeigt, dass sich dort die Männer überwiegend in der EG 4 befinden, während sie in den Entgeltgruppen 2 und 3 fehlen.[20] Im oberen Cluster finden sich einerseits

20 Auch innerhalb der EG 4 sind die Bewertungsunterschiede jedoch nicht gänzlich verschwunden: Männer erhalten dort zu 69% und Frauen zu 60% die volle Aus-

77% der Frauen in der EG 13, jedoch nur 47% der Männer, d.h. ein gewisser Hierarchieeffekt kann sich auch hier innerhalb des Clusters finden. Andererseits ist gerade in der EG 13 der Anteil der Männer mit voller Ausschüttung mit 72% wiederum deutlich höher als der von 36% bei den Frauen. Da in den relativ gut besetzten Entgeltgruppenclustern 5 bis 8 und 9 bis 12 der Unterschied zwischen den Geschlechtern gering oder umgekehrt ausfällt, ist zu konstatieren, dass sich der Geschlechtereffekt in relevantem Maße als aus dem Hierarchieeffekt abgeleitet darstellt, jedoch wahrscheinlich nicht vollständig darin aufgeht.

≡ Tab. 2.17: Prämie, Entgeltgruppe und Geschlecht

„Haben Sie selbst (bei der letzten Ausschüttung) ein Leistungsentgelt erhalten?" [a]

Entgeltgruppen	1–4			5–8			9–12			13 oder höher		
	alle	m	w	alle	m	w	alle	m	w	alle	m	w
ja, die volle Ausschüttung	40,1	49,0	34,5	42,5	43,1	41,6	56,1	54,2	58,5	58,6	62,3	50,4
ja, eine Teilausschüttung	43,0	30,9	50,6	48,7	49,8	48,3	40,4	42,5	37,6	41,4	37,7	49,6
nein	16,9	20,0	14,9	8,8	7,1	10,1	3,5	3,3	3,9	0,0	0,0	0,0

a – Beschäftigtenbefragungen: Datensatz BESCH34; Prozente

Sowohl eine Bewertungsverzerrung nach Status als auch nach Geschlecht kann wahrscheinlich zumindest partiell auf soziale Ähnlichkeit und subjektive Verzerrungen im Bewertungsprozess zurückgeführt werden. Leistungszuschreibungen nach Status und Geschlecht *(gender beliefs)* können sich durchaus ergänzen und wechselseitig verstärken. Da, wie wir argumentiert haben, dem Hierarchieeffekt jedoch eine gewisse organisationale Rationalität innewohnt, ist es allerdings plausibel, dass dieser stärker ausfällt als der Geschlechtereffekt. Hierfür spricht auch, dass nicht nur Arbeitgeber und Personalräte keine Geschlechterdiskriminierung wahrnehmen, sondern auch die befragten Frauen selbst sich nicht als überdurch-

schüttung, während lediglich 5% der Männer, jedoch 33% der Frauen keine Ausschüttung erhalten. Signifikant sind solche Ergebnisse jedoch nicht, denn diesen 33% entsprechen trotz der großen Zahl an Befragten nur noch zwei befragte Frauen. Die höheren Entgeltgruppen sind aussagekräftiger. Die hohe Vollausschüttung in der Entgeltgruppe 4 stellt beim nahezu linear auftretenden Hierarchieeffekt einen deutlichen Ausreißer dar.

schnittlich ungerecht bewertet sehen (vgl. zur Sicht der Beschäftigten auf die Bewertung Kap. 4).

Für einen Zusammenhang von Beurteilungsverfahren und Geschlechtereffekt sprechen Daten der Beschäftigtenbefragungen: Der Geschlechtereffekt findet sich demnach nur bei Anwendung der Systematischen Leistungsbewertung, nicht jedoch im Falle von Zielvereinbarungen (vgl. Tab. 2.18). Dieser Befund ist nicht nur plausibel, sondern auch praktisch relevant: Unabhängig davon, ob sich der Geschlechtereffekt bei der Anwendung von Systematischer Leistungsbewertung letztlich weitgehend auf den Hierarchieeffekt zurückführen lässt oder nicht: Er lässt sich vermeiden, wenn die Methode Zielvereinbarung gewählt wird.

Die Anwendung von Zielvereinbarungen empfiehlt sich auch deshalb, weil sich mit dieser nicht nur dem Geschlechtereffekt, sondern zumindest bis zu einem gewissen Maß auch dem Hierarchieeffekt entgegenwirken lässt (vgl. Tab. 2.19). Dies deckt sich mit den dargelegten Plausibilitätsüberlegungen. Da die Methode Zielvereinbarung, wie wir noch zeigen werden, auch noch eine Reihe anderer Vorteile aufweist, bietet sie sich aus

Tab. 2.18: Prämie, Geschlecht und Methode ≡

„Haben Sie selbst (bei der letzten Ausschüttung) ein Leistungsentgelt erhalten?" [a]

	ZV			SLB		
	alle	m	w	alle	m	w
ja, die volle Ausschüttung	77,1	76,0	77,7	29,7	34,7	27,0
ja, eine Teilausschüttung	20,4	21,9	19,5	59,4	56,7	60,8
nein	2,5	2,1	2,8	11,0	8,6	12,2

a – Beschäftigtenbefragungen: Datensatz BESCH34; Prozente

Tab. 2.19: Prämie, Entgeltgruppe und Methode ≡

„Haben Sie selbst (bei der letzten Ausschüttung) ein Leistungsentgelt erhalten?" [a]

Entgeltgruppen	1–4		5–8		9–12		13 oder höher	
	ZV	SLB	ZV	SLB	ZV	SLB	ZV	SLB
ja, die volle Ausschüttung	75,7	30,3	75,6	29,2	85,3	41,1	65,3	52,7
ja, eine Teilausschüttung	24,3	49,8	21,7	59,5	13,0	53,8	34,7	47,3
nein	0,0	19,9	2,7	11,3	1,7	5,1	0,0	0,0

a – Beschäftigtenbefragungen: Datensatz BESCH34; Prozente

einer Perspektive, der es darum geht Diskriminierungen zu vermeiden, als das überlegende Instrument an.

Doch obgleich zumindest im Falle der SLB somit eine unmittelbare oder über den Hierarchieeffekt vermittelte Benachteiligung von Frauen in Bewertungsprozessen vorkommt, kann bezüglich der Verteilungseffekte angenommen werden, dass dort, wo die Höhe der Prämien sich nicht an den Entgeltgruppen festmacht, sondern gleiche Bewertungen gleiche Geldbeträge erbringen, Frauen aufgrund ihrer im Schnitt schlechteren Statusposition eher profitieren. Über alle LOB-Kommunen hinweg dürften die Negativeffekte zumindest kompensiert werden.

Zusammenfassend kann formuliert werden, dass durch die LOB-Einführung keine gruppenbezogene Zunahme von Entgelt- und Statusungleich heit zu beobachten ist. Aufgrund des alles andere als marginalen Vorkommens einer monetären Gleichgewichtung von Leistungsbewertungen, bei der nicht nach Entgeltgruppen differenziert wird, einer insgesamt breiten Ausschüttung, eines in der Mehrzahl der Fälle offenbar allenfalls begrenzten Hierarchieeffektes sowie der stärkeren Belastung der höheren Entgeltgruppen bei der Umwidmung für das ursprüngliche „Startvolumen“, halten sich die Verteilungseffekte in Grenzen und ergeben häufig keine „Spreizung“, sondern eine Nivellierung von Entgeltunterschieden.

Da der eigentliche Zweck leistungsorientierter Bezahlung aus organisationaler Perspektive nicht darin bestehen sollte, Verteilungseffekte als Selbstzweck zu erzielen oder zu vermeiden, sondern positive Impulse auf das Leistungsverhalten der Beschäftigten und der Organisation zu erbringen, sind die beobachteten Verteilungseffekte weder ein hinreichendes Argument für, noch gegen die Einführung von Leistungsentgelt in den Kommunen. Da es manchen Arbeitgebern unter anderem mehr darum zu gehen scheint, eine als gerecht erachtete Belohnungs- und Ungleichheitskultur zu etablieren, d.h. ihre Vorstellungen von Verteilungsgerechtigkeit und legitimer Anerkennungsordnung durchzusetzen, sollten diese Verteilungseffekte Beachtung bei den Akteuren finden. Damit haben sich auch Befürchtungen, die Einführung von Leistungsentgelt könnte eine Zunahme von statusbezogener Verteilungsungleichheit hervorrufen, bisher ebenfalls nicht bewahrheitet – allenfalls ein schwacher Effekt der Entgeltnivellierung dürfte erfolgt sein.

3. Absichten der Akteure und Wirkungen der LOB

3.1 Ziele und Absichten der Tarif- und der Betriebsparteien ■

Die Intentionen der Tarifparteien

Bevor wir danach fragen, welche Wirkungen durch die tarifvertragliche Regelung zum Leistungsentgelt dort erzielt werden, wo eine Umsetzung erfolgte, wollen wir uns zunächst vergewissern, welche Ziele durch die Einführung erreicht werden sollten. Der § 18 TVöD-VKA nennt zunächst als Ziel der leistungsorientierten Bezahlung die Verbesserung der öffentlichen Dienstleistungen und gibt darüber hinaus vor, dass „zugleich (...) Motivation, Eigenverantwortung und Führungskompetenz gestärkt werden" sollen. Die Beziehung zwischen diesen Zielen lässt der Tarifvertrag weitgehend offen, der Wortlaut könnte jedoch so gedeutet werden, dass die Verbesserung öffentlicher Dienstleistungen als das zentrale Ziel zu verstehen ist, während Motivation, Eigenverantwortung und Führungskompetenz gewissermaßen Nebenziele oder Konkretisierungen darstellen.

Zwar dürften sich die Tarifparteien weitgehend darauf verständigen können, dass es angemessen ist, die Verbesserung der Dienstleistungen als das vereinbarte Generalziel des § 18 zu verstehen. Wie sich die drei weiteren Ziele zu diesem Generalziel verhalten und welches Gewicht diesen jeweils zukommen sollte, darüber scheinen sich die Auffassungen sowohl zwischen den Tarifparteien als auch im jeweiligen Lager allerdings erheblich voneinander zu unterscheiden. Bei diesen Deutungsdifferenzen geht es allerdings weniger um juristische Interpretationen des Paragraphen 18 im engeren Sinne (denn teilweise lässt der Tarifvertrag einiges tatsächlich offen), sondern um Ausdeutungen auf der Basis von Annahmen darüber, welche Wirkungszusammenhänge bei Leistungsentgelt tatsächlich auftreten und wie deshalb die Tarifvereinbarung auch nur gemeint sein könne.

Da im § 18 Abs. 6 TVöD-VKA den Betriebsparteien darüber hinaus zunächst aufgetragen wird, „Ziele zur Sicherung und Verbesserung der Effektivität und Effizienz" zu vereinbaren, dann etwas konkretisiert wird, dies sei „insbesondere für Mehrwertsteigerungen" gedacht, um daran anschließend wieder mit einer exemplarischen Bestimmung von Mehrwertsteigerungen auszuweiten: „z.B. Verbesserung der Wirtschaftlichkeit, – der Dienstleistungsqualität, – der Kunden-/ Bürgerorientierung", verdichtet sich der Eindruck, der § 18 sei so zu interpretieren, dass als Verbesserung öffentlicher Dienstleistungen jede Veränderung gefasst werden kann, die in irgendeiner Weise den Umfang oder die Qualität des Angebots verbessert oder den Aufwand zu dessen Erbringung mindert.

Inwiefern Motivation, Eigenverantwortung und Führungskompetenz dabei als unabhängige Ziele zu verstehen sind, die unter dem abstrakten Dach der Verbesserung der Dienstleistungen primär zu verfolgen sind, während die Verbesserung der Effektivität und Effizienz als ein viertes, jedoch eher nachrangiges Ziel hinzutritt, oder ob Motivation, Eigenverantwortung und Führungskompetenz einen ersten Schritt der Konkretisierung des Generalzieles auf der tarifpolitischen Ebene darstellen und die Betriebsparteien in Abs. 6 lediglich aufgefordert sind, weitere Schritte der Konkretisierung bzw. der Operationalisierung der Ziele vorzunehmen, bleibt etwas unklar und wird auch nicht von allen Vertretern der Tarifparteien gleichermaßen interpretiert.

Im Wesentlichen lassen sich vier bzw. fünf Deutungsvarianten finden:

1) das rein ökonomische Anreizkonzept,
2) das duale Anreizkonzept,
3) das Steuerungskonzept,
4) das Beteiligungskonzept und
5) das Gerechtigkeitskonzept.

ad 1) Das rein ökonomische Anreizkonzept

Erstens findet sich ein enges ökonomisches Verständnis von leistungsorientierter Bezahlung als einer Methode des monetären Anreizes mit dem Ziel der Leistungssteigerung und Arbeitsverdichtung. Diese Vorstellung entspricht einem verbreiteten Alltagsverständnis und basiert im Kern wohl auf dem Wissen um Akkordlohn und Verkaufsprämien. Unterstellt wird zum einen ein Tauschverhältnis von Leistung gegen Geld, aber zum anderen auch, dass sich durch eine leistungsvariable Koppelung beider mit derselben Summe Geldes umfangreichere Leistungen erzielen lassen als bei invariabler Auszahlung.

Dieses Verständnis leistungsorientierter Bezahlung findet sich bei Vertretern beider Tarifparteien. Während jedoch seitens der Arbeitgeber vor dem Hintergrund von Beschäftigungssicherheit und der traditionellen Kultur des öffentlichen Dienstes erhofft wird, durch die Variabilisierung des Entgelts Leistungssteigerungen herbeizuführen und damit das Tauschverhältnis gegenüber der früheren Situation zu eigenen Gunsten zu verändern, fürchten viele Gewerkschafter diesen Umstand. Sie unterstellen zwar denselben Mechanismus, befürchten jedoch gerade die Verschlechterung der *terms of trade* zuungunsten der Ware Arbeitskraft. Während dieses eng ökonomische LOB-Verständnis auf Arbeitgeberseite (auch wenn mitunter Fehlsteuerungen, handwerkliche Fehler und Aufwandsprobleme gesehen werden) eingedenk wachsender Aufgaben und knapper Haushaltsmittel eine

Befürwortung leistungsorientierter Bezahlung nahelegt, ist dies gerade deshalb auf gewerkschaftlicher Seite nicht der Fall. Verschärft noch durch die Einführungsumstände, die Umwidmung von Weihnachts- und Urlaubsgeldern für das einprozentige Startvolumen der LOB, liegt in diesem Deutungsmuster aus gewerkschaftlicher Sicht der Schluss nahe, dass die Arbeitnehmerseite bei dieser Neuerung nur verlieren könne: Das Startvolumen werde den Beschäftigten genommen und gegen eine durch den Anreizmechanismus erzeugte Mehrleistung wieder zurückgegeben. LOB bewirkt demnach eine bloße Verschlechterung der kollektiven Tauschbedingungen sowie größeren Wettbewerb unter den Beschäftigten, ohne auch nur eine geringfügige kollektive Entgeltverbesserung zu erzielen. Da auch die weitere Finanzierung partiell über Umwidmung (von rückfließenden Besitzständen, etwa durch sogenannte „wegfallende Kinder“, vgl. Beck-Kommentar zu § 18, Rn 8) erfolgen sollte und ansonsten in Konkurrenz zu nicht an Leistung gebundenen Entgeltsteigerungen tritt (Steigerungen, die in der Folge der TVöD-Einführung ohnehin vorübergehend ausgeblieben waren), muss sich im Rahmen einer solchen Deutung leistungsorientierte Bezahlung primär als Verteilungskonflikt darstellen. Leistungsentgelt steht für mehr Arbeit für das im Wesentlichen gleiche Entgelt. Eine Ablehnung seitens aufrechter Gewerkschafter erscheint geradezu als Pflicht.

Auch wenn diese Deutung keineswegs die einzige ist, die wir im Feld vorgefunden haben, und sie zudem den Wortlaut des Tarifvertrages unseres Erachtens etwas einseitig auslegt, wäre es doch aus zwei Gründen unangemessen, sie als verkürzende Fehldeutung des § 18 abzutun. Zum einen lässt der § 18 eine entsprechende Deutung und Umsetzung in die Praxis durchaus zu, zum anderen kommt dieser Vorstellung durch den Umstand, sowohl auf Arbeitnehmer- als auch auf Arbeitgeberseite verbreitet zu sein, faktisch Relevanz zu.

Während auf Arbeitgeberseite, soweit der Aufwand in der Praxis nicht zu hoch erscheint, dieses Deutungsmuster eine eher positive Haltung zur LOB auslöst, steht dem das gewerkschaftliche Ziel gegenüber, diese Veränderung zu verhindern oder rückgängig zu machen. Der Zielkonflikt um das Leistungsentgelt kann damit als Nullsummenspiel konzipiert und als „distributive bargaining“ (Walton/McKersie 1965) ausgetragen werden. Gewerkschaftliche Zustimmung zur LOB kann im Rahmen dieses Musters vor allem im Kontext von *concession bargaining* erwartet werden, etwa weil ansonsten weiterer Personalabbau, Privatisierungen etc. oder eine Gefährdung des Flächentarifvertrages drohen. Voraussetzung für eine breitere gewerkschaftliche Zustimmung zu Leistungsentgelt im öffentlichen Dienst dürfte deshalb sein, dass das skizzierte Deutungs- und Praxismuster des rein ökonomischen Anreizes weitgehend an Bedeutung verliert.

ad 2) Das duale Anreizkonzept

Ein zweites, erweitertes Konzept leistungsorientierter Bezahlung kann den Antagonismus der Interessen abmildern, sofern es gelingt, daran eine reale Veränderung der Praxis gegenüber dem ökonomischen Konzept des puren monetären Anreizes anzuschließen. Zwar wird auch hier leistungsorientierte Bezahlung in erster Linie als Methode zum Ziel einer Steigerung von Effizienz und Leistung verstanden, allerdings nicht primär als simpler monetärer Anreizmechanismus. Anders als im ersten Muster wird angenommen, dass Leistungsentgelt zusätzlich oder sogar primär durch die Zuteilung sozialer Anerkennung funktioniert. Zumindest der Verbesserung der Führungskompetenz kommt in diesem Konzept erhebliche Bedeutung zu, wenn auch ein wenig der paradoxe Umstand auftritt, dass die Kompetenz der Führungskräfte einerseits mittels LOB gesteigert werden soll, andererseits die Anwendung leistungsorientierter Bezahlung als Anerkennungsinstrument bereits ein erhebliches Maß an Führungskompetenz voraussetzt.

Abgesehen davon, dass ein breiteres Verständnis motivierender Faktoren (Geld und Anerkennung) Arbeitnehmerverhalten weniger reduktionistisch begreift und der Sache angemessener sein könnte, so verändert sie die Wahrnehmung des Verhältnisses von Aufwand und Nutzen und der Risiken der Fehlsteuerung. So kann etwa angenommen werden, dass der Aufwand, ein LOB-System zu betreiben, sich auch bei geringen Ausschüttungsbeträgen rentiert, da die Beschäftigten ihr Verhalten nicht als reine Nutzenmaximierer kalkulieren, sondern durch soziale Anerkennung mittels Prämien ihre Haltung und ihr Leistungsverhalten grundsätzlich verbessern. Die Risiken der Fehlsteuerung sinken, wie bereits dargelegt, da dabei das Arbeitshandeln als in eine soziale, nicht nur als in eine ökonomische Beziehung eingebettet verstanden wird.

Eine solche Deutung des Konzepts leistungsorientierter Bezahlung nicht nur als in der Interessendimension angelegtes Tauschverhältnis von Leistung und Entgelt (in dem man als Beschäftigter anreizbedingt gewissermaßen übervorteilt wird), sondern auch als ein Verhältnis, in dem die Vergabe von Prämien und eine damit verbundene Praxis von Mitarbeitergesprächen den Beschäftigten soziale Anerkennung vermitteln, verbessert das Potential der LOB in den Augen der Arbeitnehmerseite, soweit die Vergabe sozialer Anerkennung positiv zu Buche schlägt.

Inwieweit letzteres der Fall ist, hängt nun davon ab, wie und auf welche Weise Anerkennung vergeben wird. Soweit die Vergabe sozialer Wertschätzung so konzipiert ist, dass diese an die Leistungsbewertung gekoppelt und gewissermaßen linear mit der Prämie „ausgeschüttet" wird, muss zumindest damit gerechnet werden, dass die Wahrnehmung positiver durch die von negativer Wertschätzung („Missachtung“) begleitet wird. Da unilaterale Bewertungsprozeduren immer auch ein Herrschaftsverhältnis konstituieren oder zumindest explizieren bzw. eine Tauschbeziehung offenbaren („Entzauberung“), besteht zudem ein Risiko, dass Bewertungsprozesse selbst bei positivem Resultat den Beschäftigten „Unbehagen“ bereiten. Mitarbeitergespräche hingegen können von Beschäftigten auch dann positiv wahrgenommen werden, wenn sie begründet mit keiner guten Bewertung verbunden sind.

Inwieweit ein um Anerkennung erweitertes LOB-Konzept auf gewerkschaftlicher Seite positiv bewertet wird, hängt nun aber auch davon ab, ob die Vergabe von Wertschätzung im LOB-Kontext als hinreichend authentisch oder lediglich als eine Instrumentalisierung der Beschäftigten verstanden wird. Ob gerade die LOB als Instrument zur Vermittlung sozialer Anerkennung taugt, darf somit keineswegs als ausgemacht gelten. Auch in diesem Fall der LOB-Deutung unter Einschluss der Anerkennungsdimension spielt wiederum nicht nur das vorgängige Verständnis leistungsorientierter Bezahlung, sondern auch das Wechselverhältnis zwischen eigener Deutung und Praxis eine Rolle. Auch ein auf Anreiz und Anerkennung zielendes LOB-Verständnis bietet somit noch keine besonders tragfähige Basis, um gewerkschaftliche Ziele damit zu verknüpfen und gewerkschaftliche Zustimmung zu generieren.

Mitunter werden mit der leistungsorientierten Bezahlung jedoch Vorstellungen verknüpft, die weit über die beiden geschilderten Konzepte hinausgehen. Diese geraten ebenfalls in keinen Widerspruch zum Text des Tarifvertrages, doch sie versuchen leistungsorientierte Bezahlung für deutlich weiterreichende Ziele zu nutzen: die Steuerung der Organisation und die Beteiligung der Beschäftigten.

ad 3) Das Steuerungskonzept

In einer dritten Deutung wird leistungsorientierte Bezahlung als ein Instrument verstanden, das nicht allein – und idealerweise auch nicht primär – darauf ausgerichtet ist, durch materielle Anreize Mehrleistungen bei den Beschäftigten zu evozieren, sondern das dazu beitragen soll, die Führungskompetenz zu verbessern. Unter Führungskompetenz wird dabei nicht allein die Chance einzelner Vorgesetzter verstanden, mittels LOB auf ihre direkten Mitarbeiter/innen Einfluss nehmen zu können, sondern auch die Kompetenz zur Steuerung der Organisation insgesamt. In diesem Konzept wird leistungsorientierte Bezahlung meist als ein integraler Bestandteil einer für nötig erachteten Verwaltungsreform verstanden. Leistungsorientierte Bezahlung zielt somit auf das Verhalten nicht allein der Beschäftigten, sondern auch der Führungskräfte und auf die Organisation insgesamt (vgl. Schmidt et al. 2011b; Marsden 2010). Anders als im zweiten und vor allem im ersten Verständnis leistungsorientierter Bezahlung ist diese Deutung nicht *per se* antagonistisch konzipiert. Soweit das Ziel der Verbesserung der Dienstleistungen primär über eine Steigerung der organisationalen Kompetenz der Kommunen zu erreichen versucht wird, d.h. Effizienz und Effektivität nicht in erster Linie mit Mehrleistung übersetzt, sondern als eine Optimierung des Ressourceneinsatzes und eine qualitative Verbesserung des Dienstleistungsportfolios verstanden werden, könnte auf einer solchen Basis ein gemeinsames Projekt von Arbeitgeber- und Arbeitnehmerseite im Grundsatz möglich sein. Zumindest eine Verhandlungsgrundlage für ein solches Projekt könnte bestehen.

Allerdings hat sich diese Deutung zum einen auch innerhalb der Arbeitgeberverbände und insbesondere in den einzelnen Kommunen gegenüber den beiden zuerst genannten Konzepten nicht durchgesetzt. Zum anderen waren auch Verbandsvertreter, die das Steuerungskonzept vertreten, wie wir es hier etwas idealtypisch skizziert haben, in ihrer Haltung mitunter inkonsistent und schwankten zwischen den ersten beiden und dem fünften LOB-Konzept (siehe unten). Darüber hinaus fehlte es insofern an Konsequenz, als das Instrument der Zielvereinbarung, mit dem tatsächliche Chancen bestehen, das Steuerungskonzept realisieren zu können, nicht mit hinreichender Klarheit als unerlässlich propagiert wurde. Zwar wurde den Kommunen empfohlen, eine Kombination einzuführen, in die auch ein Zielvereinbarungselement aufgenommen werden sollte, und darauf vertraut, dass sich die Überlegenheit der Zielvereinbarungen dann in der Praxis schon erweisen würde. Doch diese Empfehlung stellte ebenso wie die tarifvertragliche Vereinbarung keine zureichende Operationalisierung des Steuerungskonzeptes dar.

Während wir die Hintergründe der konzeptionellen Inkonsistenzen schon auch im Einfluss divergenter Diskursstränge auf das Denken der Protagonisten selbst sehen (Modernisierung von Staat und öffentlichem Dienst im Sinne von Demokratisierung und Bürgernähe, Modernisierung als Vermarktlichung und Annäherung an die Privatwirtschaft, Etablierung gerechter Standards sozialer Ungleichheit), führen wir die Inkonsequenzen doch vornehmlich darauf zurück, dass auch die kommunalen Arbeitgeberverbände und die VKA gezwungen sind, lagerinterne Kompromisse einzugehen. Ein Absehen von der Systematischen Leistungsbewertung (und des damit in Kauf genommenen Beurteilungsverfahrens) im Tarifvertrag sowie in Empfehlungen an die Kommunen wäre unter den Arbeitgebern mit großer Wahrscheinlichkeit nicht mehrheitsfähig gewesen.[1] Im Verständnis vieler Arbeitgeber wird die leistungsorientierte Bezahlung jedenfalls nicht als Ansatzpunkt für den Einstieg oder die Fortführung einer umfassenden Verwaltungsreform verstanden (vgl. Tab. 3.3). Obgleich das Konzept der leistungsorientierten Bezahlung als Steuerungsinstrument sich sachlich als Ausgangsbasis für ein Projekt des „integrative bargaining“ (Walton/McKersie 1965) zwischen Tarifparteien anbieten könnte, fehlt es dafür bisher jedoch an einer hinreichenden Trägerschaft auf Arbeitgeberseite.

ad 4) Das Beteiligungskonzept

Das Steuerungskonzept wäre nicht zuletzt deshalb als Verhandlungsbasis tragfähig, weil eine grundsätzliche Anschlussfähigkeit an eine vierte Ausdeutung von leistungsorientierter Bezahlung bestehen würde, in der letztere als eine Möglichkeit zur Beteiligung der Beschäftigten an Entscheidungsprozessen gesehen wird. Auch in diesem Verständnis wird LOB nicht primär als Anreiz zur Mehrleistung verstanden, sondern als eine Chance zur qualitativen Verbesserung des Dienstleistungsangebots. Anders als in einem unilateralen Steuerungskonzept, in dem Zielvereinbarungen lediglich aus „Motivationsgründen“ (Niederschriftserklärung zu § 18 Abs. 5) freiwillig sind, sind in einem Beteiligungskonzept über Zielvereinbarungen organisierte Aushandlungsprozesse konstitutiv. Das Beteiligungskonzept unterscheidet sich insbesondere vom eingangs skizzierten ökonomischen Verständnis von leistungsorientierter Bezahlung, in welchem angenommen wird, dass sich Beschäftigte hauptsächlich an unmittelbaren ökonomischen Reizen orientieren (und ansonsten zu „shirking” neigen), durch ein Vertrauen darauf, dass ein Modus gefunden werden kann, der eine Verbesserung der Dienstleistungen mit größerer Mitentscheidung der Beschäftigten und deren Interessenlage zu verbinden vermag. Auch dieses Konzept geht deutlich über die tarifvertraglichen Bestimmungen hinaus, steht jedoch den Bestimmungen des § 18 nicht entgegen und kann insbesondere an das Ziel der „Eigenverantwortung“ sowie das Instrument der Zielvereinbarung anknüpfen. Die drei in § 18 Abs. 1

1 Da die VKA zwar die Kommunen nicht unmittelbar zu Mitgliedern hat, sondern eine Vereinigung der kommunalen Arbeitgeberverbände darstellt, die in sich ebenfalls wieder mehrere Ebenen mit gruppenbezogen quotierten Zugängen umfassen (vgl. zur Struktur der kommunalen Arbeitgeberverbände Kap. 5), ist sie zwar nicht darauf angewiesen, sich kurzfristig die Zustimmung der Mehrheit aller Kommunen zu sichern, doch mittel- und langfristig würde eine allzu mitgliederferne Politik auch diesem Verband schaden, zumal gerade beim Thema LOB in den Kommunen durchaus heterogene Auffassungen herrschen.

genannten Ziele „Motivation“, „Eigenverantwortung“ und „Führungskompetenz“ werden in den genannten Ausdeutungen somit jeweils unterschiedlich behandelt.

Das Beteiligungskonzept leistungsorientierter Bezahlung wurde zumindest ansatzweise bei Ver.di diskutiert, konnte sich jedoch unter den Gewerkschaftern nicht durchsetzen. Ein Umstand, der einerseits damit erklärt werden muss, dass auf Arbeitgeberseite das im Grundsatz anschlussfähige „Steuerungskonzept“ nicht hinreichend praxisrelevant wurde, d.h. es wenig ersichtlich war, wo das Beteiligungskonzept hätte anknüpfen können. Andererseits jedoch konnte sich dieses Konzept auch auf Gewerkschaftsseite nicht gegen die nach dem Abschluss des TVöD wachsende prinzipielle Ablehnung der leistungsorientierten Bezahlung durchsetzen. Diese Ablehnung, deren Ursachen unmittelbar mit dem „Geburtsfehler“ der LOB-Einführung, der Umwidmung von Entgeltbestandteilen zur LOB-Finanzierung, aber auch mit der Dominanz eines auf Leistungssteigerung ausgerichteten LOB-Verständnisses auf Arbeitgeberseite zusammenhängen, steht einer Weiterentwicklung arbeitnehmerseitig akzeptabler LOB-Konzepte entgegen. Obgleich vor Ort mitunter durchaus Schritte in Richtung einer beteiligungs- oder steuerungsorientierten LOB-Einführung zu finden sind, wurden solche Konzepte bisher doch auf beiden Seiten für das Verständnis leistungsorientierter Bezahlung nicht zentral.

Zwar verlief vor Ort die Einführung der leistungsorientierten Bezahlung, soweit sie nicht gänzlich unterblieb, in vielen Fällen ausgeprägt kooperativ (vgl. Kap. 5), was unter anderem dem Zwang zur Einvernehmlichkeit geschuldet sein dürfte, doch die Kontroverse um die Regelung der leistungsorientierten Bezahlung auf Tarifvertragsebene bewegt sich weiterhin im Aushandlungsmuster des „distributive bargaining“. Die Möglichkeit, dass unter der Voraussetzung als antagonistisch wahrgenommener Zielvorstellungen ein Wechsel zu einem gemeinsamen Projekt der Tarifparteien erfolgt, ist auszuschließen – breite Akzeptanz und ausgeprägte Funktionalität der LOB sind es dann allerdings auch. Jedenfalls wenn wir annehmen, dass neben der Frage des materiellen Anreizes auch die Dimension der sozialen Anerkennung von Relevanz ist und Akzeptanz und Funktionalität nicht gänzlich unabhängig voneinander sind (vgl. Kap. 4).

ad 5) Das Gerechtigkeitskonzept

Eine fünfte Deutung leistungsorientierter Bezahlung, die der Logik der Belohnung und der Durchsetzung eines gerechten Verteilungsmusters folgt, hatten wir bereits erwähnt (vgl. Kap. 2). Dieses Gerechtigkeits- und Verteilungskonzept existiert in zwei grundlegenden Varianten. In der ersten Variante sollen bestehende Leistungsungleichheiten gerechter als bisher im Entgelt abgebildet werden, in der zweiten Variante wird eine ungleiche Verteilung von Leistungsprämien als wachsende Ungerechtigkeit gesehen. Diese fünfte Deutung leistungsorientierter Bezahlung kann sich kaum auf den Tarifvertragstext stützen, hat jedoch in beiden Varianten großen Einfluss auf das Handeln der Akteure auf der Tarifebene und vor Ort. Die erste Variante findet sich häufiger auf Arbeitgeberseite, die zweite bei Gewerkschaftern und Personalräten. Allerdings sollte von hinlänglich rational handelnden Kollektivakteuren erwartet werden, dass neben den eigenen Absichten und vorgängigen Überzeugungen sowie der Gegnerschaft zu denen der jeweils anderen Partei, auch die tatsächlich stattfindenden Effekte der LOB-Praxis entscheidungsrelevant sind und den weiteren Umgang mit der Frage leistungsorientierter Bezahlung prägen.

Wir versuchten bereits mit Blick auf die Verteilungseffekte der leistungsorientierten Bezahlung zu zeigen, dass die Effekte keineswegs immer so ausfallen, wie es von vielen zuvor erwartet wurde. Deshalb werden wir nicht nur der Frage nachgehen, wie weit die im Tarifvertrag explizierten, sowie die mehr oder weniger auf den Tarifvertag sich berufenden Ziele der Tarifparteien erreicht werden, sondern auch auf nicht intendierte und nicht antizipierte Nebenwirkungen achten. Doch zuvor werden wir uns noch etwas den Zielen der Betriebsparteien widmen.

Die Absichten der Betriebsparteien

Erste Antworten auf die Frage, welche Absichten die Betriebsparteien im Umgang mit dem § 18 TVöD verfolgen, haben wir mit den Darstellungen zum Verbreitungsgrad und zur Methodenanwendung bereits gegeben: Sowohl seitens der Arbeitgeber als auch der Personalräte zeigt sich ein breites Spektrum an Intentionen, das von der Nichtumsetzung über die eher pflichtschuldige Umsetzung, der es nicht zuletzt darum geht, keinen allzu großen Aufwand treiben zu müssen, bis zur engagierten und mit großen Erwartungen verbundenen, mitunter auch elaborierten Einführung von leistungsorientierter Bezahlung reicht. Während wir die Gründe derjenigen, die auf eine Umsetzung bisher verzichteten, bereits etwas genauer in Augenschein genommen haben, wollen wir jetzt danach fragen, welche Ziele diejenigen Arbeitgeber und Personalräte, die sich auf die Einführung von LOB verständigten, damit verfolgten.

Fragt man Menschen nach Zielen von Handlungen, die bereits abgeschlossen sind, dann kommt es vor, dass die Ziele im Nachhinein den tatsächlich erreichten Effekten anpasst werden. Nicht auszuschließen ist dabei, dass die Anpassung der eigenen Ziele an die realen Wirkungen mit der Zeit fortschreitet. Durchaus wahrscheinlich ist es deshalb, dass die Erfahrungen mit den tatsächlichen Wirkungen der leistungsorientierten Bezahlung zu einer gewissen Verschiebung der Zielvorstellungen beigetragen haben. Wenn dem so ist, dann muss damit gerechnet werden, dass die Übereinstimmung zwischen den zum Erhebungszeitpunkt geäußerten Zielen und der Zielerreichung ausgeprägter ist als zwischen Zielerreichung und den ursprünglich verfolgten Zielen. Dieser Umstand ist zu konstatieren, um die naive Annahme einer Erhebung authentischer, ursprünglicher Ziele zu vermeiden. Jedoch liegt hier ein geringeres Problem vor, als man zunächst anzunehmen geneigt ist, denn nicht frühere, inzwischen aufgegebene, vergessene oder verdrängte Ziele sind es, die für die Akteure heute entscheidungsrelevant und handlungsleitend sein können, sondern derzeit verfolgte Ziele und Absichten. Selbst wenn manch einer meint, ein nicht erreichtes Ziel niemals verfolgt zu haben und sich hieran durchaus interessante Fragen anschließen lassen, soll es uns hier gleichwohl nicht darum gehen, den Akteuren rechthaberisch den Spiegel vorzuhalten und Zielverschiebungen aufzudecken. Wichtiger als die Frage, inwieweit es sich tatsächlich noch um die ursprünglichen Ziele handelt, ist die Frage, welche Ziele heute verfolgt werden, ob diese als verfolgenswert gelten dürfen und ob sie erreicht werden.

52% der befragten Arbeitgeber geben an, dass eine „verbesserte Kunden-/Bürgerorientierung" eindeutig zu den von ihnen verfolgten Zielen gehört, bei weiteren 31% trifft dies zumindest „eher" zu. 6% geben an, dass dies nicht oder „eher nicht" zutreffe. Ein ähnliches Gewicht messen die Befragten den Zielen „bessere Dienstleistungsqualität" und „mehr Motivation" zu, von denen 48% bzw. 44% angeben, dass sie diese Ziele mit der Einführung von Leistungsentgelt verfolgen. „Bessere Führungskompetenz" und „mehr Eigenverantwortung" befinden sich auf dem fünften und dem sechsten Platz der Liste, werden jedoch bereits weniger häufig genannt. Eine Verbesserung der „Wirtschaftlichkeit" streben allerdings nur (noch) 18% der befragten Arbeitgeber eindeutig an (nur „trifft zu") und nur sehr wenige trachten danach, mittels leistungsorientierter Bezahlung eine Personalkostensenkung zu erzielen (vgl. Abb. 3.1). Ebenfalls weniger wichtig, jedoch keinesfalls gänzlich verworfen und im Mittel noch immer als erstrebenswert, gilt den Arbeitgebern offenbar das Ziel einer „Beteiligung der Beschäftigten" (Mittelwert: 2,75), wobei nur wenige, doch immerhin eine Minderheit, auch „mehr Mitbestimmung bei Leistungsfragen" (7% „trifft zu", 15% „trifft eher zu", Mittelwert: 3,23) mit zu ihren Zielen rechnen.[2]

2 27% der befragten Arbeitgeber geben an, neben den vorgegebenen noch weitere, „sonstige Ziele" zu verfolgen. Von wenigen werden diese Ziele auch genannt.

Abb. 3.1 LOB-Ziele der Arbeitgeber

„Welche speziellen Ziele verfolgten Sie als Arbeitgeber mit der LOB-Umsetzung?“ [a]

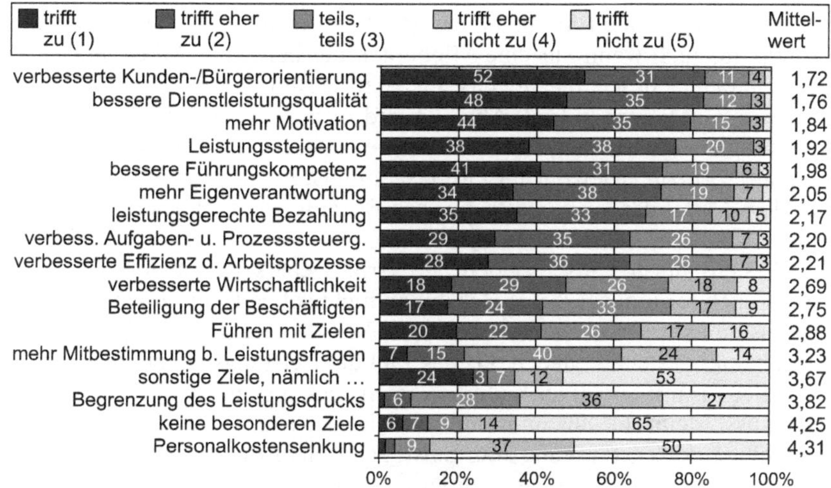

a – Flächenbefragung: Datensatze AG, Prozente, sortiert nach Mittelwert

Zwei wichtige Ziele der Arbeitgeber sind „Leistungssteigerung“ (38% „trifft zu“, 38% „trifft eher zu“, Mittelwert: 1,92) und „leistungsgerechte Bezahlung“ (35% „trifft zu“, 33% „trifft eher zu“, Mittelwert 2,17). Hierbei ist bemerkenswert, dass 31% der Befragten, die sich ohne Einschränkung zum Ziel einer leistungsgerechten Bezahlung bekennen („trifft zu“), das Ziel der „Leistungssteigerung“ für nachgeordnet halten und angeben, dieses treffe lediglich „eher“ (26%) oder „teils, teils“ (5%) zu. Ebenfalls 31% derjenigen, die sich eindeutig zum Ziel der Leistungsgerechtigkeit bekennen, geben an, das Ziel der „Motivation“ primär zu verfolgen („trifft zu“; 23% „trifft eher zu“). Der Eindruck, den wir in Gesprächen hatten, dass die Durchsetzung von Leistungsgerechtigkeit von manchen Arbeitgebern höher gewichtet wird als die Motivations- und Anreizfunktion (vgl. Kap. 2), kommt somit auch in den Daten der standardisierten Arbeitgeberbefragung zum Ausdruck.

Die Nennungen lassen sich weitaus überwiegend in zwei Gruppen einteilen: „mehr Kommunikation“ (insb. mittels Mitarbeitergesprächen) sowie „Erfüllung der Vorgaben“.

Das Prinzip leistungsgerechter Bezahlung wird von Arbeitgebern, Personalräten und auch Beschäftigten noch in weitaus größerem Maße geteilt, als dies in der Zustimmung zur „leistungsgerechten Bezahlung“ als Ziel der Einführung der LOB zum Ausdruck kommt. Diese fällt im Vergleich zur weitgehend ohne Einschränkung geteilten Zustimmung zum Leistungsprinzip ab, auch wenn nur eine Minderheit der befragten Arbeitgeber und Personalräte deutlich macht, das Ziel der leistungsgerechten Bezahlung nicht verfolgt zu haben (vgl. Abb. 3.1 und Abb. 3.2). Es dürften vor allem vier Gründe sein, die dazu geführt haben, dass in den Kommunen das Leistungsprinzip, wiewohl im Grundsatz meist geteilt, von etlichen nicht mit dem Mittel der leistungsorientierten Bezahlung zu realisieren versucht wird.

Erstens dürften insbesondere auf Arbeitgeberseite, obwohl wie dargelegt auch leistungsgerechte Bezahlung nicht selten Priorität hatte, häufig organisationsbezogene Ziele oder das Ziel der Leistungssteigerung im Mittelpunkt gestanden haben. Da das Ziel der Leistungsgerechtigkeit nicht von allen als mit wichtigen anderen Zielen deckungsgleich aufgefasst werden muss, bleibt die Zustimmung zum Ziel der leistungsgerechten Bezahlung hinter der Zustimmung zum Leistungsprinzip zurück.

Zweitens wird leistungsorientierte Bezahlung auch dort, wo sie nicht grundsätzlich abgelehnt und auf eine Einführung verzichtet wird, keineswegs überall technisch für ein taugliches Instrument gehalten, um Leistungsgerechtigkeit herbeizuführen. In vielen Kommunen werden nicht nur von Personalräten Schwierigkeiten einer gerechten Leistungsbewertung (Messprobleme, Subjektivität der Bewertung etc.) gesehen und deshalb das Gerechtigkeitsziel nicht mittels LOB verfolgt. Obwohl beim Einsatz von Zielvereinbarungen das Messproblem gewöhnlich zu Recht für geringer gehalten wird, ist das Ziel der leistungsgerechten Bezahlung auch mit Zielvereinbarungen nicht einfach zu erreichen, da die Zielbestimmung selbst in hohem Maße individualisiert ist. Leistungsgerechtigkeit im Quervergleich ist trotz im Einzelfall adäquater Bewertung deshalb auch bei Zielvereinbarungen schwierig herstellbar – wenngleich aus anderem Grunde.

Drittens dürfte die Unterschiedlichkeit und mitunter Widersprüchlichkeit der von den Akteuren vertretenen Gerechtigkeitskonzepte ebenfalls dazu beitragen, leistungsgerechte Bezahlung nicht als LOB-Ziel zu verfolgen. Während vor allem manche Arbeitgeber ausgeprägte Leistungsunterschiede wahrnehmen und in der Konsequenz das Budget konzentriert auf wenige ausschütten möchten, neigen manche Personalräte dazu, eine weitgehend egalitäre Ausschüttung als gerecht zu erachten, da sie den meisten oder allen Beschäftigten ein Bemühen um leistungsgerechtes Verhalten zubilligen. Leistungsgerechtigkeit im jeweils verstandenen Sinne mag deshalb als unerreichbares Ziel antizipiert oder in der Konsequenz der Verhandlungsprozesse und vielleicht auch erst der Praxiserfahrungen aufgegeben worden sein. Allerdings sollten die Unterschiede der Gerechtigkeitsvorstellungen zwischen Arbeitgebern und Personalräten nicht überschätzt werden. Auch zwei Drittel der Personalräte in Kommunen, soweit diese LOB anwenden, teilt die Auffassung, dass es „stets“ Leistungsunterschiede geben werde und kann sich deshalb die Verwirklichung von Leistungsgerechtigkeit unter den Beschäftigten nicht von einer Gleichverteilung der Prämien versprechen (vgl. Tab. 3.1).

Tab. 3.1: Leistungsunterschiede und Leistungserwartungen ≡

„Welcher dieser Aussagen stimmen Sie zu?“ [a]

	AG	PR
Es werden stets Leistungsunterschiede bestehen, es kann nicht real sein, wenn alle oder fast alle eine volle Ausschüttung erhalten	78,1	65,3
Ein richtig angewandtes LOB-System wird in etwa eine Normalverteilung ergeben	19,0	25,6
Ein gut funktionierendes LOB-System sollte dazu führen, dass die Leistungen aller steigen	50,2	44,1
Ein gut funktionierendes LOB-System sollte dazu führen, dass die Leistungen steigen und in der Konsequenz (fast) alle gute Bewertungen erhalten	20,6	34,1
Damit weiterhin ein Differenzierungseffekt auftritt, müssen die Leistungsstandards manchmal angehoben werden	16,5	11,4
Keine dieser Aussagen trifft zu	3,2	10,2

a – Flächenbefragungen: Datensätze AG und PR; nur Anwender; Mehrfachnennungen, Prozente für „trifft zu“

Viertens schließlich dürfte leistungsgerechte Bezahlung für manche deshalb kein Ziel der LOB-Einführung sein, da sie einen betriebsübergreifenden Maßstab der Leistungsgerechtigkeit anlegen, der auch andere Branchen oder andere Berufsgruppen mit einbezieht. Eine leistungsgerechte Bezahlung lässt sich aus dieser Perspektive mittels LOB nicht erreichen, solange die Beschäftigten des öffentlichen Dienstes grundsätzlich zu schlecht bezahlt werden. Die Frage der Verteilungsgerechtigkeit unter den Beschäftigten, bei der in vielen Fällen ohnehin bereits die Beamtinnen und Beamten ausgespart bleiben, ist in dieser Sichtweise gegenüber der prinzipiell bestehenden Verteilungsungerechtigkeit marginal. Daraus muss nicht zwingend der Schluss gezogen werden, LOB gänzlich abzulehnen, denn schließlich können gleichwohl Motivations- und Anreizeffekte erwartet werden, die etwa zu einer Verbesserung der Dienstleistungen oder der Bürgerorientierung beitragen. Allerdings dürfte hier auch manche grundsätzliche Ablehnung leistungsorientierter Bezahlung ihre Wurzel haben, da angenommen wird, dass eine leistungsdifferenzierte Bezahlung der Beschäftigten kollektives gewerkschaftliches Handeln erschweren und damit dazu beitragen könnte, die als wirklich relevant wahrgenommenen Verteilungsungerechtigkeiten zu perpetuieren. Die Annahme eines negativen Effektes leistungsorientierter Bezahlung auf kollektives Interessenhandeln mag zwar durchaus eine gewisse Plausibilität aufweisen, doch scheint sie keineswegs zwingend zuzutreffen (vgl. beispielsweise Marginson et al. 2008).

Unter Berücksichtigung der ohnehin bestehenden Unterschiede zwischen den Vorgesetzten aufgrund der Eingruppierungshierarchie, bei denen es nicht nur um größere Geldbeträge geht, sondern die auch wesentlich enger mit Statuszugehörigkeiten und Berufsidentitäten verknüpft sind, relativieren sich Verteilungseffekte durch die leistungsorientierte Bezahlung. In gewisser Weise schafft leistungsorientierte Bezahlung über die Status- und Berufsgruppen hinweg (mitunter sogar unter Einbezug der Beamten) sogar die Chance einheitlicher Erfahrungen. Beachten wir die Erfahrungen aus anderen Branchen, in denen in Bereichen mit Leistungsentgelt nicht selten wichtige Träger gewerkschaftlicher Streikaktionen zu finden sind, scheint ein negativer Einfluss auf kollektive Interessenartikulation ebenfalls nicht zwingend zu sein, zumindest von einer Reihe sonstiger Faktoren beeinflusst zu werden.

Es darf nicht überraschen, dass „Leistungssteigerung" vielen Arbeitgebern als ein zentrales Ziel leistungsorientierter Bezahlung gilt, auch wenn es sich dabei um kein in § 18 Abs. 1 genanntes Ziel handelt. Die tarifvertragliche Regelung von „Leistungsentgelt" oder „leistungsorientierter Bezahlung" wurde von der VKA unter anderem auch mit diesem Ziel verfolgt. Da Leistungsentgelt im alltäglichen Verständnis mit der Funktion des Leistungsanreizes konnotiert, konnte gewissermaßen darauf verzichtet werden, dieses Ziel explizit zu nennen, denn es scheint nach alltäglichem Verständnis ohnehin nicht nur im Subtext („Leistungsbewertung") aufzutauchen, sondern mit der Überschreibung des Paragraphen als „Leistungsentgelt" selbst gewissermaßen das Generalthema zu markieren. Gleichwohl wird das Ziel der Leistungssteigerung nicht explizit genannt und die zweifelsfrei dem Wortlaut des Tarifvertrages entsprechende Leistungsorientierung der Bezahlung muss nicht zwingend als auf Leistungssteigerung hin gedacht, sondern kann auch im Sinne von einer an Leistungsgerechtigkeit orientierten Bezahlung verstanden werden. Die explizit genannten Ziele wie die „öffentlichen Dienstleistungen" zu verbessern, „Führungskompetenz", „Eigenverantwortung" und auch „Motivation" können selbstverständlich nicht nur durch ein Mehr an Leistung, sondern auch durch qualitative Veränderung erstrebt werden. Leistungsorientierung, zumindest in einem etwas weiteren Sinne, ist selbstverständlich ein Zentralmerkmal des § 18. Dies wird auch in einer Protokollerklärung zu § 18 Abs. 4 deutlich, die auf Initiative der VKA in der Tarifrunde 2008 vereinbart wurde und mit der vornehmlich der Zweck verfolgt wurde, den Betriebsparteien ein Signal zu senden, dass zukünftig mit keiner Abschaffung des § 18, sondern mit einer weiteren Steigerung des Ausschüttungsvolumens zu rechnen sei. Dort heißt es: „Die Tarifparteien bekennen sich zur weiteren Stärkung der Leistungsorientierung im öffentlichen Dienst." Große Teile von Ver.dis Fachbereich Gemeinden, die dem § 18 ablehnend gegenüberstehen, tragen allerdings diese Formulierung nur zähneknirschend mit.

Doch ganz abgesehen von der grundsätzlichen Frage nach dem Nutzen leistungsorientierter Bezahlung: Ob es sinnvoll ist, den Deutungsspielraum, den der § 18 bietet, mehr in Richtung Leistungssteigerung, Leistungsgerechtigkeit oder in Richtung auf eine qualitative Verbesserung der Dienstleistungen zu interpretieren, ist auch für die Gewerkschaften eine durchaus zu diskutierende Frage, solange ein relevanter Teil der Personalräte Dienstvereinbarungen abgeschlossen hat oder abschließt.

Bemerkenswert ist zudem, dass weniger als die Hälfte der befragten Arbeitgeber als Ziel der Einführung von Leistungsentgelt ganz ohne Abstriche „Motivation" nennt. Dafür kann es mehrere Gründe geben: Ein erster könnte darin zu finden sein, dass ein Teil der Arbeitgeber gar keine besonderen Ziele mit der LOB-Einführung verbindet. Zwar verneinen immerhin zwei Drittel der Befragten ausdrücklich, dass die Aussage zutreffe, sie würden „keine besonderen Ziele" verfolgen, doch immerhin ein Drittel trifft keine entsprechend klare Aussage. Immerhin 45% derjenigen, die Motivation nicht als eindeutiges Ziel nennen (also kein „trifft zu" angeben), widersprechen der Aussage, „keine besonderen Ziele" zu verfolgen, auch nicht klar und eindeutig (kein „trifft nicht zu"). Ein weiterer Grund dürfte auch oder gerade beim Aspekt der Motivation in dem Umstand zu suchen sein, dass mitunter wegen geringer Effekte auch eine gewisse Zielanpassung erfolgt.[3] Schließlich dürften manche Arbeitgeber all-

---

3 Diejenigen unter den Arbeitgebern, die „mehr Motivation" als ein Ziel der LOB-Einführung nennen, geben zu beinahe zwei Dritteln auch an, dass sich diese „verbessert" (10%) oder „eher verbessert" (54%) habe (Mittelwert 2,28). Von den Befragten, die „Motivation" nicht als eindeutiges Ziel nennen, gibt lediglich ein gutes Drittel an, diese habe sich „verbessert" (2%) oder „eher verbessert" (33%) (Mittelwert 2,68). Insgesamt korrelieren Zielverfolgung und Zielerreichung deutlich (Korrelationskoeffizient ,372, auf 1%-Niveau signifikant). Ein Zusammenhang zwischen Zielverfolgung und Zielerreichung findet sich bei allen Zielen. Selbstverständlich ist auch eine sozusagen reguläre Deutung, die annimmt, dass

tagssprachlich unter „Motivation" in erster Linie „intrinsische Motivation" verstehen (Schmidt et al.2011b: 90) und zwischen Motivation und Leistungsanreiz differenzieren sowie darüber hinaus annehmen, dass eine Leistungssteigerung auch ohne „intrinsische Motivation" erreichbar sei. Tatsächlich geben auch 13% der Befragten an, die „Motivation" nicht als eindeutiges Ziel sehen (kein „trifft zu"), das Ziel „Leistungssteigerung" treffe zu. Weitere 48% dieser Gruppe geben an, es sei zumindest eher zutreffend, dass sie dieses Ziel verfolgen.

Während es einerseits Arbeitgeber gibt, die Leistungssteigerung nicht durch eine Stärkung von „intrinsischer Motivation" erreichen wollen, sondern auf den externen Anreiz setzen, sollte es auch Fälle geben, in denen zwar das Ziel der „Motivation" verfolgt wird, ohne damit jedoch das Ziel der Leistungssteigerung zu verbinden, etwa da Motivation als Selbstzweck im Interesse der Beschäftigten oder als Mittel für andere Zwecke als die der Leistungssteigerung verstanden wird. Tatsächlich geben 71% der befragten Arbeitgeber, die „mehr Motivation" als eindeutiges Ziel nennen („trifft zu"), auch an, es treffe zu, dass sie auch das Ziel der „Leistungssteigerung" verfolgten. Alle anderen Befragten mit dem eindeutigen Ziel der Motivation geben an, dass „Leistungssteigerung" bei ihnen „eher" oder zumindest „teils, teils" ein Arbeitgeberziel sei. Eindeutige Fälle, in denen zwar „Motivation" angestrebt, dieses Ziel jedoch völlig ohne Bezug zum Ziel der „Leistungssteigerung" gesehen wird, fehlen somit.[4]

Das wichtigste Ziel der Personalräte, bei denen leistungsorientierte Bezahlung eingeführt wurde, ist „mehr Motivation". 77% geben an, es treffe zu oder eher zu, dass der Personalrat dieses Ziel verfolge (vgl. Abb. 3.2). Von den Arbeitgebern zwar nur an dritter Stelle genannt, ist Motivation für sie gleichwohl häufiger ein wichtiges Ziel als für die Personalräte (vgl. Abb. 3.1). Auch die beiden weiteren Ziele „mehr Eigenverantwortung" (73%"trifft (eher) zu") und „bessere Führungskompetenz" (68% „trifft (eher) zu") haben zwar für die Personalräte im Vergleich zu anderen Zielen einen höheren Stellenwert als für die Arbeitgeber, sie sind den Personalräten absolut gesehen jedoch nicht wichtiger. Lediglich die Ziele „Beteiligung der Beschäftigten", „mehr Mitbestimmung bei Leistungsfragen", „Führen mit Zielen" und „Begrenzung des Leistungsdrucks" sind den Personalräten wichtiger als den Arbeitgebern (vgl. Tab. 3.2).

---

ein Effekt besonders dort auftritt, wo er als Ziel auch angestrebt wurde, nicht von der Hand zu weisen.

4 Das Ziel der Leistungssteigerung und das der Motivation korrelieren bei den Arbeitgebern hoch (Korrelationskoeffizient ,694 auf 1%-Niveau signifikant) und bei den Personalräten nur wenig schwächer (,597 ebenfalls auf 1%-Niveau).

Auch eine „bessere Dienstleistungsqualität“, „verbesserte Aufgaben und Prozesssteuerung“ sowie eine „verbesserte Effizienz der Arbeitsprozesse“ sind einer Mehrheit unter den Personalräten wichtig oder zumindest eher wichtig („trifft (eher) zu“: 56%, 55%, 53%), doch insgesamt wird deutlich, dass die Distanz gegenüber organisationalen Zielen, die auf eine Effektivitäts- oder Effizienzverbesserung ausgerichtet sind, bei den Personalräten etwas ausgeprägter ist als bei den Arbeitgebern. Eine größere Distanz der Personalräte gegenüber den an die Tarifregelung angelehnten Zielen kommt auch darin zum Ausdruck, dass 72% der Personalräte angeben, dass sie mit der Einführung leistungsorientierter Bezahlung „sonstige Ziele“ verbinden.

Abb. 3.2 LOB-Ziele der Personalräte

„Welche speziellen Ziele verfolgt der Personalrat mit der LOB-Umsetzung?“ [a]

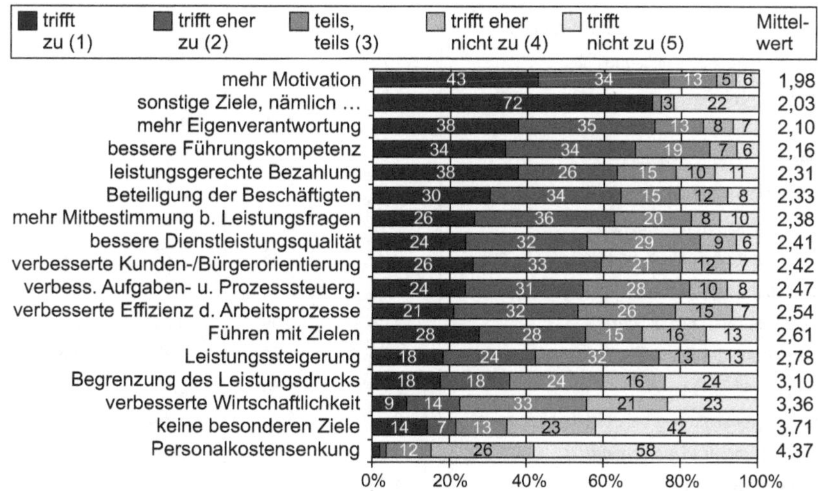

a – Flächenbefragung: Datensatz PR; Prozente, sortiert nach Mittelwert

Deutlich häufiger als von den Arbeitgebern werden von den Personalräten die „sonstigen Ziele“ auch benannt, darunter am häufigsten die folgenden: Eine erste Gruppe von Personalräten betont, ihr Ziel hätte darin bestanden, die volle Ausschüttung des Budgets zu erreichen. Eine zweite, ähnlich starke Gruppe hebt hervor, dass ihr mehr Kommunikation zwischen Führungskräften und Mitarbeitern wichtig gewesen sei. Drittens wird mehrfach angegeben, dass die „Erfüllung der Tarifpflicht“ das Ziel gewesen sei, wobei partiell damit erneut auch das Ziel der vollen Ausschüttung des Budgets gemeint gewesen sein könnte. Eine kleinere Gruppe spricht davon, dass eine „gerechte Verteilung“ oder schlicht „Gerechtigkeit“ das Ziel des Personalrats gewesen sei. Auch von einer „sozialen Komponente“ wird gesprochen. Darüber hinaus gibt es eine Reihe unterschiedlicher Angaben, etwa „Gewährleistung der Teilnahme aller Mitarbeiter“ oder „mehr Schulung“, die als Ziel einer tarifkonformen und qualitativ guten Einführung der leistungsorientierten Bezahlung aufgefasst werden können.

≡ Tab. 3.2: LOB-Ziele von Arbeitgebern und Personalräten

„Welche speziellen Ziele verfolgten Sie als Arbeitgeber/verfolgt der Arbeitgeber mit der LOB-Umsetzung?“/„Welche speziellen Ziele verfolgt der Personalrat mit der LOB-Umsetzung?“ [a]

Ziele des ...	Arbeitgebers		Personalrats	
Angaben durch ...	AG	PR	AG	PR
verbesserte Kunden-/Bürgerorientierung	1,72	2,08	2,39	2,42
bessere Dienstleistungsqualität	1,76	2,02	2,48	2,41
mehr Motivation	1,84	2,04	2,16	1,98
Leistungssteigerung	1,92	2,12	2,83	2,78
bessere Führungskompetenz	1,98	2,49	2,17	2,16
mehr Eigenverantwortung	2,05	2,48	2,34	2,10
leistungsgerechte Bezahlung	2,17	2,50	2,18	2,31
verbesserte Aufgaben- und Prozesssteuerung	2,20	2,48	2,77	2,47
verbesserte Effizienz der Arbeitsprozesse	2,21	2,42	2,81	2,54
verbesserte Wirtschaftlichkeit	2,69	2,99	3,38	3,36
Beteiligung der Beschäftigten	2,75	3,34	2,23	2,33
Führen mit Zielen	2,88	2,88	2,84	2,61
mehr Mitbestimmung bei Leistungsfragen	3,23	3,71	2,30	2,38
Begrenzung des Leistungsdrucks	3,82	4,03	3,02	3,10
keine besonderen Ziele	4,25	3,56	3,55	3,71
Personalkostensenkung	4,31	3,89	4,30	4,37

a – Flächenbefragungen: Datensätze AG und PR; Mittelwerte einer Skala von 1 = „trifft zu“ bis 5 = „trifft nicht zu“ – Die drei eigenen Ziele mit der größten Zustimmung sind jeweils hervorgehoben.

Obwohl die Personalräte somit insgesamt weniger stark an typischen Zielen der LOB interessiert sind, als die Arbeitgeber,[5] bleibt es – vom Ziel

5 Häufiger als die Arbeitgeber geben die Personalräte auch an, mit der LOB-Einführung „keine besonderen Ziele“ verfolgt zu haben.

der „Personalkostensenkung" abgesehen, das jedoch auch von der Mehrheit der Arbeitgeber nicht ernsthaft verfolgt wird – doch stets nur eine Minderheit, die eines der genannten Ziel strikt nicht verfolgte. Im Mittel mehr Ablehnung als Zustimmung findet bei den Personalräten neben dem Ziel der Personalkostensenkung nur das Ziel „verbesserte Wirtschaftlichkeit" (Mittelwert: 3,36) sowie das Ziel einer „Begrenzung des Leistungsdrucks" (Mittelwert: 3,10) (vgl. Tab. 3.2). Allerdings sind sich die Personalräte bezüglich des letzten Ziels keineswegs einig. Während 24% ausdrücklich angeben, das Ziel einer Begrenzung des Leistungsdrucks nicht verfolgt zu haben („trifft nicht zu"), geben immerhin 18% der befragten Personalräte an, sie hätten dies getan. Da es in der Industrie durchaus der traditionellen Praxis vieler Betriebsräte entspricht, in Bereichen mit Leistungsentgelt, insbesondere bei Akkord- und Prämienentgelten, eine Politik der Leistungsbegrenzung zu betreiben, wurde auch bei Ver.di erwogen, ob eine Übertragung solcher Praktiken nicht auch auf andere Bereiche, unter anderem auch auf den öffentlichen Dienst, möglich sei (Hill 2009). Davon abgesehen, dass eine Übernahme von Praktiken aus den klassischen Akkord- und Prämienbereichen sich in der Verwaltung damit konfrontiert sähe, dass sich die einzelnen Tätigkeiten häufig stark unterscheiden und deshalb größere Schwierigkeiten bei der praktischen Bestimmung kollektiver Leistungsbezugsgrößen bestehen, wäre auch noch weitgehend ungeklärt, ob sich eine hinreichende, rechtliche Grundlage finden ließe, damit Personalräte unter den Bedingungen von Kommunalverwaltungen bei leistungsorientierter Bezahlung Leistungsbegrenzungspolitik betreiben können (vgl. auch Tondorf 1998). Damit soll nicht gesagt sein, dass nicht auch unter den Bedingungen des öffentlichen Dienstes eine Politik der Leistungsbegrenzung legitim sein kann. Die Tarifkonflikte im Sozial- und Erziehungsbereichen machten bereits deutlich, dass die Beschäftigten offenbar mit erheblichen (gesundheitlichen) Belastungen konfrontiert sind.

Wir haben die Beschäftigten in den 34 Kommunen, in denen wir standardisierte Erhebungen durchgeführt haben, auch danach gefragt, wie sich in ihren Augen die Leistungsanforderungen in den letzten Jahren verändert haben. Die Befragten sind sich nahezu alle einig, dass von einer Verringerung der Leistungsanforderungen in den letzten Jahren nicht die Rede sein kann. In den wenigen Fällen, in denen davon die Rede ist, dürfte es eher um individuelle Arbeitsplatzwechsel gehen (knapp 1%). Eine merkliche Minderheit der Beschäftigten von 28% konstatiert keine Veränderungen der „Leistungsanforderungen", 34% geben an, diese hätten „leicht" und 37%, die Leistungsanforderungen hätten „stark" zugenommen (vgl. Tab. 3.3).

Abbildung 3.3 veranschaulicht die Angaben der befragten Beschäftigten differenziert nach verschiedenen Beschäftigtengruppen bzw. nach

Geschlecht. Der größte Unterschied findet sich zwischen der Gruppe der Arbeiter/innen und der der Beamten und Beamtinnen. Während von den (ehem.) Arbeiter/innen lediglich 59% der Befragten angeben, dass die Leistungsanforderungen in den letzten Jahren zugenommen haben (darunter 23% „stark zugenommen"), sind es bei den Beamtinnen und Beamten 84% (darunter 51% „stark zugenommen"). Beschäftigte, die angeben

≡ Tab. 3.3: Veränderung der Leistungsanforderungen

„Haben sich die Leistungsanforderungen (für die Beschäftigten) in den letzten Jahren verändert?" [a]

	AG	PR	BESCH34
stark zugenommen (1)	40,2	61,1	37,3
leicht zugenommen (2)	47,8	27,3	34,3
unverändert (3)	12,0	11,1	27,5
leicht abgenommen (4)	0,0	0,5	0,7
stark abgenommen (5)	0,0	0,0	0,2
Mittelwert	*1,72*	*1,51*	*1,92*

a – Flächenbefragungen und Beschäftigtenbefragungen: Datensätze AG, PR und BESCH34; Prozente und Mittelwerte

≡ Abb. 3.3 Veränderung der Leistungsanforderungen nach Gruppen

„Haben sich die Leistungsanforderungen in den letzten Jahren verändert?" [a]

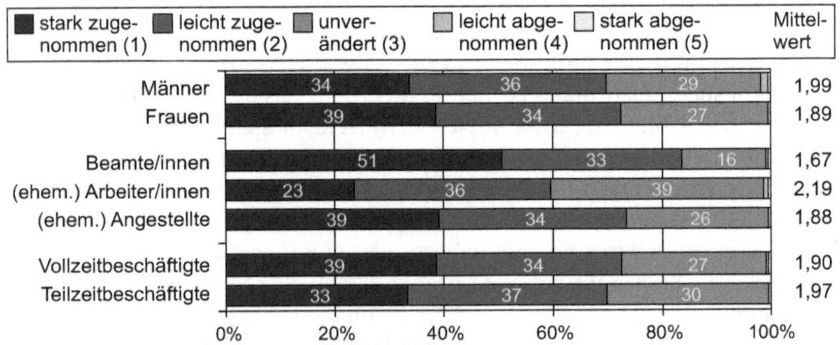

a – Beschäftigtenbefragungen: Datensatz BESCH34; nach Beschäftigtengruppen, Prozente und Mittelwerte

in Bereichen vorwiegend manueller Arbeit tätig zu sein, etwa im Bauhof, machen ganz ähnliche Angaben.[6]

Frauen berichten von einer stärkeren Zunahme der Leistungsanforderungen als Männer. Hier besteht wiederum ein Zusammenhang mit Tätigkeitsbereichen: Beschäftigte aus den Sozial- und Erziehungsdiensten geben zu 76% an, dass die Leistungsanforderungen gestiegen seien (48% „stark“, 28% „leicht“), während Beschäftigte der Kernverwaltung zwar ebenfalls zu 75% von einer Zunahme berichten, diese jedoch weniger stark ausfällt (38% „stark“ und 37% „leicht“). Weniger ausgeprägt scheinen die Leistungsanforderungen auch bei jenen Beschäftigten gestiegen zu sein, die sich weder den Bereichen vorwiegend manueller Arbeit noch den Sozial- und Erziehungsdiensten oder der Kernverwaltung zurechnen. Diese Beschäftigen sprechen zu 64% von gestiegenen Leistungsanforderungen (31% „stark“, 33% „leicht“).

Es ist aus zwei Gründen angebracht, die Angaben der Beschäftigten mit denen der Arbeitgeber und Personalräte zu vergleichen, denn schließlich reflektieren die Angaben der Beschäftigten lediglich die Entwicklung in 34 Kommunen und zudem könnten im öffentlichen Dienst „behäbig gewordene“ Beschäftigte dazu neigen, eine leichte Zunahme der Leistungsanforderungen (die zumindest vor dem Hintergrund von Haushaltsengpässen zu erwarten war) übertrieben wahrzunehmen. Allerdings dürfen die Angaben der Beschäftigten in dieser Hinsicht durchaus für bare Münze genommen werden. Auch die Antworten der Personalräte und der Arbeitgeber auf die Frage, ob sich die Leistungsanforderungen für die Beschäftigten in den letzten Jahren verändert haben, liefern hierfür eindeutige Belege. Die Angaben der Arbeitgeber fallen sogar noch deutlicher als die der Beschäftigten aus. 88% sowohl der Arbeitgeber als auch der Personalräte geben an, dass die Leistungsanforderungen zugenommen haben. Unterschiede zwischen den Betriebsparteien finden sich allerdings in der Einschätzung der Stärke der Zunahme. Während 40% der Arbeitgeber eine starke Zunahme konstatieren, tun dies 61% der Personalräte.[7] Anlässe für

6 Beschäftigte aus Bereichen vorwiegend manueller Arbeit antworten auf die Frage, ob sich die Leistungsanforderungen in den letzten Jahren verändert haben, folgendermaßen: 25% „stark zugenommen“, 39% „leicht zugenommen“, 34% „unverändert“, 2% „leicht abgenommen“ oder „stark abgenommen“.

7 Da die Beschäftigtenangaben auf individuellen Angaben beruhen, sind die Daten der Beschäftigtenbefragungen nur in der Tendenz mit den Angaben der Arbeitgeber und der Personalräte vergleichbar, da letztere nur eine Angabe für die Entwicklung der Leistungsanforderungen der kompletten Belegschaft machen konnten.

eine Beschäftigung mit der Frage einer Leistungsbegrenzung dürften aus der Sicht der Personalräte insofern häufig vorliegen.

Wenden wir uns abschließend noch einmal den LOB-Zielen zu, so wird deutlich, dass wir es – ganz abgesehen von den Fällen, in denen auf eine Einführung verzichtet wurde – mit einem breiten Spektrum zu tun haben. Die Ziele reichen von der bloßen, pflichtschuldigen Erfüllung der tarifvertraglichen Vorgaben, mit der keine eigenen Ziele verbunden sind, und dem Ziel, die volle Ausschüttung des Budgets für die Beschäftigten zu erreichen, über ein traditionelles Verständnis von Leistungsentgelt als Motivations- und Anreizmethode bis zu anspruchsvollen Zielen, wie der Aufgaben- und Prozesssteuerung, einer stärkeren Beteiligung der Beschäftigten und mehr Mitbestimmung.

Fast zwei Drittel der befragten Arbeitgeber, die zu den LOB-Anwendern zählen, geben an, dass eine „verbesserte Aufgaben- und Prozesssteuerung" sowie „verbesserte Effizienz der Arbeitsprozesse" zu ihren Zielen gehören (darunter 29% bzw. 28% ohne weitere Einschränkungen, vgl. Abb. 3.1). Weniger häufig, doch noch zu 42% (darunter 20% ohne Einschränkungen) zählen sie das „Führen mit Zielen" zu den von ihnen als Arbeitgeber verfolgten LOB-Zielen. Nicht ganz so häufig, doch gut zur Hälfte wurden die beiden zuerst genannten Ziele nach eigenen Angaben auch von den Personalräten verfolgt (24% bzw. 21% ohne Einschränkung; vgl. Abb. 3.2). Häufiger sogar als von den befragten Arbeitgebern wird von den Personalräten zu 56% angegeben, das Ziel „Führen mit Zielen" verfolgt zu haben (darunter 28% „trifft zu" ohne Einschränkungen). Letzteres bringt allerdings in vielen Fällen nicht unbedingt zum Ausdruck, dass seitens der Personalräte damit ein elaboriertes Konzept organisationaler Neugestaltung angestrebt worden wäre, vielmehr wird deutlich, dass sich die Personalräte häufiger als die Arbeitgeberseite für die Einführung von Zielvereinbarungen eingesetzt haben. Obwohl Ver.di sich deutlicher als die VKA für Zielvereinbarungen ausgesprochen hatte, ist dieser Befund vor dem Hintergrund der verbreiteten Ablehnung und in der Konsequenz eher begrenzter gewerkschaftlicher Unterstützung keineswegs selbstverständlich. Gleichwohl war auch in den Kommunen mit LOB-Anwendung nur bei einer Minderheit von 28% der Personalräte die Einführung von Zielvereinbarungen ein uneingeschränkt wichtiges Ziel.

Auch die Nennung einer verbesserten Aufgaben- und Prozesssteuerung und einer Verbesserung der Effizienz der Arbeitsprozesse als organisationsbezogene Ziele sollten in ihrer Reichweite nicht überschätzt werden. Insbesondere wäre die Annahme unzutreffend, die Arbeitgeber vor Ort sähen in der leistungsorientierten Bezahlung ein wichtiges Element der Verwaltungsreform.

14% der Arbeitgeber und 5% der Personalräte aus Kommunen, die leistungsorientierte Bezahlung anwenden, sind der Auffassung, dass die Verwaltungsspitze die leistungsorientierte Bezahlung als einen zentralen Baustein der Verwaltungsreform betrachtet (vgl. Tab. 3.4).[8] 20% der Arbeitgeber und 15% der Personalräte halten die leistungsorientierte Bezahlung für keinen wichtigen Bestandteil der Verwaltungsreform. Zwei Drittel der Arbeitgeber und 80% der Personalräte sehen keinen Zusammenhang zwischen Verwaltungsreform und leistungsorientierter Bezahlung, zu einem erheblichen Teil deshalb, weil in ihrer Kommune keine Verwaltungsreform stattfindet. Von einem Einsatz der LOB als Instrument einer grundlegenden Organisationsreform kann in vielen Fällen sicherlich nicht die Rede sein.

Tab. 3.4: LOB und Verwaltungsreform ≡

„Betrachtet die Verwaltungsspitze die Einführung von LOB als Baustein einer generellen Verwaltungsreform?"[a]

	AG	PR
Eine Verwaltungsreform findet bei uns nicht statt	34,4	35,9
LOB ist zentraler Bestandteil der Verwaltungsreform	14,1	5,2
LOB ist kein wichtiger Bestandteil der Verwaltungsreform	19,9	14,9
Ein Zusammenhang zwischen Verwaltungsreform und LOB besteht nicht	31,6	44,1

a – Flächenbefragungen: Datensätze AG und PR; Anwender mit differenzierter Ausschüttung, Prozente

Doch auch wenn die betrieblichen Akteure in vielen Kommunen keine sehr weitreichenden Ziele anstrebten und weder eine grundlegende Organisations- und Verwaltungsreform noch eine weiterreichende Ausweitung von Beteiligung und Mitbestimmung verfolgten, fand die LOB-Einführung in etlichen Kommunen gleichwohl mit erheblichem Engagement statt. Erfolge bei der Zielerreichung sind somit nicht ausgeschlossen, auch wenn sich Funktionalität und Akzeptanz der leistungsorientierten Bezah-

8 Die ausgeprägte Differenz der Angaben von Arbeitgebern und Personalräten bei der Frage danach, ob die LOB ein zentraler Bestandteil der Verwaltungsreform ist, findet sich auch dann, wenn wir nur jene Kommunen vergleichen, in denen uns Fragebögen beider Akteure vorliegen (AG: 16%; PR: 4%). Es scheint sich diesbezüglich tatsächlich um Deutungsunterschiede und nicht um den Ausdruck irgendwelcher Stichprobenverzerrungen zu handeln. Die ausgeprägten Deutungsunterschiede sprechen dafür, dass der arbeitgeberseitig konstatierte Zusammenhang wenig transparent ist.

lung durch die Dominanz steuerungsorientierter Ziele verbessert (vgl. Kap. 6).

3.2 Funktionalität und diverse Einflussfaktoren

Da der § 18 TVöD, wie wir gezeigt haben, in etlichen Kommunen aus verschiedenen Gründen nicht umgesetzt wird, unterliegen die Effekte der tarifvertraglichen Regelungen auf die Leistungs- und Entgeltpraxis der Kommunen selbstverständlich erheblichen Begrenzungen. Doch dies bedeutet zunächst nur, dass es vielerorts nicht gelungen ist, beide Betriebsparteien vom Sinn leistungsorientierter Bezahlung zu überzeugen. Über den potentiellen Nutzen und die Wirksamkeit von Leistungsentgelt besagt eine zurückhaltende Umsetzung indes noch nichts. Kann die Umsetzungszurückhaltung doch auf nicht begründeten Erwartungen beruhen, in denen die Wirksamkeit unterschätzt oder negative Effekte befürchtet werden, die letztlich gar nicht auftreten. Wie steht es nun um die Wirksamkeit der leistungsorientierten Bezahlung? Wir haben dort, wo ein LOB-System eingeführt wurde, die Arbeitgeber (mit ein paar Einschränkungen auch in den kleinen Kommunen), in Kommunen ab 3.000 Einwohnern auch die Personalräte sowie in den Mitarbeiterbefragungen die Beschäftigten danach gefragt.

Beginnen wir mit den Angaben der Arbeitgeber (AG-Befragung ohne Kleinkommunen), so zeigen sich drei Haupttendenzen (vgl. Abb. 3.4). Erstens berichten mehr Arbeitgeber von positiven als von negativen Effekten, zweitens sind diese jedoch, soweit sie auftreten, nicht sehr ausgeprägt und drittens konstatieren viele Arbeitgeber keinerlei Effekte, weder positive noch negative.[9] Dieser erste Befund zur Funktionalität mag diejenigen ernüchtern, die sich mittels leistungsorientierter Bezahlung erhebliche Veränderungswirkungen in den Kommunen erhofft hatten. Er deutet jedoch auch bereits an, dass sich aufgrund der eher schwachen Effekte manch negative Befürchtung von Kritikern nicht oder allenfalls in geringerem Ausmaß bewahrheiten dürfte. Doch trotz der insgesamt eher schwachen Effekte wird sich zeigen lassen, welche spezifischen Stärken und Schwächen sowie Chancen und Risiken die Einführung von Leistungsentgelt aufweist.

---

9 Um Fehldeutungen und Missverständnissen vorzubeugen: Es zählen hier nur die Angaben aus Kommunen mit Leistungsbewertung und differenzierter Ausschüttung. Sofern Angaben von anderen gemacht wurden, wurden diese herausgefiltert.

Abb. 3.4 LOB-Effekte aus Arbeitgebersicht

„Welche Effekte hatte die Einführung der LOB auf nachfolgende Punkte?“ [a]

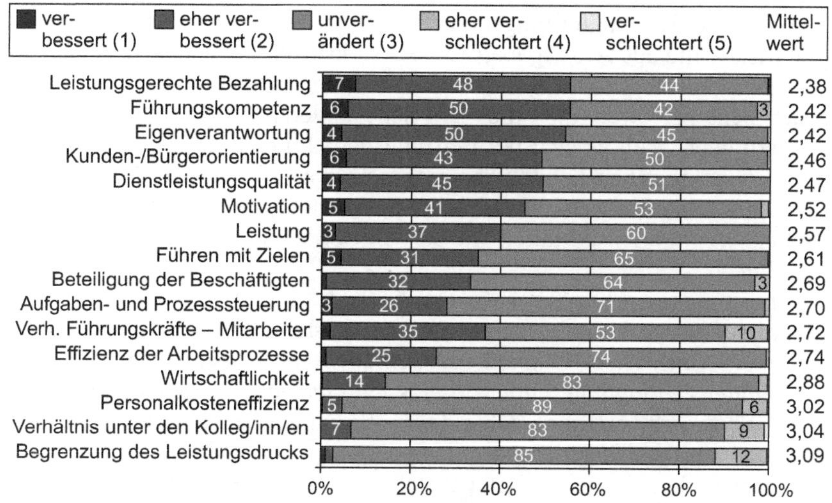

a – Flächenbefragung: Datensatz AG; Prozente, sortiert nach Mittelwert

Etwas mehr als die Hälfte der Arbeitgeber gibt an, die leistungsorientierte Bezahlung habe die Leistungsgerechtigkeit der Bezahlung „verbessert“ (7%) oder „eher verbessert“ (48%). Nahezu alle anderen sehen keine Veränderung bei der Leistungsgerechtigkeit (Mittelwert 2,38). Gleichwohl erzielt die „leistungsgerechte Bezahlung“ den ersten Rang unter den Wirkungen, nach denen wir gefragt hatten. Vor dem Hintergrund, dass die Arbeitgeber überwiegend davon ausgehen, es werde stets Leistungsunterschiede geben, sollte angenommen werden, dass diesen jede einigermaßen leistungsadäquate, differenzierte Ausschüttung gegenüber dem bisherigen Zustand als Fortschritt gelten muss. Dafür fällt die Zustimmung jedoch eher schwach aus. Hier dürften sich in der Praxis vorkommende systembedingte Bewertungsschwächen niederschlagen, aber auch die Unzufriedenheit mancher Arbeitgeber über ein zu geringes Budget, das in deren Sicht keine hinreichende Abbildung von Leistungsunterschieden erlaubt, sowie an einer in ihren Augen mitunter zu breiten Ausschüttung der Prämien. Die breite Ausschüttung resultiert häufig aus Regeln, die im Kompromiss mit den Personalräten vereinbart werden. Nicht zuletzt jedoch resultiert breite Ausschüttung zumindest beim Instrument der Systematischen Leistungsbewertung auch aus der Neigung vieler Vorgesetzter zu einer wenig differenzierenden Bewertung, da sie, wie Promotoren leistungsorientierter Bezahlung immer wieder beklagen, zu wenig Führungsstärke zeigen oder zumindest nicht selten die demotivierenden Folgen schlechter Bewertungen stärker gewichten als die Anreizeffekte.

Dass der Effekt „leistungsgerechte Bezahlung“ nicht sehr stark ausgeprägt ist, sollte aus Arbeitgeberperspektive kritisch betrachtet werden, wie auch der Umstand, dass dieser das Ranking der LOB-Effekte anführt, und zwar nicht nur, weil dies die Schwäche anderer Wirkungen impliziert, sondern auch, weil es sich bei Leistungsgerechtigkeit gewissermaßen um einen „ideologischen Effekt“ handelt: nicht die Leistung steigt hier, nicht die Dienstleistungen werden verbessert, vielmehr wird die Arbeit zumindest ein wenig mehr gestaltet, wie sie sein sollte, nämlich leistungsgerecht entlohnt.

Leistungsgerechtigkeit kann durchaus als eine Voraussetzung für die Funktionalität und die Akzeptanz eines Leistungsentgeltsystems gelten, sie kann jedoch auch lediglich das Bemühen zum Ausdruck bringen, die Entlohnungsbedingungen mit vorgefassten Gerechtigkeitsvorstellungen in Einklang zu bringen, ohne dabei deren Wirkungen auf Funktionalität und Akzeptanz zu beachten. Mit nicht intendierten Negativwirkungen bei einem Zuwachs an leistungsorientierter Bezahlung im zweiten Sinne muss insbesondere deshalb gerechnet werden, weil sich die Vorstellungen von Leistungsgerechtigkeit zwischen Arbeitgebern, Personalräten und Beschäftigten mitunter durchaus unterscheiden, auch wenn sie sich in aller Regel auf das Leistungsprinzip berufen. Jedenfalls sehen mit einem Viertel der Personalräte (vgl. Abb. 3.5) lediglich halb so viele als bei den Arbeitgebern die Leistungsgerechtigkeit bei der Bezahlung für „eher verbessert“ an. Die Angabe, die Leistungsgerechtigkeit habe sich „verbessert“, fehlt bei den Personalräten zudem ganz (Mittelwert 2,85). Die Angaben der Beschäftigten aus den 34 Kommunen, die auf nicht aggregierten Ausgangsdaten beruhen, streuen stärker, fallen jedoch im Mittel ebenfalls schlechter aus als die Angaben der Arbeitgeber (Mittelwert 2,91; vgl. Abb. 3.6).

Stets verbunden mit einem großen Anteil an Arbeitgebern, die diese Effekte nicht beobachten, jedoch nur ganz wenigen, die negative Wirkungen ausmachen, werden der leistungsorientierten Bezahlung auch von einer knappen Mehrheit positive Effekte auf „Führungskompetenz“ und „Eigenverantwortung“ bescheinigt. Allerdings fallen diese Effekte in den Augen der meisten Arbeitgeber nicht sehr stark aus (6% bzw. 4% „verbessert“, jeweils 50% „eher verbessert“).

Nahezu die Hälfte der Arbeitgeber nennt positive Effekte auf die „Kunden-/Bürgerorientierung“ sowie die „Dienstleistungsqualität“, aller-

Abb. 3.5 LOB-Effekte aus Personalratssicht

„Welche Effekte hatte die Einführung der LOB auf nachfolgende Punkte?" [a]

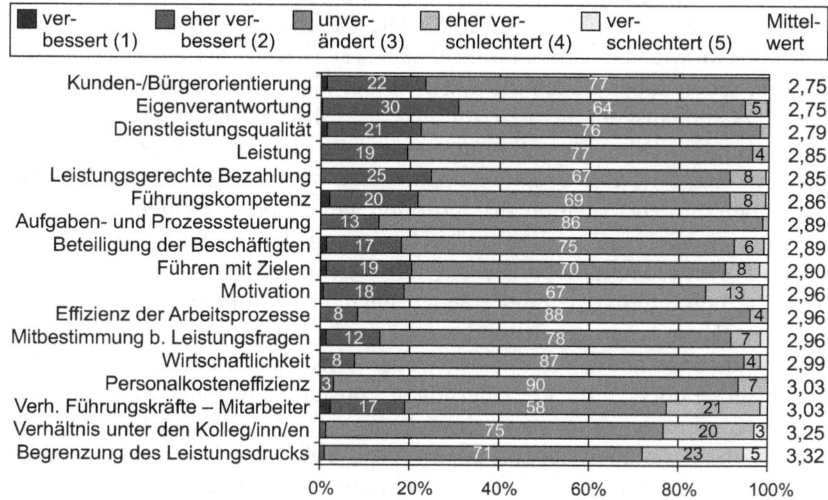

a – Flächenbefragung: Datensatz PR; Prozente, sortiert nach Mittelwert

Abb. 3.6 LOB-Effekte aus Beschäftigtensicht

„Wie ist Ihr Eindruck: Welche Wirkungen hatte die Einführung der LOB auf nachfolgende Punkte?" [a]

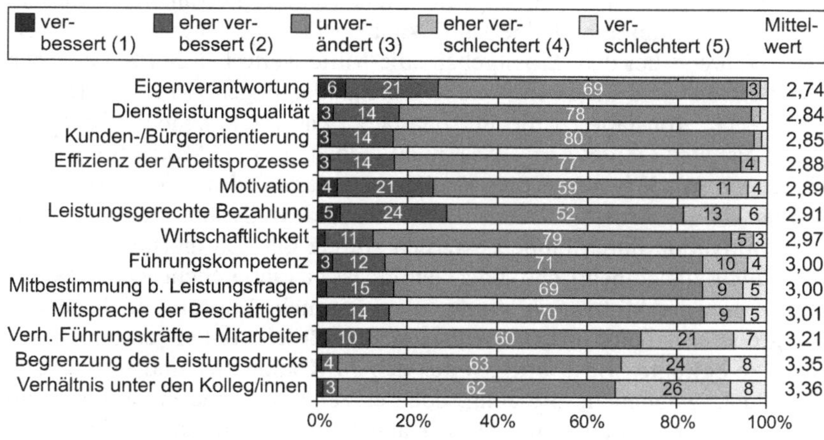

a – Beschäftigtenbefragungen: Datensatz BESCH34; Prozente, sortiert nach Mittelwert

dings sind die Effekte auch hier nach Ansicht der Befragten nicht sehr (Mittelwerte 2,46 und 2,47). Die Personalräte bewerten die Effekte auf die „Kunden-/Bürgerorientierung" und die „Dienstleistungsqualität" schwächer, sehen jedoch dort sowie bei „Eigenverantwortung" die stärksten Effekte (Mittelwerte: 2,75; 2,79; 2,75). Die Beschäftigten (BESCH34) nennen ebenso wie die Personalräte diese drei Effekte als am deutlichsten positiv, sehen dabei jedoch die Wirkung auf die „Eigenverantwortung" als am stärksten ausgeprägt an (Mittelwert 2,74), „Dienstleistungsqualität" und „Kunden-/Bürgerorientierung" rangieren auf dem zweiten und dem dritten Platz. Alle Befragungen signalisieren somit leicht positive Effekte bei diesen drei eher qualitativen Kriterien, bei denen es weniger um Mehrleistung als um eine qualitative Verbesserung der Auswirkung und eine verantwortliche Haltung der Beschäftigten geht.

Die befragten Arbeitgeber sehen auch insgesamt im Mittel positive Effekte. Diese kommen zustande, weil in der Regel keine Verschlechterungen diagnostiziert, sondern entweder schwache Positiveffekte („eher verbessert") oder keine Veränderungen konstatiert werden. Aus den kleineren Kommunen wird von schwächeren Effekten berichtet, diese sind jedoch ebenfalls überwiegend positiv (vgl. Tab. 3.5). Noch einmal etwas schwächere Effekte sehen die Personalräte. Doch auch bei ihnen fallen diese im Mittel meist leicht positiv aus, soweit wir von den Effekten auf die betrieblichen Sozialbeziehungen und auf eine Begrenzung des Leistungsdrucks absehen. Bemerkenswert ist allerdings, dass sich die Angaben zu den Effekten auf die „Motivation" zwischen Arbeitgebern und Personalräten deutlich unterscheiden (das ist ähnlich wie beim „ideologischen Effekt" der „Leistungsgerechtigkeit"), und von den Personalräten diesbezüglich im Mittel auch keine signifikant positiven Effekte berichtet werden. Während bei den Arbeitgebern die Mittelwerte bei den Stichworten „Motivation" und „Leistung" nahe beieinander liegen (Mittelwerte 2,52 bzw. 2,57), konstatieren die Personalräte zwar verstärkende Effekte auf die „Leistung" (Mittelwert: 2,85), nicht jedoch auf die „Motivation" (Mittelwert: 2,96). Wir sehen dies als Hinweis darauf, dass die Personalräte stärker als die Arbeitgeber einen intrinsischen Motivationsbegriff vertreten. Motivation durch bloßen externen Anreiz gilt den meisten Personalräten nicht als authentische, oder zumindest aus ihrer Sicht wenig akzeptable Form der Motivation, da sie zwar mit mehr Leistung, nicht jedoch mit größerer Arbeitszufriedenheit seitens der Beschäftigten verbunden ist.

Die befragten Beschäftigten aus den 34 Kommunen sind sich an diesem Punkt zwar nicht alle einig, doch es zeigt sich eine immerhin minimale Motivationssteigerung. Da wir annehmen dürfen, dass nicht zuletzt

Tab. 3.5: LOB-Effekte, Vergleich der Angaben ≡

„Welche Effekte (Wirkungen) hatte die Einführung der LOB auf nachfolgende Punkte?“ [a]

	AG	PR	KL	FALL+	BESCH34
Dienstleistungsqualität	2,47 (,037)	2,79 (,030)	2,73 (,069)	2,61 (,024)	2,84 (,012)
Führungskompetenz	2,42 (,041)	2,86 (,038)	2,79 (,061)	2,63 (,029)	3,00 (,014)
Kunden-/Bürgerorientierung	2,46 (,039)	2,75 (,029)	2,75 (,066)	2,60 (,025)	2,85 (,011)
Aufgaben- und Prozess-steuerung	2,70 (,034)	2,89 (,023)	2,77 (,064)	2,77 (,022)	
Motivation	2,52 (,041)	2,96 (,039)	2,79 (,081)	2,70 (,029)	2,89 (,015)
Effizienz der Arbeitsprozesse	2,74 (,031)	2,96 (,022)	2,84 (,057)	2,81 (,020)	2,88 (,012)
Personalkosteneffizienz (Personalkostensenkung bei KL)	3,02 (,023)	3,03 (,021)	3,17 (,067)	3,05 (,017)	
Wirtschaftlichkeit	2,88 (,027)	2,99 (,028)	2,93 (,062)	2,92 (,019)	2,97 (,012)
Eigenverantwortung	2,42 (,038)	2,75 (,036)	2,66 (,068)	2,55 (,025)	2,74 (,013)
Führen mit Zielen	2,61 (,039)	2,90 (,041)	2,84 (,055)	2,73 (,025)	
Leistung (Leistungs-steigerung, KL)	2,57 (,036)	2,85 (,028)	2,80 (,062)	2,69 (,023)	
Leistungsgerechte Bezahlung	2,38 (,041)	2,85 (,037)	2,72 (,073)	2,57 (,029)	2,91 (,018)
Begrenzung des Leistungs-drucks	3,09 (,028)	3,32 (,038)	3,07 (,064)	3,16 (,023)	3,35 (,014)
Verhältnis Führungskräfte – Mitarbeiter	2,72 (,043)	3,03 (,045)		2,84 (,033)	3,21 (,015)
Verhältnis unter den Kolleg/inn/en	3,04 (,028)	3,25 (,032)		3,13 (,022)	3,36 (,014)
Beteiligung der Beschäftigten (Mitsprache der Beschäftigen, BESCH)	2,69 (,036)	2,89 (,036)	2,72 (,069)	2,76 (,023)	3,01 (,014)
Mitbestimmung bei Leistungsfragen		2,96 (,036)			3,00 (,014)

a – Flächenbefragungen und Beschäftigtenbefragungen: Datensätze AG, PR, KL, FALL+ und BESCH34; Mittelwerte einer Skala von 1 = „verbessert“ bis 5 = „verschlechtert“, Standardfehler in Klammern

die Beschäftigten einen intrinsisch konnotierten Motivationsbegriff vertreten, könnte die Anreizwirksamkeit in ihren Augen etwas darüber liegen.

Die meisten der Effekte, die wir mit der vorgegebenen Liste erfragten, fallen somit einerseits schwach aus und werden auch nur in einem Teil der Kommunen konstatiert (von den Arbeitgebern etwas häufiger als von den Personalräten), andererseits jedoch verursachen sie auch keinen merklichen Schaden. Der allerdings keineswegs seltene *worst case* scheint bei den meisten der bisher betrachteten Aspekte das Ausbleiben jeder Wirkung zu sein, Negativeffekte sind äußerst rar.

Etwas anders steht es jedoch um die Wirkungen auf die Leistungserbringung. Zwar konstatieren auch hier Arbeitgeber und Personalräte kaum Verschlechterungen, doch verbesserte Leistungen müssen unter der Voraussetzung bereits gestiegener Leistungsanforderungen (vgl. Abb. 3.3) aus Personalratssicht keineswegs stets positiv bewertet werden. Obwohl die Verhandlungen der Betriebsparteien beim Thema leistungsorientierte Bezahlung nicht zwingend in der Form eines „distributive bargaining" angelegt sein müssen, da LOB auch auf Verbesserungen zielen kann, auf die sich Arbeitgeber und Personalrat im Grundsatz durchaus verständigen können (Kunden- und Bürgernähe etc.), verhält es sich bei der Aushandlung der *terms of trade* der Ware Arbeitskraft anders. Da die Beschäftigten ein Interesse daran haben müssen, sich ihre Leistung möglichst gut bezahlen zu lassen, liegen Versuche, Leistungssteigerungen nicht über eine Entgeltsteigerung, sondern durch einen geschickteren Einsatz des bereits bestehenden Entgeltvolumens zu erreichen, konträr zu deren Interessen. Dies gilt zunächst jedoch nur bei einer isolierten Betrachtung der Tauschbedingungen, kann sich nach Abwägung mit den anderen Effekten leistungsorientierter Bezahlung jedoch anders darstellen.

Zunächst ist daran zu erinnern, dass Leistungssteigerung durchaus für etliche Arbeitgeber und auch nicht wenige Personalräte zu den zentralen LOB-Zielen zu rechnen ist (vgl. Abb. 3.1 und Abb. 3.2). Gleichwohl gilt auch für Leistungseffekte, dass nur eine Minderheit der Arbeitgeber hier Verbesserungen beobachtet (3% „verbessert" und 37% „eher verbessert", 60% „unverändert"). In den Augen der Personalräte fallen diesbezügliche Effekte noch einmal geringer aus (0% „verbessert", 19% „eher verbessert", 77% „unverändert", 4% „eher verschlechtert", 0% „verschlechtert"). Die Feststellung schwacher Leistungseffekte werden durch die Angaben auf die Frage ergänzt, ob die LOB-Einführung sich begrenzend auf Leistungsdruck ausgewirkt habe. Die Mehrheit der Arbeitgeber (85%) und auch der Personalräte (71%) sieht keine entsprechenden Effekte. Doch während nur wenige eine Begrenzung des Leistungsdrucks bejahen, sehen 12% der Arbeitgeber („eher verschlechtert") und 28% der Personalräte (23% „eher verschlechtert" und 5% „verschlechtert") hier eine gewisse Verschlechterung. Auch unter den Beschäftigten berichten nur sehr wenige davon, LOB habe die Begrenzung von Leistungsdruck unterstützt (1% „verbessert", 4% „eher verbessert"). LOB hat offenbar als Instrument zur Begrenzung von Leistungsdruck, wie es vereinzelt bei Ver.di als Möglichkeit betrachtet wurde, bisher praktisch nicht funktioniert, wurde in der Regel nicht einmal als solches in Erwägung gezogen.

Wir hatten bereits darauf hingewiesen, dass sich die Mehrheit sowohl der Arbeitgeber als auch der Personalräte mit den Beschäftigten darin einig ist, dass die Leistungsanforderungen gestiegen sind (vgl. Tab. 3.3 und Abb. 3.3). Allerdings dürfte dies nicht primär an der tarifvertraglichen Regelung oder der betrieblichen Ausgestaltung der leistungsorientierten Bezahlung liegen. Steigende Leistungsanforderungen und Leistungsdruck haben vielmehr primär andere Ursachen und werden auch über andere Mechanismen durchgesetzt.[10]

Sowohl Arbeitgeber als auch Personalräte halten „wachsende Aufgaben", „Stellenabbau bei gleichen oder wachsenden Aufgaben" und „Haushaltsengpässe" für die entscheidenden Faktoren, die zu steigenden Leistungsanforderungen führen. Der „leistungsorientierten Bezahlung" billigen sie ebenso wie „neuen Führungsmethoden" lediglich einen vergleichsweise geringen Einfluss zu (vgl. Tab. 3.6). Bemerkenswert ist zudem, dass die Beschäftigtenbefragungen in der Reihung dieselben und in den Prozentwerten ganz ähnliche Ergebnisse bringen (Abb. 3.7). Wenn nun aber in den Kommunen die Aufgaben wachsen, während die Anzahl der zur Verfügung stehenden Stellen unverändert bleibt oder (mit oder ohne Aufgabenausweitung) abnimmt, und werden Bemühungen um eine Haushaltskonsolidierung durch Haushaltsengpässe schlicht erzwungen, dann existieren relativ harte Zwänge, die von den Beschäftigten eine Arbeitsintensivierung verlangen, wenn sie den an sie herangetragenen Erwartungen genügen wollen.

Solange es nicht gelingt, oder mit vertretbarem Aufwand möglich ist, die Gesamtaufgabe eines Beschäftigten oder von Teams so zu beschreiben, dass mittels kollektiver Leistungsbezugsgrößen und Bewertungsstandards oder mit Hilfe von umfassenden Zielvereinbarungen die Vereinbarung einer Deckelung des Aufgabenzuwachses technisch möglich ist, dürfte die leistungsorientierte Bezahlung weder zu einem zentralen Faktor der Leistungssteigerung noch der Leistungsbegrenzung werden.

Obgleich keine oder allenfalls vernachlässigbare Effekte der Leistungsbegrenzung mittels LOB konstatiert werden, gibt ein Teil der Arbeitgeber und der Personalräte an, dass sich die Chancen des Personalrats oder

10 Direkt danach gefragt, räumen gleichwohl 31% der Arbeitgeber und 38% der Personalräte eine Zunahme von „Leistungsdruck" durch die LOB-Einführung ein (in den restlichen Fällen wird, von äußerst raren Ausnahmen abgesehen, keine Zunahme von Leistungsdruck gesehen; Mittelwerte auf einer Skala von 1 = „zugenommen" bis 5 = „abgenommen": 2,65 bzw. 2,54).

der Beschäftigten zur Einflussnahme auf die Leistungsbedingungen durch die LOB-Einführung verbessert hätten. Dies gilt vor allem in Kommunen mit Zielvereinbarungen, doch auch bei Anwendung der Systematischen Leistungsbewertung werden erhöhte Einflusschancen festgestellt.

≡ Tab. 3.6: Ursachen steigender Leistungsanforderungen aus Sicht von Arbeitgebern und Personalräten

„Worauf sind steigende Leistungsanforderungen für die Beschäftigten in erster Linie zurückzuführen?“ [a]

	AG	PR
Wachsende Aufgaben	93,2	91,0
Stellenabbau bei gleichen oder wachsenden Aufgaben	65,8	81,9
Haushaltsengpässe	64,9	67,2
Neue Führungsmethoden	15,0	27,7
Leistungsorientierte Bezahlung	15,2	20,1

a – Flächenbefragungen: Datensätze AG und PR; nur Anwender mit differenzierter Ausschüttung, Prozente für „wichtig“ aus der Skala „wichtig“, „weniger wichtig“, „unwichtig“

≡ Abb. 3.7 Ursachen steigender Leistungsanforderungen aus der Sicht von Beschäftigten

„Worauf sind steigende Leistungsanforderungen in erster Linie zurückzuführen?“ [a]

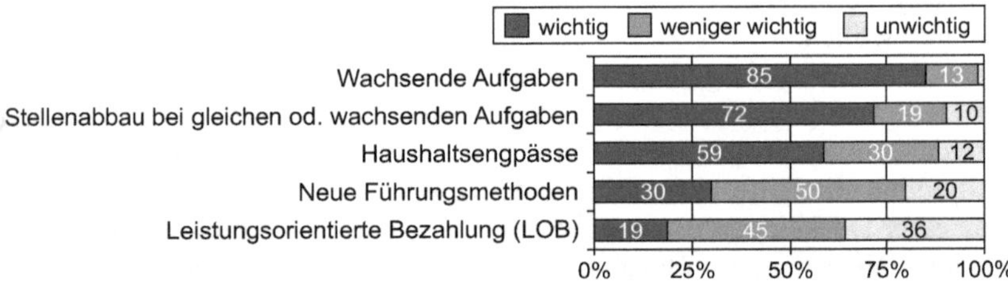

a – Beschäftigtenbefragungen: Datensatz BESCH34; Prozente, sortiert nach Angabe „wichtig“

Laut Arbeitgebern trifft dies bei Zielvereinbarungen allerdings in einem Drittel der Fälle zu, während die Personalräte dies nur bei zwei Zehnteln so sehen und mitunter auch Verschlechterungen konstatieren (vgl. Tab. 3.7). Arbeitgeber und Personalräte sind sich im Mittel jedoch darin einig, dass Zielvereinbarungen eher größere Chancen zur Einflussnahme bieten. Da Zielvereinbarungen, wie wir noch zeigen werden, jedoch auch etwas größere Leistungswirkungen haben, bietet sich den Beschäftigten eine durchaus ambivalente Konstellation: die Gleichzeitigkeit von verbesserten

Partizipationschancen und steigenden Leistungseffekten. Dramatisch sind diese Effekte auch im Falle von Zielvereinbarungen jedoch nicht. Leistungspolitik des Arbeitgebers findet in den Kommunen einerseits primär mit anderen Methoden statt, andererseits nutzen Personalräte allenfalls in Ausnahmefällen LOB als möglichen Anknüpfungspunkt für eigene leistungspolitische Ansätze.

Tab. 3.7: Arbeitnehmereinfluss auf Leistungsbedingungen durch LOB ≡

„Haben sich die Chancen des Personalrats oder der Beschäftigten zur Einflussnahme auf die Leistungsbedingungen durch die LOB-Einführung verändert?“ [a]

	AG			PR		
	alle	SLB	ZV	alle	SLB	ZV
zugenommen (1)	1,3	0,5	5,3	0,0	0,0	0,0
eher zugenommen (2)	22,1	20,8	28,5	14,1	12,0	21,7
teils, teils (3)	75,2	77,0	66,2	76,3	77,2	73,1
eher abgenommen (4)	1,4	1,7	0,0	8,4	9,3	5,2
abgenommen (5)	0,0	0,0	0,0	1,2	1,5	0,0
Mittelwert	*2,77 (,032)*	*2,80 (,033)*	*2,61 (,095)*	*2,97 (,031)*	*3,00 (,035)*	*2,84 (,064)*

a – Flächenbefragungen: Datensätze AG und PR; Prozente und Mittelwerte, Standardfehler in Klammern

Bedeutsamer als die reale Verstärkung des Leistungsdrucks durch LOB könnten vor dem Hintergrund der ganz unabhängig von LOB unbestritten gestiegenen Leistungsanforderungen allerdings selbst geringfügige und fehlende, dabei jedoch intendierte Leistungssteigerungen in der Dimension der sozialen Anerkennung werden. Soweit Beschäftigte das Gefühl haben, ihre Bewältigung von Mehranforderungen finde keine Wertschätzung, da über die aufgrund der Umstände (wachsende Aufgaben etc.) unvermeidlich erscheinende Zunahme an Leistungsanforderungen hinaus versucht werde, zusätzliche Mechanismen aufzubauen, die zu einer Leistungsintensivierung führen sollen, dann ist nicht auszuschließen, dass sich, ganz unabhängig von den realen Leistungseffekten, problematische symbolische Effekte ergeben, die der Akzeptanz leistungsorientierter Bezahlung bei den Beschäftigten schaden.

Die Einführung von Leistungsentgelt in den Kommunen hat allerdings mitunter eine Diskussion über die Entwicklung der Leistungsanforderungen angestoßen oder zumindest einen Anlass hierfür geliefert. 31% aller Arbeitgeber und 46% aller Personalräte geben an, dass eine Diskussion über Leistungsanforderungen erfolgte. Allerdings bedurfte es für diese Diskussion offenbar nicht zwingend der tatsächlichen Einführung leistungsdifferenzierter Bezahlung, fanden solche Diskussionen bei den LOB-Anwendern doch weniger häufig statt als bei denjenigen, die auf die LOB-Einführung verzichteten. Wahrscheinlich lieferten gerade Diskussionen über die Entwicklung der Leistungsanforderungen mitunter Argumente gegen die Einführung leistungsorientierter Bezahlung (vgl. Tab. 3.8). Eine gewisse Enttabuisierung der Leistungsfrage dürfte gleichwohl in etlichen Fällen erfolgt sein. Dem Statement „LOB führt dazu, dass über Leistungsziele offener gesprochen wird“, stimmten immerhin 22% der befragten Beschäftigten ohne Einschränkung und weitere 34% teilweise zu (vgl. Abb. 4.8).

≡ Tab. 3.8: Leistungsdiskurs als LOB-Folge

„Hat die Einführung von Leistungsentgelt eine Diskussion über die Entwicklung der Leistungsanforderungen ausgelöst?“ [a]

	AG		PR	
	Anwender u. Nicht-Anwender	Anwender	Anwender u. Nicht-Anwender	Anwender
Ja	31,3	30,6	46,3	38,3
Nein	53,1	55,9	44,4	48,2
Weiß nicht	15,6	13,5	9,2	12,4

a – Flächenbefragungen: Datensätze AG und PR, Prozente

Von einer engen Verkopplung der leistungsorientierten Bezahlung mit einem Diskurs über Leistungsanforderungen kann jedoch nicht die Rede sein. In ihrer Mehrzahl geben sowohl Arbeitgeber als auch Personalräte an, dass die LOB-Einführung keine Diskussion über Leistungsanforderungen ausgelöst habe. Dies sollte überraschen und ist eigentlich nur vor dem Hintergrund geringer leistungsbezogener Effekte und (damit verbunden) einer Herangehensweise an die leistungsorientierte Bezahlung plausibel, in der den Akteuren häufig weniger die intendierten oder auch die befürchteten Effekte auf das Leistungsverhalten, die Arbeitsprozesse oder die Organisationssteuerung zentral sind, sondern die Frage im Mittelpunkt steht, wie das Budget gerecht (pauschal, breit oder konzentriert, diskriminierungsfrei etc.) oder auch mit geringem Aufwand auszuschütten sei. Dort, wo das Geld entlang weitgehend feststehender Gerechtigkeitsmuster ausgeschüttet wird, bedarf es nicht zwingend einer Diskussion über Leistungsanforderungen. Soweit es beispielsweise den einen darum geht, „die wenigen Leistungsträger“ zu bedienen, die ohnehin als besonders leistungsfähig und leistungsbereit gelten, und die anderen eine Ausschüttungspauschale für alle ebenfalls aus Prinzip anstreben, das Handeln der Akteure somit im Weberschen Sinne eher wertrational als zweckrational begründet ist, bedarf es keiner Diskussion über die Entwicklung der Leistungsanforderungen, sondern lediglich einer um die gerechte Geldverteilung.

Obgleich auch die Flächendaten den Eindruck unterstützen, dass Verteilungs- und nicht Wirkungsfragen oftmals zentral für die Herangehensweise an das Leistungsentgelt waren, wurde dieser Eindruck doch nicht zuletzt auch in den Interviews immer wieder vermittelt. Es gibt auch Fälle, in denen sich LOB-Systeme unmittelbar als Kompromiss zwischen den Verteilungsidealen der Betriebsparteien erschließen: Etwa hatte man sich in einer Großstadt darauf verständigt, dass ein Teil der Prämien gleichmäßig an alle Beschäftigten ausgeschüttet wird, während der Rest des Budgets hoch selektiv und ungeregelt an diejenigen gegeben werden darf, die bei den Vorgesetzten als Leistungsträger gelten. Ein solcher Kompromiss bringt (von Akzeptanzproblemen abgesehen) keine nennenswerten Wirkungen hervor, auch wenn beide Betriebsparteien ihre Vorstellungen von Verteilungsgerechtigkeit partiell durchsetzen konnten und gegenüber den Tarifverbänden damit im jeweils eigenen Lager zumindest einen gewissen Nachweis ihrer Durchsetzungsfähigkeit erbringen können.

Neben dem Feld der Gerechtigkeit, auf dem ein mitunter hohes Maß von an vorgegebenen Gerechtigkeitsvorstellungen ausgerichtetem wertrationalen Handeln vorkommt, dessen Grundlage vermeintlich nicht der empirischen Prüfung bedarf, gibt es noch ein zweites Feld, auf dem eher problematische Effekte der leistungsorientierten Bezahlung auftreten: Leistungsorientierte Bezahlung wird häufig als Störung der sozialen Beziehungen wahrgenommen. Die Effekte der leistungsorientierten Bezahlung auf das „Verhältnis unter den Kolleg/inn/en“ werden von den Personalräten und den Beschäftigten negativ gesehen (Mittelwerte 3,25 bzw. 3,36) und von den Arbeitgebern, anders als bei allen anderen Effekten, ebenfalls nicht positiv (Mittelwert 3,04, vgl. Tab. 3.5).

Eine etwas anders gestellte Frage, die speziell nach negativen Aspekten der leistungsorientierten Bezahlung fragt, macht dies noch etwas deutlicher. Sowohl in den Augen der Personalräte als auch etlicher Arbeitgeber stehen demnach den positiven Effekten der LOB auch negative Wirkungen wie ein gewachsener Verwaltungsaufwand und eine Störung der sozialen Beziehungen gegenüber; aber auch eine gewisse Zunahme von Leistungsdruck wird eingeräumt, wenn direkt danach gefragt wird (vgl. Tab. 3.9).

60% der Personalräte und 54% der Arbeitgeber sind der Auffassung, dass durch die Einführung von Leistungsentgelt „Neid und Konkurrenzdenken“ „zugenommen“ (19% bzw. 9%) oder „eher zugenommen“ haben

≡ Tab. 3.9: Problematische Effekte der LOB-Einführung

„Hatte die Einführung von Leistungsentgelt auch problematische Effekte?“ [a]

	Verwaltungs-aufwand	Leistungs-druck	Neid u. Kon-kurrenzdenken	Konflikte	Demotivation	Misstrauen
AG	1,42	2,65	2,37	2,63	2,91	2,75
PR	1,44	2,54	2,22	2,52	2,64	2,45

a – Flächenbefragungen: Datensätze AG und PR; nur Anwender mit differenzierter Ausschüttung, Mittelwerte einer Skala von 1 = „zugenommen“ bis 5 = „abgenommen“

(41% bzw. 45%) (Mittelwerte 2,37 bzw. 2,22). 70% der Beschäftigten pflichten dem bei (vgl. Abb. 4.8). Nach dem Vorkommen von „Neid und Konkurrenzdenken“ wurde von uns deshalb auf diese Weise gefragt, weil uns diese Formulierung wörtlich oder sinngemäß bereits frühzeitig in Interviews mit Beschäftigten als eine alltagsgängige sprachliche Wendung für eine Beeinträchtigung kollegialen Verhaltens begegnete, und auch in späteren Interviews immer wieder auftauchte. Auf die im Fragebogen für die Beschäftigten enthaltene, offen gestellte Frage „Was sollte Ihrer Meinung nach bei der Leistungsorientierten Bezahlung verändert werden?“ erhielten wir zahlreiche Antworten, in denen Neid und Konkurrenzdenken nicht selten in eben dieser Kombination genannt werden. Ein prägnantes, jedoch für viele Beschäftigte nicht untypisches Statement aus einem Fragebogen lautet beispielsweise:

> „LOB ist in der Praxis nicht durchführbar. Nasenprämien, Unzufriedenheit, Neid und Konkurrenzdenken.“ (Beschäftigter, BESCH34)

48% der Personalräte und 26% der Arbeitgeber geben an, „Misstrauen“ habe im LOB-Kontext „(eher) zugenommen“ (darunter 8% bzw. 5% „zugenommen“; Mittelwerte 2,45 bzw. 2,75). 38% der Personalräte und 31% der Arbeitgeber konstatieren zudem eine LOB-bedingte Zunahme von „Konflikten“ (darunter 10% bzw. 7% „zugenommen“; Mittelwerte 2,52 bzw. 2,63). Bemerkenswert ist darüber hinaus, dass nicht nur die Frage nach „Motivation“ (vgl. Tab. 3.5: Mittelwerte auf einer Fünferskala von „verbessert bis „verschlechtert“: Personalräte 2,96 und Arbeitgeber 2,52), sondern auch die nach „Demotivation“ eine gewisse Zustimmung erfährt (Fünferskala von „zugenommen“ bis „abgenommen“: Mittelwerte 2,64 bzw. 2,91; vgl. Tab. 3.9), auch wenn sich diese zwischen den Akteuren unterschiedlich verteilt.

Störungen von Motivation und Sozialbeziehungen im Kontext der Einführung von leistungsorientierter Bezahlung haben uns vor dem Hintergrund an sozialpsychologischen Konzepten orientierter Forschungen, die im Falle der Einführung extrinsischer Anreize das Risiko der Störung „intrinsischer Motivation" beschrieben haben (vgl. Kap. 1 und Kap. 7), nicht weiter überrascht. In einer Untersuchung zur Einführung des ERA-Tarifvertrages in der Metall- und Elektroindustrie (Bahnmüller/Schmidt 2009; Kuhlmann/Schmidt 2011) sowie einer Studie zur betrieblichen Sozialintegration von Beschäftigten unterschiedlicher Herkunft (Schmidt 2006) wurde darüber hinaus deutlich, dass nicht allein externe Anreize, sondern auch der Prozess der Bewertung von Arbeit und Leistung selbst, von den Beschäftigten als eine Entzauberung der sozialen Beziehung zwischen Beschäftigtem und Organisation erfahren werden kann. Bewertung, Kontrolle und externe Anreize verdeutlichen, dass eine Beziehung nicht allein oder auch primär auf persönlichem Vertrauen basiert. Es wird das Tauschverhältnis von Entgelt gegen Leistung offen gelegt. Prozesse der „Verzweckung" (Briefs 1959) oder „Rationalisierung" (hier nicht als Synonym für Personalabbau zu verstehen) oder generell der Modernisierung, erzeugen häufig eine Art „Unbehagen", da sie dem tradierten, und wahrscheinlich auch spontanen, menschlichen Verständnis einer humanen Gestaltung sozialer Beziehungen offenbar widersprechen.

Es handelt sich dabei um ähnliche Prozesse, wie sie Marx mit Blick auf die Entstehung der bürgerlichen Gesellschaft generell mit diesen berühmten Formulierungen beschrieb:

> „Die Bourgeoisie, wo sie zur Herrschaft gekommen, hat alle feudalen, patriarchalischen, idyllischen Verhältnisse zerstört. Sie hat die buntscheckigen Feudalbande, die den Menschen an seinen natürlichen Vorgesetzten knüpften, unbarmherzig zerrissen und kein anderes Band zwischen Mensch und Mensch übriggelassen als das nackte Interesse, als die gefühllose ‚bare Zahlung'. (...) Sie hat die persönliche Würde in den Tauschwert aufgelöst (...)" (Marx 1972 [1848]: 464f.)

Bereits bei Marx hat dieser Prozess, den er zugespitzt beschreibt, zwei Seiten. Eine Seite des realen Verlustes an sozialer Bindung und eine Seite der Aufklärung und der gesellschaftlichen Rationalisierung, in der der vorhandene Interessengehalt sozialer Strukturen und Beziehungen zum Vorschein und Illusionen zum Verschwinden gebracht werden. Im Prozess der „Verzweckung der Betriebe", den Goetz Briefs am Werke sah und der im Prozess der ostdeutschen Transformation mit besonderer Deutlichkeit beobachtet werden konnte (Lutz 1995; Schmidt/Schönberger 1996), werden im Zuge der gesellschaftlichen Differenzierung nicht nur die Betriebe stärker ihrer Kernbestimmung zugeführt, sondern zugleich auch die Beschäftigtenbeziehungen gewandelt. Der Wechsel vom Prinzip der Alimentation zum Leistungsprinzip, der konzeptionell hinter dem Wegfall familienbezogener Zuschläge und der Einführung von Leistungsentgelt steht, stellt einen geradezu typischen Fall von „Verzweckung“ dar, bei dem mit der Wahrnehmung einer Verschlechterung der sozialen Beziehungen gerechnet werden musste. Unbehagen und, je nach den sonstigen Umständen, auch Unmut waren zu erwarten. Soweit mit der LOB-Anwendung keine massiv gestiegenen Leistungsanforderungen verbunden sind, lässt die Ambivalenz von Verzweckung als Auskühlung und Aufklärung unseres Erachtens allerdings keine theoretische Vorentscheidung darüber zu, wie die Beschäftigten letztlich mit dieser Erfahrung umgehen und wie sie diese bewerten (vgl. hierzu Kap. 4). Offenbar haben auch maßgebliche Akteure der tarifpolitischen Ebene mit den Begleiterscheinungen der Verzweckung nicht gerechnet.[11]

Noch weniger abschätzbar werden die Konsequenzen der LOB für die Entwicklung der betrieblichen Sozialbeziehungen und deren Wahrnehmung durch die Beschäftigten durch den Umstand, dass das Grundprinzip der Verzweckung im Fall leistungsorientierter Bezahlung im Konkreten mit Mitarbeitergesprächen verbunden ist. Gerade auch für Mitarbeitergespräche gilt, dass sich ihr Charakter verändert, wenn sie mit Bewertungen verknüpft werden. Diese Gespräche unterliegen durch die Verkopplung von Entgelt und Leistung zwar einem spezifischen Prozess der Verzweckung oder auch der Ökonomisierung, doch kompliziert wird die Abschätzung der Effekte durch den Umstand, dass es in den meisten Kommunen bisher an Mitarbeitergesprächen erheblich mangelte.

In der großen Mehrheit der Kommunen wurden vor der LOB-Einführung Mitarbeitergespräche nicht oder allenfalls selten geführt und konnten deshalb auch keiner Verzweckung unterworfen werden. Eindeutig ist, dass die LOB-Anwendung den Effekt hatte, die Häufigkeit von Mitarbeitergesprächen zu steigern. Sowohl Arbeitgeber als auch Personalräte geben mit großer Mehrheit an, dass die Leistungsbewertung überwiegend mit Mitarbeitergesprächen verbunden ist. Die Proportionen haben sich geradezu

11 Einschlägig tätig gewordene Organisationsberater scheinen von den Ambivalenzen der Verzweckung ebenfalls wenig gewusst oder zumindest aus Eigeninteresse nicht darauf hingewiesen zu haben. Generell haben sich viele Berater, aber auch nicht wenige Personal- und mitunter auch Sozialwissenschaftler/innen angewöhnt, jede Form von Unmut bei Veränderungsprozessen unterscheidungslos als *„resistance to change“* zu bezeichnen und zu delegitimieren. Mit der Verwendung des Stereotyps *„resistance to change“* (es lassen sich unzählige historische Beispiele finden, in denen Widerstand ausblieb oder Zustimmung den Widerstand überstieg) wird die Chance einer spezifischen Analyse der Ursachen von Unbehagen, Unmut und Widerstand allerdings vergeben. Ein Mehr an soziologischer Aufklärung würde diesbezüglich auch dem öffentlichen Dienst keineswegs schaden.

umgekehrt: Während vor der LOB-Einführung weniger als ein Zehntel der Befragten davon spricht, dass „überwiegend" Mitarbeitergespräche geführt werden, findet sich nach der LOB-Einführung eine nahezu gleich große Gruppe, die angibt, dass auch am Ende des Bewertungszeitraums keine Gespräche stattfinden (vgl. Tab. 3.10).[12]

Tab. 3.10: Vorkommen von Mitarbeitergesprächen vor und nach der LOB-Einführung

„Ist die Leistungsbewertung mit Mitarbeitergesprächen verbunden und wie oft finden diese in der Praxis statt?" [a]

	AG				PR			
	überwiegend	öfter	selten	nicht geplant	überwiegend	öfter	selten	nicht geplant
Gespräch zu Beginn des Bewertungszeitraums zur Erläuterung der Kriterien bzw. zur Zielvereinbarung	36,3	10,4	26,3	27,0	37,4	5,4	25,2	32,1
Zwischengespräch(e) als Feedback zur Leistungsentwicklung, bei geänderten Rahmenbedingungen	10,7	15,2	49,5	24,6	12,9	10,9	51,2	24,9
Gespräch am Ende des Bewertungszeitraums zur Bekanntgabe der Bewertung	83,6	9,3	6,0	1,0	84,5	6,8	7,5	1,3
„Gab es vor der LOB-Einführung regelmäßige Mitarbeitergespräche?" [a]								
Mitarbeitergespräche vor LOB-Einführung	7,7	12,0	55,2	25,1	7,1	6,4	55,2	31,3

a – Flächenbefragungen: Datensätze AG und PR; Prozente

12 Bogumil et al. (2007a: 61) ermittelten in ihrer 2005 durchgeführten Befragung, dass „im Rahmen der Modernisierung Ihrer Kommunalverwaltung" (vgl. Fragebogen auf http://homepage.rub.de/ Joerg.Bogumil/Projekt10JNSM.htm) bereits 62% der Kommunen (Bürgermeisterdatensatz) Mitarbeitergespräche eingeführt hatten. Ein Befund, der zunächst positiver erscheinen mag, als die Angaben in unserer Befragung zum Vorkommen von Mitarbeitergesprächen vor der LOB-Einführung. Da Bogumil et al. jedoch lediglich die Antwortkategorien „ja" und „nein" vorgaben, schließen deren Befunde einen verbreiteten Mangel an Mitarbeitergesprächen keineswegs aus. Recodieren wir auf Basis unseres Arbeitgeberdatensatzes die Angaben „überwiegend", „öfter" und „selten" bei der Frage nach Mitarbeitergesprächen vor der LOB-Einführung als eine Ausprägung „ja", ergibt sich ein Anteil von 75% der Kommunen. Allerdings macht die differenzierte Erhebung deutlich, dass zwischen formaler Einführung und tatsächlicher Praxis ein großer Unterschied besteht.

Die Einführung von Mitarbeitergesprächen darf als der am häufigsten berichtete Effekt der leistungsorientierten Bezahlung gelten. Gemeinhin wird Mitarbeitergesprächen sowohl im Interesse der Organisation als auch der Beschäftigten eine positive Wirkung zugeschrieben, da Kommunikation und Aufgabenabstimmung verbessert werden. Auch in unseren Fallstudien wurden Mitarbeitergesprächen selbst von ausgesprochenen LOB-Kritikern in der Regel positive Wirkungen zugeschrieben. Häufig wurde von diesen dann allerdings argumentiert, dass die positiven Effekte von Mitarbeitergesprächen auch ohne die Funktion der Leistungsbewertung auftreten würden.

> „Die Leistungsorientierte Bezahlung schafft zu viel Unruhe und sollte abgeschafft werden. Wichtig ist aber, dass die jährlichen Gespräche erhalten bleiben, da es diese vorher nicht gab.“ (Beschäftigter, BESCH34)

Ein in Gesprächen immer wieder auftauchendes Statement lautete sinngemäß und in ähnlichen Worten: „Das LOB-Gespräch ist das eigentlich Positive, nicht die Prämie“. Wir fragten deshalb auch im Fragebogen nach Zustimmung zu dieser Aussage. 23% der Beschäftigten stimmten ohne Einschränkung zu. Allerdings darf hieraus nicht geschlossen werden, dass diese Beschäftigten alle gegen LOB sind. Lediglich ein Drittel derjenigen, die in der Prämie „das eigentlich Positive“ sehen, stimmt auch der Aussage „Ich bin gegen LOB“ ohne Einschränkungen zu.[13] Auf die generelle Haltung der Beschäftigten zum Leistungsentgelt werden wir zurückkommen. Hier bleibt lediglich festzuhalten, dass zwar viele Beschäftigte das Gespräch durchaus schätzen, dies jedoch nicht immer als das entscheidend Positive an der LOB empfinden, sei es, weil sie den Wert der Prämie schätzen, oder sei es, weil sie LOB prinzipiell ablehnen.

Mitarbeitergespräche werden, von Ausnahmen abgesehen, jedenfalls kaum grundsätzlich kritisiert. Auch LOB-Skeptiker äußern immer wieder, dass am Mitarbeitergespräch festgehalten werden sollte.

> „(...) das Mitarbeitergespräch, das ist auch das, was ich, wenn es irgendwann dazu kommt, dass über die Gewerkschaft oder gegebenenfalls jetzt in der Tarifrunde das Instrument der leistungsorientierten Bezahlung wegfallen sollte, dann wäre ich sofort dafür, dass es im Tarifvertrag verpflichtend dieses Mitarbeitergespräch weiter gibt. (...) das sagen auch die Beschäftigten, endlich interessiert sich auch einmal der Chef für das, was ich wirklich

13 Umgekehrt betrachtet: Mehr als die Hälfte der erklärten LOB-Gegner unter den befragten Beschäftigten hält die Aussage für unzutreffend und sieht im Mitarbeitergespräch nicht das Positive. Die meisten Beschäftigten, die der Auffassung sind, das LOB-Gespräch sei das „eigentlich Positive“ lehnt das Statement „Ich bin gegen LOB“ ab.

> tue, und er unterhält sich mit mir und er will etwas wissen. Das ist wirklich eine gute Geschichte, aber die muss verpflichtend drin stehen, denn sonst funktioniert sie nicht." (Personalrat, Stadt D)

Während LOB-Skeptiker nachvollziehbar argumentieren, Mitarbeitergespräche könnten ohne Verkoppelung mit Entgelt ebenfalls oder besser funktionieren, widersprechen Befürworter des Leistungsentgelts nicht grundsätzlich, auch wenn ihnen leistungsorientierte Bezahlung noch aus anderen Gründen wichtig ist. Sie argumentieren jedoch damit, dass es ohne die Verkoppelung mit einer Prämienausschüttung nicht gelingen würde, Mitarbeitergespräche breit zum Einsatz zu bringen. Letzterem ist wiederum kaum zu widersprechen, wie langjährige Bemühungen und jüngste Versuche zur Installierung eines Qualifizierungsgesprächs nach § 5 TVöD zeigen (vgl. Bahnmüller/Hoppe 2012). Die bis zur LOB-Einführung gering ausgeprägte Bereitschaft der Vorgesetzten, Mitarbeitergespräche zu führen, mag sich partiell mit der fehlenden Tradition und mitunter auch aus einem Mangel an Führungsqualifikation erklären.

Allerdings dürften Mitarbeitergespräche ohne zwingende Leistungsbewertung und Entgeltverknüpfung vielen Führungskräften wahrscheinlich leichter fallen. Überaus häufig beklagen sich Führungskräfte jedoch über einen Mangel an Zeit für Leistungsbewertung und Mitarbeitergespräche.

> „Bei Führungskräften müssen Aufgaben entzogen werden! 9 Einzelgespräche x 2 Stunden x 3 Gespräche = 54 Stunden! Ich habe 20 Stunden wöchentlich für Verwaltung, davon 40% freie Einteilung, d.h. ich verbringe sechs Wochen jährlich für LOB – ein großer Witz! Und keine Aufgaben an anderer Stelle weniger!" (Vorgesetzter, BESCH34)

Soweit solche Rechnungen häufiger aufgemacht werden, ist selbstverständlich davon auszugehen, dass ohne die Notwendigkeit, Leistungsbewertung und Prämienausschüttung begründen zu müssen (in diesem speziellen Fall auch Ziele zu vereinbaren), häufig auf Mitarbeitergespräche verzichtet würde. Ohne LOB hätten Mitarbeitergespräche sich kaum breiter etablieren können und würden, zumindest soweit keine Gegenmaßnahmen ergriffen werden, bei einer Abschaffung der LOB wahrscheinlich auch wieder verschwinden. Wahrscheinlich ist auch, dass der zitierte Vorgesetzte nach Wegen suchen wird, den Aufwand für die Gespräche möglichst gering zu halten, auch wenn damit ein zentraler Effekt der Einführung leistungsorientierter Bezahlung, die Zunahme von Mitarbeitergesprächen, abgeschwächt wird. In Kommunen, in denen nicht mit Zielvereinbarungen, sondern mit Systematischer Leistungsbewertung gearbeitet wird, ist es – soweit die präzise Definition auf für spezifische Tätigkeiten zugeschnittener Kriterien unterbleibt – ohnehin einfacher, auf Gespräche zu Beginn des Bewertungszeitraums und auf Zwischengespräche zu verzichten. Bei Zielvereinbarungen liegt die Gesprächsfrequenz deutlich höher (vgl. Tab. 3.11).

≡ Tab. 3.11: Häufigkeit von LOB-Gesprächen aus Beschäftigtensicht

„War die Leistungsbewertung bei Ihnen mit folgenden Gesprächen verbunden?“[a]

	alle[b]	SLB	ZV
Gespräch zu Beginn des Bewertungszeitraums zur Erläuterung der Kriterien bzw. zur Vereinbarung der Ziele	67,3	53,4	94,4
Zwischengespräch(e) als Feedback zur Leistungsentwicklung bzw. (bei Zielvereinbarungen) zur Berücksichtigung veränderter Bedingungen	27,8	21,3	39,9
Gespräch am Ende des Bewertungszeitraums zur Bekanntgabe der Bewertung	86,7	88,2	83,4

a – Beschäftigtenbefragungen: Datensatz BESCH34; Prozente für „ja“; b – inklusive Fälle mit Kombination von ZV und SLB

Von raschen Mitarbeitergesprächen zwischen Tür und Angel, in denen kaum mehr als eine Punktzahl verkündet und allenfalls dürftig begründet wird, haben wir immer wieder gehört. Auch wenn wir annehmen, es handele sich dabei bis jetzt noch nicht um die dominierende Praxis, ist doch mit Blick auf die unbestritten steigenden, auch die Vorgesetzten betreffenden Leistungsanforderungen, damit zu rechnen, dass die Praxis der Mitarbeitergespräche auch bei Aufrechterhaltung der LOB in starkem Maße dem Risiko der Entropie unterliegt, sofern dem System nicht ständig neue Energie zugeführt wird. Mit anderen Worten: Ohne anhaltende Bemühungen der Verwaltungsspitze könnte sich sowohl die Häufigkeit als auch der Charakter der Mitarbeitergespräche mit der Zeit schon allein deshalb verändern, weil vielen Vorgesetzten der Aufwand für eine adäquate LOB-Praxis nicht nur relativ, sondern mitunter auch absolut zu hoch ist, da diesen die hierfür nötige Zeit im Grunde nicht zur Verfügung steht.

Mitarbeitergesprächen kommt somit in mehrfacher Weise eine zentrale Bedeutung für die LOB zu. Sie stellen jedoch für viele zunächst keinen intendierten Output des LOB-Systems dar, sondern gelten als Aufwand, der zu betreiben ist, um ein LOB-System funktionsfähig zu halten. Positive Erfahrungen mit den Mitarbeitergesprächen gehören eher zu den nicht-intendierten Nebeneffekten. Die Bilanz von Aufwand und Nutzen der LOB ist somit in starkem Maße davon abhängig, auf welcher Seite die Mitarbeitergespräche verbucht werden.

Führende Repräsentanten der VKA plädierten im Gespräch dafür, Mitarbeitergespräche als einen wichtigen Nutzen zu betrachten, der durch die Einführung leistungsorientierter Bezahlung erzielt wurde. Wenn es Vorgesetzten an Zeit für Mitarbeitergespräche fehle, dann fehle es ihnen auch generell an Zeit zur Wahrnehmung von Führungsaufgaben. Die Einführung der LOB decke dann lediglich ein Problem auf, das ohnehin bestünde. Eine unseres Erachtens überzeugende Argumentation, die lediglich eine Schwachstelle aufweist: Die LOB-Einführung deckt dieses Problem lediglich auf, doch sie liefert keine Lösung. Denn vor dem Hintergrund von Unterfinanzierung, Überschuldung und Haushaltsengpässen wurde nicht nur das LOB-Startvolumen aus dem bereits vorhandenen Entgeltvolumen bezahlt, sondern auch die Zeiten für die Mitarbeitergespräche müssen von den Vorgesetzten gewöhnlich aus dem vorhandenen Zeitbudget bestritten werden. Zusätzlicher finanzieller Aufwand für die Kommune darf durch die LOB-Einführung in der Regel nicht entstehen.

Aus der Sicht einzelner Vorgesetzter müssen Mitarbeitergespräche (und sonstige mit LOB verknüpfte Arbeiten) jedoch gleichwohl zunächst als zusätzliche Aufgabe verstanden und als Aufwand verbucht werden. Die Aufwand-Nutzen-Relation wird deshalb von Vorgesetzten meist anders berechnet als von der VKA. Mitarbeitergespräche sind in deren Augen in aller Regel Aufwand und nur bei manchen – soweit deren Sinn gesehen wird – auch Nutzen. Damit soll nicht gesagt werden, dass sich daraus zwingend eine Ablehnung der LOB durch Vorgesetzte ergeben müsse (vgl. Kap. 4), doch während eine Verbuchung von Mitarbeitergesprächen ausschließlich als Nutzen (bei einer Budgetbildung durch Umwidmung) zu einer ausgesprochen aufwandsarmen LOB-Bilanz führt, die auch bei schwachen Effekten hinsichtlich der vereinbarten und sonstigen intendierten Ziele bereits positiv ausfällt, muss eine Bilanz, in der Mitarbeitergespräche (auch) als Aufwand zählen, eine deutlich höhere Schwelle nehmen, um positiv auszufallen. Selbst wenn die Kommune als Organisation keine zusätzlichen Personalkosten und Arbeitsstunden für die LOB aufwendet, dürften in aller Regel doch andere Tätigkeiten zurückgestellt oder weniger gründlich erledigt werden. Jedenfalls soweit der zusätzliche Aufwand nicht mehr durch weitere Arbeitsverdichtung aufgefangen werden kann.

Abgesehen von weiteren, mehr oder weniger legitimen Gründen, aus denen Vorgesetzte LOB möglicherweise ablehnen (anderes Führungskonzept, Opportunismus etc.), darf angenommen werden, dass der Verzicht darauf, für die Anwendung leistungsorientierter Bezahlung zusätzliche finanzielle und zeitliche Ressourcen zur Verfügung zu stellen, eine erhebliche Belastung für deren Funktionalität und Akzeptanz darstellt. Obgleich dieser Verzicht den Umständen entsprechend nachvollziehbar sein mag, ändert dies doch nichts daran, dass hiermit neben dem tarifvertraglichen „Geburtsfehler“ der LOB (vgl. Trittel et al. 2010: 12), der Umwidmung von bis dahin leistungsunabhängig ausgeschütteten Entgeltbestandteilen, auf der betrieblichen Ebene ein weiteres gravierendes Handicap der LOB-Einführung konstatiert werden muss, das der LOB-Akzeptanz unmittelbar bei den Führungskräften Schaden zugefügt haben dürfte. Vermittelt über eine von einem Mangel an Zeit und auftretendem Unmut beeinflusste LOB-Praxis, dürften darunter dann auch die Akzeptanz bei den Beschäftigten sowie die Funktionalität gelitten haben.

Der Versuch, mit dem Leistungsentgelt in den Kommunen Elemente in der Privatwirtschaft angewandter HRM-Praktiken einzuführen, ohne dabei über vergleichbare Gestaltungsspielräume zu verfügen, hat somit mit der *Umwidmung von Entgeltbestandteilen* sowie der weitgehend *res-*

≡ Abb. 3.8 LOB-Effekte nach Methode aus Arbeitgebersicht

„Welche Effekte hatte die Einführung der LOB auf nachfolgende Punkte?" [a]

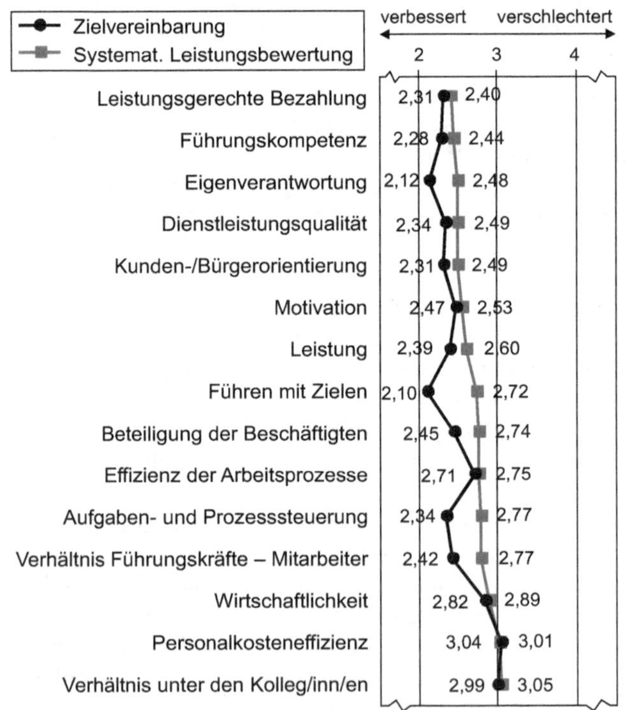

a – Flächenbefragung: Datensatz AG; Mittelwerte einer Skala von 1 = „verbessert" bis 5 = „verschlechtert"

sourcenfreie Implementation der erfolgreichen Umsetzung leistungsorientierter Bezahlung zwei beachtliche Hürden in den Weg gestellt. Obgleich LOB in etlichen Kommunen und nicht selten mit Engagement eingeführt wurde, erklärt die Knappheit zeitlicher Ressourcen doch die starke Neigung, die Systematische Leistungsbewertung der Anwendung von Zielvereinbarungen vorzuziehen, obwohl der Einsatz von Zielvereinbarungen höhere Funktionalität verspricht. Dort, wo Zielvereinbarungen zum Einsatz kamen, fielen jedenfalls die Resultate nach Ansicht der Befragten besser aus.

Abbildung 3.8 verdeutlicht aus Sicht der Arbeitgeber, die jeweils Erfahrungen mit der Anwendung von Zielvereinbarungen oder dem Einsatz der Systematischen Leistungsbewertung gesammelt haben, anhand der Mittelwerte der Angaben, wie sich die Effekte je nach der eingesetzten Methode unterscheiden. Abgesehen von den generell ausbleibenden Positivwirkungen bei den beiden Kriterien „Verhältnis unter den Kolleg/innen" und „Personalkosteneffizienz" sowie bei den Kriterien „Wirtschaftlichkeit", „Effizienz der Arbeitsprozesse" und „Motivation", bei denen die Unterschiede bezogen auf die Methoden gering ausfallen (vgl. auch Tab. 3.12), fallen die Effekte bei Zielvereinbarungen stets besser aus als bei Systematischer Leistungsbewertung. Anders formuliert: Die insgesamt eher schwachen Effekte der LOB fallen beim Einsatz der Systematischen Leistungsbewertung noch schwächer aus.

Besonders ausgeprägt sind die Vorteile der Zielvereinbarungen aus Arbeitgeberperspektive demnach beim „Verhältnis Führungskräfte – Mitarbeiter", der „Aufgaben- und Prozesssteuerung", bei „Eigenverantwor tung", „Beteiligung der Beschäftigten" sowie beim „Führen mit Zielen".[14] Während sich die Überlegenheit von Zielvereinbarungen beim Stichwort „Führen mit Zielen" selbst erklären dürfte und auch die stärker ausgeprägte „Beteiligung der Beschäftigten" sich mit dem im Grundsatz bilateralen Charakter von Zielvereinbarungen in naheliegender Weise erklärt, scheint die Überlegenheit bei den anderen genannten Effekten weniger zwingend zu sein, sie entspricht aber durchaus unserer Erwartung. Die intensivere Beteiligung der Beschäftigten bei der Festlegung der zu erbringenden Leistungen sowie das gegenüber klassischer Beurteilung geringere Maß an

---

14 Die anderen Unterschiede zwischen den Effekten von ZV und SLB sind im Einzelfall nicht immer im statistischen Sinne signifikant, doch da die Abweichungen, soweit Effekte konstatiert werden können, stets in dieselbe Richtung gehen und auch die Angaben der Personalräte sowie der befragten Beschäftigten diese Tendenz aufweisen (vgl. Tab. 3.13) und die Fallstudien ebenfalls diese Deutung stützen, halten wir es für berechtigt, von einer generell höheren Funktionalität von Zielvereinbarungen zu sprechen.

≡ Tab. 3.12: LOB-Effekte nach Methode

„Welche Effekte (Wirkungen) hatte die Einführung der LOB auf nachfolgende Punkte?“ [a]

	AG		PR		BESCH34	
	SLB	ZV	SLB	ZV	SLB	ZV
Dienstleistungs-qualität	2,49 (,038)	2,34 (,120)	2,81 (,034)	2,69 (,066)	2,85 (,014)	2,80 (,022)
Führungskompetenz	2,44 (,045)	2,28 (,111)	2,88 (,045)	2,76 (,070)	3,04 (,019)	2,91 (,026)
Kunden-/Bürgerorien-tierung	2,49 (,041)	2,31 (,112)	2,76 (,033)	2,72 (,063)	2,86 (,014)	2,83 (,022)
Aufgaben- und Pro-zesssteuerung	2,77 (,033)	2,34 (,110)	2,91 (,025)	2,80 (,059)		
Motivation	2,53 (,043)	2,47 (,117)	2,98 (,046)	2,89 (,068)	2,94 (,020)	2,84 (,029)
Effizienz der Arbeits-prozesse	2,75 (,033)	2,71 (,081)	2,97 (,024)	2,91 (,052)	2,91 (,014)	2,85 (,024)
Personalkosten-effizienz	3,01 (,025)	3,04 (,066)	3,04 (,025)	3,01 (,032)		
Wirtschaftlichkeit	2,89 (,028)	2,82 (,078)	3,03 (,031)	2,85 (,060)	2,97 (,014)	2,96 (,025)
Eigenverantwortung	2,48 (,039)	2,12 (,100)	2,82 (,039)	2,47 (,074)	2,78 (,016)	2,65 (,026)
Führen mit Zielen	2,72 (,036)	2,10 (,119)	3,02 (,043)	2,48 (,087)		
Leistung	2,60 (,036)	2,39 (,117)	2,84 (,033)	2,88 (,051)		
Leistungsgerechte Bezahlung	2,40 (,044)	2,31 (,107)	2,86 (,043)	2,81 (,069)	2,94 (,024)	2,82 (,033)
Begrenzung des Leis-tungsdrucks	3,09 (,026)	3,12 (,111)	3,31 (,042)	3,37 (,088)	3,34 (,018)	3,36 (,029)
Verhältnis Führungs-kräfte – Mitarbeiter	2,77 (,046)	2,42 (,098)	3,12 (,048)	2,69 (,104)	3,28 (,020)	3,06 (,026)
Verhältnis unter den Kolleg/inn/en	3,05 (,029)	2,99 (,086)	3,28 (,038)	3,14 (,056)	3,43 (,018)	3,17 (,025)
Beteiligung der Beschäftigten[b]	2,74 (,038)	2,45 (,095)	2,94 (,040)	2,72 (,078)	3,06 (,018)	2,87 (,025)
Mitbestimmung bei Leistungsfragen			3,01 (,040)	2,76 (,073)	3,07 (,018)	2,84 (,026)

a – Flächenbefragungen und Beschäftigtenbefragungen: Datensätze AG, PR und BESCH34; Mittelwerte einer Skala von 1 = „verbessert“ bis 5 = „verschlechtert“; Standardfehler in Klammern; b – Mitsprache der Beschäftigten, BESCH34

subjektiven Einflüssen auf die Bewertungsergebnisse tragen jedenfalls dazu bei, Missstimmungen zwischen Vorgesetzten und Mitarbeitern zu verringern.

Die Angaben der Arbeitgeber deuten auch an, dass Zielvereinbarungen leistungswirksamer sind als die Systematische Leistungsbewertung,[15] allerdings ergeben die Nennungen der Personalräte hier keinen Unterschied (dies könnte jedoch dadurch bedingt sein, dass es manchem Personalrat vor dem Hintergrund der Entwicklung der Leistungsanforderungen schwer gefallen sein könnte, beim Stichwort „Leistung“ die Ausprägung „verbessert“ zu wählen). Die Beschäftigten haben wir danach gefragt, ob sie sich darum bemüht haben, „durch ihre Leistung eine gute Bewertung“ (bei SLB) bzw. „ihre Ziele“ (bei ZV) zu erreichen. Ihre Antworten sprechen für eine stärkere und ausgeprägte Wirksamkeit bei Zielvereinbarungen, jedoch auch für ein mehrheitliches, wenn auch zum Teil wahrscheinlich nicht besonders ausgeprägtes Bemühen der Beschäftigten bei Systematischer Leistungsbewertung (vgl. Tab. 4.11). Die Angaben der in der Fläche befragten Arbeitgeber und Personalräte bei der Frage, ob sie den Eindruck haben, „dass die Beschäftigten sich ernsthaft darum bemühen, eine gute Bewertung zu erreichen“ fallen dahinter zurück (was jedoch partiell an der aggregierten Form der Erhebung liegen könnte), lassen jedoch ebenfalls auf eine höhere Wirksamkeit von Zielvereinbarungen schließen (vgl. Tab. 3.13).

Tab. 3.13: Bemühungen um gute Leistung bzw. Zielerreichung aus Sicht der Betriebsparteien ≡

„Haben Sie den Eindruck, dass die Beschäftigten sich ernsthaft darum bemühen, eine gute Bewertung zu erreichen?“[a]

	AG		PR	
	SLB	ZV	SLB	ZV
ja (1)	5,0	18,8	2,7	13,9
eher ja (2)	43,3	66,2	20,6	57,1
teils, teils (3)	38,6	15,0	45,7	24,5
eher nein (4)	11,1	0,0	22,7	2,8
nein (5)	2,1	0,0	8,3	1,7
Mittelwert	*2,62*	*1,96*	*3,13*	*2,21*

a – Flächenbefragungen: Datensätze AG und PR; Prozente und Mittelwerte

15 Allerdings mangelt es hier streng genommen an der statistischen Signifikanz, auch wenn im Abgleich mit anderen Angaben angenommen werden darf, dass zwischen ZV und SLB ein Unterschied auch bei Leistungseffekten vorliegt.

Da bei Zielvereinbarungen nicht auszuschließen ist, dass sich Beschäftige zwar um die Zielerreichung bemühen, doch dabei andere Aufgaben vernachlässigen, haben wir auch nach diesem Phänomen gefragt. 6% der Arbeitgeber und 16% der Personalräte, bei denen Zielvereinbarungen Anwendung finden, geben an, dass es „häufig“ oder „(fast) immer“ zu solchen Fehlsteuerungen komme (vgl. Tab. 3.14). Doch lediglich 4% der Personalräte und keiner der Arbeitgeber, die angeben, die Beschäftigten hätten sich ernsthaft um eine gute Bewertung bemüht, sprechen davon, dass es „häufig“ oder „(fast) immer“ zu Fehlsteuerungen gekommen sei. Die höhere Wirksamkeit der Zielvereinbarung wird somit nicht durch verbreitete Fehlsteuerung konterkariert.

≡ Tab. 3.14: Fehlsteuerung bei Zielvereinbarungen

„Wurden die Positiveffekte durch Negativeffekte überlagert, da zwar die vereinbarten Ziele verfolgt, dafür aber andere Aufgaben vernachlässigt wurden (Fehlsteuerung)?“[a]

	nie	selten	häufig	(fast) immer	weiß nicht
AG	18,6	52,7	0,0	6,1	22,7
PR	7,4	53,9	16,4	0,0	22,3

a – Flächenbefragungen: Datensätze AG und PR; nur ZV-Anwender, Prozente und Mittelwerte

Wir hatten bereits dargelegt, dass viele Kommunen davor zurückschrecken, Zielvereinbarungen anzuwenden, weil sie zu große Schwierigkeiten sehen, Ziele zu finden, oder, mit anderen Worten, sie sich der Aufgabe der Operationalisierung der Leistungsanforderungen nicht stellen wollen,[16] da sie diese Aufgabe nicht (oder zumindest nicht mit vertretbarem Aufwand) für bewältigbar halten. Die Folge eines Verzichts auf eine vorausschauende Operationalisierung von Leistungsanforderungen ist dabei nicht nur, dass im Prozess der anschließenden Leistungsbewertung mit nicht vollständig operationalisierten, eher vagen Kriterien gearbeitet werden muss, wodurch subjektive Verzerrungen und Intransparenz der Bewertungen begünstigt werden. Schwerwiegender ist unseres Erachtens, dass damit die schwierige Aufgabe der Operationalisierung nicht wirklich umgangen, sondern lediglich auf die Beschäftigten abgewälzt wird. Soweit sich die Beschäftigten in ihrem Leistungsverhalten an den Leistungskriterien orientieren wollen, müssen sie sich selbst überlegen, welche konkreten

16 Wir fragten auch die Beschäftigten, soweit diese an Zielvereinbarungen mitwirkten, danach, ob es schwierig gewesen sei, Ziele zu finden. Eine unseres Erachtens doch ganz beachtliche Gruppe von 54% gab an, es sei nicht schwierig gewesen.

Schlüsse letztlich beispielsweise aus einer schlechten Bewertung zu ziehen sind, und versuchen, die Leistungskriterien in Handlungsziele zu übersetzen. Sie müssen damit allein jene Aufgabe übernehmen, die die Organisation und die Vorgesetzten (in Zusammenarbeit mit den Beschäftigten) durch die Ablehnung von Zielvereinbarungen sich nicht zutrauen und zu vermeiden suchen. Selbstverständlich gelingt vielen Beschäftigten die verlangte Operationalisierung der Leistungsanforderungen nicht, mehr noch, viele stellen sich dieser Aufgabe ebenso wenig wie die Organisation als Ganze. Kurz: Nicht erst die Bewertung der Leistungen fällt unter diesen Umständen schwer, die Beschäftigten wissen in vielen Fällen gar nicht, was sie eigentlich konkret tun und gegebenenfalls verändern müssen, um eine gute Bewertung zu erhalten.

Auch wenn es im Prinzip durchaus möglich ist, Leistungskriterien auch unilateral so weit zu konkretisieren, dass die Beschäftigten ähnlich wie bei Zielvereinbarungen wissen können, was sie zu tun haben, und dies mitunter auch vorkommt, so ist es doch gerade der nachvollziehbare Versuch, den Aufwand zu begrenzen, der mit der Wahl der SLB verbunden ist, der dies gewöhnlich verhindert. Die Wirksamkeit leistungsorientierter Bezahlung wird durch die größere Verbreitung der SLB erheblich beeinträchtigt, sowohl Funktionalität als auch Akzeptanz leiden darunter.

Dies zeigt sich bereits daran, dass den Beschäftigten, folgen wir den Angaben von Arbeitgebern und Personalräten, die Kriterien der Leistungsbewertung im Falle der Systematischen Leistungsbewertung weniger geläufig sind als vereinbarte Ziele bei Anwendung der Methode Zielvereinbarung (vgl. Tab. 3.15). Das liegt zum einen sicherlich daran, dass die Mitwirkung an der Zielvereinbarung eine intensivere Auseinandersetzung nahelegt, als dies bei der Systematischen Leistungsbewertung der Fall ist. Zum anderen führt der Mangel an Orientierung, der entsteht, wenn die Mühen der Operationalisierung vermieden und Leistungskriterien für den Arbeitsalltag unkonkret bleiben, dazu, dass Beschäftigte kein sehr ausgeprägtes Interesse am Wissen um diese Kriterien entwickeln. Die Ziele im Falle von Zielvereinbarungen sind den Beschäftigten besser bekannt als die Leistungskriterien bei Systematischer Leistungsbewertung. Dies zeigt sich auch in den Angaben der direkt befragten Beschäftigten. Allerdings geben hier auch 90% aller Befragten mit SLB an, dass ihnen die „Bewertungskriterien“, und sogar 98% der Beschäftigten mit ZV, dass ihnen die „Ziele“ bekannt seien (BESCH34).[17]

17 Hier dürften sich verschiedene Einflüsse überlagern, die dazu führen, dass die Beschäftigten ihr Kennen der Leistungskriterien und ihrer Ziele eher besser einschätzen als Arbeitgebervertreter und Personalräte: Erstens kommen wieder die

≡ Tab. 3.15: Bekanntheitsgrad von Zielen und Bewertungskriterien

„Nehmen Sie an, dass den Beschäftigten die angewandten Kriterien der Leistungsbewertung bekannt und im Arbeitsalltag präsent sind?" (SLB) *„Nehmen Sie an, dass den Beschäftigten die vereinbarten Ziele bekannt und im Arbeitsalltag präsent sind?"* (ZV)[a]

	AG		PR	
	SLB	ZV	SLB	ZV
überwiegend bekannt (1)	37,1	73,8	29,4	63,4
eher bekannt (2)	33,1	16,7	28,0	20,4
teils, teils (3)	25,5	9,4	34,3	16,2
eher unbekannt (4)	4,3	0,0	8,0	0,0
überwiegend unbekannt (5)	0,0	0,0	0,3	0,0
Mittelwert	1,97	1,36	2,22	1,53

a – Flächenbefragungen: Datensätze AG und PR; Prozente und Mittelwerte

Jenseits der Betrachtung einzelner Effekte haben wir Arbeitgeber und Personalräte auch danach gefragt, welche Stärken und Schwächen sie der jeweils bei ihnen überwiegend angewandten Methode zuschreiben (vgl. Tab. 3.16). Generell lässt sich sagen, dass sowohl die Arbeitgeber als auch die Personalräte unter den ZV-Anwendern die Zielvereinbarungen als gerechter und objektiver erachten als die SLB-Anwender ihre Methode. Im Mittel wird „Gerechtigkeit", wenngleich weniger ausgeprägt, von den SLB-Anwendern allerdings ebenfalls für eine Stärke der Systematischen Leistungsbewertung gehalten. „Objektivität" hingegen wird im Mittel von den Personalräten auch im Falle der SLB-Anwendung für keine Stärke gehalten. Für Schwächen beider Methoden halten die Personalräte den zu betreibenden „Aufwand" sowie die „Wirksamkeit". Unter den Arbeitgebern wird der Aufwand bemerkenswerterweise vornehmlich unter den SLB-Anwendern als eine Schwäche erachtet. Hier dürften Fragen danach, ob LOB eher pflichtschuldig eingeführt wird und ob Mitarbeitergespräche

---

Unterschiede der Erhebungsmethode (Individualbefragung und Erhebung bereits voraggregierter Daten) zum Tragen, zweitens unterscheidet sich die Skala (Fünferskala in den Flächenbefragungen versus. nominale „ja"/"nein"-Ausprägungen in BESCH34). Drittens mag es sein, dass Beschäftigte ihre Kenntnisse höher schätzen (und diese unter Umständen auch höher sind) als es die Kollektivakteure annehmen. Viertens ist nicht auszuschließen, dass Beschäftigte, die sich mit der leistungsorientierten Bezahlung auskennen, eher bereit waren, einen Fragebogen auszufüllen und deshalb in der Nettostichprobe überrepräsentiert sind.

Tab. 3.16: Stärken und Schwächen der Methoden ≡

„Wo liegen Ihres Erachtens die Stärken und die Schwächen der bei Ihnen überwiegend angewandten Methode?“ [a]

	AG		PR	
	SLB	ZV	SLB	ZV
Gerechtigkeit	2,52	2,25	2,84	2,62
Objektivität	2,82	2,35	3,02	2,67
Aufwand	3,38	3,04	3,51	3,75
Wirksamkeit[b]	2,92	2,44	3,30	3,25

a – Flächenbefragungen: Datensätze AG und PR; Mittelwerte einer Skala von 1 = „Stärke“ bis 5 = „Schwäche“; b – bewirkt Verhaltensänderungen

vornehmlich als Aufwand oder auch als Nutzen betrachtet werden, relevant für die Bewertung sein.

Allgemein danach gefragt, wie die betrieblichen Akteure die Methoden *Systematische Leistungsbewertung* und *Zielvereinbarung* bewerten, schneiden beide Methoden nicht besonders gut ab. Sowohl die Personalräte als auch die Arbeitgeber kleiner Kommunen bewerten beide Methoden im Mittel eher mit „schlecht“ als mit „gut“. Lediglich die befragten Arbeitgeber aus Kommunen mit mindestens 3.000 Einwohnern (AG-Befragung) bewerten die Methode der Systematischen Leistungsbewertung vorsichtig positiv. Da die Anwender der Systematischen Leistungsbewertung in der Mehrzahl sind, prägen sie auch das Urteil über die Zielvereinbarungen stärker als umgekehrt. Dies ist vor allem deshalb bedeutsam, weil sich das Bild deutlich ändert, wenn wir jeweils nur die Angaben derjenigen betrachten, die Anwender einer Methode sind. Es zeigt sich dann nämlich die ausgeprägte Tendenz, jeweils die Methode schlecht zu bewerten, die selbst nicht angewandt wird.

Mit der eigenen Methode am zufriedensten sind diejenigen unter den Arbeitgebern und Personalräten, die Zielvereinbarungen einsetzen (Mittelwerte: AG 1,77 und PR 2,26; die Angaben der kleinen Arbeitgeber sind wegen weniger ZV-Anwender nicht aussagekräftig; vgl. Tab. 3.17). Als ausgesprochen schlecht erachten die ZV-Anwender unter ihnen hingegen die Systematische Leistungsbewertung. Die SLB-Anwender sind von ihrer Methode etwas weniger überzeugt (Mittelwerte: AG 2,27, PR 2,79) und halten Zielvereinbarungen auch nicht im selben Maße für „schlecht“. Ein Hinweis darauf, dass es einige Kommunen geben dürfte, die primär deshalb auf Zielvereinbarungen verzichtet haben, weil sie den Aufwand der Operationalisierung scheuten.

≡ Tab. 3.17: Bewertung der Methoden Systematische Leistungsbewertung und Zielvereinbarung[a]

	AG			PR			KL		
	alle	SLB	ZV	alle	SLB	ZV	alle	SLB	ZV[b]
Wie bewerten Sie die Methode der Systematischen Leistungsbewertung?	2,73	2,27	3,50	3,31	2,79	3,57	3,10	2,73	3,21[c]
Wie bewerten Sie die Methode der Zielvereinbarung?	3,02	3,06	1,77	3,34	3,30	2,26	3,24	3,19	2,86[d]

a – Flächenbefragungen: Datensätze AG und PR; Mittelwerte einer Skala von 1 = „gut" bis 5 = „schlecht"; *b* – Die Zahl der ZV-Anwender in der KL-Befragung ist gering: c = Standardfehler ,256, d = Standardfehler ,295.

Die Effekte der leistungsorientierten Bezahlung sind generell eher schwach, doch merklich stärker, wenn Zielvereinbarungen zum Einsatz kommen. Da auch die Beteiligung der Beschäftigten und die Mitbestimmung beim Einsatz von Zielvereinbarungen besser abschneiden, liegt es nahe, im beiderseitigen Interesse die Anwendung von Zielvereinbarungen zu empfehlen. Doch wir wollen die bisherigen Ausführungen nur als Zwischenergebnis betrachten und noch weitere Betrachtungen anstellen, bevor wir zu definitiven Schlüssen kommen.

4. Die Sicht der Beschäftigten

4.1 Bewertung der LOB durch die Beschäftigten ■

Erfolg und Misserfolg der leistungsorientierten Bezahlung hängen in erheblichem Maße davon ab, ob und in welcher Form diese von deren Hauptadressaten, den Beschäftigten und den Führungskräften, angenommen und ihre Umsetzung mitgetragen wird. Dabei ist zu erwarten, dass die Akzeptanz der LOB von einer Reihe von Faktoren – etwa von der Ausgestaltung der betrieblichen Systeme, den Erfahrungen der Beschäftigten mit der Umsetzungspraxis und den Wirkungen der leistungsorientierten Bezahlung – beeinflusst wird.

Wer die Beschäftigten und die Führungskräfte danach fragt, was sie von der leistungsorientierten Bezahlung halten, erhält ein widersprüchliches Bild. So wurde in unseren Fallstudien vielfach – und zum Teil mit Vehemenz – die Wichtigkeit des Leistungsprinzips hervorgehoben und doch zugleich nicht an Kritik der leistungsorientierten Bezahlung gespart. Auch in den schriftlichen Befragungen der Beschäftigten stimmt eine übergroße Mehrheit von 86% der Aussage „Wer sich mehr Mühe gibt, soll auch mehr verdienen" zu. Außerdem stimmen mit 36% nahezu ebenso viele Beschäftigte der Aussage „LOB ist eine gute Sache" zu (43% „stimme nicht zu", 21% „weiß nicht"), wie der Aussage „Ich bin gegen LOB", die zu 37% Zustimmung erfährt (48% „stimme nicht zu", 15% „weiß nicht") (vgl. Abb. 4.1).

Nahezu alle Befragten behaupten, sie würden mit und ohne leistungsorientierte Bezahlung gute Arbeit leisten. Wir haben es offenbar mit der

Abb. 4.1 Leistungsentgelt und Leistungsprinzip ≡

„Finden folgende Aussagen Ihre Zustimmung?" [a]

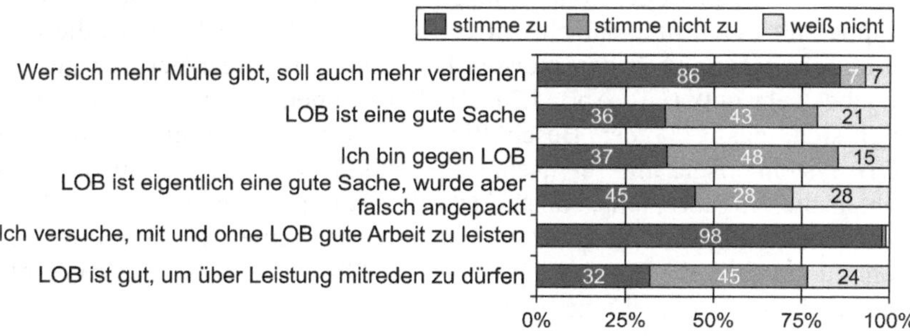

a – Beschäftigtenbefragungen: Datensatz BESCH34; Prozente

Zustimmung zum Leistungsprinzip bei fast allen, der prinzipiellen Zu stimmung zur Leistungsabhängigkeit des Entgelts bei einer noch immer ausgesprochen großen Mehrheit sowie einer Spaltung der Beschäftigten in Gegner und Befürworter der in Frage stehenden konkreten leistungsorientierten Bezahlung zu tun: Ein gutes Drittel ist dafür, ein gutes Drittel dagegen und der Rest der Beschäftigten ist sich bei der Sache unsicher. Eingedenk der geführten Gespräche erscheint es uns jedoch wahrscheinlich, dass sich auch in der Spaltung zwischen Zustimmung und Ablehnung zur leistungsorientierten Bezahlung weniger strikt kontroverse Orientierungen der Beschäftigten, sondern die Ambivalenz gegenüber dem Leistungsprinzip selbst ausdrückt: Man ist einerseits dafür, das Leistungsprinzip bei der Entgeltbemessung anzuwenden, doch gerade weil man das Leistungsprinzip akzeptiert, erscheint die mit einer Leistungsbewertung vermittelte Botschaft, dass dies auch überprüft werden müsse, doch in gewisser Weise als Entzug von Anerkennung und als Misstrauenserklärung. Im Prinzip können in einer solchen Situation der Ambivalenz auch kleinere Zusatzfaktoren den Ausschlag geben, ob man sich für oder gegen Leistungsentgelt ausspricht. Nicht zuletzt ist hier relevant, ob die Erfahrungen mit der eigenen Leistungsbewertung so ausfallen, wie man es sich nicht nur erhofft, sondern in vielen Fällen auch selbstverständlich erwartet. Wahrscheinlich sind deshalb nicht nur ganz wenige Beschäftigte wirklich grundsätzlich gegen jede leistungsorientierte Bezahlung, doch zugleich auch nur wenige ganz ohne Skepsis.

Danach gefragt, wie sie, von Einzelheiten abgesehen, das bei ihnen „eingeführte System der leistungsorientierten Bezahlung insgesamt“ bewerten, zeigt sich in den Beschäftigtenbefragungen folgendes Bild: In allen Kommunen sind nur ganz wenige Beschäftigte ohne jede Einschränkung mit dem eingeführten System zufrieden und bewerten dieses „sehr gut“, eine je nach Kommune mehr oder weniger große Minderheit bewertet es als „gut“. Darüber hinaus finden sich etliche Beschäftigte, die sich nicht eindeutig pro oder contra entscheiden mögen und eine ansehnliche Gruppe hält LOB für „schlecht“ oder „sehr schlecht“. Dabei wird die Angabe „sehr schlecht“ in den meisten Kommunen häufiger gewählt als die Angabe „sehr gut“ (vgl. Abb. 4.2). Die Kommunen zusammengenommen, zeigt sich, dass 2% der Beschäftigten (inklusive Führungskräfte) das LOB-System insgesamt für „sehr gut“ und 25% für „gut“ halten. 38% wählen die Angabe „teils, teils“. 26% der Befragten bewerten das LOB-System als „schlecht“ und 10% sogar als „sehr schlecht“. Im Mittel der Kommunen fällt die Bewertung der Beschäftigten auf der Fünfer-Skala dann auch mit 3,16 eher negativ aus (vgl. Tab. 4.1).

Auch die in der Fläche befragten Personalräte und Arbeitgeber sind sich darin einig, dass die Beschäftigten die leistungsorientierte Bezahlung weniger positiv bewerten als sie selbst. Zwar schreiben die Arbeitgeber (AG-Befragung) den Beschäftigten mit einem Mittelwert von 2,83 noch eine leicht positive Bewertung zu, doch die Personalräte liegen mit ihrer Einschätzung der LOB-Bewertung der Beschäftigten nahe bei den Angaben der direkten Befragung der Beschäftigten selbst (vgl. Tab. 4.2). Auf-

Abb. 4.2 Bewertung LOB-System insgesamt durch Beschäftigte ≡

„Abgesehen von Einzelheiten: Wie beurteilen Sie das bei Ihnen eingeführte System der leistungsorientierten Bezahlung insgesamt?“ [a]

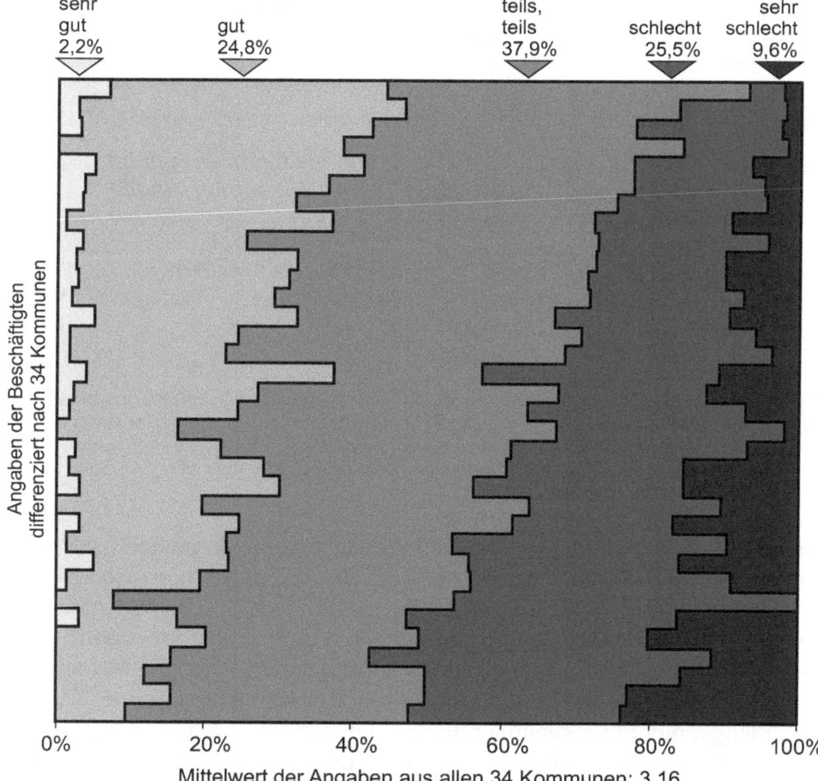

a – Beschäftigtenbefragungen: Datensatz BESCH34; alle Kommunen einzeln, 5er-Skala von 1 = „sehr gut“ bis 5 = „sehr schlecht“, Prozente, sortiert nach Mittelwert, Durchschnittswerte der 34 Kommunen sind als Prozentwerte angegeben

Tab. 4.1: Bewertung LOB-System insgesamt nach Beschäftigtengruppen

„Abgesehen von Einzelheiten: Wie beurteilen Sie das bei Ihnen eingeführte System der leistungsorientierten Bezahlung insgesamt?"[a]

	alle	Vorgesetzte	Beschäftigte	Beamtinnen/ Beamte	ehem. Arbeiter/innen	ehem. Angestellte
sehr gut (1)	2,2	3,0	2,0	3,0	2,7	2,0
gut (2)	24,8	27,9	24,4	30,0	26,3	24,1
teils, teils (3)	37,9	33,7	38,8	35,6	37,3	38,1
schlecht (4)	25,5	24,6	25,4	23,2	23,7	25,9
sehr schlecht (5)	9,6	10,9	9,4	8,1	9,9	9,8
Mittelwert	*3,16 (,018)*	*3,13 (,042)*	*3,16 (,020)*	*3,03 (,066)*	*3,12 (,043)*	*3,17 (,021)*

a – Beschäftigtenbefragungen: Datensatz BESCH34; Prozente und Mittelwerte einer Skala von 1 = „sehr gut" bis 5 = „sehr schlecht"

Tab. 4.2: Bewertung LOB-System insgesamt nach Akteuren

„Abgesehen von Einzelheiten: Wie wird das bei Ihnen eingeführte System der leistungsorientierten Bezahlung insgesamt beurteilt?"[a]

	AG	PR	KL	BESCH34[b]
von der Verwaltungsspitze	2,29 (,047)	2,43 (,052)	2,61 (,119)	
von den Führungskräften	2,48 (,044)	2,72 (,045)	2,77 (,106)	3,13[c] (,042)
vom Personalrat	2,46 (,049)	2,79 (,052)	2,68 (,133)	
von den Beschäftigten	2,83 (,041)	3,10 (,044)	2,99 (,098)	3,16 (,018)

a – Flächenbefragungen und Beschäftigtenbefragungen: Datensätze AG, PR, KL und BESCH34; Mittelwerte einer Skala von 1 = „sehr gut" bis 5 = „sehr schlecht", Standardfehler in Klammern; b – Frage in den Beschäftigtenerhebungen leicht abweichend: „Abgesehen von Einzelheiten: Wie beurteilen Sie das bei Ihnen eingeführte System der leistungsorientierten Bezahlung insgesamt?" c – nur Führungskräfte

fallend ist zudem, dass nicht nur die Arbeitgeber, sondern auch die Personalräte ihr LOB-System im Mittel mit 2,79 um einiges besser beurteilen als die Beschäftigten (Mittelwert 3,16, auch auf Basis der Angaben der Personalräte: Mittelwert 3,10). Die massive Kritik, die auf tarifpolitischer Ebene von Arbeitnehmerseite an der leistungsorientierten Bezahlung geübt wird, hätte eine stärkere Ablehnung der Personalräte erwarten lassen. Doch längst nicht alle Personalräte des kommunalen öffentlichen Dienstes sind bei Ver.di organisiert,[1] geschweige denn gewerkschafts- und tarif-

1 Unserer Personalrätebefragung zufolge sind 48% der Personalräte, die einen Fragebogen ausgefüllt haben, Ver.di-Mitglieder, 9% sind bei DBB bzw. Komba und 1% von ihnen sind Mitglied einer anderen Gewerkschaft.

politisch aktiv. Darüber hinaus dürfte die tarifvertragliche Regelung, dass Dienstvereinbarungen zum § 18 im Einvernehmen der Betriebsparteien abgeschlossen werden müssen, und die Tatsache, dass Arbeitnehmervertreter/innen die Ausgestaltung ihres LOB-Systems oft in guter Kooperation mit dem Arbeitgeber entwickelt haben, dazu beitragen, dass das Urteil der Personalräte über ihr in Mitverantwortung eingeführtes LOB-System eher positiv ausfällt.

Entgegen unserer bisherigen Argumentation, dass in der Aufteilung der Beschäftigen in Gegner, Befürworter und Dulder der leistungsorientierten Bezahlung eine zumindest im Grundsatz bei allen Beschäftigten latent vorhandene Spaltung zum Ausdruck kommt, die mit einer ambivalenten Haltung gegenüber dem Leistungsentgelt verbunden ist, könnte es durchaus auch sein, dass sich hier unterschiedliche Interessenlagen verschiedener Beschäftigtengruppen manifestieren. Denkbar wäre beispielsweise, dass der Status, das Geschlecht oder der jeweilige Tätigkeitsbereich der Befragten eine Rolle für die Bewertung ihres LOB-Systems spielen.

Durchaus plausibel könnte es zunächst scheinen, dass Beschäftigte, die zu den eher besser bewerteten Gruppen gehören, zufriedener mit der leistungsorientierten Bezahlung sind als andere. Laut den Angaben der Personalräte und der Arbeitgeber sowie immer wieder bestätigten Feldeindrücken sind es typischerweise Beschäftigte mit höherem Status, die mitunter besser bewertet werden: Führungskräfte, Beschäftigte in höheren Entgeltgruppen und auch Beamtinnen und Beamte (vgl. Tab. 2.14 und Abb. 2.1). Zwingend ist eine solche Erwartung allerdings keineswegs, wenn wir berücksichtigen, dass in gut der Hälfte der Kommunen gleiche Bewertungen unabhängig von der Entgeltgruppe auch Ausschüttungen derselben Höhe erbringen, d.h. gegenüber einer nach Entgeltgruppen differenzierten Ausschüttung eine Umverteilung zugunsten der unteren Entgeltgruppen zur Folge haben. Ein Verfahren, dass in manchen Kommunen arbeitgeberseitig auch als „Kommunismus-Prinzip“ charakterisiert wird (vgl. Tab. 2.13). Mit der Speisung des „Startvolumens“ unter anderem aus dem Weihnachtsgeld tritt ein weiterer Umstand hinzu, der einer Positivbewertung der leistungsorientierten Bezahlung bei statushöheren Beschäftigten entgegenstehen könnte. Mit der Einführung des TVöD wurde die Jahressonderzahlung nach Entgeltgruppenclustern gestaffelt und beläuft sich im Tarifgebiet West auf 90% des durchschnittlichen Monatsentgelts für Juli, August und September für die Entgeltgruppen 1 bis 8, auf 80% für die Entgeltgruppen 9 bis 12 und auf 60% für die Entgeltgruppen 13 bis 15 (§ 20, Abs. 2 TVöD; für Beschäftigte des Tarifgebiets Ost liegen die Sätze nach Abs. 3 bei 75% davon). Kurz: Trotz des mitunter auftretenden Hierarchieeffekts kann in vielen Fällen nicht die Rede davon sein, dass die

Beschäftigten in den höheren Entgeltgruppen materiell übermäßig vom Leistungsentgelt profitieren. Eine Besserbewertung der LOB bei Vorgesetzten auf Basis eigener materieller Interessiertheit ist insofern wenig plausibel.

Hinzu kommen weitere Einflussfaktoren, die kaum zu kalkulieren sind: Viele der Beschäftigten in höheren Entgeltgruppen sind zugleich auch Vorgesetzte, die mit Bewertungsaufgaben im Rahmen der leistungsorientierten Bezahlung betraut sind. Einerseits dürften Führungskräfte in der Regel besser mit den Intentionen und dem Konzept der LOB-Einführung vertraut sein, als dies bei den anderen Beschäftigten der Fall ist. Auch eine gewisse Nähe zur Argumentation der Arbeitgeberverbände oder zumindest zur vergleichsweise positiven Haltung des Beamtenbundes zur leistungsorientierten Bezahlung dürfte bei ihnen häufiger vorkommen. Andererseits werden gerade auch die Führungskräfte in besonderem Maße durch leistungsorientierte Bezahlung zeitlich in Anspruch genommen. Soweit Vorgesetzte die Zeit für Bewertungen und Mitarbeitergespräche primär als Aufwand verbuchen, ist deshalb auch nicht auszuschließen, dass Führungskräfte die LOB-Systeme schlechter bewerten als dies andere Beschäftigte tun. Tatsächlich finden sich bezogen auf die Frage, wie sie das bei ihnen „eingeführte System der leistungsorientierten Bezahlung insgesamt“ beurteilen, keine signifikanten Unterschiede zwischen Führungskräften und anderen Beschäftigten (vgl. Tab. 4.1).

Entgeltgruppe und Bewertung des LOB-Systems insgesamt korrelieren nur sehr schwach (Korrelationskoeffizient ,070, signifikant auf 1%-Niveau), der Zusammenhang ist jedoch anders, als es der Hierarchieeffekt hätte erwarten lassen: Mit dem Anstieg der Entgeltgruppe fällt die Bewertung des LOB-Systems demnach etwas schlechter aus. Betrachten wir die Bewertung nach einzelnen Entgeltgruppen-Clustern, zeigt sich, dass die Unterschiede eher gering ausfallen (vgl. Tab. 4.3). Lediglich die Beschäftigten in den unteren Entgeltgruppen bewerten leistungsorientierte Bezahlung leicht positiv und heben sich damit von den anderen Gruppen ab. Vor dem Hintergrund der Verteilungswirkungen darf dies nicht überraschen. Zumal angenommen werden muss, dass für die Beschäftigten der unteren Entgeltgruppen auch kleinere Beträge spürbare Wirkungen auf das Konsumbudget haben. Bei den Beschäftigten mit den oberen Entgeltgruppen mag nachlassende materielle Interessiertheit ein wenig durch arbeitgebernahes Denken kompensiert werden (vgl. zur Bewertung der Beamten Tab. 4.1), doch insgesamt wird deutlich, dass es vornehmlich das materielle Interesse ist, das einen gewissen Unterschied macht. Nicht übersehen werden sollte dabei, dass der hauptsächliche Befund jedoch darin besteht, dass die Unterschiede der LOB-Bewertung zwischen den Beschäftigtengruppen nicht besonders ausgeprägt sind. Alle Statusgruppen sind quer durch gespalten. Aus Gewerkschaftsperspektive sollte beachtet werden, dass sich gerade unter den Beschäftigten der unteren Entgeltgruppen eine relativ große Gruppe findet, die der leistungsorientierten Bezahlung etwas abzugewinnen vermag (wahrscheinlich primär aus den genannten Gründen des monetären Interesses).

Tab. 4.3: Bewertung LOB-System insgesamt nach Entgeltgruppen-Clustern ≡

„Abgesehen von Einzelheiten: Wie beurteilen Sie das bei Ihnen eingeführte System der leistungsorientierten Bezahlung insgesamt?“ [a]

Entgeltgruppe ...	1–4	5–8	9–12	13–15
sehr gut (1)	3,3	2,1	1,9	1,7
gut (2)	37,1	24,6	24,7	28,4
teils, teils (3)	41,8	39,2	34,5	36,7
schlecht (4)	13,1	24,0	28,5	16,6
sehr schlecht (5)	4,6	10,1	10,4	16,7
Mittelwert	*2,79 (,073)*	*3,15 (,030)*	*3,21 (,040)*	*3,18 (,163)*

a – Beschäftigtenbefragungen: Datensatz BESCH34; Skala von 1 = „sehr gut“ bis 5 = „sehr schlecht“, Prozente und Mittelwerte, Standardfehler in Klammern

Systemen leistungsdifferenzierter Vergütung wird nachgesagt, nicht selten willkürliche, subjektiv gefärbte Leistungsbewertungen zu evozieren, die geschlechtsbezogen diskriminierende Folgen haben. Auch in der gendersensiblen Entgeltforschung werden immer wieder Hinweise auf Diskriminierungsrisiken bei Leistungsbewertungssystemen gegeben.[2] Etwa ist die Annahme plausibel, dass im Kontext sogenannter „gender beliefs“ auch geschlechtsbezogene Leistungserwartungen existieren, die vor allem bei Beurteilungssystemen, wie sie im öffentlichen Dienst *de facto* zumindest bei einem relevanten Teil der Anwender der Systematischen Leistungsbewertung vorkommen, auch wirksam werden dürften. Demzufolge würden bei der Bewertung nicht nur Leistungskriterien eine Rolle spielen, sondern auch Merkmale der Bewerteten, wie das Geschlecht. Darüber hinaus dürfte mitunter, wenn auch tarifwidrig, die Bereitschaft zur bezahlten (und vielleicht mehr noch unbezahlten) Mehrarbeit Leistungsbereitschaft signalisie-

2 Beispiele für Arbeiten zum Thema gendergerechte Vergütung: Ganser et al. 2011; Tondorf 2007a, b; Allinger 2003; Jochmann-Döll 1990; Jochmann-Döll/Tondorf 2008; Jochmann-Döll/Ranftl 2009a, b; Krell 2008; Tondorf/Jochmann-Döll 2005; Weiler 1992; Winter 1994.

ren. Teilzeitarbeit und/oder Reproduktionsarbeit, die überwiegend von Frauen wahrgenommen werden, sowie der Verzicht auf Mehrarbeit schränken dann die wahrgenommene Leistungsbereitschaft und Leistungsfähigkeit ein. Besondere Lebenslagen, etwa die Alleinerziehender, deren zeitliche Flexibilität eingeschränkt ist und die Erwartungen flexibler Mehrarbeit nicht entgegenkommen können, würden dann zum Benachteiligungsrisiko bei der Leistungsbewertung. Soweit gruppenspezifische Benachteiligungen im Zusammenhang mit der leistungsorientierten Bezahlung vorliegen, wäre anzunehmen, dass sich diese in Unzufriedenheit der betroffenen Personen mit dem LOB-System niederschlagen und ihre Bewertung entsprechend negativ ausfallen lassen dürfte. Wir hatten bereits dargelegt, dass unter den befragten Beschäftigten die Männer häufiger als ihre Kolleginnen angeben, eine volle Ausschüttung zu erhalten – jedenfalls bei Systematischer Leistungsbewertung (vgl. Tab. 2.16).

Allerdings lieferten die Angaben der Arbeitgeber und der Personalräte keinen Hinweis auf eine merkliche Diskriminierung von Frauen bei der Leistungsbewertung (vgl. Tab. 2.14). Ebenso wenig wurde uns in den Fallstudien von schlechteren Bewertungen von Frauen berichtet. Auch in den Beschäftigtenbefragungen geben, trotz der genannten besseren Ausschüttung bei den Männern, Frauen häufiger an, dass die Bewertung ihrer Leistung zutreffend gewesen sei (vgl. Tab. 4.9). Man mag hier geschlechtsbezogene Unterschiede beim Umgang mit der Erfahrung schlechter Bewertungen vermuten, inwiefern die geringeren Prämienausschüttungen an Frauen tatsächlich auf nicht legitime, geschlechtsbezogene Diskriminierung zurückgeht, lässt sich deshalb nicht belegen. Auch vermittelt über andere Merkmale, etwa Teilzeittätigkeit (ein Drittel der befragten Beschäftigten geben an, Teilzeitbeschäftigte zu sein, 94% davon sind Frauen), die sich geschlechtsbezogen auswirken können, fand sich keine *wahrgenommene Benachteiligung* von Frauen bei der Leistungsbewertung.[3] In der Großstadt E ergab die Bewertungsstatistik eine Schlechterbewertung bei männlichen Teilzeitkräften. Denkbar wäre ferner eine mittelbare Benachteiligung durch den Hierarchieeffekt, da Frauen in den häufig besser bewerteten Führungsetagen gemeinhin unterrepräsentiert sind.[4] Allerdings

3 Teilzeitbeschäftigte bewerten das betriebliche System im Mittel (Mittelwert: 3,09) sogar geringfügig besser als Vollzeitbeschäftigte (Mittelwert: 3,17; vgl. Tab. 4.5).

4 Zumindest in den Kommunen, in denen wir eine Beschäftigtenbefragung durchführen konnten, sind immerhin 44% der Vorgesetzten weiblich (von den Befragten der Beschäftigtenbefragung sind 62% weiblich und von den weiblichen Befragten geben 14% an, eine Stelle als Vorgesetzte mit Weisungsbefugnis auszuüben, bei den Männern sind dies 31%; auf Basis des Datensatzes FALL– ergibt sich ein Frauenanteil von 59% an den Beschäftigten).

kommt auch dieser Faktor nicht allzu stark zum Tragen (vgl. Kap. 3). Da Frauen ihre Leistung, vergleichen wir deren Angaben mit denen der Männer, als besonders zutreffend bewertet sehen, darf es wenig überraschen, dass sie die leistungsorientierte Bezahlung nicht schlechter bewerten als Männer (vgl. Tab. 4.5).

Argumente, dass insbesondere die Systematische Leistungsbewertung wegen ihres hohen Maßes an subjektiven Verzerrungen im Beurteilungsprozess aus Gründen der Geschlechtergerechtigkeit abzulehnen sei, spiegeln sich zumindest für die 34 Kommunen nicht in der Wahrnehmung der Beschäftigten, obwohl deutliche Unterschiede bei der Ausschüttung zwischen den Methoden erkennbar sind. Der Frage danach, ob die Bewertung der eigenen Leistung zutreffend war, stimmt sowohl bei Zielvereinbarungen als auch bei Systematischer Leistungsbewertung ein größerer Teil der weiblichen als der männlichen Befragten zu. Die Mittelwerte auf einer Fünfer-Skala von „ja" bis „nein" fallen zwar im Fall von Zielvereinbarungen merklich besser aus als bei der Systematischen Leistungsbewertung (vgl. hierzu Tab. 4.9), doch bei beiden Methoden sind die Frauen mit ihren Bewertungen eher etwas zufriedener als die Männer.[5] Differenzieren wir auch bei den Antworten auf die Frage nach der Beurteilung des eingeführten Systems insgesamt nicht nur nach Geschlecht, sondern auch nach Methode, ergibt sich der bekannte Unterschied zwischen den Methoden, jedoch kein relevanter Unterschied zwischen den Geschlechtern.[6] Die Betriebsparteien berichten, vom Hierarchieeffekt abgesehen, von keinen relevanten Diskriminierungen im Bewertungsprozess (vgl. Tab. 2.14). Versuche, die gespaltene Haltung der Beschäftigten auf gruppenspezifische Diskriminierung zurückzuführen, sind unseres Erachtens nicht zu begründen.

Dies passt gut zu den Befunden unserer qualitativen Erhebung. Während in den Interviews mit Arbeitgebern bzw. Personalräten und den Gesprächen mit Beschäftigten häufig die Existenz eines Hierarchieeffekts, oftmals basierend auf internen statistischen Auswertungen der Ausschüttungsergebnisse thematisiert wurde, wurden anderweitige Benachteiligun-

---

5 Bei Zielvereinbarungen ergeben sich auf der Fünfer-Skala bei der Frage „Sind Sie der Meinung, dass die Bewertung Ihrer Leistung zutreffend war?" folgende Mittelwerte (Standardfehler in Klammern): männlich: 1,66 (,066), weiblich: 1,56 (,049). Im Fall der Systematischen Leistungsbewertung lauten die Werte: männlich: 2,52 (,057), weiblich: 2,40 (,039).

6 Bei Zielvereinbarungen ergeben sich auf der Fünfer-Skala bei der Frage „Wie beurteilen Sie das bei Ihnen eingeführte System der leistungsorientierten Bezahlung insgesamt?" folgende Mittelwerte (Standardfehler): männlich: 3,08 (,063), weiblich: 2,95 (,041). Im Fall der Systematischen Leistungsbewertung lauten die Werte: männlich: 3,21 (,038), weiblich: 3,23 (,029).

gen etwa nach Geschlecht oder Herkunft nicht bestätigt und im Zusammenhang mit Leistungsentgelt auch keine besonderen Härten beklagt. Auch bei der Bewertung des eingeführten LOB-Systems zeigen sich keine signifikanten Unterschiede, weder bei einer Differenzierung nach Beschäftigtengruppen zwischen Beamt/inn/en, ehemaligen Arbeiter/inne/n und Angestellte/n, noch nach Vorgesetztenfunktion (vgl. Tab. 4.1). Vorgesetzte bewerten ihr LOB-System ähnlich wie die Beschäftigten und damit negativer als die Personalräte dies in der Flächenbefragung einschätzen. Dies ist insofern bemerkenswert, als zu erwarten war, dass die hohe Teilnahmequote von Führungskräften an Schulungen (vgl. Kap. 5) und ihre relative Nähe zur Arbeitgeberposition sich förderlich auf deren Akzeptanz auswirken würde. Andererseits ist dieser Befund in Anbetracht der Tatsache, dass die Führungskräfte als Anwender und zugleich Zielobjekt der leistungsorientierten Bezahlung von deren Anforderungen mit am stärksten betroffen sind, durchaus nachvollziehbar.

In den Gruppengesprächen mit Beschäftigten entstand der Eindruck, dass Beschäftigte im Sozial- und Erziehungsdienst eine besonders kritische Haltung gegenüber der leistungsorientierten Bezahlung einnehmen. Da in diesen Bereichen mit einer hohen „intrinsischen" Motivation gerechnet werden kann und zudem Indikatoren für soziale Anerkennung und den Charakter der betrieblichen Sozialbeziehungen („ganz unabhängig von LOB"), wie das Verhältnis zwischen Führungskräften und Mitarbeitern oder das „Verhältnis unter den Kolleg/inn/en", Mitsprachemöglichkeiten und „Betriebsklima", vergleichsweise gut ausfallen (vgl. Tab. 4.4), wäre

≡ Tab. 4.4: Zufriedenheit mit Anerkennung und sozialen Beziehungen

„Ganz unabhängig von LOB: Wie bewerten Sie bei Ihrer Arbeitsstelle folgende Punkte?" [a]

Tätigkeitsbereich …	Bereiche vorwiegend manueller Arbeit[b]	Sozial- und Erziehungsdienste	Kernverwaltung	Sonstige
Verhältnis Führungskräfte – Mitarbeiter	2,52 (,045)	2,23 (,036)	2,56 (,027)	2,40 (,044)
Verhältnis unter den Kolleg/inn/en	2,28 (,040)	2,04 (,031)	2,22 (,023)	2,18 (,040)
Mitsprachemöglichkeiten der Beschäftigten	2,91 (,048)	2,38 (,039)	2,92 (,027)	2,75 (,047)
Betriebsklima	2,55 (,045)	2,24 (,034)	2,71 (,027)	2,50 (,046)

a – Beschäftigtenbefragungen: Datensatz BESCH34; Mittelwerte einer Skala von 1 = „sehr gut" bis 5 = „sehr schlecht", Standardfehler in Klammern b – Bauhof, Grünbereiche etc.

es plausibel, dass leistungsorientierte Bezahlung im Bereich der Sozial- und Erziehungsdienste in stärkerem Maße als beziehungsstörend wahrgenommen würde als in anderen Bereichen. Die Annahme lag nahe, dass der Effekt des „crowding out“, der Vertreibung der intrinsischen Motivation durch externe Anreize, insbesondere in diesem Bereich auftritt.

Die unvermittelte Frage nach der intrinsischen Motivation liefert hingegen nur geringe Unterschiede zwischen den Bereichen. Das Statement „Ich versuche, mit und ohne LOB gute Arbeit zu leisten“ unterschreiben die Beschäftigten in den Bereichen vorwiegend manueller Arbeit (96%), der Kernverwaltung (99%) und in anderen Tätigkeitsbereichen (97%) nahezu im selben Maße wie die Beschäftigten der Sozial- und Erziehungsdienste (98%). Ob diese Angaben tatsächlich für eine hohe Motivation stehen oder lediglich für ein am Leistungsprinzip orientiertes Identitätskonzept, das nicht zwingend mit einem entsprechenden Handeln verknüpft ist, sei dahingestellt. Für die Frage der realen Effekte beim intrinsisch-extrinsischen Motivationskonflikt ist das zwar insofern relevant, als eine lediglich geglaubte Motivation durch extrinsische Anreize nicht real zerstört werden kann, doch für die Bewertung leistungsorientierter Bezahlung dürfte auch subjektiv geglaubte Motivation von Relevanz sein.

Die Vermutung, im Sozial- und Erziehungsdienst bewerteten Beschäftigte die LOB schlechter als in anderen Tätigkeitsbereichen, wird durch unsere Beschäftigtenbefragungen jedoch nicht bestätigt (vgl. Tab. 4.5). Allenfalls im Bereich vorwiegend manueller Arbeit, sowie dort, wo es bereits früher Leistungszulagen gab, zeigt sich eine leichte Tendenz geringerer Akzeptanz leistungsorientierter Bezahlung. Diese bereits früher bestehenden Leistungszulagen gab es in manchen Tarifbezirken im Arbeiterbereich. Sie waren mitunter besser dotiert als das neue Leistungsentgelt.[7] Auch nach den Angaben der Arbeitgeber und Personalräte der Flächen-

---

7 Von diesen Zulagen, die allerdings weitaus weniger flächenwirksam waren, wird erstaunlicherweise heute selten gesprochen. Das könnte daran liegen, dass die Befürworter auf Arbeitgeberseite nicht gern davon sprechen, um sich von den geringen Effekten der Leistungssteuerung, die damit offenbar meist verbunden waren, nicht den Neuansatz auf der grünen Wiese ankränkeln lassen wollen. Die Gegner auf gewerkschaftlicher Seite wiederum scheinen ebenfalls nicht allzu gern daran erinnert werden zu wollen. Schließlich stört die früher häufig übliche pragmatische Umgangspraxis mit Leistungszulagen die klaren Fronten. „In der Prüfungskommission“, so erzählte ein Personalratsvorsitzender aus NRW, „wo die Personalräte mit drinnen saßen, haben sie es immer durchgewunken. (...) Die Gleichen haben ja vorher im Sinne ihrer Leistungszulage beim Arbeiterbereich auch nicht dafür gesorgt, dass alle was kriegten, oder? Alle Erfahrungen sprechen dagegen. Da geht’s natürlich auch um Erbhilfe (...)“ (Personalrat, Großstadt E).

befragungen gibt es keine Hinweise darauf, dass leistungsorientierte Bezahlung in den Sozial- und Erziehungsdiensten schlechter bewertet wird. Es bestätigt sich allerdings die Tendenz einer etwas schlechteren Bewertung der LOB im Bereich vorwiegend manueller Arbeit (Mittelwerte der Fünferskala von „gut“ bis „schlecht“: AG: 2,83, PR: 3,17) gegenüber der Kernverwaltung (AG: 2,51, PR: 2,84) und den Sozial- und Erziehungsdiensten (AG: 2,53, PR: 2,96).

≡ Tab. 4.5: Bewertung LOB-System insgesamt nach Arbeitsbereich, Arbeitszeit, Geschlecht und Gewerkschaftszugehörigkeit

„Abgesehen von Einzelheiten: Wie wird das bei Ihnen eingeführte System der leistungsorientierten Bezahlung insgesamt beurteilt?“ [a]

Beschäftigtengruppen	MW	Beschäftigtengruppen	MW
Bereiche vorw. manueller Arbeit	3,20 (,046)	Frauen	3,13 (,022)
Sozial- und Erziehungsdienste	3,17 (,038)	Männer	3,17 (,030)
Kernverwaltung	3,14 (,026)	Mitglied bei Ver.di	3,24 (,047)
Sonstige Bereiche	3,10 (,047)	Mitglied DBB/Komba	3,17 (,096)
Vollzeit	3,17 (,022)	Kein Gewerkschaftsmitglied	3,13 (,020)
Teilzeit	3,09 (,030)	früher Leistungszulage „ja“	3,28 (,061)

a – Beschäftigtenbefragungen: Datensatz BESCH34; Mittelwerte einer Skala von 1 = „sehr gut“ bis 5 = „sehr schlecht“, Standardfehler in Klammern

Zusammenhänge zwischen der Bewertung leistungsorientierter Bezahlung und anderen exogenen Einflussfaktoren sind kaum zu finden oder lediglich sehr schwach ausgeprägt. So zeigt sich ein ausgesprochen schwacher Zusammenhang zwischen der Zustimmung zur leistungsorientierten Bezahlung und dem Lebensalter (Korrelationskoeffizient: ,070; auf 1%-Niveau signifikant). Zwischen der Veränderung der Leistungsanforderungen und der Bewertung leistungsorientierter Bezahlung findet sich keinerlei sinnvoller Zusammenhang. Last but not least wirkt sich selbst die Gewerkschaftsmitgliedschaft kaum auf die Bewertung der LOB-Systeme aus (vgl. Tab. 4.5).

Einen erheblichen Unterschied macht es für die Akzeptanz des jeweiligen Systems leistungsorientierter Bezahlung jedoch, wie die Beschäftigten an der Ausschüttung der Prämien partizipieren. 43% der Befragten der Beschäftigtenbefragungen, die an der letzten LOB-Runde teilgenommen haben, geben an, die volle Prämienausschüttung erhalten zu haben, 48%

eine Teilausschüttung und 9% erhielten demnach keine Prämie.[8] Ein Drittel derjenigen, die angeben, eine volle Ausschüttung der Prämie erhalten zu haben, findet auch das angewandte LOB-System „gut“ oder sogar „sehr gut“, bei den Beziehern einer Teilausschüttung ist dies nur mehr ein knappes Viertel. Immerhin noch 15% derjenigen, die keine Ausschüttung erhielten, stehen dem LOB-System trotzdem positiv gegenüber.

Ein Zusammenhang zwischen Prämienausschüttung und LOB-Bewertung sollte nicht überraschen. Bemerkenswert ist dagegen schon eher, dass der Umstand, keine Prämie erhalten zu haben, zwar zu einer schlechteren Bewertung des LOB-Systems, doch zu keiner durchgängigen Ablehnung führt. Doch auch Beschäftigte, die eine volle Ausschüttung erhalten haben, sind im Mittel keineswegs besonders zufrieden, vielmehr halten sich Zustimmung und Ablehnung die Waage. Selbst breite Prämienausschüttung führt offenbar zu keiner breiten Zustimmung (vgl. Tab. 4.6). Bei allen Unterschieden, die sich an der Prämienausschüttung festmachen lassen, bleibt doch die Gemeinsamkeit, dass sich die Beschäftigten aller Ausschüttungsklassen, ob sie nun eine Voll- oder eine Teilausschüttung oder auch gar keine Prämie erhalten, nicht einig sind in der Bewertung der leistungsorientierten Bezahlung. Eine Reduktion der Ansichten der Beschäftigten zur leistungsorientierten Bezahlung auf die Frage des Prämienerhalts würde insofern erheblich zu kurz greifen.

Tab. 4.6: Bewertung LOB-System insgesamt nach Prämienausschüttung ≡

„Abgesehen von Einzelheiten: Wie beurteilen Sie das bei Ihnen eingeführte System der leistungsorientierten Bezahlung insgesamt?“[a]

	Volle Ausschüttung	Teilausschüttung	Keine Ausschüttung
Sehr gut (1)	3,7	1,5	2,3
Gut (2)	29,4	22,7	13,0
Teils, teils (3)	38,3	36,1	30,2
Schlecht (4)	22,2	28,6	37,9
Sehr schlecht (5)	6,4	11,1	16,6
Mittelwert	*2,98 (,031)*	*3,25 (,031)*	*3,54 (,073)*

a – Beschäftigtenbefragungen: Datensatz BESCH34; nur Teilnehmer, Skala von 1 = „sehr gut“ bis 5 = „sehr schlecht“, Prozente und Mittelwerte, Standardfehler in Klammern

8 Auf Basis der Angaben der Flächenbefragungen ergab sich ein etwas höherer Anteil für die volle Prämienausschüttung (vgl. Tab. 2.15).

Ebenfalls Einfluss auf die Bewertung des LOB-Systems durch die Beschäftigten hat die angewandte Bewertungsmethode. Die Beschäftigten bewerten das LOB-System dann besser, wenn mit Zielvereinbarungen gearbeitet wird (Mittelwert von „sehr gut“ bis „sehr schlecht“ bei SLB 3,24, bei ZV 3,01; vgl. auch Tab. 6.4). Dies steht jedoch wiederum in einem Zusammenhang mit der Frage der Ausschüttung. Bei jeweils voller Ausschüttung liefern die Angaben auf die Frage „Abgesehen von Einzelheiten: Wie beurteilen Sie das bei Ihnen eingeführte System der leistungsorientierten Bezahlung insgesamt?“ für Beschäftigte mit Zielvereinbarung und Systematischer Leistungsbewertung ganz ähnliche Werte: Der Mittelwert der Angaben beträgt bei Zielvereinbarungen 2,94 (Standardfehler ,044) und bei Systematischer Leistungsbewertung 3,02 (,048). Im Fall einer Teilausschüttung liegen die Mittelwerte bei beiden Methoden schlechter: 3,13 (,085) bei Zielvereinbarungen und 3,25 (,035) bei Systematischer Leistungsbewertung. Abweichende Angaben finden sich allerdings für den Fall, dass keine Prämienauszahlung stattfindet: Der Mittelwert der Angaben zur Akzeptanz des LOB-Systems fällt bei Systematischer Leistungsbewertung auf 3,70 (,072), während er bei Zielvereinbarungen 2,78 (,340) beträgt, jedoch wegen der ausgesprochen geringen Fallzahl mit einem großen Standardfehler behaftet und somit nicht gesichert ist. Allerdings wäre dieser Befund durchaus plausibel, da eine verpasste Prämienausschüttung bei Nichterreichen eines vereinbarten Zieles in der Regel besser begründet ist und weniger als Ablehnung der Gesamtperson interpretiert werden kann, als dies bei Beurteilungen der Fall ist.

Die wichtigste Beobachtung ist jedoch, dass Zielvereinbarungen und volle Ausschüttung offenbar korrelieren (vgl. Tab. 4.7). Doch wenn Zielvereinbarungen und breite Ausschüttung zusammenhängen, ist dann der vorteilhafte Einfluss von Zielvereinbarungen auf die LOB-Bewertung hinfällig? Versteckt sich hinter der Überlegenheit der Zielvereinbarung lediglich höhere materielle Zufriedenheit? Jedenfalls nicht in einem Sinne, der

≡ Tab. 4.7: Angewandte Methode und erhaltene Prämienausschüttung

„Haben Sie selbst (bei der letzten Ausschüttung) ein Leistungsentgelt erhalten?“[a]

	ja, die volle Ausschüttung	ja, eine Teilausschüttung	nein	weiß nicht
SLB	26,9	53,9	10,1	9,1
ZV	72,6	20,1	2,3	4,9

a – Beschäftigtenbefragungen: Datensatz BESCH34; Prozente

den Schluss zulassen würde, es wäre gleichgültig, ob Zielvereinbarungen angewandt werden oder nicht.

Es ist zwar ersichtlich, dass der Erhalt der vollen Prämie auch bei der Systematischen Leistungsbewertung dazu beiträgt, die Akzeptanz zu steigern, doch breite Ausschüttung führt bei Beurteilungsverfahren zum Wegfall sowohl negativer Effekte auf die Akzeptanz als auch der intendierten positiven Effekte. Im Bemühen vieler Arbeitgeber, bei Beurteilungsverfahren auf eine nicht zu breite Ausschüttung zu drängen, drückt sich ein Wissen oder zumindest eine Ahnung davon aus, dass bei nicht hinreichender Operationalisierung der Leistungserwartungen ein Signal benötigt wird, dass es keine Selbstverständlichkeit ist, eine Prämie zu erhalten. Weniger die Darlegung der häufig unspezifischen Kriterien stellt klar, was zukünftig zu leisten ist, sondern die erzeugte Unsicherheit soll die Leistungsbereitschaft befördern. Quervergleiche mit den Bewertungen anderer Beschäftigter müssen als Orientierung dienen, wenn es an der Operationalisierung mangelt. Diese Unsicherheit verringert sich jedoch bei Beurteilungsverfahren mit der Breite der Ausschüttung. Da eine Prämienausschüttung an nur wenige Beschäftigte jedoch der Akzeptanz schadet, stehen Akzeptanz und Funktionalität bei der Systematischen Leistungsbewertung in einem etwas schwierigeren Verhältnis zueinander als bei der Zielvereinbarung. Ein Zusammenhang zwischen der Akzeptanz des Systems bei den Beschäftigten und dessen Funktionalität besteht jedoch bei beiden Methoden, wenn auch deutlich ist, dass Funktionalität nicht auf Akzeptanz reduziert werden darf.[9] Während bei Zielvereinbarungen eine breite Zielerreichung angestrebt wird und damit implizit auch eine breite Ausschüttung, wenn die Leistungsziele erreicht werden sollen, wird bei Beurteilungsver-

9 Die Antworten auf die Fragen „Abgesehen von Einzelheiten: Wie wird das bei Ihnen eingeführte System der LOB (von den Beschäftigten) insgesamt beurteilt?“ und „Haben Sie den Eindruck, dass die Beschäftigten sich ernsthaft darum bemühen, eine gute Bewertung zu erreichen?“ korrelieren sowohl im Falle von Zielvereinbarungen als auch bei der Anwendung von Systematischer Leistungsbewertung. Nach Angaben der Arbeitgeber beträgt der Korrelationskoeffizient bei SLB ,325** und bei ZV ,353*, auf Basis der Angaben der Personalräte bei SLB ,227** und bei ZV ,205**. Für die Beschäftigtenbefragungen gilt auf individueller Ebene: Die Angaben auf die beiden Fragen „Abgesehen von Einzelheiten: Wie beurteilen Sie das bei Ihnen eingeführte System der leistungsorientierten Bezahlung insgesamt?“ und „Haben Sie sich ernsthaft darum bemüht, durch Ihre Leistung eine gute Bewertung zu erreichen / Ihre Ziele zu erreichen?“ korrelieren im Falle von Zielvereinbarungen etwas enger miteinander (ZV: Korrelationskoeffizient nach Pearson: ,223; bei SLB: ,150; jeweils auf 1%-Niveau signifikant; BESCH34).

fahren der weniger spezifizierte Leistungsanreiz bei allzu breiter Ausschüttung eher verpasst.

Offenbar sind es kaum Gruppenzugehörigkeiten und Interessenlagen oder andere in der Umwelt der leistungsorientierten Bezahlung angesiedelte Faktoren, die zu der im Mittel eher geringen Akzeptanz der leistungsorientierten Bezahlung durch die Beschäftigten beitragen, sondern die Erfahrungen mit der Prämienzuteilung durch das LOB-System selbst. Wobei an den Prämienerhalt einerseits materielle Vergütung, andererseits aber auch soziale Anerkennung geknüpft sind – oder, empirisch mit größerem Gewicht, die Wahrnehmung von versagter Anerkennung bei ausbleibender Prämie. Ferner geht es um Ambivalenzen, die sich aus dem doppelten Bezug der Beschäftigten auf das Leistungsprinzip ergeben. Das Leistungsprinzip ist ihnen einerseits legitimer Maßstab für die Verteilung von Verdienst und Anerkennung sowie moralische Richtschnur des eigenen Arbeitshandelns (auch wenn der Umgang mit der Moral manchmal eher locker ist). Das Leistungsprinzip dient den Beschäftigten dabei gewissermaßen als Kritik am Leistungsverhalten anderer (nicht immer als Kritik an sozialer Ungleichheit, sondern auch an durch Leistungsverhalten ungedeckter Gleichheit) und als Rechtfertigung des eigenen Leistungsverhaltens. Andererseits wendet sich das Leistungsprinzip in der Form der Leistungsbewertung in der Hand der Kommunen auch als Kritik des jeweiligen Leistungsverhaltens gegen die Beschäftigten, deren Leistungsverhalten überprüft und dem unter Umständen die Legitimation entzogen wird. Der „Doppelcharakter des Leistungsprinzips" als Rechtfertigungsmuster und als Kritik (vgl. etwa Voswinkel 2010) wirkt in beide Richtungen. Vor dem Hintergrund bis zum Jahr 2007 und häufig auch darüber hinaus fehlender unmittelbar leistungsabhängiger Bezahlung hat die Einführung von Leistungsentgelt jedoch – anders als das auch bis dahin im Grundsatz anerkannte Leistungsprinzip – zunächst nicht die Funktion der Rechtfertigung etablierter Handlungsmuster, sondern wirkt dezidiert als Kritik. Doch während die selbst vertretene Kritik gewissermaßen naturwüchsig an die eigene Leistungsethik anschließt, untergräbt die Kritik, die ein angewandtes LOB-System ausspricht, den je eigenen Rechtfertigungsmechanismus und stellt auch den bis dahin als Selbstverständlichkeit geltenden Charakter der Beziehung zwischen Organisation und Beschäftigten bzw. Vorgesetzten und Mitarbeitern in Frage: Leistungsentgelt verunsichert.

Wenn Beschäftigte (wenn auch mit je individuellem Schwerpunkt) zum einen gewissermaßen gleichzeitig für und gegen leistungsorientierte Bezahlung sind und zum anderen, trotz der von etlichen geäußerten Zustimmung, kaum Begeisterung aufkommen kann, vielmehr sich eine Art grundsätzliches Unbehagen zeigt, dann begründet sich dieses nicht zuletzt im Prozess der Bewertung selbst und der damit verbundenen Kritik an Selbstbildern und Beziehungsformen. Damit ist zunächst nichts darüber entschieden, ob eine solche Kritik wünschenswert ist oder nicht, naiv ist es jedoch, die Einführung leistungsorientierter Bezahlung zu betreiben, ohne die Identitätsrelevanz des Vorgangs zu bedenken und anzunehmen, hier ginge es um ein schlichtes Anreizmodell, das richtig angewandt allemal die intendierten Wirkungen erzielen müsse. Ein wenig hat es den Anschein, dass hier ein reduktionistisches ökonomisches Denkmodell in den öffentlichen Dienst Einzug hält, das auch unter Wirtschaftswissenschaftlern keineswegs mehr Konsens ist (vgl. etwa Akerlof/Kranton 2010). In Verbindung mit einem ökonomistisch verkürzten Denken kann leistungsorientierte Bezahlung wahrscheinlich tatsächlich zu einem Risiko für die Führungs- und Beteiligungskultur des öffentlichen Dienstes werden, wenn implizit angenommen wird, Leistungsanreize könnten eine von den Beschäftigten gewollt kollegiale Zusammenarbeit überflüssig machen. Zusammenarbeit sollte dabei allerdings nicht als irreale Gemeinschaftlichkeit missverstanden werden, sondern als anspruchsvolle Kooperation (vgl. auch Sennett 2012), die sich – was den Beschäftigten zumindest im Grundsatz auch kaum anders zu vermitteln wäre – durchaus am Leistungsprinzip orientiert.

Keineswegs selbstverständlich mit dem Prinzip der Leistungsgerechtigkeit verbunden (könnten Leistungsanreizsysteme doch auch der einfachen moralischen Regel folgen, dass man ohne Rücksicht auf die eigene Interessenlage stets maximale Leistung zu erbringen habe), impliziert das Prinzip der leistungsorientierten Bezahlung allerdings den Austausch Geld gegen Leistung. Deshalb ergeben sich daraus Verhaltensregeln nicht nur für die Beschäftigten, sondern auch für den Arbeitgeber: Eine erbrachte Leistung der Beschäftigten muss auch angemessen honoriert werden. Dabei sind über das grundsätzliche Unbehagen hinaus, das eigene Handeln einer Bewertung unterziehen lassen zu müssen (bei dem es selbstverständlich einen großen Unterschied macht, ob die Erfüllung einer klar umrissenen Aufgabe bewertet wird oder mehr oder weniger das arbeitende Subjekt als Ganzes zur Bewertung ansteht), drei zentrale Schwierigkeiten leistungsorientierter Bezahlung impliziert:

Erstens muss die Leistung richtig identifiziert und bewertet werden. Hieran macht sich bekanntlich eine der grundlegenden Kritiken an der leistungsorientierten Bezahlung fest. Da Beurteilungsverfahren, wie sie unter der Bezeichnung Systematische Leistungsbewertung häufig praktiziert werden, Schwierigkeiten haben, Leistung korrekt zu identifizieren, ist die Entscheidung über die angewandte Methode ein relevanter Faktor, der die Akzeptanz von Leistungsentgelt bei den Beschäftigten beeinflusst.

Fehlbewertungen untergraben einen reziproken Tausch und führen deshalb zu Enttäuschungen, möglicherweise Unmut und untergraben die Funktionsfähigkeit eines LOB-Systems.

Zweitens muss die erbrachte Leistung honoriert werden. Aus diesem Grund verstoßen leistungsunabhängige Verteilungsvorgaben (Quoten etc.) gegen das Tauschprinzip und die legitimen Regeln leistungsorientierter Bezahlung. Wird erbrachte Leistung nicht honoriert, dann sind nicht nur Konflikte vorprogrammiert, sondern auch das verkündete Prinzip ist desavouiert. Akzeptanz bei den Beschäftigten ist auf diese Weise kaum zu erreichen. Doch über die Akzeptanz hinaus leidet auch in diesem Falle die Funktionalität. Soweit selektive Verteilungsvorgaben und Messprobleme kumulieren, kann eine explosive Situation entstehen.

Drittens müssen Leistungen *angemessen* honoriert werden. Was als angemessen zu gelten hat, ist dabei jedoch keineswegs vorgegeben, sondern muss ausgehandelt werden. Zwei Fragen sind zu klären: Zum einen die Höhe des zur Verfügung stehenden Budgets, zum anderen die Verknüpfung von Bewertung und Ausschüttung. Da das Prämienbudget im öffentlichen Dienst relativ gering ist, erscheint es manchen Beschäftigten nicht als hinreichender Leistungsanreiz. Es lohne sich nicht, sich deshalb besondere Mühe zu machen. Eine Partiallösung dafür besteht bei geringem Prämienbudget im Verzicht auf eine Koppelung der Prämienhöhe an die Entgeltgruppe, also der mitunter als „Kommunismus-Prinzip" bekannten Verteilungsregel: Wenn alle erfüllten Leistungen gleich viel zählen, dann hat dies zwar den Effekt, dass die materielle Anreizwirkung bei den höheren Entgeltgruppen ihre Bedeutung weitgehend verliert (auch der Hierarchieeffekt verliert an Relevanz), doch für die Beschäftigten der unteren Entgeltgruppen kommen Beträge zusammen, die vergleichsweise anreizwirksam sind. Kurz: Das LOB-System wirkt zwar nicht bei allen Beschäftigten, doch immerhin beim statusniederen Teil. Da eine solche Verteilungsregel darüber hinaus bei Personalräten häufig auf Zustimmung stößt, entbehrt deren empirische Häufigkeit (vgl. Kap. 2) weder einer funktionalen, noch einer verhandlungslogischen Rationalität. Welche Verknüpfung zwischen Bewertung und Ausschüttung vom Standpunkt des Leistungsprinzips als angemessen zu gelten hat, ist abstrakt nicht ohne weiteres zu entscheiden. Soweit den Betriebsparteien die ansonsten bestehende soziale Ungleichheit als zu ausgeprägt, unethisch oder dysfunktional erscheint, werden sie eine Verteilung nach dem Prinzip „gleiche Bewertung erbringt gleichen Betrag" vorziehen. Hinzukommen dürfte, vor allem bei den Beschäftigten selbst, jedoch auch der Einfluss des materiellen Interesses. Wir erwarten, dass im Fall eines weiter zunehmenden Budgets auch Verteilungskonflikte innerhalb der Belegschaften, die sich an den Ausschüttungsregeln festmachen, nicht ganz unwahrscheinlich sind. Darüber hinaus würde es mit einer Aufstockung des Budgets zunehmend möglich sein, alle Beschäftigte mit effektiven Prämien auszustatten, weshalb aus rein organisationaler Sicht die funktionale Rationalität des Verzichts auf einen Entgeltgruppenbezug schwinden würde.

Wir haben bereits dargelegt, dass der zentrale Kritikpunkt an der leistungsorientierten Bezahlung aus Sicht der Arbeitgeber und der Führungskräfte, der des zu treibenden Aufwands ist. Wobei von Befürwortern der LOB mitunter unterstellt wird, dass sich hinter dem Verweis auf den Aufwand nicht immer nur die Sorge um die Transaktionskosten verbirgt, sondern auch die Auseinandersetzung mit den Beschäftigten gescheut wird. Manchmal sorgen sich jedoch auch Beschäftigte selbst um den zu treibenden Aufwand, da sie es für Zeitverschwendung halten, Gespräche mit ihren Vorgesetzten zu führen. Wahrscheinlich häufiger als bei den Vorgesetzten, geht es hier tatsächlich in erster Linie darum, unangenehmen Konfrontationen zu entgehen. Partiell dreht es sich somit darum, sich nicht der bereits dargestellten Zumutung der Bewertung auszusetzen. Allerdings wäre es unzutreffend, die vorkommende Kritik der Beschäftigten am Aufwand für Mitarbeitergespräche lediglich darauf zu reduzieren, denn mitunter wird auch plausibel geschildert, dass der Nutzen mancher Mitarbeitergespräche tatsächlich hinter dem Aufwand zurückbleibt. Das gilt nicht selten gerade für kürzere Gespräche, in denen Beschäftigte das Gefühl haben, lediglich *pro forma* gehört zu werden. Und es gilt in Fällen, in denen zwischen Vorgesetzten und Mitarbeitern eine vorgängig gestörte Beziehung besteht, die durch ein Mitarbeitergespräch nicht behoben werden kann.

Bereits frühzeitig zeigte sich, dass Akzeptanzprobleme besonders LOB-Systeme treffen, die auf selektiven Verteilungsvorgaben basierten und die von den Beschäftigten als Ungerechtigkeit thematisiert wurden. Kritik wurde von den Beschäftigten auch immer wieder an mangelnder Information und Beteiligung geäußert. Der Umkehrschluss, eine breite Ausschüttung der Prämien und partizipativ ausgerichtete LOB-Systeme würden sich positiv auf die Akzeptanz auswirken, bewahrheitete sich jedoch nur in geringerem Maße, als dies hätte erwartet werden können. Der Hintergrund hierfür dürfte sein, dass die Beschäftigten leistungsdifferenzierte Bezahlung nicht grundsätzlich ablehnen, sondern sowohl eine gleiche Bezahlung aller als auch leistungsunabhängige Vorgaben als Verstoß gegen das Leistungsprinzip ansehen. Wann eine leistungsdifferenzierte Bezahlung jedoch als gerecht und adäquat gilt, unterscheidet sich zwischen den Beschäftigten dann doch wieder ganz erheblich. Es ist abhängig von persönlichen Orientierungen, von Entgeltinteressen und Anerkennungswünschen, aber auch von Gerechtigkeitskonzepten und davon, wie in den Augen der Beschäftigten eine gerechte Statusstruktur aussehen soll.

Auf Selektion zielende Regelungen, wie eine Maximalquote oder entsprechende Vorgaben für die Punktevergabe, wurden von den Beschäftigten überwiegend abgelehnt und in den Fallkommunen wieder aufgegeben. Deshalb spielen derartige Verteilungsvorgaben in der Mehrheit der befragten Kommunen keine große Rolle mehr. Doch gleichermaßen sprachen sich viele Beschäftigte in unseren Gruppengesprächen gegen eine pauschale Ausschüttung aus, allerdings meist dann, wenn „Leistungsgerechtigkeit" Gegenstand der Diskussion war. Wurden negative Begleiterscheinungen, wie der für LOB zu treibende Aufwand und Irritationen der kollegialen Beziehungen thematisiert, waren die Gesprächsteilnehmer/innen eher dazu geneigt, die sogenannte „Gießkanne" zu befürworten.

Beispielsweise führt in der Stadt E eine Beschäftigte aus, dass sie die leistungsorientierte Bezahlung wichtig finde, denn es gebe schließlich

> „(...) genug Mitläufer, die wirklich nichts machen, und wenn sich wirklich jemand hervorhebt, sich bemüht und es bringt für alle was oder für das Kollektiv, warum soll das dann nicht extra bewertet werden?" (Beschäftigte, Stadt E)

Ihre Kollegin hält dem jedoch den Aufwand und die dadurch entstehenden Kosten entgegen und fragt, ob es nicht sinnvoller sei, das Leistungsentgelt wieder als Urlaubs- und Weihnachtsgeld auszuzahlen. Widersprüche und Inkonsistenzen fanden sich in den Deutungen der Erfahrungen mit leistungsorientierter Bezahlung nicht nur bei manchen Beschäftigten, vielmehr hatten wir auch bei einigen Vertretern der Betriebsparteien den Eindruck, dass sowohl Zustimmung als auch Ablehnung als in sich einigermaßen schlüssige Argumentationsgänge existieren, die beide abrufbar sind. Vornehmlich die jeweilige Interessenlage und die Wahrnehmung sozialer Erwartungen scheinen dann darüber zu entscheiden, welches Argumentationsmuster sich durchsetzt. Wahrscheinlich ist in diesem Kontext auch mit zu erklären, wie es dazu kommen kann, dass sich etwa auf Personalrätekonferenzen von Ver.di eine nahezu einhellige Ablehnung der leistungsorientierten Bezahlung artikulieren kann, obwohl vor Ort in vielen Fällen kooperativ LOB-Systeme betrieben werden. Bis zu einem gewissen Maß könnten solche Mechanismen auch bei den Arbeitgeberverbänden auftreten, allerdings dürften dort die Rigiditäten der Organisationsstrukturen zur Erklärung von Diskrepanzen genügen (vgl. Kap. 5). Bei einem Großteil der Beschäftigten jedenfalls scheint uns im Grundsatz sowohl die Zustimmung als auch die Ablehnung leistungsorientierter Bezahlung angelegt zu sein. Das ändert nichts daran, dass materielles Interesse, gemachte Erfahrungen und angebotene Diskurse relevant dafür sind, welche Schlüsse die Beschäftigten letztlich ziehen.

Wie aber sieht es mit der adäquaten Leistungsbewertung aus, erfüllen sich hier die Erwartungen der Beschäftigten? Die Arbeitgeber, und etwas weniger ausgeprägt auch die Personalräte, sind zumindest mehrheitlich der Auffassung, dass die Beschäftigten im Großen und Ganzen ihre Leistung richtig bewertet sehen (vgl. Tab. 4.8).

Auch die befragten Beschäftigten bestätigen diese positive Einschätzung. Insbesondere Beamtinnen und Beamte sowie Beschäftigte, die mittels Zielvereinbarung bewertet wurden, halten die Bewertung ihrer Leistung für überwiegend zutreffend (vgl. Tab. 4.9). Doch trotz der in dieser Hinsicht deutlichen Überlegenheit von Zielvereinbarungen sollte nicht übersehen werden, dass auch die Beschäftigten, deren Leistung mittels Systematischer Leistungsbewertung beurteilt wurde, mit ihrer Bewertung

Tab. 4.8: Angemessenheit der Bewertung aus Sicht der Betriebsparteien ≡

„Sind die Beschäftigten im Großen und Ganzen der Meinung, dass die Bewertung ihrer Leistung zutreffend war?“ [a]

	ja (1)	eher ja (2)	teils, teils (3)	eher nein (4)	nein (5)	*Mittelwert*
AG	14,2	57,4	27,0	1,2	0,2	*2,16 (,044)*
PR	8,9	44,7	35,0	9,8	1,6	*2,50 (,052)*

a – Flächenbefragungen: Datensätze AG und PR, Prozente und Mittelwerte, Standardfehler in Klammern

Tab. 4.9: Angemessenheit der Bewertung aus Beschäftigtensicht ≡

„Sind Sie der Meinung, dass die Bewertung Ihrer Leistung zutreffend war?“ [a]

	alle[b]	männlich	weiblich	ehem. Angestellte	ehem. Arbeiter	Beamte/Beamtinnen[b]	SLB-bewertet	ZV-bewertet
ja (1)	38,1	32,8	41,2	39,1	30,3	57,4	28,3	64,7
eher ja (2)	25,0	28,8	23,3	25,5	22,5	26,4	27,3	19,3
teils, teils (3)	20,4	21,2	19,9	19,9	26,8	5,7	24,2	10,0
eher nein (4)	8,3	7,8	8,7	8,7	9,0	7,1	10,4	3,2
nein (5)	8,1	9,4	6,8	6,8	11,4	3,3	9,8	2,9
Mittelwert	*2,23 (,026)*	*2,32 (,045)*	*2,17 (,033)*	*2,19 (,029)*	*2,49 (,067)*	*1,73 (,120)*	*2,46 (,033)*	*1,60 (,039)*

a – Beschäftigtenbefragungen: Datensatz BESCH34; Prozente und Mittelwerte, Standardfehler in Klammern; b – Beamte soweit am LOB-System beteiligt und bewertet

keineswegs durchgängig unzufrieden sind – auch wenn laut expliziten Arbeitgeberangaben in etwa einem Drittel der Kommunen das LOB-System an die Regelbeurteilung angelehnt ist (vgl. Tab. 2.8).

Ein anderes Bild ergibt sich allerdings, wenn danach gefragt wird, ob sich das Leistungsentgelt unter den Kolleginnen und Kollegen, mit denen die Befragten zusammenarbeiten, gerecht verteile. Ebenso viele Befragte sind der Ansicht, dass eine (eher) gerechte Verteilung gegeben, wie, dass diese nicht gegeben sei (vgl. Abb. 4.3). Noch weniger wird eine gerechte Vergabe des Leistungsentgelts wahrgenommen, wenn die Perspektive noch einmal geweitet und die gesamte Organisation in den Blick genommen wird. Über die Hälfte der Beschäftigten gibt an, dass es bei der Vergabe des Leistungsentgelts nicht gerecht zugehe.

≡ Abb. 4.3 Stimmigkeit und Gerechtigkeit der Bewertung[a]

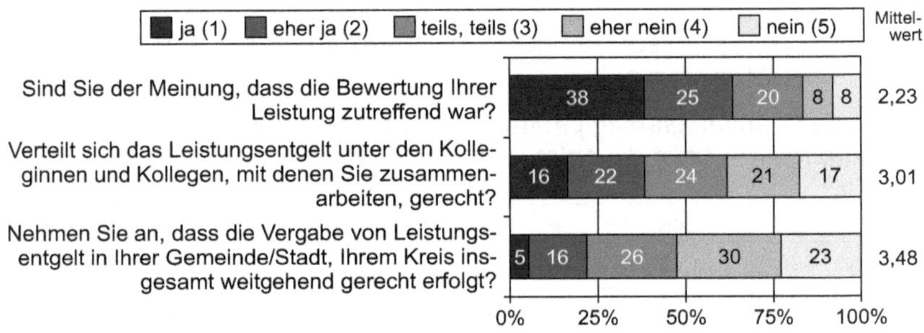

a – Beschäftigtenbefragungen: Datensatz BESCH34; alle Kommunen, Prozente und Mittelwerte

Dies dürfte zum einen daran liegen, dass das Einschätzungsvermögen über die eigene Bewertung naturgemäß am besten ist. Je weiter der Kreis gezogen wird, desto spärlicher werden die Informationen, auf deren Grundlage eine realistische Einschätzung getroffen werden kann. Spekulationen werden wahrscheinlicher. Wirkliche Transparenz über die erfolgten Bewertungen gibt es in der Regel nicht. Mitunter dürfte es vorkommen, dass einzelne Negativbeispiele unzutreffender Bewertung angeprangert oder in Form von Gerüchten verbreitet werden. Wobei jedoch anzunehmen ist, dass viele Beschäftigte im Falle einer schlechten Bewertung, auch wenn sie diese nicht für zutreffend halten, doch eher schamhafte Zurückhaltung wählen, da sich auch deren Kolleginnen und Kollegen fragen könnten, ob eine schlechte Bewertung nicht doch ihre Berechtigung habe. Jedenfalls lösten Klagen über schlechte Leistungsbewertungen in Gruppendiskussionen nicht immer positive Resonanz bei anderen Teilnehmern aus.

Nicht zuletzt jedoch ist es hoch plausibel, dass in einer Konstellation, in der knapp zwei Drittel der Beschäftigten angeben, ihre Bewertung sei „(eher) zutreffend" gewesen, die Wahrnehmung gerechter Bewertung abnimmt, wenn es um größere Einheiten geht. Soweit es bekannt ist und als glaubwürdig erachtet wird, dass die Leistung einer Minderheit von Kollegen ungerecht bewertet wurde, sollten auch Beschäftigte, die ihre eigene Bewertung als zutreffend empfanden, eine schlechtere Bewertung wählen, wenn es um Bewertungsgerechtigkeit im Kreis der Kolleginnen und Kollegen oder in der Organisation insgesamt geht.

Sowohl die Angaben zur eigenen Bewertung als auch die zum Kollegenkreis und der Organisation insgesamt können somit durchaus handfeste Gründe haben. Da die Bewertungspraxis je nach Abteilung und bewertender Führungskraft stark variieren kann, ist es auch plausibel, dass die Verteilung von Leistungsentgelt in der Organisation insgesamt als weniger gerecht empfunden wird. Auch die Wahrscheinlichkeit des Hierarchieeffektes dürfte in der Gesamtorganisation größer sein. Soweit es keine nach Ämtern oder Abteilungen aufgeteilten Leistungsentgeltbudgets gibt, sondern nur ein Budget für die gesamte Kommune, und Beschäftigte mit „strengen", herausfordernden Bewertern fürchten müssen, gegenüber Kolleg/inn/en mit weniger anspruchsvollen LOB-Anforderungen durch ämterübergreifende Umverteilungseffekte benachteiligt zu werden, liegt eine solche Bewertung nahe.

Doch selbst wenn sich die Unterschiede zwischen den Angaben zur Angemessenheit der eigenen Bewertung und der Bewertungsgerechtigkeit im größeren Maßstab auch ohne Zuhilfenahme von Diskursargumenten relativ rational erklären lassen, wird zur Einschätzung der Verteilungsgerechtigkeit, und nicht zuletzt auch zur Rationalisierung des eigenen Gerechtigkeitsempfindens, doch auf innerbetriebliche oder gesellschaftliche Deutungsmuster zurückgegriffen. Etwa wird Kritik an Leistungsbewertungen oder auch Ablehnung der LOB häufig damit begründet, dass Bewertungen immer subjektiv seien, es keine objektive und damit auch keine gerechte Bewertung geben könne. Das Problem der „Subjektivität" wird einerseits als der erwähnte „Nasenfaktor" beschrieben, der entweder systembedingt unvermeidlich sei, oder an Vorgesetzten liege, die willkürlich Beschäftigte nach Sympathie oder im Sinne von Vetternwirtschaft und sozialer Nähe bevorzugten, oder sich nicht getrauten, ihrer Führungsfunktion auch bei schlechten Leistungen von Beschäftigten gerecht zu werden. Andererseits werden Bewertungsschwierigkeiten damit erklärt, dass eine objektive Bewertung prinzipiell nicht möglich sei, da gerade im öffentlichen Dienst einzelne Tätigkeiten und die Tätigkeitsfelder der kommunalen

Verwaltung so mannigfaltig seien, dass sich die dort erbrachten Leistungen weder messen oder vergleichen ließen.

Zudem zeigt sich sowohl bei den Fragen nach der Verteilungsgerechtigkeit als auch der Frage danach, ob die Beschäftigten ihre eigene Bewertung für zutreffend halten, dass die Angaben je nach angewandter Methode erheblich variieren. Auch hier stellt sich die Zielvereinbarung als der Systematischen Leistungsbewertung deutlich überlegen heraus: Nicht nur halten deutlich mehr Beschäftigte, die auf Grundlage einer Zielvereinbarung bewertet wurden als Beschäftigte mit systematischer Leistungsbewertung ihre Bewertung für zutreffend, erstere sind auch häufiger der Meinung, das Leistungsentgelt verteile sich unter ihren Kolleg/inn/en bzw. in der gesamten Organisation gerecht (vgl. Abb. 4.4).

≡ Abb. 4.4 Stimmigkeit und Gerechtigkeit der Bewertung nach Methode[a]

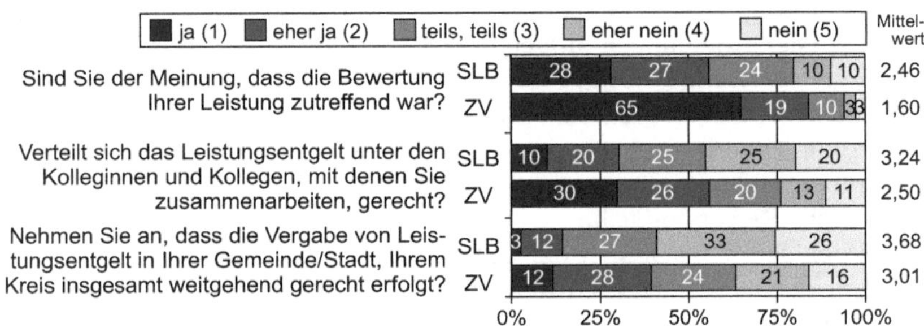

a – Beschäftigtenbefragungen: Datensatz BESCH34; alle Beschäftigte mit SLB und ZV, Prozente

Selbstverständlich sind unsere Befunde zur Akzeptanz des Leistungsentgelts bei den Beschäftigten nicht als starr und unveränderlich zu betrachten, gerade die Ambivalenzen im Umgang mit dem Leistungsprinzip lassen durchaus auch Veränderungen zu. Nicht auszuschließen ist deshalb auch, dass sich die Bewertung der LOB durch die Beschäftigten im Zuge einer Verbesserung der angewandten LOB-Prozesse, also im Falle von „lernenden Leistungsentgeltsystemen" (vgl. Vesper/Feiter 2008: 5), wie Arbeitgeberverbandsvertreter mitunter argumentieren, nach und nach zum Positiven entwickelt. Zumindest Gewöhnungseffekte sind durchaus plausibel. Allerdings dürfte Gewöhnung dann am besten funktionieren, wenn LOB-Systeme so angelegt werden oder sich dahin entwickeln, dass keine großen Verhaltensänderungen ausgelöst werden. Gewöhnung und Wirkung könnten sich als gegenläufige Prozesse entpuppen.

Auf Basis unserer Erhebungen sind jedoch keine eindeutigen Entwicklungstendenzen erkennbar. Die Frage danach, ob sich die „Meinung der Beschäftigten über die LOB seit der Einführung verändert“ habe, wird von den Arbeitgebern (AG und KL) und den Personalräten lediglich in einer Minderheit so beantwortet, dass sich eine Veränderungstendenz ausmachen lässt. Ein Drittel der Arbeitgeber und ein knappes Viertel der Arbeitgeber aus kleinen Kommunen sowie 15% der Personalräte beobachten, dass sich die Meinung der Beschäftigten verbessert habe. Etwa ein Zehntel der Arbeitgeber, ein Fünftel der kleinen Arbeitgeber und ein knappes Drittel der Personalräte sieht eine Verschlechterung. Mehr als die Hälfte der Befragten beobachtet keine oder eine ungerichtete Veränderung. Auch im Mittel sehen die Arbeitgeber aus den Kleinkommunen keine Veränderung (2,99), die anderen Arbeitgeber eine Verbesserung (2,76) und die Personalräte sogar eine Verschlechterung (3,18) bei der Beschäftigtenmeinung (vgl. Tab. 4.10). Der jeweils eigene Eindruck der Kollektivakteure über die Entwicklung der Praxis der leistungsorientierten Bezahlung fällt dabei besser aus (AG: 2,51, KL: 2,66, PR: 2,80; vgl. Tab. 5.20).

Tab. 4.10: Entwicklung der LOB-Akzeptanz bei den Beschäftigten ≡

„Wie ist Ihr Eindruck: Hat sich die Meinung der Beschäftigten über die LOB seit der Einführung verändert?“ [a] und *„Wie ist Ihr Eindruck: Hat sich die Praxis der LOB gegenüber der ersten Runde inzwischen verbessert oder verschlechtert?“* [b]

	AG	PR	KL	BESCH34
verbessert (1)	1,7	1,2	1,6	4,0
eher verbessert (2)	31,8	13,6	21,9	16,0
unverändert / teils, teils (3)	56,1	54,2	57,3	55,6
eher verschlechtert (4)	9,7	28,6	14,6	16,9
verschlechtert (5)	0,7	2,4	4,6	7,4
Mittelwert	*2,76 (,042)*	*3,18 (,043)*	*2,99 (,097)*	*3,08 (,017)*

a – Flächenbefragungen: Datensätze AG, PR, KL; b – Beschäftigtenbefragungen: Datensatz BESCH34; Prozente und Mittelwerte, Standardfehler in Klammern

Übereinstimmung darüber, ob sich die Praxis der leistungsorientierten Bezahlung verbessert oder verschlechtert habe, herrscht auch unter den direkt befragten Beschäftigten nicht. 20% der Beschäftigten nehmen gewisse Verbesserungen wahr (4% „verbessert“, 16% „eher verbessert“), 24% hingegen sehen eher Verschlechterungen (17% „eher verschlechtert“, 7% „verschlechtert“), über die Hälfte der Beschäftigten erkennt weder Verbesserungen noch Verschlechterungen (vgl. Tab. 4.9). Dabei dominieren in fast allen 34 Kommunen diejenigen, die weder Verbesserungen noch Verschlechterungen sehen über jene, die einen positiven oder einen negativen Trend ausmachen, d.h. in der Regel sehen lediglich Minderheiten unter den Beschäftigten eine eindeutige Entwicklung zum Besseren oder zum Schlechteren (vgl. Abb. 4.5). Obgleich auch Unterschiede zwischen den Kommunen erkennbar sind, zeigt sich doch auch hier wiederum, dass sich die differierenden Auffassungen unter den Beschäftigten nicht allein nach Erfahrungen mit mehr oder weniger gelungenen LOB-Praktiken unterscheiden.

Auch wenn die Beschäftigten im Mittel keine Verbesserung der LOB-Praxis bescheinigen, so hatten wir doch den Eindruck, dass sich in vielen Fällen die Aufregung etwas gelegt hat, wobei gleichzeitig zumindest in etlichen Fällen der Anwendung Systematischer Leistungsbewertung ebenso der intendierte eingreifende Charakter verloren zu gehen droht. In einem Gruppengespräch mit Beschäftigten der sächsischen Stadt A beispielsweise wird wesentlich lebhafter von der gerade anstehenden Einführung der Doppik erzählt als von der leistungsorientierten Bezahlung. Nach letzterer gefragt, bringt es eine Beschäftigte ein wenig lapidar, aber nicht unzufrieden auf den Punkt: „Es läuft“ (Beschäftigte, Stadt A). Auch unter den Beschäftigten der kleinen Gemeinde A ist einer Gesprächsteilnehmerin zufolge die LOB „kein Thema das ganze Jahr bis eben zum September“:

> „Irgendwann heißt es: ‚Jetzt steht es wieder an‘. Letztes Jahr haben wir es irgendwie gar nicht mitgekriegt. Irgendwann hat es geheißen ‚Ja, wir sitzen an der Bewertung‘, ‚Ah ja, Bewertung ist‘, sozusagen.“ (Beschäftigte, Gemeinde A)

Bemerkenswert ist dabei, dass gerade in der standardisierten Beschäftigtenbefragung in der Gemeinde A (identisch mit K 11) ungewöhnlich viele Beschäftigte eine Verschlechterung der Praxis leistungsorientierter Bezahlung konstatieren (vgl. Abb. 4.5). Anzunehmen ist deshalb, dass selbst dann, wenn Beschäftigte eine Tendenz zur Verschlechterung ausmachen, keineswegs artikulierter Unmut und kritische Debatten damit verbunden sein müssen.

Sowohl in der Stadt A als auch der Gemeinde A scheint die leistungsorientierte Bezahlung ohne viel Aufhebens und ohne große Ambitionen umgesetzt zu werden, getragen von einem relativ guten „Betriebsklima“[10]

---

10 In der Gemeinde A geben 75% der Befragten an, das „Betriebsklima“ sei „gut“ oder „sehr gut“, während dies im Schnitt der Kommunen mit Beschäftigtenbefragungen nur 52% sind (Mittelwerte der Fünferskala von „sehr gut“ bis „sehr schlecht“: Gemeinde A 2,25 bzw. alle 34 Kommunen 2,56).

Abb. 4.5 Entwicklung der LOB-Akzeptanz bei den Beschäftigten ≡

„Wie ist Ihr Eindruck: Hat sich die Praxis der LOB gegenüber der ersten Runde inzwischen verbessert oder verschlechtert?“ [a]

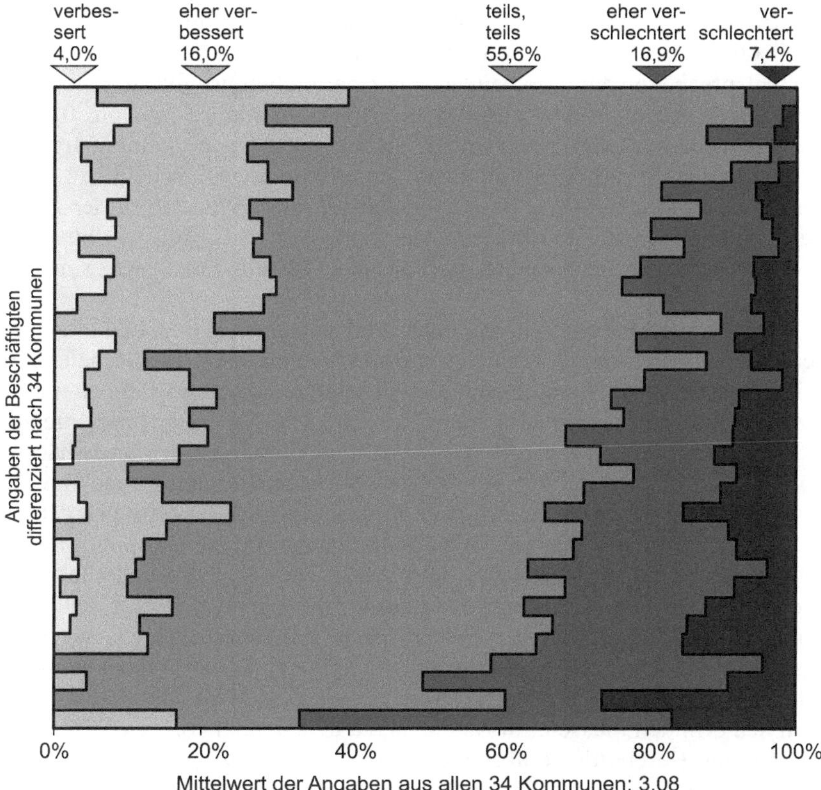

Mittelwert der Angaben aus allen 34 Kommunen: 3,08

a – Beschäftigtenbefragungen: Datensatz BESCH34; alle Kommunen einzeln, Skala von 1 = „verbessert“ bis 5 = „verschlechtert“, Prozente, sortiert nach Mittelwert, Durchschnittswerte der 34 Kommunen sind als Prozentwerte angegeben

und rührigen Bürgermeistern, die um eine korrekte Umsetzung der LOB bemüht sind und zugleich auf die Zufriedenheit ihrer Mitarbeiter/innen Wert legen. Dementsprechend wird zwar die SLB angewandt, die in der Regel eine geringere Mitarbeiterbeteiligung als die Zielvereinbarung beinhaltet, zugleich werden jedoch Mitarbeitergespräche wichtig genommen. Darüber hinaus ist zwar eine differenzierte Ausschüttung vorgesehen, *de facto* erhalten aber nahezu alle Beschäftigten eine Leistungsprämie.

Es finden sich jedoch auch Fälle, in denen die leistungsorientierte Bezahlung gewissermaßen sich selbst überlassen ist. In der Gemeinde C etwa wurde leistungsorientierte Bezahlung von einem Amtsleiter mit viel Engagement eingeführt, der dann allerdings mit einer sehr unterschiedlichen Umsetzungsbereitschaft aufseiten der Führungskräfte zu kämpfen hatte. Die LOB-Praxis und auch deren Bewertung durch die Beschäftigten gingen entsprechend weit auseinander, von einer bloßen *pro forma* Durchführung der systematischen Leistungsbewertung, bis hin zu (obwohl formal nicht vorgesehen) anspruchsvollen Zielvereinbarungen, kombiniert mit ausführlichen Mitarbeitergesprächen. Es erscheint wahrscheinlich, dass sich diese unausgewogene Bewertungspraxis mittlerweile in dieser Form verfestigt hat, zumal der Bürgermeister keine Notwendigkeit zur Intervention sehen dürfte, nicht zuletzt, weil er die LOB selbst als wenig sinnvoll erachtet.

In fast allen Fallkommunen wurden allerdings mehrfach und in unterschiedlichem Umfang Nachjustierungen vorgenommen, um Regelungen mit Umsetzungsschwierigkeiten zu modifizieren, Führungskräfte zu qualifizieren und nicht antizipierte, zum Teil den LOB-Zielen zuwiderlaufende Effekte möglichst zu korrigieren. Diese Veränderungen erfolgten häufig dann, wenn die Bewertungspraxis bzw. dieser zugrundeliegende Regeln auf Unmut der Beschäftigten stießen. Eine Vielzahl an Änderungen gab es beispielsweise in der Stadt F. Obwohl die Stadt F als ein Beispiel für eine engagierte Einführung der LOB gelten darf, bei der überdurchschnittlich viel in die Qualifizierung der Führungskräfte investiert wurde und von einer guten Kooperation der Betriebsparteien gekennzeichnet ist, hätte man mit der LOB „sehr viel Unfrieden geerntet", so der Personalratsvorsitzende. Er klagt, an die Tarifparteien gerichtet, jede Kommune habe das Rad neu erfinden müssen. Im Bemühen, zu einem auch von den Führungskräften und Beschäftigten akzeptierten LOB-System zu gelangen, wurden zum einen Führungskräfte nachgeschult, zum anderen hätte es eine Reihe von Anpassungen gegeben und jetzt sei (endlich) „Ruhe".

> „Ich bin mir nicht sicher, ob es alles so recht ist. Oder ob diese vielen Änderungen, wir haben ja praktisch jährliche Änderungen, nicht vielen mittlerweile einfach so über den Kopf gewachsen sind, dass sie gesagt haben: ‚Lasst mich mal in Ruhe mit dem LOB, lasst es einfach so wie es ist, ich will nichts mehr davon hören'. Also ich glaube, wir haben mit diesen vielen Änderungen, die zwar alle irgendwo sinnvoll und notwendig waren, wenig für die Akzeptanz der LOB tun können." (Personalrat, Stadt F)

Akzeptanz und Gewöhnung, oder wie es ein Personalratsmitglied formuliert: Ignoranz, werden offenbar auch hier in der Wahrnehmung miteinander verknüpft.

Zusammenfassend lässt sich festhalten, dass die Bewertung der LOB-Systeme durch die Beschäftigten sehr ambivalent und tendenziell leicht negativ ausfällt, wobei sie weitgehend unabhängig von Faktoren wie dem innerbetrieblichen Status oder dem Geschlecht erfolgt. Auch lässt sich aus Sicht der Beschäftigten im Vergleich zur Einführungsphase keine eindeutige positive Entwicklung, etwa im Sinne eines Lernprozesses erkennen; jeweils eine Minderheit sieht Verbesserungen wie auch Verschlechterungen der LOB-Praxis, mehrheitlich werden jedoch keine Veränderungen wahrgenommen. Diese insgesamt uneinheitliche Haltung der Beschäftigten gegenüber leistungsorientierter Bezahlung artikuliert jedoch nicht eine prinzipielle Ablehnung des Leistungsprinzips und auch nicht einer an Leistungsprinzipien ausgerichteten Bezahlung, sondern steht eher in einem Zusammenhang mit widersprüchlichen Wirkungen des Leistungsentgelts selbst.

4.2 Wirkungen aus Beschäftigtensicht ■

Ob die Beschäftigten leistungsorientierte Bezahlung akzeptieren und als legitim anerkennen, hängt nicht nur von ihren Orientierungen und der Einführungspraxis ab, sondern auch davon, welche Wirkungen das Instrument selbst entfaltet und wie sich diese auf die Arbeitssituation der Beschäftigten auswirken. Wirkung und Akzeptanz stehen dabei in einer wechselseitigen Abhängigkeit zueinander. Auch deshalb, weil das Gelingen des Unterfanges leistungsorientierte Bezahlung in beträchtlichem Maße von der Bereitschaft der Beschäftigten und Führungskräfte abhängt, sie umzusetzen und mitzutragen.

Ob eine Wirkung als zufriedenstellend, unzureichend oder störend empfunden wird, ist nicht zuletzt von den Erwartungen abhängig, die die Beschäftigten an die leistungsorientierte Bezahlung haben. Diese Erwartungen wiederum dürften einerseits von der Haltung der Tarifparteien, vor allem jedoch der jeweiligen Betriebsparteien gegenüber der LOB beeinflusst sein, andererseits sind sie stets vor dem Hintergrund der Vorerfahrungen der Beschäftigten mit anderen Formen der Leistungsvergütung und mit sonstigen Modernisierungsmaßnahmen zu betrachten. Vielerorts stand die Erwartung im Vordergrund, durch die Einführung von Leistungsentgelt ließen sich mehr Leistungsorientierung und auch mehr Leistungsgerechtigkeit im öffentlichen Dienst erreichen. Während eine stärkere Leistungsorientierung häufig im Vergleich mit der Privatwirtschaft und in Anbetracht des diesbezüglich schlechten Images des öffentlichen Dienstes als wünschenswert galt, geht es bei der Erwartung der Leistungsgerechtigkeit vorrangig darum, dass vorhandene Leistungsunterschiede wahrgenommen und gute Leistungen honoriert werden sollen. Umgekehrt befürchten Skeptiker, das Leistungsentgelt werde in erster Linie dazu dienen, angesichts vielerorts ohnehin zunehmender Personalverknappung und steigender Leistungsanforderungen den Beschäftigten noch darüber hinaus Mehrleistungen abzuverlangen.

Insgesamt fällt auf, dass sowohl bei den Befürwortern wie auch bei den Kritikern bzw. Gegnern oftmals eine gewisse Engführung der Diskussion auf den Themenbereich „Leistungsgerechtigkeit und Anreiz“ stattfindet. Dies mag von dem landläufigen Verständnis, Leistungsanreiz und Leistungssteigerung sei der eigentliche Zweck von Leistungsvergütung, geleitet sein, zumal auch Arbeitgeber und Personalräte LOB nicht selten in diesem Sinne interpretieren. Die Ziele, die laut Tarifvertrag mit der leistungsorientierten Bezahlung angestrebt werden, sind den Beschäftigten in unseren Fallstudien-Kommunen mehr oder weniger bekannt. Sie rekurrieren auf diese jedoch, wenn es um die eigenen Erwartungen geht, meist nur sporadisch. Vor dem Hintergrund der dargelegten Deutungsvarianten der Zielsetzungen des § 18 (vgl. Kap. 3.1) lässt sich festhalten, dass die Beschäftigten in den Fallkommunen sich vorrangig an den beiden Varianten des Gerechtigkeitskonzepts, „bestehende Leistungsungleichheiten gerechter abbilden“ versus „ungleiche Verteilung von Leistungsprämien führt zu wachsender Ungleichheit“, orientieren. Auch auf das „duale Anreizkonzept“, in dem neben dem materiellen Anreiz auch der sozialen Anerkennung eine Bedeutung zugeschrieben wird, wird Bezug genommen. In der Regel erfolgt dies jedoch retrospektiv, wenn das Mitarbeitergespräch, die dadurch bedingte stärkere Wahrnehmung der Beschäftigten und die Anerkennung der geleisteten Arbeit durch den oder die Vorgesetzte/n als positive Begleiterscheinung der leistungsorientierten Bezahlung herausgestellt werden. Dagegen wird auf leistungsorientierte Bezahlung als „Steuerungskonzept“ allenfalls von Führungskräften Bezug genommen. Hingegen sind Überlegungen, die dem „Beteiligungskonzept“ entsprächen, hauptsächlich bei Personalräten zu finden, doch keineswegs bei allen. Dies dürfte unter anderem der Tatsache geschuldet sein, dass sich das im Zuge der TVöD-Verhandlungen bei Ver.di diskutierte „Beteiligungskonzept“ (vgl. Herbing 2004) im Kontext der wachsenden Ablehnung des § 18 nicht etablieren ließ und somit die Beschäftigten auch kaum eine entsprechende Orientierungshilfe von Gewerkschaft und Personalräten erhielten.

Effekte der LOB – Motivation und Anreiz

Danach gefragt, welche Wirkungen die Einführung der LOB hatte, gibt die überwiegende Mehrheit der Beschäftigten an, keine Veränderungen wahrgenommen zu haben. Wie Abbildung 3.6 zeigt, werden bei den Punkten „Eigenverantwortung", „Dienstleistungsqualität", „Kunden- bzw. Bürgerorientierung" und „Effizienz der Arbeitsprozesse" noch am ehesten Verbesserungen wahrgenommen. Bei den Punkten „Wirtschaftlichkeit", „Führungskompetenz", „Mitbestimmung bei Leistungsfragen" und „Mitsprache der Beschäftigten" halten sich Verbesserungen und Verschlechterungen weitgehend die Waage, während im Hinblick auf das Verhältnis zwischen Vorgesetzten und Mitarbeiter/innen und das unter den Kolleg/in-n/en sowie bei der „Begrenzung des Leistungsdrucks" Verschlechterungen konstatiert werden.

Verglichen mit den anderen Aspekten, bei denen die Angabe „unverändert" klar dominiert, zeigt sich bei „Leistungsgerechte Bezahlung" und „Motivation" noch am ehesten eine gewisse Bewegung. Zwar gibt noch über die Hälfte der Beschäftigten an, durch Leistungsentgelt habe sich nichts verändert, doch ein Viertel sieht die Motivation „verbessert" (4%) bzw. „eher verbessert" (21%), gegenüber 11%, die angeben, diese habe sich „eher verschlechtert" und weiteren 4% der Befragten, die eine Verschlechterung konstatieren. Beim Stichwort leistungsgerechte Bezahlung sind es 29% der Beschäftigten, die der Ansicht sind, die Einführung der LOB habe Verbesserungen gebracht (5% „verbessert", 24% „eher verbessert"), 19% haben Verschlechterungen wahrgenommen (13% „eher verschlechtert", 6% „verschlechtert"). Angesichts der Tatsache, dass die Beschäftigten Motivation und leistungsgerechte Bezahlung als zentrale Wirkungsfelder der LOB betrachteten, fallen die Effekte mit einem Mittelwert von 2,89 für „Motivation" und 2,91 für „Leistungsgerechte Bezahlung" allerdings doch recht schwach, wenn auch leicht positiv aus (vgl. Abb. 3.6).

Betrachten wir die Effekte, die die Beschäftigten der LOB zuschreiben, differenziert nach der Bewertungsmethode, so zeigt sich, dass Beschäftigte, die eine Zielvereinbarung abgeschlossen haben, bis auf die Punkte „Begrenzung des Leistungsdrucks", „Wirtschaftlichkeit" und „Kunden-/Bürgerorientierung" alle anderen genannten Punkte besser bewerten als Beschäftigte mit Systematischer Leistungsbewertung (vgl. Tab. 3.12). Die Zielvereinbarung hebt sich, was wenig überraschend sein dürfte, ganz besonders bei jenen Punkten positiv hervor, bei denen Kommunikation von besonderer Relevanz ist, wie etwa bei „Mitbestimmung bei Leistungsfragen" und bei „Mitsprache der Beschäftigten". Zutreffend ist dies aber auch für „Motivation" und „leistungsgerechte Bezahlung".

Auch bei der Frage, ob sich die Beschäftigten ernsthaft darum bemüht haben, durch ihre Leistung eine gute Bewertung bzw. ihre Ziele zu erreichen, kommt die (kommunikative) Überlegenheit der Zielvereinbarung gegenüber der systematischen Leistungsbewertung zur Geltung. Während, wie Tabelle 4.11 zeigt, rund zwei Drittel der Beschäftigten mit Systematischer Leistungsbewertung angeben, sich bemüht (42%) bzw. eher bemüht (22%) zu haben, sind es bei der Zielvereinbarung sogar 75% der Beschäftigten, die angeben, sich bemüht und 18% sich eher bemüht zu haben, durch ihre Leistung ihre Ziele zu erreichen. Es werden offenbar dann stärkere Motivationseffekte gemessen, wenn die Beschäftigten nicht danach gefragt werden, ob sie sich von leistungsorientierter Bezahlung „motiviert" fühlen, sondern, ob sie sich „ernsthaft darum bemüht" haben, durch ihre „Leistung eine gute Bewertung zu erreichen" oder ihre „Ziele zu erreichen". Der Grund hierfür liegt in der veränderten Fragestellung, da der Begriff „Motivation" alltagssprachlich mit „intrinsischer Motivation" konnotiert ist. Intrinsische Motivation ist getragen vom persönlichen Interesse der Beschäftigten an ihrer Arbeit und dem Wunsch, sich in dieser zu verwirklichen. Auch schließt sie an ein Arbeits- und Leistungsethos an, das den Anspruch, die eigene Arbeit ordentlich und gut auszuführen, zu einer (Selbst-)Verpflichtung erhebt. Diese Haltung, der zufolge Arbeit Bedürfnis und gewollte Pflicht gleichermaßen ist, bedarf (zumindest in der Selbstsicht) keiner materiellen Anreize, ja weist es mitunter mit Empörung zurück, durch Geldzahlungen beeinflussbar und damit gewissermaßen korrumpierbar zu sein. Fast alle Beschäftigten behaupten „mit und ohne LOB gute Arbeit" zu leisten (vgl. Abb. 4.1).

≡ Tab. 4.11: Bemühungen um gute Leistung bzw. Zielerreichung aus Beschäftigtensicht

„Haben Sie sich ernsthaft darum bemüht, durch Ihre Leistung eine gute Bewertung zu erreichen?" (SLB) und *„Haben Sie sich ernsthaft darum bemüht Ihre Ziele zu erreichen?"* (ZV)[a]

	ja (1)	eher ja (2)	teils, teils (3)	eher nein (4)	nein (5)	*Mittelwert*
SLB	42,2	22,4	13,5	11,5	10,4	*2,26 (,035)*
ZV	75,3	17,8	5,5	0,7	0,7	*1,34 (,026)*

a – Beschäftigtenbefragungen: Datensatz BESCH34; Prozente und Mittelwerte, Standardfehler in Klammern

Abb. 4.6 Statements zur leistungsorientierten Bezahlung

„Welche der nachfolgenden Aussagen treffen zu?"[a]

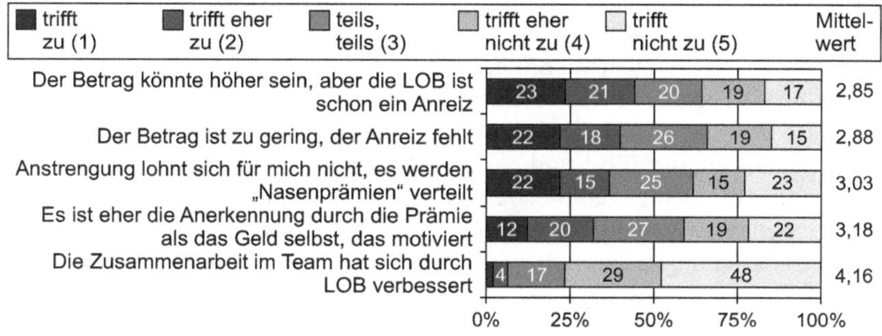

a – Beschäftigtenbefragungen: Datensatz BESCH34; Angaben in Prozent und Mittelwerte

Dennoch behaupten die Beschäftigten nicht, gänzlich unempfänglich für die Reize des Geldes zu sein. Das wird deutlich, wenn in den Fragestellungen der Begriff „Anreiz" statt „Motivation" verwendet wird. In den Beschäftigtenbefragungen geben immerhin 44% der Beschäftigten an, die Aussage „Der Betrag könnte höher sein, aber die LOB ist schon ein Anreiz" sei „zutreffend" (23%) bzw. „eher zutreffend" (21%), 20% haben hierzu eine geteilte Meinung, während 19% die Aussage für eher nicht bzw. 17% für nicht zutreffend halten. Hierzu beinahe spiegelbildlich finden fast ebenso viele Beschäftigte, dass der Betrag zu gering sei und der Anreiz fehle (vgl. Abb. 4.6). Darauf, dass es einen faktischen Zusammenhang zwischen der Akzeptanz der leistungsorientierten Bezahlung und Prämienbezug gibt, haben wir bereits hingewiesen. Insbesondere für Beschäftigte mit geringerem Einkommen stellt die Leistungsprämie ein willkommenes, zusätzliches Entgelt dar:

> „Ich meine, jeder Arbeiter freut sich, wenn es ein paar Mark mehr gibt. So überbezahlt sind wir ja nicht." (Beschäftigter, Stadt E)

Die Relevanz monetärer Anreize zeigt sich jedoch auch immer wieder dann, wenn kritisiert wird, dass es sich nicht lohne, sich für diese geringen Beträge besonders zu bemühen. In diesem Fall sind es weniger die Beschäftigten mit den unteren Entgeltgruppen, die sich äußern:

> „Bei uns läuft es so, dass jeder etwas kriegt. Und das ist eben das Manko im System, wenn jeder etwas kriegt, ist das eigentlich schlechter für die Leistungsträger. (...) Dann muss ich mich anstrengen wegen fünf Punkten, habe vielleicht 100 Euro und kann mir das ganze Jahr den Arsch aufreißen

> letztendlich (...). Ja, und kriege eigentlich nur 100 Euro mehr dann in dem Sinn. Was soll das?“ (Vorgesetzter, Gemeinde A)

Die Stellungnahmen der Beschäftigten fallen jedoch sehr unterschiedlich aus, unter anderem sind sie auch davon beeinflusst, welche Verteilungsregelungen in der Dienstvereinbarung festgelegt wurden. Etwa kann bei selektiven Vorgaben die Einzelprämie sehr hoch ausfallen, da einkalkuliert ist, dass ein Anteil der Belegschaft leer ausgehen muss, was meist zu erheblichem Unmut führt und bei der Mehrheit der Beschäftigten auf Ablehnung stößt. Demgegenüber lassen sich durch eine breite Ausschüttung Irritationen weitgehend vermeiden. Vornehmlich Beschäftigte, die sich selbst als Leistungsträger begreifen, bedauern dann jedoch mitunter, dass die erzielbare Prämie zu gering sei, um tatsächlich einen Anreiz darzustellen. An die Relevanz unterschiedlicher Formen der Budgetbildung (einheitlich, nach organisatorischen Einheiten oder nach Entgeltgruppen-Clustern) sowie der monetären Gewichtung von Bewertungen, sei hier nur erinnert.

Auf materielle Interessen beziehen sich auch Argumente, die an den tarifvertraglichen Kontext des § 18 anknüpfen. Über die erwähnte Kritik an der Umwidmung bis dahin fixer Entgeltbestandteile hinaus, wird auch auf die materiellen Implikationen des TVöD insgesamt abgehoben. Etwa wirft ein im Bauhof tätiger Personalrat die Frage auf, wie ein neu eingestellter Kollege mit der Entgeltgruppe 4, ohne die vor dem TVöD und jetzt noch als Besitzstand weiter bezahlten Zuschläge, von seinem Entgelt leben, geschweige denn eine Familie ernähren könne. Seines Erachtens wirken sich diese Umstände negativ auf die Wirksamkeit der leistungsorientierten Bezahlung aus.

> „(...) mit der Einführung der leistungsorientierten Bezahlung wollte man die Mitarbeiter motivieren, man hat sie aber im Endeffekt vorher schon demotiviert durch den neuen Tarifvertrag.“ (Personalrat, Gemeinde A)

Dabei implizieren solche Argumente einerseits wiederum einen alltagssprachlichen Motivationsbegriff, der sich keine Rechenschaft über die Effekte eines nackten materiellen Anreizes ablegt, die ja gerade dann wirksam werden, wenn der materielle Bedarf infolge monetärer Knappheit drängt. Allerdings dürften basale Begrenzungen der persönlichen Lebensgestaltung, wie sie bei Beschäftigten in den unteren Entgeltgruppen vor dem Hintergrund der Entwicklung der Verdienste im öffentlichen Dienst durchaus bedeutsam sind, mitunter tatsächlich erheblich zu einer Demotivation beitragen, die dann auch im Falle einer Prämienausschüttung nicht mehr kompensiert werden kann. Andererseits verzichtet dieses Argumentationsmuster jedoch gerade auf die Annahme einer vorgängig vorhandenen intrinsischen Motivation, die durch extrinsische Anreize untergraben werden könnte. Hier heißt es nicht, LOB schädigt die intrinsische Motivation, sondern: Auch mit LOB gelingt es nicht, die vorgeschädigte Motivation zu heilen.

Es dürfte kein Zufall sein, dass eine vergleichsweise positive Haltung gegenüber dem Leistungsentgelt vornehmlich bei Beschäftigten vorkommt, deren Tätigkeiten im unteren Bereich der Entgeltstruktur angesiedelt sind. Hier dürften aufgrund der Tätigkeiten, niedrigem sozialen Status und geringer sozialer Anerkennung häufig sowohl vergleichsweise schwache intrinsische Motivation als auch materielle Bedürftigkeit aufeinandertreffen. Abgesehen von der viel bemühten Messbarkeit besteht zwischen im Akkord- und Prämienentgelt bezahlten Tätigkeiten in der Industrieproduktion und komplexen Verwaltungstätigkeiten oder Tätigkeiten in den Sozial- und Erziehungsdiensten in der Regel auch ein Unterschied bei der („intrinsischen") Ausprägung der Motivation. Es kann nicht unabhängig vom Charakter der Tätigkeit stets dasselbe Maß an Interesse an der Arbeit vorausgesetzt werden (vgl. Schmidt et al. 2011c), auch mehr oder weniger instrumentelle Arbeitsorientierungen kommen vor (wenn auch wohl gewöhnlich nicht in Reinform).

Im Bereich der unteren Entgeltgruppen könnte Leistungsentgelt als materieller Anreiz funktionieren. Dieses müsste lediglich finanziell hinreichend ausgestattet sein. Als Königsweg der Motivation sollten besondere materielle Anreize allerdings auch dort nicht gelten, wo es vergleichsweise schlecht um die „intrinsische" Motivation steht. Nachhaltiger dürfte es sein, durch akzeptable Bezahlung und Arbeitsbedingungen, Qualifizierung und soziale Anerkennung auch dort die Genese von Arbeitsfreude und Pflichtgefühl zu erleichtern.

Kritisch zum TVöD als Rahmenbedingung für das Leistungsentgelt äußern sich mitunter auch Arbeitgebervertreter. Eine Vertreterin der Stadt F legt dar, dass die Beschäftigen den TVöD und die leistungsorientierte Bezahlung als „Kombination" wahrnehmen:

> „Die erleben ja den TVöD schon als etwas nicht Gutes. Und das Leistungsentgelt kommt dann halt noch dazu: ‚Auch nicht gut'. So diese Idee, wenn ich was gut leiste, dann kriege ich auch was dafür, wird ja im Grunde auch durch das Restgefüge des TVöD wieder konterkariert. Also in meinen Augen ist der TVöD schlecht." (Arbeitgebervertreterin, Stadt F)

Bei allen Einschränkungen und überwiegend eher schwacher Akzeptanz, viele Beschäftigte nehmen, in einer gewissen Abhängigkeit von ihren materiellen Interessen, Leistungsentgelt durchaus als einen Anreiz wahr. Die Höhe der Prämie, Verteilungsregeln und Ausschüttungspraxis sowie die

Bewertungsmethode beeinflussen in deren Augen Akzeptanz und Wirksamkeit. Die ambivalente und gespaltene Haltung vieler Belegschaften erklärt sich jedoch nicht ohne Bezug auf das von nahezu allen Beschäftigten geteilte Leistungsprinzip und mit diesem verknüpfte Gerechtigkeitsvorstellungen.

Transparenz und Beteiligung

Offenbar spielt die Frage, wie über leistungsorientierte Bezahlung informiert, wie die Leistungsbewertung kommuniziert und inwiefern den Beschäftigten eine Mitsprache ermöglicht wird, eine erhebliche Rolle für die Motivationswirkung und die Akzeptabilität der Bewertung. Es sei der Akzeptanz generell zuträglich, so wird häufig in der einschlägigen Literatur argumentiert, wenn ein Sachverhalt nachvollzogen und verstanden werden kann (vgl. Lucke 1995). Eine breite Aufklärung der Beschäftigten darf freilich nur dann als hilfreich für eine Reform erachtet werden, wenn dadurch verdeutlicht werden kann, dass letztere im Interesse der Betroffenen liegt. Nur in Fällen, in denen den Beschäftigten auch etwas geboten wird, darf damit gerechnet werden, dass Aufklärung und Information (anders eventuell Desinformation und Propaganda) Früchte tragen. Einen unabhängig vom Charakter der stattfindenden Innovation und des Vorgangs wirkenden, automatischen Zusammenhang von Information und Zustimmung gibt es nicht.

Nach Einschätzung einer überwiegenden Mehrheit der Arbeitgeber und Personalräte wurden die Beschäftigten vor der Einführung der leistungsorientierten Bezahlung „gut" bzw. „eher gut" informiert. Mit leichten Abstrichen stimmen dieser Einschätzung auch die befragten Beschäftigten zu (vgl. Tab. 5.4). Auch nahmen in den meisten Kommunen Führungskräfte an thematisch einschlägigen Schulungen teil, häufig beteiligten sich alle oder zumindest die Mehrheit der Vorgesetzten daran. In geringerem Maße, aber doch noch in über der Hälfte der Kommunen mit über 3.000 Einwohnern (FALL–), konnten auch Beschäftigte Schulungen besuchen. Ein positives Beispiel hierfür stellt die Stadt D dar, in welcher, so die Personalratsvorsitzende, „vom Hausmeister bis zum Oberbürgermeister", alle Beschäftigten und Führungskräfte durch einen externen Trainer geschult worden seien. Unseren Beschäftigtenbefragungen zufolge sind immerhin 90% der Beschäftigten, deren Leistung auf Basis der Systematischen Leistungsbewertung bewertet wird, die Bewertungskriterien bekannt und mit 98% kennen annähernd alle Beschäftigten, die eine Zielvereinbarung abgeschlossen haben, ihre Ziele (zu den Angaben von Arbeitgebern und Personalräten vgl. Tab. 3.15).

Der Umstand, dass Führungskräfte und auch Beschäftigte relativ gut über die LOB-Einführung informiert wurden, ist jedoch kein hinreichender Erfolgsgarant für die leistungsorientierte Bezahlung. Obwohl der „success factor“ Information in vielen Kommunen durchaus vorliegt, scheint damit keineswegs hohe Akzeptanz evoziert worden zu sein. Einen gewissen Informationsbedarf scheint es zudem noch immer zu geben, denn nur etwas über die Hälfte der Beschäftigten (54%) der 34 Kommunen, in denen wir Beschäftigtenbefragungen durchgeführt haben, gibt zum Zeitpunkt der Befragung an, ausreichend über das System der LOB informiert zu sein, wohingegen 23% sich nicht ausreichend informiert sehen (23% „weiß nicht“).

Abgesehen von der, wie wir argumentiert haben, mit Ambivalenzen verknüpften Durchsetzung von Gerechtigkeitsvorstellungen, können Beteiligungschancen ein Grund für Beschäftigte sein, Leistungsentgelt positiv zu bewerten. Immerhin rund ein Drittel der Arbeitgeber und Personalräte gibt an, dass „die Mitentscheidung der Beschäftigten über die Aufgaben- und Leistungserbringung ein Bestandteil des LOB-Konzepts“ ihrer Verwaltung sei (Arbeitgeber: 32%, Personalräte: 35%).

Die Vereinbarung von Zielen ist hier die entscheidende Möglichkeit. Immerhin 60,5% der Personalräte und 87% der Arbeitgeber (in Kommunen mit Zielvereinbarungen) geben an, dass Zielvereinbarungen häufig „auf Augenhöhe“ vereinbart werden (vgl. Tab. 5.14). Zielvereinbarungen stellen, dort wo sie vorkommen, auch aus der Sicht vieler Beschäftigter eine relevante Veränderung dar. 82% der Befragten in den Beschäftigtenbefragungen geben an, dass die Zielvereinbarungen mit ihnen „gemeinsam vereinbart“ worden seien. 68% der Beschäftigten mit Zielvereinbarungen hatten das Gefühl, dass sie die Zielfestlegung tatsächlich beeinflussen konnten, wohingegen 24% angeben, dies sei nicht der Fall gewesen (9% „weiß nicht“).

Auch bei der Bewertung der Zielerreichung konnte dann noch rund die Hälfte der Beschäftigten Einfluss nehmen. Ein Einfluss der Beschäftigten auf die Bewertung der Zielerreichung ist tarifvertraglich nicht vorgesehen, allerdings ist es wahrscheinlich, dass vornehmlich Hinweise auf veränderte Rahmenbedingungen der Zielerreichung auch noch bei der Bewertung der Zielerreichung selbst in vielen Kommunen als legitim gelten.[11] Sind Beschäftigte mit Bewertungen nicht einverstanden, dann bleibt bei Verfahrensfehlern schließlich noch die Möglichkeit, die Bewertung zu

11 28% der befragten Beschäftigten mit Systematischer Leistungsbewertung geben allerdings ebenfalls an, dass sie Einfluss auf die Bewertung der Leistungsergebnisse nehmen konnten.

reklamieren. In den meisten Kommunen fehlen Reklamationen vollständig. Im Mittel aller haben nach Angaben der Personalräte 1,6% der Bewertungsteilnehmer reklamiert (1,8% bei SLB und 0,5% bei ZV, die Angaben der Arbeitgeber hierzu sind noch etwas geringer). Auch die Daten zu den Reklamationen zeigen, dass bei den Beschäftigten nicht massive Empörung dominiert, sondern meist Ambivalenz und oft auch Unbehagen.

Unter den befragten Beschäftigten bestätigen lediglich Minderheiten, dass sich durch leistungsorientierte Bezahlung auch Verbesserungen bei den Beteiligungsmöglichkeiten ergeben (vgl. Abb. 4.7). Nur wenige sehen in der Konsequenz der leistungsorientierten Bezahlung bessere Chancen, ihre „Ideen einzubringen". Zwar ist ein knappes Drittel der Auffassung, dass LOB positiv sei, „um über Leistung mitreden zu dürfen", doch bereits etwas weniger häufig wird bestätigt, dass dann auch „über Leistungsziele offener gesprochen" werde, als dies bisher der Fall war. Wenig überraschend erweist sich auch bei diesen Fragen die Methode der Zielvereinbarung wieder als überlegen.

≡ Abb. 4.7 Partizipation und Methode aus Beschäftigtensicht[a]

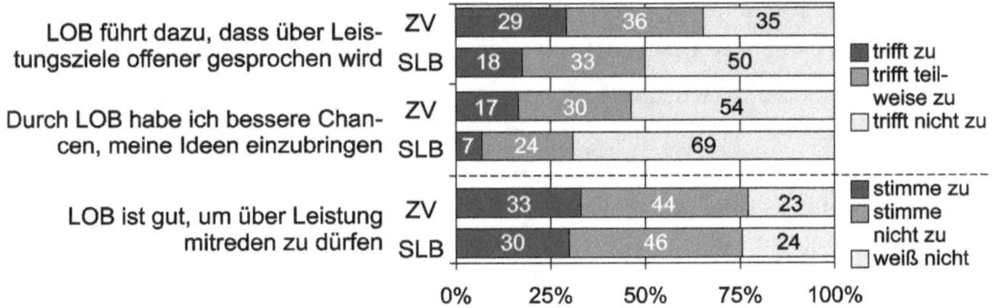

a – Beschäftigtenbefragungen: Datensatz BESCH34; Prozente

In den Interviews und Gruppendiskussionen in unseren Fallkommunen wird zwar häufig, vor allem in finanziell schlechter gestellten Kommunen strukturschwacher Regionen, über Personalabbau und gestiegene Leistungsanforderungen geklagt und argumentiert, Leistungsentgelt sei fehl am Platze, wo ohnehin bis zur Belastungsgrenze gearbeitet werde. Doch die Überlegung, leistungsorientierte Bezahlung könnte nicht nur dazu verwendet werden, die Leistung zu bewerten und differenziert zu honorieren, sondern von Beschäftigten und Personalräten auch dazu genutzt werden, in eine kritische Auseinandersetzung über Leistungsanforderungen und -bedingungen einzutreten, findet sich kaum. Gänzlich fremd scheint im Feld der Gedanke zu sein, Leistungsentgelt ähnlich Akkord- und Prämienlöhnen in der Industrie auch zu einem Instrument der Leistungsbegrenzung zu machen (Tondorf 1998; Hill 2009).

Zwar schafft die leistungsorientierte Bezahlung in vielen Kommunen kaum zusätzlichen Leistungsdruck, ein Effekt der Leistungsbegrenzung wird sowohl von Arbeitgebern und Personalräten als auch von den Beschäftigten allerdings ebenfalls nahezu nirgends konstatiert (vgl. Abb. 3.4, 3.5 und 3.6). Bei den Fragen nach den Effekten der leistungsorientieren Bezahlung auf die Punkte „Mitbestimmung bei Leistungsfragen“ und „Mitsprache der Beschäftigten“ sehen in etwa gleich viele Beschäftigte Verbesserungen wie auch Verschlechterungen, die Mehrheit der Beschäftigten attestiert Wirkungslosigkeit und im Mittel gleichen sich die Effekte aus (vgl. Abb. 3.6). Leistungsorientierte Bezahlung fördert zwar zumindest partiell eine Kommunikation über Leistungsfragen, Effekte der Leistungsbegrenzung sind jedoch bei keiner der beiden Methoden feststellbar. Die Frage „Hat durch die Einführung von LOB die Leistung zugenommen?“ wird im Falle von Zielvereinbarungen von 22% der Beschäftigten bejaht (1% „stark zugenommen“, 21% „leicht zugenommen“; Mittelwert 2,80 [,018]) und im Fall der Systematischen Leistungsbewertung von 15% (1% „stark zugenommen“, 14% „leicht zugenommen“; Mittelwert 2,89 [,012]). Da im Falle von Zielvereinbarungen jedoch tatsächlich mehr Mitsprache erfolgt, ist hier eher an eine Art Tausch von Partizipation gegen Leistung zu denken als an Leistungsbegrenzung durch Beteiligung.

Doch selbst wenn wir von der zumindest ohne ein entwickeltes Konzept der gewerkschaftlichen Begleitung eher theoretischen Möglichkeit der Leistungsbegrenzung durch leistungsorientierte Bezahlung absehen, mit deren praktischer Relevanz kaum zu rechnen war, bleiben auch die Effekte auf die Beteiligung und Mitwirkung der Beschäftigten bei der Arbeitsgestaltung durchaus begrenzt. Das gilt selbstverständlich für die allermeisten Fälle mit Systematischer Leistungsbewertung, jedoch selbst dort, wo Zielvereinbarungen ausgesprochen engagiert und mit expliziten Partizipationsansprüchen eingeführt wurden, bleiben entsprechende Effekte schwach.

Zu den Fällen, in denen Arbeitgeber und Personalrat kooperativ, engagiert und mit hohen Ansprüchen versehen die Einführung von Zielvereinbarungen betrieben haben, gehört der Kreis B. Ohne die Einführung leistungsorientierter Bezahlung generell oder den selbst eingeschlagenen Weg für einen Fehler zu halten, stellt doch auch dort der Personalratsvorsitzende mit einiger Ernüchterung fest, dass man zwar „das eine oder andere in dem einen oder anderen Bereich (...) durchaus damit erreicht“ habe, er aber seine „sehr hohen Erwartungen“ im Hinblick auf Mitarbeiterbeteiligung auf ein „realistisches Maß“ habe herunterfahren müssen. Ziel sei gewesen

„(...) eine viel stärkere Mitarbeiterpartizipation, (...) Einflussnahme von Mitarbeitern auf Arbeitsabläufe, auf Schwerpunkte in der Arbeit, auf eine größere Diskussion, wie bewältigen wir welche Arbeit, wie gehen wir welche Projekte an. (...) viel häufigere Gespräche (...) zwischen Führungskräften und Mitarbeitern, dass das viel stärker hier um sich greift. Und das ist nicht so passiert. Also wir haben nach wie vor viele Bereiche, da werden die Zielvereinbarungen abgeschlossen, da wird auch über Ziele diskutiert, aber so im Alltag, so wenn ich das vergleiche, mit meinetwegen der Situation noch vor sechs, sieben Jahren, so entscheidend verändert hat sich dann das doch nicht. Und das sind so die Punkte, die ich mir so ein bisschen euphorischer vorgestellt hatte.“ (Personalrat, Kreis B)

Auch für Zielvereinbarungen gilt, dass deren Funktionsweise in starkem Maße vom Charakter der Interaktion zwischen den Vertragspartnern abhängt, d.h. insbesondere davon, wie die Führungskräfte mit dem Instrument umgehen und wie die Beschäftigten mit sich umgehen lassen. Ein Angestellter des Kreises B beschreibt, wie in seinem Fall die Zielvereinbarungen zustande kamen:

„Also bei der ersten Zielvereinbarung, muss ich ganz ehrlich sagen, haben wir fünf Minuten gebraucht.“

„Nein, wir haben die Fortbildung bzw. die Information gekriegt, wie das denn alles abzulaufen hat und dann hat unser Chef gesagt, gut, dann überlegt euch was und gebt mir das, damit wir das zu Papier bringen können. Und ich hab‘ meinem Chef ganz klar gesagt, ich mache meine Arbeit und wenn er denn der festen Überzeugung ist, dass ich noch irgendwelche Ziele haben sollte, die darüber hinausgehen, dann möge er sie mir geben. Und das hat er getan, ich weiß nicht, wie lange er dafür gebraucht hat. Aber wie gesagt, das waren fünf Minuten, ich hab mir das durchgelesen, das war in Ordnung, hab‘ es unterschrieben, fertig. Hat auch geklappt. Beim zweiten Mal, jetzt für die nächste Runde, hat es in der Tat eine halbe Stunde länger gedauert, weil er hat sich wieder was einfallen lassen, weil er hat dieses Mal gar nicht erst nachgefragt, sondern er hat es dann gleich gemacht, weil er hätte die gleiche Antwort gekriegt (lacht).“ (Beschäftigter, Kreis B)

Bei aller Ernüchterung, im Kreis B wird, von gewissen Modifikationen abgesehen, das angewandte Konzept gleichwohl weiter als sinnvoll erachtet. Eine Garantie für Partizipation und eine Beteiligung der Beschäftigten an Fragen der Aufgaben- und Leistungserbringung bieten jedoch auch Zielvereinbarungen selbst unter günstigen Bedingungen keineswegs. Auch Zielvereinbarungsgespräche müssen sich nicht immer so gestalten, dass davon ein positiver Effekt zu erwarten ist, d.h. Mitarbeitergespräche sind unter solchen Umständen dann tatsächlich real mehr Aufwand als Nutzen.

Neben der Vereinbarung von Zielen ist die Etablierung von Mitarbeitergesprächen gleichwohl die wohl wichtigste Veränderung, die die Einführung der leistungsorientierten Bezahlung für die Kommunikation zwischen Vorgesetzten und Mitarbeitern in den Kommunen erbrachte: in Form von Gesprächen zur Leistungsbewertung am Ende, zur Vereinbarung der Ziele oder zur Erläuterung der Bewertungskriterien zu Beginn einer Bewertungsrunde und öfter auch unterjährig, um Beschäftigten frühzeitig Feedback zu geben oder Zielvereinbarungen im Falle geänderter Rahmenbedingungen nachjustieren zu können. Nachdem Mitarbeitergespräche zuvor eher selten stattfanden, trug die leistungsorientierte Bezahlung erheblich zu deren Verbreitung bei (vgl. zum quantitativen Vorkommen die Tabellen 3.10 und 3.11).

Doch während das Vorkommen von Mitarbeitergesprächen im Kontext der leistungsorientierten Bezahlung ohne Zweifel stark zugenommen hat, können die Intensität und die Dauer der Gespräche, wie unser Beispiel aus dem Kreis B soeben zeigte, doch sehr unterschiedlich ausfallen. Von Beschäftigten wurde uns sowohl von Mitarbeitergesprächen berichtet, die lediglich dazu dienten, „zwischen Tür und Angel" das Bewertungsergebnis mitzuteilen und unterschreiben zu lassen, als auch von Gesprächen, die als ausgesprochen intensiv und gewinnbringend empfunden wurden.

Selbst wenn sie der leistungsorientierten Bezahlung insgesamt eher negativ gegenüberstehen, halten viele Beschäftigte und auch Personalräte regelmäßige Mitarbeitergespräche für eine gute Sache.

> „Also mein unmittelbarer Vorgesetzter, (...) kommt einmal im Jahr, also im September, wenn es bei uns ausläuft, mit der Bewertung zu mir und dann reden wir das Ganze durch. Wo es gut war, wo es vielleicht zu verbessern wäre, und (er) gibt mir dann die Note oder halt die Zahl bekannt für die Bewertung. Und von daher finde ich das schon gut, weil davor war das ja noch nie so, da ist das eigentlich nie bewertet worden und es gab da noch nie die Mitarbeitergespräche wie es eigentlich sein sollte. Und ich muss sagen, (...) das hat schon auch sein Gutes, weil man weiß dann auch wo man liegt, von der Arbeit her. Also ich finde das schon gut." (Beschäftigter, Gemeinde A)

Viele Beschäftigte schätzen das Feedback, das ihnen Orientierung gibt. Dem Mitarbeitergespräch könne man auch dann einen Nutzen abgewinnen, wenn die Bewertung weniger positiv ausfalle. Eine Kollegin bekräftigt in derselben Gruppendiskussion die Aussagen ihres Vorredners:

> „Also ich habe einen anderen Bewerter. (...) (doch) bei mir läuft es ähnlich, also gehen wir dann rauf und dann werden die einzelnen Punkte durchgegangen. Und ich sage, wer kritikfähig ist, der nimmt das auch so an (...). Also ich bin auch seiner Meinung, weil wenn man ab und zu vielleicht

selbst auf dem falschen Weg ist, (...) dass man an sich arbeiten kann im darauf folgenden Jahr. Da geht es, glaube ich, eher weniger um das Geld, was man vielleicht kriegt, sondern mehr um das Mitarbeitergespräch, das einmal im Jahr einfach wichtig ist, also für mich schon." (Beschäftigte, Gemeinde A)

Auch ihr Kollege ergänzt auf Nachfrage, dass es eine „schwierige Frage" sei, ob das Leistungsentgelt selbst tatsächlich motiviere, aber das Gespräch sei „eigentlich motivierender als jetzt das Leistungsentgelt." Ähnliche Statements hörten wir auch andernorts. Mitunter bringen sie sogar eine gewisse Begeisterung zum Ausdruck:

> „(...) ich habe voriges Jahr ein Jahr gehabt, meine Arbeitskollegin (war) ausgefallen und da musste ich zwei Bereiche alleine sozusagen abdecken. Und da habe ich mich dann schon gefreut, dass mein Chef das gewürdigt hat in Form vom Bewertungsgespräch. Ich sollte darstellen, wie ich das Jahr empfunden habe, und der hat dann mit mir sich unterhalten und da habe ich mich eigentlich gefreut, dass er sagte, das ist genial gelaufen und hat das eben anhand der Punktzahl bildlich dargestellt." (Beschäftigter, Stadt E)

Soziale Anerkennung spielt hier eine wichtige Rolle.

> „Anerkennung kommt ja von Kennen (...) und es kommt auch von Interesse. Und ich denke, das ist ein hoher Motivationsfaktor." (Beschäftigte, Stadt F)

Mitunter geht es dabei tatsächlich um eine elementare Form der sozialen Anerkennung, die Kenntnisnahme. Auch verglichen mit dem Gewicht des materiellen Anreizes messen die Beschäftigten dem Mitarbeitergespräch eine relevante Bedeutung bei. 23% der Beschäftigten halten das Statement „Das LOB-Gespräch ist das eigentlich Positive, nicht die Prämie" für zutreffend, 37% für teilweise zutreffend. Dem Statement „Es ist eher die Anerkennung durch die Prämie als das Geld selbst, das motiviert" stimmt etwa ein Drittel der Beschäftigten zu (41% stimmen nicht zu, 27% teilweise) (vgl. Abb. 4.6).

Auch von Führungskräften sind nicht nur Klagen über Mitarbeitergespräche als unnötigem Aufwand zu hören. Allerdings kommt das Zeitproblem auch in positiven Stellungnahmen zum Ausdruck. Zwar mag es vorkommen, dass sich bei manchen Führungskräften Desinteresse und Ignoranz hinter dem Argument der Zeitknappheit verbergen, doch ein objektives Problem besteht gleichwohl.

> „Was ich sehr gut finde, dass man sich eben wirklich auch, obwohl das zu wenig ist, einmal im Jahr die Zeit nimmt, um wirklich ein persönliches Ge-

spräch zu führen. Also das finde ich sehr schön und da hat man auch einen Erfahrungsaustausch. Eigentlich müsste man dafür viel mehr Zeit haben, dass man das vierteljährlich oder irgendwie so führt. Sollte man zwar auch, aber man schafft es einfach nicht." (Vorgesetzte, Stadt E)

Schlechte Bewertungen bzw. geringere Ausschüttungen stehen gewöhnlich zwar einer Begeisterung über das erhaltene Feedback entgegen, doch selbst unter diesen Umständen werden Gespräche, in denen die Bewertungen erläutert werden, von Beschäftigten in Interviews manchmal noch als eher positiv beschrieben. Die wiederkehrenden Kritikpunkte der Beschäftigten adressieren meist mehr die Bewertung selbst als das Mitarbeitergespräch. Hingewiesen wird vor allem auf die Schwierigkeit, kaum standardisierte Tätigkeiten messen zu können, und die mangelnde Objektivität der Bewertung. Da häufig auch kritisiert wird, dass Bewertungen deshalb problematisch seien, weil es Führungskräften an Einblick in die tatsächliche Arbeit ihrer Mitarbeiterinnen und Mitarbeiter mangelt, kann gerade auch das Mitarbeitergespräch hier Abhilfe schaffen. Allerdings nur dann, wenn ein offener Dialog stattfindet, in dem auch die Mitarbeiter/innen Gehör finden.

Auch wird von LOB-Kritikern nicht selten bedauert, dass die Verknüpfung mit der Leistungsbewertung ein auch seitens des Beschäftigten offenes Gespräch behindere. Es ist unseres Erachtens durchaus plausibel, dass Beschäftigte zögern, im Kontext von Leistungsbewertung beispielsweise Schwierigkeiten im Arbeitsprozess zu benennen, an denen ihnen eine Mit- oder Alleinschuld zugeschrieben werden könnte. Dies gilt auch für die Thematisierung eigenen Qualifizierungsbedarfs. Da es sich bei LOB-Gesprächen somit um eine spezifische Variante von Mitarbeitergesprächen handelt, ist deren Personalentwicklungskapazität eingeschränkt. Mitunter kam es auch vor, dass Beschäftigte im Gespräch davon erzählten, dass sie kein Interesse an einem Gespräch mit ihren Vorgesetzten hätten. Soweit diese Aussage nicht lediglich eine Konsequenz einer grundsätzlichen LOB-Ablehnung darstellte, bestanden in solchen Fällen allerdings in aller Regel bereits unabhängig von der LOB-Einführung Spannungen zwischen Mitarbeiter/in und Vorgesetztem. Nicht an Klarheit zu wünschen übrig lassen auch manche Anmerkungen in den Beschäftigten-Fragebögen:

„Der Vorgesetzte sollte das Leistungsgespräch nicht zum Drangsalieren, Quälen und Runterputzen des Mitarbeiters nutzen!" (Beschäftigter, BESCH34)

Es dürfte auf der Hand liegen, dass solche Verfahrensweisen bei Mitarbeitergesprächen kaum positive Effekte nach sich ziehen werden. Doch handelt es sich nicht bei allen problematisch erscheinenden Praktiken um sich aus der Sache selbst ergebende Epiphänomene der Verzweckung.

Meist wurde von den Beschäftigten auch positives Interesse an Gesprächen signalisiert.

> „Das Verhältnis Vorgesetzter – Mitarbeiter könnte durch mehr Gespräche und auch mal durch ein mündliches, persönliches Lob verbessert werden!“ (Beschäftigter, BESCH34)

Öfter scheinen insbesondere auf Basis der Systematischen Leitungsbewertung beurteilte Beschäftigte sich mehr Unterstützung von ihren Vorgesetzten zu wünschen, wenn es darum geht, aus der Bewertung Schlussfolgerungen zu ziehen und diese für das weitere Handeln zu operationalisieren:

> „Also, das sehe ich schon auch als positiven Aspekt, dass man zusammen sitzt. Aber ich denke, man kann schlechter damit umgehen, wenn einem nur gesagt wird: ‚Hey, das machst du falsch!‘ Und wenn man dann eine Erklärung will, (heißt es) plötzlich, so, jetzt habe ich aber keine Zeit, jetzt ist die Dreiviertelstunde um, die wir uns vorgenommen haben. Und ich denke, das sollte schon ein Kriterium sein, dass (...) dann auch eine Lösung erarbeitet wird, wie man das dann auch verbessern könnte. Und nicht quasi so: ‚Friss oder stirb‘.“ (Beschäftigte, Stadt F)

Beklagt wird öfter die Unfähigkeit einzelner Vorgesetzter, Mitarbeitergespräche zu führen bzw. deren Mangel an Sozialkompetenz. Diese Kritik an Führungskräften kommt mitunter von den Beschäftigten, meistens von den Personalräten und keineswegs selten spart auch die Arbeitgeberseite diesbezüglich nicht an Kritik, am wenigsten halten sich manche Vertreter der Arbeitgeberverbände diesbezüglich mir Kritik zurück.

Führungskräfte

Arbeitgeber bemängeln vornehmlich, dass viele Führungskräfte ihre Führungsaufgaben nicht richtig wahrnehmen, es nicht fertig brächten, ihren Mitarbeiterinnen und Mitarbeitern unangenehme Wahrheiten zu sagen. Zur Wahrung des Burgfriedens neigten sie folglich zu unrealistisch positiven Bewertungen. Ein Arbeitgebervertreter der Stadt F beispielsweise karikiert die Haltung von Führungskräften, indem er im Gespräch die Rolle einer Führungskraft einnimmt und als solche äußert, es sei doch „herzlich egal“, was die Zielsetzung des Tarifvertrags sei, es käme vielmehr darauf an, dass der „Laden funktioniert“. Es sehe doch „blendend aus, wenn ich meine Mitarbeiter schadlos alle gut bewerten kann und die auch noch einen finanziellen Vorteil davon haben, wo ist denn da mein Problem?“ In diesem konkreten Fall spricht der zitierte Gesprächspartner jedoch nicht nur als Arbeitgebervertreter, sondern auch selbst als Führungskraft, die Bewertungen vorzunehmen hat. Er sieht sich gegenüber seinen eigenen

Mitarbeiterinnen und Mitarbeitern in Erklärungsnot, weil diese aufgrund seiner „korrekten“ Bewertung und der Tatsache, dass es in der Stadt F kein nach Ämtern unterteiltes Budget gibt, eine geringere Prämienausschüttung erhalten als vergleichbare Mitarbeiter in anderen Organisationseinheiten.

> „(...) der sagt: ‚Hey, der Amtsleiter da drüben, der hat die alle in den Himmel gelobt, die kriegen alle das Doppelte von mir. Warum?‘ Da habe ich ja keine Antwort darauf. ‚Der hat halt reingegriffen.‘ Dann sagt der zu mir: ‚Warum hast du nicht auch reingegriffen?‘ Und dann sage ich: ‚Ich bin bei den Guten dabei. Ja.‘“ (Arbeitgebervertreter, Stadt F)

Damit ist zum einen klargestellt, dass die unterschiedliche Umgangsweise der Vorgesetzten mit der Leistungsbewertung, die wir in mehr oder weniger ausgeprägter Form überall gefunden haben, dazu führt, dass sich auch Vorgesetzte untereinander kritisieren. Schließlich machen sie sich bei der leistungsorientierten Bezahlung häufig auch gegenseitig das Leben schwer. Das Bewertungshandeln der Vorgesetzten ist in seinen Wirkungen nicht unabhängig voneinander, da die Beschäftigten sich austauschen oder zumindest Gerüchte kursieren. Die Bewertungsmaßstäbe anderer Führungskräfte reflektieren sich über die Beschäftigten und unterminieren die Chance von Vorgesetzten, eigenständige Bewertungsmaßstäbe anzulegen oder sich trotz der Verweigerung anderer Vorgesetzter an die in der Kommune angestrebten zu halten. Dieser Mechanismus wirkt bei einem einheitlichen Budget der Kommune oder innerhalb der Bewertungseinheiten eines Teilbudgets ganz handfest über die Prämienhöhe, doch selbst bei separaten Budgets bleibt über den Vergleich der Bewertungen selbst und die daran geknüpfte soziale Anerkennung noch ein Zusammenhang bestehen, der nach unserem Eindruck von erheblicher Bedeutung ist.

Damit ist ein Mechanismus benannt, den voluntaristisch zu überspringen einem Vorgesetzten nicht leicht fallen kann, da verglichen mit anderen Vorgesetzten weniger großzügige Bewertungen auch als geringere Loyalität gegenüber den eigenen Mitarbeitern aufgefasst werden kann. Da eine ertragreiche Beziehung zwischen Führungskräften und Mitarbeiter/innen ohne ein gewisses Maß auch an wechselseitiger Loyalität kaum herstellbar ist, ist hier tatsächlich ein zentraler Mechanismus am Werk, der einer erfolgreichen Umsetzung leistungsorientierter Bezahlung entgegensteht.

Für die verbreitete Tendenz zur großzügigen Bewertung ist somit keineswegs ein genereller Mangel an „Rückgrat“ und „Stehvermögen“ bei den Führungskräften der Kommunen verantwortlich zu machen, sondern es genügt bereits eine oft keineswegs große Minderheit an Führungskräften, die aus solchen Gründen oder auch, weil sie den Sinn von Leistungsentgelt generell bezweifeln, zu einer quasi-pauschalen Ausschüttung greift, sowie das verbreitete Unvermögen der Arbeitgeber, alle Führungskräfte auf einheitliche Bewertungsstandards zu verpflichten. Über den *Mechanismus der beschäftigtenvermittelten Angleichung von Bewertungs- und Ausschüttungsstandards* werden dann die Bewertungsstandards unterminiert. Ein solcher Mechanismus lässt sich durch allgemeine Vorwürfe an die Führungskräfte kaum außer Kraft setzen.

Doch selbst ein durchsetzungsstärkeres Zentrum würde nur begrenzt helfen, wenn es Führungskräften in der Tat nicht gelingt, ihre Führungsaufgaben hinreichend wahrzunehmen, da sie mit umfangreichen Sachaufgaben betraut sind und das strukturelle Problem besteht, dass mangels Aufstiegswegen über Fachkarrieren Führungskräfte primär auf Basis ihrer fachlichen Qualifikation und Erfahrung rekrutiert werden.

> „Leute, die gut geleistet haben, in ihrem Sachgebiet, (wurden) zu Führungskräften gemacht. Und es sind nicht immer gute Führer“ (Arbeitgebervertreterin, Stadt F).

Mehrfach wird erläutert, dass es an einer soliden Grundlage für die Auswahl von Führungskräften und die Entwicklung von Führungskompetenzen fehle. Mitunter sind Führungskräfte auch bereit, auf eigene Schwächen hinzuweisen:

> „Ich tue mich damit ein bisschen schwer, gerade wenn man aus dem Fachlichen kommt, fehlt einem dieses, also wie soll man sagen, dieses Psychologische. Wie gehe ich mit den Menschen um? Oder wie beurteile ich sie richtig? Wie bewerte ich sie? Was ich eben so schade finde. Also bei uns ist es doch so, dass es hauptsächlich zu dieser Systematischen Leistungsbewertung geht. Weil diese Ziele zu vereinbaren fällt unwahrscheinlich schwer. Wo ich eben auch so ein bisschen die Gefahr sehe: Jeder Leiter sieht das anders.“ (Vorgesetzte, Stadt E)

Damit sind wir erneut an einer anderen Schwierigkeit der Einführung leistungsorientierter Bezahlung angelangt: Einerseits besteht eines der im § 18 genannten Ziele darin, Führungskompetenz zu fördern, andererseits schränkt die zumindest partiell fehlende Führungskompetenz (im Rahmen eines bestehenden Mangels an zentraler Steuerungsfähigkeit und wegen des Mechanismus der beschäftigtenvermittelten Angleichung von Bewertungs- und Ausschüttungsstandards) die Handlungsspielräume bei der Anwendung der leistungsorientierten Bezahlung erheblich ein. Hier besteht, wie erwähnt, ein Paradox der leistungsorientierten Bezahlung: LOB soll die Führungskompetenz verbessern, doch ein Mangel letzterer verschlechtert die Chancen einer erfolgreichen Anwendung.

Eingeschränkt werden muss jedoch, dass dies für Leistungsbeurteilungen wahrscheinlich in stärkerem Maße gilt als für Zielvereinbarungen, da Beschäftigte bei Beurteilungen aufgrund der geringeren Operationalisierung der Leistungskriterien stärker dazu neigen werden, die Legitimität einer Bewertung im Quervergleich zu anderen Beschäftigten zu ermitteln als bei einer eher zielbezogenen Orientierung von Bewertungen. Zudem kann bzw. konnte vor Beginn der ersten Bewertungsrunde auch an der Führungsqualifikation gearbeitet werden. Vor diesem Hintergrund dürfen die Schulungen von Führungskräften, die im Zuge der Einführung leistungsorientierter Bezahlung verstärkt auch zu Themen wie „Gesprächsführung“ oder „Zielvereinbarung“ durchgeführt wurden, durchaus auch über die LOB-Anwendung hinaus als ein positiver Effekt gewertet werden. Allerdings stellte zum Zeitpunkt unserer Beschäftigtenbefragungen nur eine Minderheit der Beschäftigten Veränderungen im Hinblick auf die Führungskompetenz fest: 15% der Beschäftigten gaben an, die Führungskompetenz habe sich durch die Einführung der LOB „verbessert“ (3%) bzw. „eher verbessert“ (12%), dagegen sehen 14% Verschlechterungen (10% „eher verschlechtert“, 4% „verschlechtert“), während 71% keine Veränderungen feststellen konnten (vgl. Abb. 3.6).

Trotz vorkommender Führungsmängel sollten Vorgesetzte somit auch dann nicht pauschal einem Feigheitsverdacht ausgesetzt werden, wenn sie sich gegen leistungsorientierte Bezahlung aussprechen. Es könnten aus ihrer Sicht durchaus gute Gründe im Sinne einer rationalen Funktionserfüllung vorliegen, auf eine leistungsdifferenzierte Bewertung zu verzichten oder die Differenzierung durch eine „milde“ Bewertung abzuschwächen, etwa negative Folgen für das Arbeitsklima, kompetitives statt kooperatives Arbeitsverhalten und letztlich sinkende Produktivität. Dies zumal dann, wenn der beschriebene Mechanismus der beschäftigtenvermittelten Standardangleichung einmal eingesetzt hat. Eine Vorgesetzte berichtet etwa, dass leistungsorientierte Bezahlung ihres Erachtens „für viel mehr Unruhe sorgt als für Motivation“:

> „Und vor allen Dingen, es wirkt sich nicht aus. Die Leute, die gut sind oder sehr gut sind, die sind das sowieso. Und (...) schwache Mitarbeiter, die bekommen sie durch diese leistungsorientierte Bezahlung nicht stärker, im Gegenteil (...). Man ist zwar das ganze Jahr über mit ihnen im Gespräch und im Austausch, wie übrigens mit allen Mitarbeitern, die man hat, die eine Führungskraft mehr, die andere weniger. Aber es ist dann so ein LOB-Gespräch und da müssen die Karten halt dann noch mal auf den Tisch, auch auf dem Papier. Und Mitarbeiter, die schwächer sind, denen wird es natürlich auch gesagt und die werden dermaßen demotiviert, dass sie erst mal ein paar Wochen völlig durch den Wind sind, um dann zu ihrer nor-

malen schwächeren Leistung zurückzufinden. Also, das ist dann Praxis, und auch wenn jemand eine gute Bewertung hat, also eine richtig gute, und im nächsten Jahr schon ein Zehntel weniger, dann setzt schon die Demotivation ein, obwohl er eigentlich eine gute Bewertung hat. (...) Also in der Praxis ist es einfach ein irrsinniger Aufwand, der für irrsinnig viel Unruhe sorgt.“ (Vorgesetzte, Stadt F)

Die Vorgesetzte beendet ihre Ausführungen mit der Feststellung, dass sie „eigentlich alle glücklich“ wären, wenn die leistungsorientierte Bezahlung wieder abgeschafft würde. Auf ihr fast schon rhetorisches „Oder?“ in die Führungskräfte-Gesprächsrunde räumt dann allerdings eine Kollegin ein, sie würde im Falle einer Abschaffung die Gespräche vermissen. Da man gezwungen wurde, so führt eine weitere Führungskraft aus, diese Gespräche zu führen, sei

> „einem erst einmal bewusst geworden, wie wertgeschätzt das von dem Mitarbeiter wurde, dass er mal mit seinem Chef, mit seinem Vorgesetzten erst mal mit undefinierter Zeit unter vier Augen reden konnte. Da sind also viele Dinge ans Tageslicht gekommen, wo man sagt: ‚Oh, ja hoppla!‘ Wo er vielleicht sagt, ja er fühlt sich da nicht eingebunden oder er möchte gern qualifiziertere Arbeiten machen. Also da sind Sachen ans Tageslicht gekommen, die er sonst so natürlich nie gesagt hätte. In der Runde drin. Also darum sage ich, für uns, für mich war das jetzt mit das Wichtigste eigentlich – obwohl das ein großer Zeitaufwand ist, bei so vielen Leuten –, diese Gespräche zu führen. Ja, und man hat dann zuerst gesagt: ‚20 Minuten pro Person‘. Also, das ging damals zwei Stunden.“ (Vorgesetzter, Stadt F)

Dieser gewisse „Zwang“ zur Führung der Gespräche sei „das einzig Gute“, das sie an der leistungsorientierten Bezahlung finden könne (Vorgesetzte, Stadt F). Allerdings, so hält ihre Kollegin dagegen, fänden diejenigen Vorgesetzten, die „ihren Mitarbeitern lieber aus dem Weg gehen (...), auch bei LOB einen Weg, das zu tun“:

> „Weil, die führen ein LOB Gespräch, kurz und knackig, packen das in eine wunderbare Bewertung, der Mitarbeiter ist glücklich und er hat seine Ruhe. Punkt.“ (Vorgesetzte, Stadt F)

Von solchen Praktiken wird öfter berichtet. Ein Personalrat erzählt, dass Gespräche häufig nicht geführt und die Beschäftigten am Ende des Jahres stattdessen einen Zettel in die Hand gedrückt bekommen würden, kommentiert mit Worten wie diesen:

> „Hier, das ist deine Beurteilung zur LOB. Können Sie die dann unterschreiben, dann sind wir damit fertig.“ (Personalrat, Großstadt A)

Unseren Beschäftigtenbefragungen zufolge gibt es jedenfalls mit 39% einen ähnlich hohen Anteil unter den Führungskräften wie unter den anderen Beschäftigten (37%), der das Statement „Ich bin gegen LOB“ für zutreffend hält.

Soziale Beziehungen

Während viele der intendierten Effekte der leistungsorientierten Bezahlung im Mittel schwach ausfallen und bei den meisten Effekten auch auf Basis der Arbeitgeberangaben, bei allen Effekten nach Ansicht der Personalräte und der Befragten aus den Beschäftigtenbefragungen sich in der Mehrheit der Kommunen gar keine Veränderung zeigt, findet sich mit der stärkeren Verbreitung der Mitarbeitergespräche ein offensichtlicher und überwiegend auch durch die Akteure übergreifend positiv bewerteter Effekt. Während die Beschäftigten in aller Regel nichts gegen den Erhalt einer Prämie einzuwenden haben, viele diesen Betrag jedoch auch gleichermaßen ohne Bewertungsprozedur als fixen Entgeltanteil akzeptieren würden, ist mit der stärkeren Verbreitung von Mitarbeitergesprächen eine Auswirkung des § 18 benannt, die auch von den Beschäftigten überwiegend begrüßt wird, zumindest soweit diese Gespräche auf adäquate Weise geführt und möglichst mit keiner schlechten Bewertung verbunden werden. Die aus Sicht der Beschäftigten in der Tendenz eher positiven Effekte der leistungsorientierten Bezahlung finden sich somit auf dem Terrain der sozialen Beziehungen. Viele Beschäftigte sehen das Mitarbeitergespräch als soziale Anerkennung, als Durchbrechen von Distanz und Routine, als Schritt zu einer bewussten Kooperation. Allgemein formuliert: Obwohl vielerorts mit der Einführung leistungsorientierter Bezahlung primär auf die Wirkungen des materiellen Anreizes gesetzt wird, auf die Effekte eines „Systems leistungsorientierter Bezahlung“, finden sich zumindest aus der Sicht der Beschäftigten (und auch etlicher Führungskräfte) die entscheidenden Positivwirkungen doch nicht auf der systemischen Ebene, sondern bei der Sozialintegration. Das Mitarbeitergespräch übt in aller Regel eine positive Wirkung auf die Sozialintegration aus. Die Leistungsbewertung selbst und differenzierte Ausschüttung hingegen haben andere, problematische Effekte auf die betrieblichen Sozialbeziehungen.

Im ungünstigen Fall können Leistungsbewertung und Leistungskontrolle als Misstrauenserklärung verstanden werden. In jedem Fall wird ein Schritt zur Stärkung des Tauschcharakters der Beziehung zwischen Organisation und Beschäftigten gemacht. Der „general exchange“, der darauf beruht, dass der Beschäftigte sich darauf verlässt, unabhängig von einer Überprüfung im Detail, sein Entgelt zu erhalten, während die Organisation auf seine Leistungsbereitschaft vertraut, wird in ein kleinteiliges Tauschgeschäft überführt, in dem „extrinsische Motivation“ an Bedeutung gewinnt, worunter die „intrinsische Motivation" leiden könnte (Matiaske/ Weller 2008; Schmidt et al. 2011c). Der Charakter der Beziehung zwischen Dienststelle oder Betrieb als Arbeitgeber und Beschäftigten wird durch das Leistungsentgelt als Tauschbeziehung bloßgelegt. Gerade von Beschäftigten, die sich dem Arbeits- und Leistungsethos verpflichtet fühlen, können Zweifel an dieser Orientierung als eine Reduktion ihrer Arbeitshaltung auf ökonomisches Interesse und als Kränkung erfahren werden. Dieser Prozess ist jedoch zweischneidig, denn er untergräbt nicht nur (vermeintliches) Vertrauen, sondern er klärt auch über den Charakter der Beziehung auf und trägt zur Rationalisierung der Beziehung bei. Es handelt sich um einen komplexen Veränderungsprozess, dessen verschiedene Aspekte von den Beschäftigten selbst schwer zu bewerten sind, da sie mit kognitiven Inkonsistenzen verbunden sind. Eine quantifizierende und zugleich gewissermaßen die Beschäftigtensicht objektivierende Abwägung positiver und negativer Aspekte können wir hinsichtlich der Veränderung des Charakters der Beziehung von Organisation und Beschäftigten nicht vornehmen. Ansonsten hängt eine Bewertung in starkem Maße davon ab, welches Entwicklungsideal für den öffentlichen Dienst gelten soll.

Manchmal werden Mitarbeitergespräche und Leistungsbewertung in ihren Effekten gegeneinander abgewogen und als gegenläufig gedeutet:

> „Aber die Gespräche selber, (das) war die Rückmeldung auch von den Leuten, das ist eigentlich das, was sie brauchen, was sie suchen. Die Ausschüttung der LOB, das ist eher das Hinderliche an der Geschichte, was mehr kaputt macht, als in den Gesprächen gut gemacht wird." (Führungskraft, Stadt F)

Öfter wird argumentiert, ein Mitarbeitergespräch könne ohne Verkoppelung mit der Leistungsbewertung offener und vertrauensvoller geführt werden. Während an einem gut durchgeführten Mitarbeitergespräch konstruktive Kritik, die gemeinsame Suche nach Problemlösungen und das bessere persönliche Kennenlernen geschätzt würden, würde das Gespräch durch die Bewertungssituation in den Modus der Leistungskontrolle überspringen, wodurch die Vertraulichkeit des Gesprächs konterkariert werde. Nur zur Erinnerung: Gewissermaßen lediglich postmaterielle Orientierungen der Beschäftigten zu unterstellen, wäre jedoch ebenfalls unzutreffend. Die Einführung der leistungsorientierten Bezahlung hat bei den Beschäftigten zu widersprüchlichen Orientierungen geführt. Dementsprechend zwiespältig formuliert ein Teilnehmer der schriftlichen Beschäftigtenbefragung bei einer offenen Frage, was seiner Meinung nach bei der leistungsorientierten Bezahlung verändert werden sollte:

> „Abschaffung und nur Mitarbeitergespräche bzw. höhere Ausschüttung.“ (Beschäftigter, Besch34)

Die Einführung leistungsorientierter Bezahlung hat nicht nur einen Einfluss auf die Beziehung zwischen Organisation und Beschäftigten bzw. zwischen Vorgesetzten und Mitarbeitern, sondern auch auf das Verhältnis der Beschäftigten untereinander. Während das zur Verfügung stehende Budget für die Prämienausschüttung kollektiv feststeht, haben die einzelnen Beschäftigten erstens erst dann das Recht, etwas davon abzubekommen, wenn sie eine entsprechende Bewertung erhalten haben, und zweitens bestimmt sich die Höhe der Prämie auch danach, wie viele der anderen Beschäftigten ebenfalls eine Prämie erhalten. Dadurch ergibt sich rein interessenökonomisch betrachtet für die Beschäftigten eine komplizierte Kalkulation: Je breiter die Ausschüttung, desto wahrscheinlicher werden sie daran partizipieren, je konzentrierter die Ausschüttung, desto höher wird die im Falle einer positiven Bewertung zu erzielende Prämie. Während es gewissermaßen in der Natur der leistungsorientierten Bezahlung liegt, dass bessere Leistungen eine höhere Gratifikation und damit verbunden auch mehr soziale Anerkennung einbringen, bringt es das feststehende Budget zudem mit sich, dass nicht nur bedeutsam ist, ob die eigene Leistung Anerkennung findet, sondern auch, dass dies bei der Leistung anderer nicht der Fall ist. Die Beschäftigten werden somit strukturell in eine Konkurrenzsituation gebracht.

Hinzu kommt, dass die erwähnten Umsetzungs- und Anwendungsprobleme, wie subjektive Verzerrungen, Hierarchieeffekt, unterschiedliches Engagement von Vorgesetzten etc., dazu führen, dass sich *de facto* keineswegs überall eine einigermaßen gerechte oder zumindest von den Beschäftigten als solche wahrgenommene Leistungsbewertung findet. Die bereits dargelegte Zunahme von „Neid und Konkurrenzdenken“ darf auch deshalb nicht überraschen (vgl. Tab. 3.9).

In der Gemeinde A, in der relativ breit ausgeschüttet und das Leistungsentgelt im Großen und Ganzen akzeptiert wird, läuft eine Bewertungsrunde offenbar trotzdem nicht ohne Frustration ab. So berichten zwei außerhalb des Verwaltungssitzes tätige Mitarbeiter und Personalratsmitglieder, wenn man ins Rathaus komme, da wisse „man haargenau, wann die Bewertung war“, die Stimmung sei „teilweise am Tiefpunkt“:

> „(...) die Türen sind zu von den Büros und dann, wenn man dann rein kommt und fragt irgendwas, (dann) ist, muss ich auch sagen, teilweise der Ton schon bisschen anders. Dann weiß man haargenau: ‚Hoppala, jetzt war die Bewertung‘.“ (Personalrat, Gemeinde A)

Die Beschäftigten vergleichen die Höhe ihrer Prämien, die nicht nur aufgrund realer Leistungsunterschiede, sondern auch aufgrund unterschiedlicher Bewertungsmaßstäbe der Vorgesetzten oder der oben beschriebenen Verteilungsregeln unterschiedlich ausfallen, Unmut auslösen und zu entsprechenden Störungen der betrieblichen Sozialbeziehungen führen können: 38% der befragten Beschäftigten halten die Aussage „LOB brachte Neid und Konkurrenzdenken" für zutreffend, 32% für teilweise zutreffend, 30% der Beschäftigten geben an, diese Aussage sei unzutreffend (vgl. Abb. 4.8). Rund ein Drittel der Beschäftigten gibt an, die Einführung leistungsorientierter Bezahlung habe das Verhältnis unter den Kolleginnen und Kollegen „eher verschlechtert" (26%) bzw. „verschlechtert" (8%) (vgl. Abb. 3.6).

≡ Abb. 4.8 Problematische Effekte leistungsorientierter Bezahlung aus Beschäftigtensicht

„Welche der nachfolgenden Aussagen treffen zu?" [a]

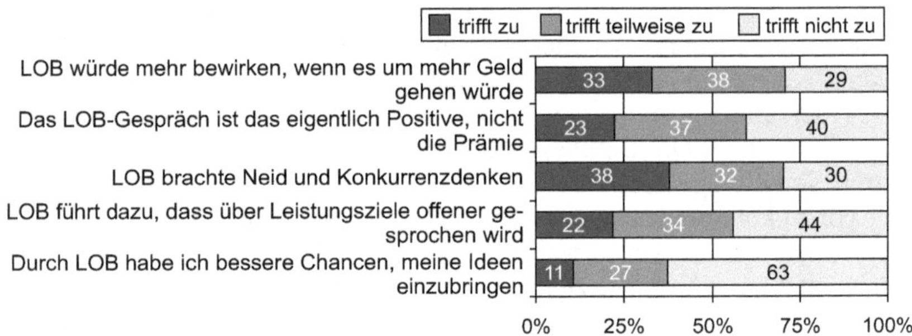

a – Beschäftigtenbefragungen: Datensatz BESCH34; Prozente

Differenzieren wir die Angaben zum Vorkommen von „Neid und Konkurrenzdenken" nach Tätigkeitsbereichen, so zeigt sich, dass aus Sicht der Betroffenen in den Arbeiterbereichen die Konkurrenz stärker zugenommen hat als im Bereich der Sozial- und Erziehungsdienste, während das Geschlecht praktisch keine Rolle spielt. Beschäftigte, die selbst die volle Prämie erhalten haben, nehmen deutlich seltener „Neid und Konkurrenzdenken" wahr als Beschäftigte, die lediglich eine Teilausschüttung oder gar keine Prämie erhielten. Beschäftigte mit Zielvereinbarungen sehen ebenfalls weniger Neid und Konkurrenz, was daran liegen dürfte, dass sie durch diese weniger zum Quervergleich animiert werden und im Falle von Zielvereinbarungen zudem eine breitere Ausschüttung erfolgt (vgl. Tab. 4.12).

Tab. 4.12: „Neid und Konkurrenzdenken" nach Tätigkeitsbereich, Methode, Geschlecht und Ausschüttung ≡

„LOB brachte Neid und Konkurrenzdenken" [a]

Tätigkeitsbereich	Bereiche vorwiegend manueller Arbeit	Sozial- und Erziehungsdienste	Kernverwaltung	Sonstige
trifft zu	44,7	28,8	41,6	30,7
trifft teilweise zu	29,4	33,0	33,1	32,6
trifft nicht zu	25,9	38,2	25,3	36,7

Methode/Geschlecht	ZV	SLB	Männlich	Weiblich
trifft zu	21,9	45,4	38,9	37,2
trifft teilweise zu	33,1	31,2	33,8	31,8
trifft nicht zu	45,0	23,4	27,3	31,0

Ausschüttung	volle Ausschüttung	Teilausschüttung	keine Ausschüttung
trifft zu	26,7	44,4	63,5
trifft teilweise zu	34,7	30,9	18,6
trifft nicht zu	38,6	24,6	17,9

a – Beschäftigtenbefragungen: Datensatz BESCH34; Prozente

Die Beschäftigten sind von leistungsorientierter Bezahlung nicht besonders überzeugt, doch sie sind mehr oder weniger stark und in Abhängigkeit von ihren Verdiensten an den Prämien interessiert. „Neid und Konkurrenzdenken" dürfte der wahrscheinlich problematischste Nebeneffekt der Einführung von Leistungsentgelt sein. Um die positiven Effekte der Mitarbeitergespräche zu verstärken und Störungen der betrieblichen Sozialbeziehungen zu minimieren, sind Zielvereinbarungen der Systematischen Leistungsbewertung vorzuziehen. Eine Störung der Sozialbeziehungen könnte im Grundsatz selbstverständlich durch die Abschaffung des § 18 behoben werden, dann müsste jedoch auch damit gerechnet werden, dass die Zahl der Mitarbeitergespräche wieder zurückgeht.

5. Heterogene Umsetzung und betriebliche Arbeitsbeziehungen

5.1 Information, Kooperation und Mitbestimmung

Kooperation

Wir hatten bereits hervorgehoben, dass die mit dem TVöD verbundene Einführung von Leistungsentgelt in den Kommunen ein zwischen der Vereinigung der kommunalen Arbeitgeberverbände (VKA) und der Gewerkschaft Ver.di[1] heftig umstrittener Vorgang ist. Während die VKA wiederkehrend beschließt, dass an der leistungsorientierten Bezahlung festzuhalten und das Volumen aufzustocken sei, kommt bei Ver.di inzwischen auch in der Beschlusslage des Fachbereichs Gemeinden zum Ausdruck, dass der § 18 TVöD mehrheitlich politisch nicht getragen wird, auch wenn bisher eine gewerkschaftliche Initiative zur Abschaffung des § 18 unterblieb. Die gewerkschaftliche Distanz gegenüber einer tarifvertraglich vereinbarten Regelung dürfte in dem Kontext zu sehen sein, dass ein wesentlicher Grund der Zustimmung der Gewerkschaft zur LOB-Einführung in der damals konstatierten Gefährdung des Flächentarifvertrages lag und die Regelung von einem relevanten Teil der Gewerkschafter inhaltlich nie getragen war. Die vorübergehend tarifvertragslosen Zustände bei den Ländern bestätigten die Befürchtung und zeigten, dass auch im öffentlichen Dienst eine Abkehr von Flächentarifverträgen keineswegs prinzipiell ausgeschlossen und durch koordiniertes Handeln der Arbeitgeberseite sogar auch ein rascher Zusammenbruch der Flächentarifvertragsbindung möglich ist (vgl. Schmidt et al. 2011a). Während einerseits das Risiko tarifloser Zustände gewerkschaftlich noch immer gefürchtet wird und auf Versuche einer kampfweisen Abschaffung des § 18 bisher verzichtet wurde, um den TVöD nicht zu gefährden, trugen die Einführungsumstände dazu bei, dass die Regelung bei Ver.di immer weiter an Boden verlor. Eine große Mehrheit derjenigen, die sich bis zum Tarifabschluss mit der Frage leistungsorientierter Bezahlung nicht beschäftigt hatte, nahm den § 18 als aufgezwungen wahr *(concession bargaining),* fühlte sich überrumpelt und stellte sich folglich auf die Seite der Gegner. Letztlich fanden Stimmen, die der leistungsorientierten Bezahlung auch aus gewerkschaftlicher Perspektive einen Sinn abgewinnen konnten oder sich vor dem Hintergrund

1 Der Beamtenbund (bzw. die dbb-Tarifunion) sprach sich ursprünglich für die leistungsorientierte Bezahlung aus, ist inzwischen jedoch etwas verunsichert.

der tarifpolitischen Gesamtsituation (Sicherung des Flächentarifvertrags, Ziel einer neuen Entgeltordnung) pragmatisch mit der Thematik der leistungsorientierter Bezahlung zu arrangieren suchten, bei Ver.di kaum mehr Gehör.

Bei Ver.di angedachte Konzepte, in denen darauf gesetzt wurde, das neue Leistungsentgelt so anzuwenden, dass es sowohl im Interesse einer Verbesserung der Dienstleistungserbringung wäre als auch einer stärkeren Beteiligung der Beschäftigten an Entscheidungen über die Aufgabengestaltung und die Leistungserbringung dienen könnte, spielten mit der Zeit kaum mehr eine Rolle. Zwar wurde die Orientierung auf die Zielvereinbarung als eine gegenüber Beurteilungsverfahren, die von Ver.di als faktische Umsetzung der Systematischen Leistungsbewertung erwartet wurden, überlegene Methode nicht aufgegeben und die VKA weiter kritisiert, dass sie sich nicht hinreichend eindeutig zugunsten von Zielvereinbarungen ausspreche, doch Orientierungs- und Umsetzungshilfen für die Personalräte wurden in der Hoffnung auf eine Abschaffung des § 18 kaum mehr entwickelt.

Die Ablehnung leistungsorientierter Bezahlung bei Ver.di wäre wohl kaum so ausgeprägt, fände sich auf der Ebene der Personalräte und der Mitglieder breite Zustimmung zur LOB. Umgekehrt darf wiederum angenommen werden, dass die innergewerkschaftliche Tendenz sich zumindest auf die Haltung mancher Personalräte auswirkt. Der geschilderte Befund der nicht selten unterbliebenen Umsetzung scheint gut zur ablehnenden Tendenz bei Ver.di zu passen. Allerdings konnten wir zeigen, dass es keineswegs immer die Personalräte sind, die LOB verweigern. Mitunter sind es auch oder sogar primär die Arbeitgeber, die eine Einführung ablehnen. Der Umstand einer mitunter nicht auf die Personalratsseite zurückgehenden Umsetzungsablehnung passt nicht besonders gut zur ausgeprägt ablehnenden Tendenz bei Ver.di. Die in vielen Fällen arbeitgeberseitige Ablehnung des § 18 steht jedoch auch in einem erkennbaren Spannungsverhältnis zur Beschlusslage der VKA. Ablehnung und Zustimmung zur leistungsorientierten Bezahlung scheinen sich in der betrieblichen Arena weniger klar auf Arbeitgeber und Personalräte zu verteilen, als dies mit Blick auf die tarifpolitische Ebene hätte erwartet werden können.

Richten wir unseren Blick auf die Kommunen, in denen LOB tatsächlich eingeführt wurde, so bestätigt sich, dass vor Ort mit der Thematik leistungsorientierter Bezahlung häufig weniger antagonistisch verfahren wird, als es der Konflikt der Tarifparteien vermuten lässt. 80% der Personalräte und 91% der Arbeitgeber geben an, die Zusammenarbeit beider Akteure während der Einführung leistungsorientierter Bezahlung sei „sehr gut“ oder „gut“ gewesen. Zwar scheint sich die Zusammenarbeit inzwischen etwas verschlechtert zu haben, doch damit hat sich die Bewertung im LOB-Kontext lediglich der im Allgemeinen üblichen Qualität der Zusammenarbeit zwischen den Betriebsparteien angenähert, die ebenfalls mehrheitlich als gut betrachtet wird (vgl. Tab. 5.1).

Tab. 5.1: Zusammenarbeit zwischen Personalrat und Arbeitgeber bei der Einführung von Leistungsentgelt und im Allgemeinen ≡

„Wie war die Zusammenarbeit mit dem Personalrat (zwischen Personalrat und Arbeitgeberseite) bei der Einführung von Leistungsentgelt (LOB) und wie ist sie im Allgemeinen?“[a]

	AG			PR		
Zusammenarbeit ...	bei LOB Einführung	bei LOB heute	im Allgemeinen	bei LOB Einführung	bei LOB heute	im Allgemeinen
Sehr gut (1)	40,9	35,2	36,3	32,5	25,6	19,6
Gut (2)	50,4	50,8	51,6	47,4	42,2	42,6
Teils, teils (3)	5,4	11,2	9,7	12,5	18,7	28,0
Schlecht (4)	2,9	2,6	2,4	7,3	10,5	9,6
Sehr schlecht (5)	0,4	0,2	0,0	0,4	2,9	0,2
Mittelwert	*1,71 (,049)*	*1,82 (,050)*	*1,78 (,048)*	*1,96 (,052)*	*2,23 (,061)*	*2,23 (,053)*

a – Flächenbefragungen: Datensätze AG und PR; Prozente und Mittelwerte, Standardfehler in Klammern

Von einem ausgesprochenen Konfliktthema kann offenbar in den Kommunen mit LOB-Umsetzung im Mittel nicht die Rede sein. Nur in sehr wenigen Fällen wird die Zusammenarbeit als „sehr schlecht“ bezeichnet, auch die Zahl derjenigen, die die Zusammenarbeit als „schlecht“ bezeichnen ist nicht allzu hoch. Allerdings ist diese Angabe bei den Personalräten häufiger als bei den Vertretern der Arbeitgeberseite.

Eingedenk des Umstandes, dass den Personalräten mit der Pflicht zum Abschluss einer einvernehmlichen Dienstvereinbarung vor der Einführung leistungsorientierter Bezahlung starke Mitbestimmungsrechte bei der konkreten Gestaltung der LOB-Systeme zugedacht wurden, während die Entscheidung über die Leistungsbewertung selbst auf Arbeitgeberseite liegt (von der Möglichkeit der Reklamation abgesehen), darf es nicht überraschen, dass die Personalräte die Zusammenarbeit während der Einführung besser bewerten als in der Zeit danach. Überraschen mag es hingegen, wenn auch manche Arbeitgebervertreter die Zusammenarbeit während der Einführung als besser empfunden haben. Mitunter könnte somit auch jenseits von Macht und Einfluss schlicht die praktische Erfahrung der gemeinsamen Erarbeitung eines betrieblichen LOB-Systems und der Kooperation beim „integrative bargaining“ eine Rolle gespielt haben. Allerdings wäre es unseres Erachtens eine Überhöhung des kooperativen Potentials der leistungsorientierten Bezahlung, würden wir unterstellen, dass es im Falle einer Einführung auch dort in aller Regel zu einer „guten“ oder sogar „sehr guten“ kooperativen Zusammenarbeit führen würde, wo Leistungsentgelt bisher nicht eingeführt wurde, denn die Befragten nennen eine ganze Reihe von Gründen, die bisher einer Einführung entgegenstanden (vgl. Kap. 2).

Jedenfalls zeigt sich gleichwohl, dass leistungsorientierte Bezahlung vor Ort in vielen Fällen kooperativ gehandhabt wird – selbst wenn wir unterstellen, dass manche Personalräte nur deshalb von einer guten Kooperation mit dem Arbeitgeber berichten, weil sie nicht zur Kategorie standfester Interessenvertreter gehören (vgl. die Kategorie „standfester Betriebsrat“ bei Kotthoff 1994). Obgleich die Qualität der Kooperation vom Standpunkt eines kritischen Gewerkschafters in manchen Fällen fragwürdig erscheinen mag, da Kooperation nicht immer positiv sein muss, so bleibt doch der Befund, dass die Kooperation im LOB-Kontext von den Personalräten eher besser bewertet wird als im Allgemeinen. Differenzieren wir danach, ob die den Fragebogen ausfüllenden Personalratsvertreter/innen (meist Personalratsvorsitzende) der Gewerkschaft Ver.di oder dem Beamtenbund angehören oder unorganisiert sind, bestätigen sich zwar Erwartungen, dass bei Ver.di organisierte Personalräte die Kooperation nicht ganz so positiv bewerten wie andere, doch auch sie bewerten die Kooperation während der Einführung positiver als die Zusammenarbeit im Allgemeinen (vgl. Tab. 5.2).

≡ Tab. 5.2: Zusammenarbeit bei der Einführung von Leistungsentgelt und im Allgemeinen nach Gewerkschaftszugehörigkeit der Befragten

„Wie war die Zusammenarbeit mit dem Personalrat (zwischen Personalrat und Arbeitgeberseite) bei der Einführung von Leistungsentgelt (LOB) und wie ist sie im Allgemeinen?“[a]

	Ver.di	dbb, Komba	unorganisiert
Zusammenarbeit bei der LOB-Einführung	2,11 (,082)	2,05 (,158)	1,83 (,077)
Zusammenarbeit bei LOB heute	2,44 (,093)	2,24 (,170)	2,08 (,093)
Zusammenarbeit im Allgemeinen	2,51 (,084)	2,34 (,160)	2,11 (,076)

a – Flächenbefragung: Datensatz PR; Mittelwerte einer Skala von 1 = „sehr gut“ bis 5 = „sehr schlecht“, Standardfehler in Klammern

Nun ist Kooperation noch lange nicht Erfolg und eine Maßnahme wird nicht allein deshalb sinnvoll, weil sie kooperativ praktiziert wird. Auch räumt immerhin ein gutes Drittel der Personalräte und etwa ein Sechstel der Arbeitgeber rückblickend ein, dass die Mitglieder der betrieblichen Kommission nicht hinreichend geschult worden seien, und immerhin ein Fünftel der Arbeitgeber und ein Zehntel der Personalräte sind diesbezüglich unschlüssig (vgl. Tab. 5.3). Allerdings kann auch hier von keinem allzu schlechten Zeugnis gesprochen werden, das die Befragten dem Einführungsprozess aussprechen.

Tab. 5.3: Schulung der Betrieblichen Kommission ≡

„Aus heutiger Sicht: Wurden die Mitglieder der Betrieblichen Kommission ausreichend geschult?“[a]

	FALL–	AG	PR
ja	59,0	63,2	53,6
nein	23,4	15,8	36,1
weiß nicht	17,7	21,0	10,3

a – Flächenbefragungen: Datensätze AG, PR und FALL–; Prozente

Information und Qualifizierung im Einführungsprozess

Während der Verbreitungsgrad leistungsorientierter Bezahlung hinter unseren, vor dem Hintergrund unserer vorgängigen Untersuchung in Nordrhein-Westfalen gebildeten Erwartungen etwas zurückbleibt, wurden sie hinsichtlich der Qualität der Einführungsprozesse eher übertroffen. Einiges spricht dafür, dass in Nordrhein-Westfalen nicht nur seitens des Arbeitgeberverbandes stärker auf eine Umsetzung leistungsdifferenzierter Bezahlung nach § 18 TVöD-VKA gedrängt wurde als dies durchschnittlich der Fall war, sondern dass es aufgrund der überdurchschnittlichen Größe der dortigen Kommunen für den KAV NW auch leichter möglich war, sich ein Bild von den tatsächlichen Umsetzungslücken zu machen. Von leistungsorientierter Bezahlung wenig begeisterten Kommunen dürfte es in manch anderen KAV-Bereichen leichter gefallen sein, auf eine Umsetzung schlicht zu verzichten. Während der bis Herbst 2011 tätige Hauptgeschäftsführer des KAV NW zweifelsfrei seit vielen Jahren zu den engagiertesten Promotoren der leistungsorientierten Bezahlung gehört(e), agierten manche kommunale Arbeitgeberverbände offenbar zurückhaltender in dieser Frage. Zudem scheint kleinen Kommunen, die es beispielsweise in Bayern erheblich häufiger gibt als in NRW, mitunter ein gewisses Maß an Toleranz bei einem Umsetzungsverzicht zugestanden worden zu sein. Selbst wenn von

Befürwortern gewöhnlich argumentiert wird, LOB sei auch in kleinen Gemeinden sinnvoll einsetzbar, ist doch kaum von der Hand zu weisen, dass sich das Verhältnis von Aufwand und Nutzen in kleinen Kommunen zuungunsten des Nutzens verschiebt. Der Aufwand verringert sich nicht linear zur Beschäftigtenzahl, da zumindest Einarbeitung und grundlegende Entscheidungen stets erfolgen müssen. Doch anders als Differenzen bei Engagement und Umsetzungsdruck zwischen den Regionen, dürften unterschiedliche Größenstrukturen der Kommunen primär Unterschiede der Umsetzungsbreite erklären, nicht jedoch die Qualität der Umsetzung.

Es gibt auch in einer bundesweiten Perspektive etliche Kommunen, denen die LOB-Einführung alles andere als eine Herzensangelegenheit ist. Dies offenbarte sich bereits in den von uns durchgeführten Interviews, zeigt sich jedoch auch in einer Reihe von Antworten auf standardisierte Fragen. Gleichwohl, so ist zu konstatieren, gaben sich die betrieblichen Kollektivakteure und die für die praktische Umsetzung Verantwortlichen in der Betrieblichen Kommission und der Personalverwaltung häufig erhebliche Mühe mit der Umsetzung.

Danach gefragt, wie wichtig ihnen als Arbeitgeber die LOB-Einführung war, geben 52% an, die Einführung sei ihnen „ganz wichtig" (10%) oder zumindest „wichtig" gewesen. 19% geben an, diese sei „unwichtig" (11%) oder sogar „ganz unwichtig" gewesen, 29% wählen die angebotene Mittelkategorie „teils, teils" (Datensatz AG). Die Personalräte sind sogar zu 65% der Auffassung, die Einführung sei ihrem Arbeitgeber „ganz wichtig" (25%) oder „wichtig" gewesen. Der Vergleich der Angaben aus jenen Kommunen, von denen uns beide Fragebögen vorliegen, zeigt, dass es sich hier keineswegs in erster Linie um netto-stichprobenbedingte Verzerrungen handelt. In diesen Kommunen geben 50% der Arbeitgeber an, die Einführung sei ihnen „ganz wichtig" (11%) oder „wichtig" gewesen, während 66% der Personalräte dies im Hinblick auf ihre Arbeitgeber annehmen (darunter 26% „ganz wichtig").

Woher kommen diese Wahrnehmungsunterschiede? Diese könnten erstens darauf zurückzuführen sein, dass die Personalräte im Zuge der LOB-Einführung relativ häufig intensiv mit der Arbeitgeberseite kooperierten (Abschluss der Dienstvereinbarung, Betriebliche Kommission), da sie im Einführungsprozess über erhebliche Mitbestimmungsrechte verfügen. Dadurch könnte bei den Personalräten der Eindruck eines besonders hohen Stellenwerts der LOB-Einführung auch dort entstanden sein, wo diese für den Arbeitgeber keineswegs besonders wichtig war. Zweitens ist allerdings auch nicht auszuschließen, dass Arbeitgeber im Bestreben, möglichen Widerständen der Personalräte vorzubeugen, LOB aus taktischen Gründen eine größere Wichtigkeit zugeschrieben haben, als dies ihrer eigenen Überzeugung entsprochen hätte, sozusagen eine bewusst erzeugte Fehlwahrnehmung. Diese könnte auch darauf zurückzuführen sein, dass der eine oder andere Personalverantwortliche zwar in einem professionell-bürokratischen Verständnis eine Umsetzung des § 18 betrieben hatte, ohne jedoch diesem Prozess aus eigener Perspektive größere Bedeutung beizumessen. Zumindest hatten wir im Rahmen der qualitativen Erhebung mitunter diesen Eindruck. Drittens schließlich ist auch nicht auszuschließen, dass der eine oder andere Arbeitgebervertreter der LOB-Einführung nachträglich eine geringere Bedeutung beimessen möchte, als diese für ihn während des Einführungsprozesses tatsächlich hatte, sofern die Praxis nach der Einführung gegenüber seinen Erwartungen eher enttäuschend verlief. Wie wir aus den Fallstudien wissen, liegt eine typische Ursache für Enttäuschungen für Promotoren der LOB-Umsetzung darin, dass ein Teil der Führungskräfte bei der Umsetzung nicht mitzieht oder den Bewertungsprozess nur rudimentär mitträgt, und in der Folge auch ursprünglich engagiert mitwirkende Führungskräfte mit ihrem Engagement nachlassen.

Die Unversöhnlichkeit beim Thema Leistungsentgelt in der tarifpolitischen Arena einerseits, und das hohe Maß an Kooperation (und mitunter sogar gemeinsames Engagement oder geteiltes Desinteresse auf beiden Seiten) in den Kommunen andererseits, sind jedenfalls erklärungsbedürftig. Auch haben wir bereits gezeigt, dass Personalräte und Beschäftigte Leistungsentgelt keineswegs durchgängig ablehnen. Offenbar fällt es auf gewerkschaftlicher Seite den LOB-Gegnern leichter, ihre Position zu artikulieren. Mitunter bestätigte sich diese Vermutung auch, soweit wir Gelegenheit hatten, bei gewerkschaftlichen Veranstaltungen auf der Basis vorläufiger Befunde bzw. der Ergebnisse des Projekts „Entgeltreform" ins Gespräch zu kommen. Da viele Gewerkschafter der Gegnerschaft zum Leistungsentgelt eine hohe, in gewisser Weise ethische Bedeutung beimessen, während sich bei Ver.di keine oder eine allenfalls marginal ähnlich grundsätzliche Argumentation pro Leistungsentgelt findet, verzichteten in dieser Frage eher pragmatisch orientierte Ver.di-Gewerkschafter, die sich insbesondere unter den Personalräten keineswegs selten finden, darauf, ihre Positionen weiter darzulegen.

Nun mag es nicht übermäßig überraschen, dass diejenigen, für die eine Frage von großer Wichtigkeit ist, sich mehr um diese bemühen, und deshalb in der Konsequenz auch den entsprechenden Diskurs prägen. Die Gegner, für die eine rasche Beseitigung des § 18 eine wichtige gewerkschaftliche Forderung darstellt, dominieren somit über jene, die sich zwar eine mehr oder weniger sinnvolle Nutzung vorstellen können, jedoch keineswegs euphorisch sind. Die Diskurshegemonie der grundsätzlichen Kritiker hat jedoch auch aus gewerkschaftlicher Perspektive spätestens dann negative Konsequenzen, wenn es nicht gelingen sollte, die Einführung von leistungsorientierter Bezahlung wieder rückgängig zu machen. Der Nachteil ist, dass im Kontext der Ablehnung sich auch eine gewerkschaftliche Selbstblockade hinsichtlich der Unterstützung der Personalräte bei der Einführung der leistungsorientierten Bezahlung etabliert hat. Die anfängliche Entwicklung von Umsetzungskonzepten wurde seitens Ver.di nur äußerst marginal fortgeführt. Die Chancen, die durch die Verpflichtung zu einer einvernehmlichen Dienstvereinbarung etwa für die Durchsetzung von Zielvereinbarungen und Beteiligungsmöglichkeiten für die Beschäftigten gegeben waren, wurden offenbar bei Weitem nicht genutzt.

Trotz aller Einschränkungen darf jedoch nur in einem kleineren Teil der Fälle angenommen werden, dass ein völlig unzureichender Weg der Einführung beschritten wurde. Abgesehen von Unterschieden des LOB-Systems selbst, sind es unseres Erachtens vor allem drei Punkte, die für die Qualität der Einführung von Leistungsentgelt bedeutsam sind: Kooperation der Betriebsparteien, hinreichende Qualifizierung der Führungskräfte sowie gute Information der Beschäftigten. Diesen Kriterien wurde in den meisten Kommunen mit Leistungsdifferenzierung auch genügt.

In ca. 88% der umsetzenden Kommunen (Datensatz FALL– für Kommunen mit mehr als 3.000 Einwohnern; 92% den Arbeitgebern, und 85% den Personalräten zufolge) wurden von Führungskräften einschlägige Schulungen zur LOB besucht. In der verbleibenden Minderheit an Kommunen gab es solche Angebote nicht. In den Kommunen, in denen Führungskräfte im Kontext der Einführung an Schulungen teilnahmen, handelt es sich zu einem großen Teil um relativ breite Qualifizierungsmaßnahmen und nicht um Veranstaltungen lediglich für eine ausgewählte Schar oberster Führungskräfte. Soweit eine Qualifizierung stattfand, nahmen in 55% dieser Kommunen alle Führungskräfte daran teil, in weiteren 29% die Mehrheit der Führungskräfte (FALL–).[2] Im Mittel haben dem-

2 Allerdings unterscheiden sich die Angaben von Arbeitgebern und Personalräten aus qualifizierenden Kommunen verglichen mit anderen Angaben ungewöhnlich deutlich: Während 84% der Arbeitgeber angeben, die Führungskräfte hätten alle (56%) oder mehrheitlich (28%) an einer Qualifizierung teilgenommen, sprechen die Personalräte zwar in immerhin 80% der Fälle von einer Teilnahme, die Angabe für die vollständige Teilnahme fällt jedoch deutlich ab (43%). Der Vergleich der Angaben von Arbeitgebern und Personalräten aus jenen Kommunen, in denen uns beide Fragebögen vorliegen, zeigt ähnliche Unterschiede. Manche Personalräte mögen über die exakte Teilnahmequote unter den Führungskräften nicht genau informiert gewesen sein oder eine etwas vorsichtigere Angabe gewählt haben. Manche dürften es allerdings, da sie das Hinweisen auf Unzulänglichkeiten

nach in Kommunen mit entsprechendem Angebot ca. 81% aller Führungskräfte an Schulungen teilgenommen.

In gut der Hälfte der LOB-Kommunen (wir sprechen der Einfachheit halber von „LOB-Kommunen“ dann, wenn erstens eine Dienstvereinbarung gilt und zweitens leistungsdifferenzierte Ausschüttung erfolgt) wurden darüber hinaus auch allen oder einem Teil der Beschäftigten Schulungen angeboten und von diesen besucht (FALL–: 53%, AG: 56%, PR: 50%). Im Mittel nahmen 41% der Beschäftigten an diesen Schulungen teil (FALL–), wobei – wie auch bei den Führungskräften – die Personalräte die Teilnehmerquote niedriger ansetzen als die Arbeitgeber.[3] Die Information der Beschäftigten muss nun allerdings keineswegs zwingend die Form von Schulungen annehmen, sie kann auch durch die jeweiligen Vorgesetzten und den Personalrat (etwa auf Personalversammlungen) erfolgen.

In der großen Mehrheit der Fälle, in denen LOB eingeführt wurde, sind sich Personalräte und Arbeitgeber jedenfalls darin einig, dass „aus heutiger Sicht“ die Beschäftigten vor der Einführung „gut“ oder zumindest „eher gut“ informiert worden seien (vgl. Tab. 5.4). Die befragten Arbeitgeber sind sogar zu 85% der Auffassung, dass die Beschäftigen zumindest „gut“ informiert wurden, immerhin 72% der Personalräte sehen dies ebenso. Lediglich 1% der Arbeitgeber und 6% der Personalräte geben an, die Informationspraxis sei „schlecht“ oder „eher schlecht“ gewesen.

Tab. 5.4: Information vor der LOB-Einführung ≡

„Wurden die Beschäftigten vor der Einführung der leistungsorientierten Bezahlung (LOB) gut informiert?“ und *„Wurden Sie vor der Einführung der LOB gut informiert?“* [a]

	gut (1)	eher gut (2)	teils, teils (3)	eher schlecht (4)	schlecht (5)	*Mittelwert*
AG	43,6	41,7	13,7	0,9	0,2	*1,72*
PR	31,3	41,0	21,5	5,5	0,8	*2,03*
BESCH34	31,7	28,2	28,0	9,3	2,8	*2,23*

a – Flächenbefragungen und Beschäftigtenbefragungen: Datensätze AG, PR und BESCH34; Prozente und Mittelwerte

als Teil ihrer Rollendefinition sehen, auch etwas genauer genommen haben als die Arbeitgeberseite (der wiederum Mängel in der Umsetzung eines Beschlusses zur Schulung aller Führungskräfte keineswegs in jedem Fall bekannt gewesen sein dürften). Eventuell könnte sich auch das Verständnis davon unterscheiden, was unter einer Führungskraft zu verstehen ist.

3 Die Personalräte nennen für die Fälle mit Beschäftigtenqualifizierung eine mittlere Teilnahmequote von 36%, die Arbeitgeber von 42%.

Überwiegend „gut“ oder „eher gut“ informiert sehen sich zu 60% auch die Beschäftigten, die wir in 34 Kommunen schriftlich befragten (Befragung BESCH34; vgl. Tab. 2.8). 12% der Beschäftigten sehen sich hingegen „schlecht“ oder „eher schlecht“ informiert. Diese Werte scheinen die Interpretation nahezulegen, dass die Beschäftigten selbst die Informationspolitik schlechter bewerten als die Arbeitgeber und auch die Personalräte. Dies ist nicht auszuschließen. Sinnvollerweise sollten die Angaben der Beschäftigten jedoch nicht unmittelbar mit den Angaben der Kollektivakteure Arbeitgeber und Personalräte verglichen werden, da sie – anders als die Angaben von Personalräten und Arbeitgebern, die stets nach einer bereits aggregierten Einschätzung gefragt wurden – auf der Basis von Einzelangaben zustande kommen.[4] Konstatiert werden darf unseres Erachtens jedoch, und dies deckt sich auch mit unseren Eindrücken vor Ort, dass die Beschäftigten in der Regel eher gut darüber informiert wurden, welche Veränderungen sich durch die LOB-Einführung für sie ergeben.

Unterstützung durch KAV, Gewerkschaften und Organisationsberater

Wir haben auch danach gefragt, inwiefern die Kommunen Unterstützung bei der LOB-Einführung erhielten. Die Antworten zeigen, dass dies keineswegs bei allen Kommunen (mit mehr als 3.000 Einwohnern) der Fall war. 41% der befragten Arbeitgeber geben an, weder durch den Arbeitgeberverband (KAV) noch durch (kommerzielle) Organisationsberater bei der LOB-Einführung unterstützt worden zu sein. Weitere 28% geben an, KAV und/oder Organisationsberater hätten lediglich in geringfügiger Weise mitgewirkt. Organisationsberater spielten aus Sicht der Arbeitgeber die größte Rolle. Immerhin die Hälfte der Arbeitgeber gibt an, Berater hätten „intensiv“ (29%) oder zumindest „geringfügig“ (20%) bei der Einführung des LOB-Systems mitgewirkt. Dabei sind sich die befragten Arbeitgebervertreter und Personalräte in der Einschätzung einig, dass „(kommerzielle) Organisationsberater“ diejenigen externen Akteure waren, die am häufigsten und am intensivsten an der Einführung leistungsorientierter Bezahlung in den Kommunen mitgewirkt haben (vgl. Tab. 5.5). Diese starke Beteiligung von Organisationsberatern war insbesondere in NRW auch im Rahmen der qualitativen Erhebung augenscheinlich.

---

4 Nehmen wir beispielweise an, die in Tabelle 5.4 dargestellte Verteilung der Beschäftigtenangaben würde so auch für jede einzelne Kommunen gelten, dann sollten Arbeitgeber und Personalräte wohl am besten zur Kategorie „eher gut“ greifen und einen Mittelwert hervorbringen, der mit 2,0 besser ausfällt als der Mittelwert von 2,23 aus den Beschäftigtenbefragungen (BESCH34).

Tab. 5.5: Externe Unterstützung bei der LOB-Einführung ≡

„Gab es externe Mitwirkung bei der Einführung des LOB-Systems?“[a]

	AG			PR		
durch	intensiv	geringfügig	nein	intensiv	geringfügig	nein
Arbeitgeberverband (KAV)	9,3	32,6	58,1	13,6	24,4	62,0
Ver.di	0,4	9,7	90,0	7,3	27,7	65,0
dbb, Komba	0,6	1,2	98,3	2,3	6,0	91,7
andere Gewerkschaft	0,0	1,1	98,9	0,0	1,7	98,3
(kommerzielle) Organisationsberater	29,3	19,8	50,9	30,0	18,1	51,9

a – Flächenbefragungen: Datensätze AG und PR; Mehrfachnennungen, Prozente

Für die große Relevanz von Organisationsberatern bei der LOB-Einführung dürften mehrere Gründe von Bedeutung sein:

Erstens fehlt es im öffentlichen Dienst mehr noch als in anderen Branchen (vgl. Bahnmüller et al. 2010) an einer umsetzungspolitischen Tradition der Arbeitgeberverbände, denn eine solche war bisher weitgehend überflüssig. Tarifabschlüsse hatten eine hohe Verbindlichkeit, da prinzipiell die sogenannte „Tarifautomatik“ gilt, d.h. den Akteuren vor Ort kein Handlungsspielraum zugestanden wird, um von Tarifverträgen abzuweichen – auch nicht nach oben. Vor Ort getroffenen Entscheidungen über eine von den Regeln abweichende Bezahlung kommt rechtlich keine Bedeutung zu und wird im Zweifelsfall von Arbeitsgerichten aufgehoben. Die tarifpolitischen Akteure konnten somit bisher davon ausgehen, dass einmal vereinbarte Tarifregelungen in regulärer Weise bürokratisch umgesetzt werden, Unklarheiten und abweichende Deutungen der Bestimmungen wurden vor Gericht geklärt. Zwar hat dieses hohe Maß an Verrechtlichung durchaus auch eine Hinterbühne, in der etwa mittels Modifikationen bei Stellenbeschreibungen informell eine gewisse Flexibilität auch bei Entgeltfragen hergestellt werden kann (Schmidt et al. 2011a), doch eine Beratungs- und Unterstützungspraxis seitens der Arbeitgeberverbände wurde dadurch nicht hervorgebracht. Mit der Vorgabe des § 18 TVöD, über wichtige Entscheidungen der Einführung von Leistungsentgelt dezentral zu entscheiden, wurde damit nicht nur für die Kommunen, sondern auch für die Verbände in einer wichtigen Entgeltangelegenheit eine ungewohnte Situation geschaffen: es entstanden Spielraum und Beratungsbedarf. Doch weder verfügte die Mehrzahl der Kommunen über Erfahrungen mit LOB, noch die Verbände über ausreichend Erfahrung, um die Kommunen bei der Umsetzung adäquat unterstützen zu können.

Da, zweitens, die kommunalen Arbeitgeberverbände ganz ähnlich wie die Kommunen selbst mit durchaus begrenzten Ressourcen haushalten müssen und im Rahmen der Dezentralisierungs- und Ausgründungsprozesse der jüngeren Vergangenheit an Verhandlungspflichten hinzugewonnen haben, stoßen ihre Kapazitäten für unterstützende Aktivitäten durchaus an Grenzen. Darüber hinaus stellt sich die Frage des Verhältnisses von Aufwand und Nutzen auch für die Verbände selbst, die, wie es scheint, keineswegs überall gleich entschieden wurde.

Drittens schließlich hat sich in den letzten Jahren vor allem im Kontext der Entwicklung, Propagierung und Einführung von *New Public Management*-Konzepten ein Betätigungsfeld für Organisationsberater entwickelt, an dessen Erhalt und möglichst Ausdehnung letztere selbstverständlich hohes Interesse haben. Die *Consultants* schickten sich an, die LOB-Beratung der Kommunen in weiten Teilen zu übernehmen und entlasteten damit zugleich die Arbeitgeberverbände gegenüber Erwartungen der Kommunen auf Unterstützung bei der ungewohnten Aufgabe, systematische Bewertungs- und Ausschüttungsverfahren entwickeln zu müssen. Vielerorts wurden kommerzielle Organisationsberater so zu wichtigen Umsetzungshelfern, aber auch zu zentralen Trägern und wichtigen Promotoren des Umsetzungsprozesses selbst. Sie halfen nicht nur auf Anfrage bei der LOB-Umsetzung, sie versuchten auch auf direktem Weg oder vermittelt über Workshops und Kongresse in den Kommunen für Personalfragen Verantwortliche von der Notwendigkeit der LOB-Einführung zu überzeugen. Mitunter mögen dabei aus überschießendem Geschäftsinteresse auch überzogene Erwartungen geweckt worden sein, die anschließend nicht eingelöst werden konnten und zu Enttäuschungen geführt haben. Allerdings ist die Zufriedenheit mit den Organisationsberatern insgesamt relativ hoch (vgl. Tab. 5.6).

Aus Arbeitgebersicht stellt Ver.di den drittplatzierten externen Akteur, dem jedoch lediglich in einem Zehntel der Fälle eine zudem geringfügige

≡ Tab. 5.6: Bewertung externer Mitwirkung

„Wie bewerten Sie die Mitwirkung externer Unterstützer beim Thema LOB?“[a]

	AG	PR
Arbeitgeberverband (KAV)	2,30	3,04
Ver.di	3,36	2,71
(kommerzielle) Organisationsberater	2,19	2,52

a – Flächenbefragungen: Datensätze AG und PR; Mittelwerte einer Skala von 1 = „sehr gut“ bis 5 = „sehr schlecht“

Mitwirkung zugeschrieben wird. Allerdings dürfte die Mitwirkung von Ver.di von den Arbeitgebern unterschätzt werden, da ihnen eine indirekte, über die Personalräte erfolgende Beratung nicht immer bekannt gewesen sein dürfte. Wenig überraschend ist es deshalb, dass die Personalräte die Mitwirkung von Ver.di merklich höher veranschlagen.

Zwei Drittel der Personalräte geben an, Ver.di habe keine Rolle bei der Einführung des LOB-Systems gespielt und lediglich 7%, Ver.di habe „intensiv" mitgewirkt. Wahrscheinlich erfolgte diese Mitwirkung allerdings häufig nicht vor Ort, sondern im Rahmen überbetrieblicher Schulungs- und Diskussionsrunden oder von Hintergrundgesprächen, denn 90% der befragten Arbeitgeber nehmen an, dass gar keine Mitwirkung von Ver.di stattgefunden habe, eine intensive Mitwirkung fand aus der Sicht der befragten Arbeitgeber lediglich in wenigen Ausnahmefällen statt. Zwar ist zu konstatieren, dass dort, wo Personalräte mit Ver.di-Mitgliedschaft den Fragebogen ausgefüllt haben, immerhin knapp 18% angeben, Ver.di habe intensiv mitgewirkt. Doch selbst dort wird zu mehr als 82% keine oder allenfalls eine geringfügige Mitwirkung der Gewerkschaft registriert.[5] Bemerkenswert ist, dass sowohl aus der Perspektive der Personalräte als auch aus der der Arbeitgeber die Arbeitgeberverbände intensiver bei der Einführung von Leistungsentgelt mitgewirkt haben als die Gewerkschaft Ver.di. Da kommunale Arbeitgeberverbände und Organisationsberater nicht selten kooperierten, etwa indem Tagungen inhaltlich gemeinsam gestaltet wurden, Arbeitgeberverbände und Berater sich mitunter auch personell überschnitten und das Interesse an einer breiten LOB-Umsetzung teilten (das Interesse am LOB-Erhalt teilen selbst mit gewerkschaftsnahe Berater), dominierten arbeitgebernahe Einflüsse die externen Faktoren.

Für die Unterstützung der LOB-Umsetzung durch Ver.di gelten zunächst ähnliche Umstände, wie wir sie für die Arbeitgeberverbände genannt haben: eine im öffentlichen Dienst aufgrund des hohen Grades an Verrechtlichung fehlende Tradition einer gewerkschaftlich begleiteten Umsetzung tarifvertraglicher Vereinbarungen, ein Mangel an Ressourcen sowie eine gewisse Chance, bei Bedarf auf Berater zurückgreifen zu können. Von den in den Kommunen agierenden Beratern sind zudem manche durchaus als gewerkschaftsnah zu betrachten. Abgesehen davon, dass Ver.di keineswegs überall vertreten ist (ein Umstand, der für ddb/Komba und andere Gewerkschaften noch deutlicher gilt), hätte doch angenommen werden können, dass gewerkschaftlich stärkere Unterstützung aufgebaut wird, als dies seitens der Arbeitgeberverbände der Fall ist. Schließlich

5 Die seltene Mitwirkung des Beamtenbundes bzw. Komba und anderer Gewerkschaften hat auch etwas damit zu tun, dass diese schwächer vertreten sind.

muss eine Gewerkschaft sich mehr und breiter als letztere um ihre Rekonstitution als Kollektivakteur bemühen (Offe/Wiesenthal 1980), weshalb strukturell bessere Voraussetzungen für eine Unterstützung der Personalräte bei der LOB-Umsetzung hätten erwartet werden können. Bei Ver.di kam jedoch ein politisch bedingter Grund hinzu, der einer breiten Unterstützung entgegenstand: die skeptische und überwiegend ablehnende Haltung der Organisation gegenüber der Einführung leistungsorientierter Bezahlung im öffentlichen Dienst.

Auch wenn die LOB-Einführung, insbesondere aus der diesbezüglich kritischeren Perspektive der Personalräte, nicht überall mit einer guten Information der Belegschaft und Führungskräfteschulungen verbunden war, und anzunehmen ist, dass es auch unter den Nicht-Pauschalausschüttern etliche Fälle gab, in denen trotz Bewertung und differenzierter Ausschüttung die Umsetzung mit wenig Engagement und eigenen Intentionen betrieben oder *de facto* dem Belieben einzelner Führungskräften überlassen wurde, kann doch generell konstatiert werden, dass sich nicht wenige Kommunen durchaus engagiert um die Einführung bemüht haben. Die Annahme mancher Kritiker, dass die Einführung in den allermeisten Fällen nur halbherzig erfolgte, bestätigt sich somit (für diejenigen, die eingeführt haben) nicht. Ebenso wenig lassen sich dann jedoch, dies ist die Kehrseite, auftretende Schwächen der LOB-Praxis durch die Bank mit Einführungsdefiziten und mangelndem Engagement erklären.

Danach gefragt, wie sie die Mitwirkung externer Unterstützer bewerten, sind sich Arbeitgeber und Personalräte wiederum darin einig, dass insbesondere die Mitwirkung von Organisationsberatern positiv zu bewerten sei (vgl. Tab. 5.6). Gut zwei Drittel der Arbeitgeber bewerten die Mitwirkung von Organisationsberatern mit „sehr gut“ (29%) oder „gut“ (40%). Betrachten wir nur diejenigen, die eine solche Beratung auch intensiv genutzt haben, dann steigt der Anteil der zufriedenen unter den befragten Arbeitgebern sogar auf 94% (52% bewerten deren Tätigkeit mit „sehr gut“, 42% mit „gut“). Schlechter fällt das Urteil jener Arbeitgeber aus, die eine Unterstützung von Organisationsberatern nur in geringfügigem Umfang nutzten. Gerade die Unzufriedenheit mit der Beratertätigkeit dürfte in manchen Fällen dazu beigetragen haben, dass keine intensivere Unterstützung abgefragt wurde. Allerdings bewerten auch in dieser Gruppe noch 76% die Beratertätigkeit mit „sehr gut“ (13%) oder „gut“ (63%). Eine ausgesprochen „schlechte“ oder „sehr schlechte“ Bewertung nehmen lediglich 5% der Arbeitgeber mit geringfügiger Nutzung vor, bei intensivem Einsatz von Organisationsberatern werden diese beiden Negativausprägungen gar nicht gewählt. Bemerkenswert ist darüber hinaus, dass auch die Personalräte die Mitwirkung der Berater positiv bewerten.

Während die Arbeitgeber auch die Unterstützung des eigenen Verbandes im Mittel relativ positiv sehen und die Unterstützung von Ver.di überwiegend negativ beurteilen, bewerten die Personalräte die Unterstützung durch Ver.di weniger positiv als die Arbeitgeber die KAV-Unterstützung und stehen der Unterstützung durch den Arbeitgeberverband im Mittel eher unentschieden gegenüber. Betrachten wir lediglich die Ver.di-Personalräte, dann verbessert sich jedoch die Bewertung der Unterstützung durch Ver.di im Mittel auf 2,31. 9% der Ver.di-Personalräte fanden die Unterstützung durch Ver.di „sehr gut" und weitere 62% „gut". Der trotz der Pflicht zur einvernehmlichen Dienstvereinbarung hohe Anteil Systematischer Leistungsbewertungen spricht allerdings dafür, dass fehlende oder nicht-hinreichende gewerkschaftliche LOB-Beratung keine randständigen Phänomene darstellen.

Allerdings hat keineswegs nur Ver.di ein Problem damit, die häufig pragmatische Orientierung vieler Personalräte organisationsintern hinreichend zum Ausdruck zu bringen. Während es den Arbeitgeberverbänden in Kooperation mit Organisationsberatern zwar offenbar besser gelungen ist, die Umsetzungspraxis in den Kommunen zu unterstützen und zu beeinflussen, scheinen sie doch ebenfalls Schwierigkeiten damit zu haben, einem beträchtlichen Teil der Kommunen einen innerverbandlichen Raum der Interessenartikulation zu offerieren. Jedenfalls ist dies der Fall, soweit es sich um die Frage leistungsorientierter Bezahlung handelt. Während, wie dargelegt, in etlichen Kommunen aus diversen Gründen keine Begeisterung über den § 18 zu finden ist, scheint die Politik der VKA-Spitze davon weitgehend unbeeindruckt zu bleiben.

In einer Stadt wurde uns beispielsweise erzählt, dass kleinere Städte und Gemeinden nur sehr geringe Chancen hätten, bei den Arbeitgeberverbänden Gehör zu finden.

> „Die Meinung auf der Arbeitgeberseite, meine ich, wird überwiegend durch die ganz Großen bestimmt. (...) (Auf der KAV-Versammlung wurde) die Frage gestellt, woher denn der Vorstand diese Auffassung ‚pro LOB' nehme, denn man kenne keinen, der dafür sei. Da hat der ganze Saal getobt. (...) (Und es wurde) vorgeschlagen, dass doch der Arbeitgeberverband mal auf Grund des Beifalles (...) eine Umfrage machen sollte in (Bundesland), wie denn die Arbeitgeberseite, wie die Mitglieder des Arbeitgeberverbandes zu diesem Thema stehen. Und da ist eine ausweichende Antwort darauf gegeben worden und man hat keine Mitgliederbefragung gemacht; das haben sie nicht gemacht." (Arbeitgebervertreter, Stadt C)

Selbstverständlich stehen Arbeitgeberverbände ähnlich wie Gewerkschaften vor der Notwendigkeit, zu einer kollektiven Interessenartikulation zu gelangen, und können dabei nicht alle Partialinteressen hinreichend repräsentieren. Ebenfalls unvermeidlich ist es dabei, dass die Interessen großer Kommunen stärker zum Tragen kommen als die kleinerer. Der zitierte Sprecher deutet jedoch an, dass der KAV-Vorstand seines Bundeslandes nicht die Notwendigkeit sah, ernsthaft auf diese Anfrage einzugehen. Dafür, dass dies so gewesen sein dürfte, sprechen mehrere Argumente bzw. Hinweise.

Erstens unterscheidet sich ein Arbeitgeberverband von einem gewöhnlichen Verein oder Verband mit Einzelmitgliedern dadurch, dass er bereits Kollektive organisiert (vgl. Offe/Wiesenthal 1980). Soweit die Kollektivmitglieder unterschiedlich groß sind, kommt den Mitgliedern eines Verbandes deshalb formell oder zumindest informell unterschiedliches Gewicht zu. Während zumindest informelle Einflussunterschiede kaum zu umgehen sind, haben Verbände doch Spielraum, diese Gewichtsunterschiede zu begrenzen oder auszubauen.

Im Falle der kommunalen Arbeitgeberverbände (KAVen) sowie deren Dachverband, der Vereinigung der kommunalen Arbeitgeberverbände (VKA), bei dem in wichtigen Fragen die Tarifhoheit liegt und der den § 18 TVöD ausgehandelt hat, werden zweitens unterschiedliche Einflüsse zwischen großen und kleinen Kommunen satzungsmäßig geregelt, die eine Begrenzung des Einflusses kleinerer Städte und Gemeinden sowohl beim aktiven als auch beim passiven Wahlrecht festschreiben. Die Satzungen der KAVen sind keineswegs alle identisch, sie zeigen jedoch erhebliche Ähnlichkeiten.

Abbildung 5.1 veranschaulicht in einer etwas vereinfachten Darstellung die satzungsgemäße Struktur des KAV Sachsen. In der Mitgliederversammlung unterscheidet sich das stimmliche Gewicht der Kommunen in Abhängigkeit von deren Beschäftigtenzahl, allerdings in degressiver Weise. Doch die Rechte der Mitgliederversammlung im Sinne des § 32 BGB werden nicht von dieser selbst, sondern von einem Hauptausschuss wahrgenommen, der von der Mitgliederversammlung gewählt wird. Der Hauptausschuss hat 32 Mitglieder und ist in quotierter Weise zusammengesetzt, kreisangehörige Städte und Gemeinden stellen zwölf Vertreter, kreisfreie Städte fünf, die restlichen Sitze teilen sich Landkreise, Sparkassen, Ver- und Entsorgungsbetriebe, Verkehrsbetriebe, Krankenhäuser und Pflegeheime sowie sonstige Verbandsmitglieder. Der Hauptausschuss wählt den Vorstand, der aus 14 Mitgliedern besteht und wiederum quotiert ist, die kreisfreien Städte haben drei Vertreter, die kreisangehörigen Städte und Gemeinden ebenfalls, die restlichen Mitglieder werden wieder von den anderen Gruppen gestellt. Der relative Einfluss der drei kreisfreien Städte und der anderen Kommunen hat sich zwischen der (ohnehin mit

Abb. 5.1: Hinweise zu den Entscheidungsstrukturen der kommunalen Arbeitgeberverbände am Beispiel von KAV Sachsen und VKA ≡

Beschließt über den Abschluss und die Kündigung von Tarifverträgen

Mitgliederversammlung VKA (derzeit 57 Mitglieder, mind. einmal jährlich):

Jahr 2008: 6 Vertreter Baden-Württemberg, 8 Bayern, 2 Berlin, 3 Brandenburg, 1 Bremen, 1 Hamburg, 5 Hessen, 2 Mecklenburg-Vorpommern, 5 Niedersachsen, 9 Nordrhein-Westfalen, 3 Rheinland-Pfalz, 1 Saar, 3 Sachsen, 3 Sachsen-Anhalt, 3 Schleswig-Holstein, 2 Thüringen

„Jeder Mitgliedverband kann seine Stimme nur einheitlich abgeben." (§ 11,2 Satzung VKA)

Präsidium VKA
besteht aus:
Vorsitzende Mitgliedsverbände,
Vorsitzende Gruppenausschüsse
Hauptgeschäftsführer VKA

entsendet Vertreter zur VKA-Mitgliederversammlung

entscheidet über:
alle grundsätzlichen Angelegenheiten.
Wählt geschäftsführenden Vorstand

Vorstand KAV (14 Mitglieder, min. einmal jährlich):

3 Vertreter kreisfreie Städte, 3 Vertreter kreisangehörige Städte und Gemeinden, 2 Vertreter Landkreise, 1 Vertreter Sparkassen, 1 Vertreter Versorgungs- u. Entsorgungsbetriebe, 1 Vertreter Verkehrsbetriebe, 1 Vertreter Krankenhäuser und Pflegeheime, 2 Vertreter sonstige Verbandsmitglieder

Aufgaben: u.a. *„die Vertreter in die Gremien der Spitzenorganisationen oder Vereinigung gem. § 2 Abs. 4 zu entsenden"* (§ 13,5 Satzung KAV)

wählt Vorstand

entscheidet über:
Haushalt
Abschluss u. Kündigung v. Tarifverträgen

Hauptausschuss KAV Sachsen (32 Mitglieder, mind. einmal jährlich):

5 Vertreter kreisfreie Städte, 12 Vertreter kreisangehörige Städte und Gemeinden, 5 Vertreter Landkreise, 2 Vertreter Sparkassen, 2 Vertreter Versorgungs- u. Entsorgungsbetriebe, 2 Vertreter Verkehrsbetriebe, 2 Vertreter Krankenhäuser und Pflegeheime, 2 Vertreter sonstige Verbandsmitglieder

„Der Hauptausschuss ist Mitgliederversammlung im Sinne des § 32 BGB." (§ 12,1 Satzung KAV)

wählt Hauptausschuss

entscheidet über:
Satzungsänderung
Verbandsauflösung

Mitgliederversammlung KAV Sachsen (alle 2 Jahre):

Mitglieder mit bis zu 500 Beschäftigten: 1 Stimme, mit 501–1000 Beschäftigten: 2 Stimmen, mit 1001–2000 Beschäftigten: 3 Stimmen, mit 2001–4000 Beschäftigten: 4 Stimmen, mit über 4000 Beschäftigten: 5 Stimmen, Kommunale Spitzenverbände nehmen mit beratender Stimme teil.

Vereinfachte Darstellung ohne Gruppenausschussstrukturen.

Ergänzende Information: Sachsen hat 3 kreisfreie Städte (Leipzig, Chemnitz, Dresden, 482 kreisangehörige Städte und Gemeinsen sowie zehn Landkreise.

Quellen: Satzung VKA; Satzung KAV Sachsen, Kommunaler Arbeitgeberverband Sachsen 1990–2010 (Jubiläumsschrift)

schwachen Rechten ausgestatteten) Mitgliederversammlung und dem Vorstand erheblich verschoben. Der Vorstand wählt den geschäftsführenden Vorstand und entsendet die Vertreter in die Mitgliederversammlung der VKA.

Die Mitgliederversammlung der VKA setzt sich entsprechend der Größe der Mitgliedsverbände, also der einzelnen KAVen zusammen und hat derzeit 57 Mitglieder, darunter drei aus Sachsen. Nordrhein-Westfalen und Bayern sind mit neun bzw. acht Mitgliedern am stärksten vertreten. Die VKA-Mitgliederversammlung beschließt laut Satzung „über den Abschluss und die Kündigung von Tarifverträgen“ und das Recht, „die Gruppenausschüsse zu bilden und aufzulösen“ sowie die Gruppenausschüsse „mit der Durchführung von Tarifverhandlungen zu beauftragen“.

> „Das engere, für tarifpolitische Entscheidungen maßgebende Gremium ist das Präsidium, welches sich aus den Vorsitzenden der Mitgliedsverbände, den Vorsitzenden der Gruppenausschüsse und dem Hauptgeschäftsführer zusammensetzt.“ (Keller 2010: 49)

„Gruppenausschüsse“ spielen eine erhebliche Bedeutung bei der Aushandlung von Tarifverträgen, sie „fällen de facto Entscheidungen, die innerverbandlich umgesetzt werden müssen“ (Keller 2010: 50). Derzeit existieren folgende sechs Gruppenausschüsse: Flughäfen, Krankenhäuser und Pflegeeinrichtungen, Nahverkehrsbetriebe und Häfen, Sparkassen, Verwaltung und Versorgungsbetriebe. Laut Satzung entsendet jeder Mitgliedsverband „in jeden Gruppenausschuss jeweils für drei Geschäftsjahre ein ordentliches Mitglied und ein stellvertretendes Mitglied“. Darüber hinaus heißt es unter „Gemeinsame Vorschriften für die Organe, die Gruppenausschüsse und die Geschäftsführerkonferenz“, dass „als Mitglieder oder deren Stellvertreter Mitglieder von Organen der Mitgliedverbände entsandt werden“ sollen.

Es dürfte deutlich geworden sein, dass es kleinen Kommunen aus kleineren Bundesländern nahezu unmöglich ist, die Entscheidungsprozesse per Voice zu beeinflussen. Auch generell scheint eine Meinungsbildung unter breiter Beteiligung der Kommunen in dieser oligarchischen Struktur unwahrscheinlich zu sein. Da die Kommunen keine privaten Unternehmen und auch politisch eingebunden sind, scheint zudem auch die Exit-Option meist nicht in Frage zu kommen,[6] d.h. auch der Druck auf

6 In NRW gab es unseres Wissens einen Landkreis, der wegen der LOB-Einführung seinen Austritt aus dem KAV NW betrieb, dann jedoch diesen Schritt wieder zurücknahm – u.a. auch in der Folge von Bemühungen der Gewerkschaft Ver.di, der an einer Fragmentierung der Tariflandschaft nicht gelegen war.

eine freiwillige Berücksichtigung der Interessenlagen kleiner Kommunen ist nicht besonders stark.

Drittens wirken auf die VKA nicht nur Einflüsse aus den sie konstituierenden kommunalen Arbeitgeberverbänden, sondern es existieren auch Quereinflüsse aus anderen Zusammenschlüssen der Kommunen, laut Satzung der VKA ist die Bundesvereinigung der kommunalen Spitzenverbände auch im Präsidium der VKA mit beratender Stimme vertreten. Da Städtetag, Städte- und Gemeindebund und Landkreistag jeweils Teile der Mitgliedschaft auch der VKA abdecken, besteht hier ein weiterer Einflussfaktor auf die VKA, der in seiner Relevanz einer eigenen Untersuchung bedürfte. Eine merkliche Einflussnahme auf die VKA bzw. eine wechselseitige Abstimmung tarifpolitisch relevanter Grundfragen ist allein deshalb unverzichtbar, weil die VKA lediglich für die Tarifbeschäftigten zuständig ist, während die kommunalen Spitzenverbände für die Besoldung der Beamten verantwortlich sind (vgl. Keller 2010: 44ff), welche sich lange Zeit an den Tarifentgelten orientierte. Doch auch eine informelle Synchronisation auf der Ebene der großen Städte ist wahrscheinlich. „Darüber hinaus bestehen zwischen VKA und Städtetag rege informelle Kontakte“ (Keller 2010: 59), die auch unmittelbar auf kommunaler Ebene stattfinden können. Die Stadt München stellte mit ihrem Oberbürgermeister Christian Ude zeitweise sowohl den Präsidenten des Deutschen Städtetages als auch mit dem berufsmäßigen Stadtrat und Personal- und Organisationsreferenten Dr. Thomas Böhle den Präsidenten der VKA. Da auf dem Gebiet der kommunalen Spitzenorganisationen und der VKA als eine Faustregel zu gelten schien oder scheint, dass die Aufteilung der Einflüsse nicht nur speziellen Mitgliederinteressen, sondern auch einer Art parteipolitischer Arbeitsteilung gehorcht, in der die großen Parteien abwechselnd den Präsidenten des Städtetages stellen, der Landkreistag eher der CDU zugerechnet wird und die VKA der SPD, ist eine Abstimmung zwischen den Verbänden oder zumindest eine Antizipation der Erwartungen der anderen auch unverzichtbar, wenn politische Brüche vermieden werden sollen.

Diese Strukturen kommunaler Interessenartikulation bieten den Vorteil, einmal abgeschlossene Tarifverträge keiner ständigen Neudiskussion unterziehen zu müssen, sobald sich – etwa in der Folge von Kommunalwahlen – die politischen Orientierungen in Kommunen verändern. Der Nachteil besteht allerdings darin, dass eine ausgeprägte Oligarchie entsteht, die allerdings so lange kaum problematische Folgen nach sich zieht, wie die Interessenunterschiede zwischen kleinen und großen Mitgliedern wenig ausgeprägt sind (Keller 2010: 57). Bei der Thematik leistungsorientierter Bezahlung deuten sich allerdings Spannungen zwischen der Spitze der VKA und etlichen KAV-Mitgliedern an, die jedoch meist nicht offen artikuliert werden. Auffallend ist, dass zwar die kleinen Kommunen mit leistungsorientierter Bezahlung definitiv am wenigsten anfangen können, doch auch größere Kommunen keineswegs durchgängig großes Interesse an einer Umsetzung zeigen. Mitunter war der Eindruck zu gewinnen, dass in manchen großen Kommunen lediglich die Verbandsloyalität stärker ausgeprägt ist, es jedoch dort ebenfalls keineswegs selbstverständlich ist, dass mit der leistungsorientierten Bezahlung auch ein eigenes städtisches Ziel umgesetzt wird.

Eine gewisse Unzufriedenheit mit der leistungsorientierten Bezahlung mitunter auch bei großen Städten spricht dafür, dass die Oligarchie der kommunalen Arbeitgeberverbände und der VKA mit dem Verweis auf die stärker ausgeprägten Durchsetzungschancen großer Kommunen noch nicht zureichend beschrieben ist. Darüber hinaus lässt sich feststellen, dass auch Teile des hauptamtlichen Apparates eine selbständige, proaktive Rolle bei der Interessendefinition und Interessendurchsetzung auch gegenüber Teilen der eigenen Mitgliedschaft einnehmen. Dies gilt jedenfalls für die Frage des Leistungsentgelts. Besonders hervorzuheben ist in dieser Frage der erwähnte ehemalige Hauptgeschäftsführer des KAV NW, dessen Engagement für die LOB sich keineswegs auf eine bloße Repräsentation der Interessen großer Kommunen reduzieren ließ.

Die Verbandsspitze und wichtige Teile des Apparates der kommunalen Arbeitgeberverbände verfolgten mit der LOB-Einführung durchaus eigenständige Modernisierungsziele (Schmidt et al. 2011b), die gemeinsam lediglich mit einem Teil der großen Kommunen entwickelt und vertreten wurden. Leistungsorientierte Bezahlung soll den Kommunen nicht nur dezentral Spielräume der Entgeltgestaltung einräumen, sondern die Kommunen und vor allem die Vorgesetzten auch dazu zwingen, nach Leistung zu differenzieren, sich dabei Gedanken über die Leistungserbringung zu machen, sowie generell dazu beitragen, Führungskompetenz und organisatorische Abläufe zu verbessen.

Die satzungsgemäßen Entscheidungsstrukturen der kommunalen Arbeitgeberverbände bzw. der VKA, die Quereinflüsse der kommunalen Spitzenverbände sowie der Gestaltungswille von Apparat und Verbandsspitze haben dabei dazu beigetragen, dass sich von der Beschlusslage abweichende Positionen im Arbeitgeberlager kaum artikulieren können. Dabei handelt es sich mitunter nicht nur um den Effekt einer oligarchischen Struktur, sondern auch um aktive Nichtkenntnisnahme abweichender Orientierungen.

Zumindest folgten wichtige kommunale Arbeitgeberverbände und die VKA mit der leistungsorientierten Bezahlung einer „Einflusslogik“ (Streeck

1999), die sich keineswegs auf die Repräsentation von Mitgliederinteressen beschränkt. Eine ähnliche Beobachtung machten wir auch bei der Einführung der ERA-Tarifverträge in Baden-Württemberg (Bahnmüller et al. 2010), allerdings mit einem gewichtigen Unterschied: Während die Einflussnahme des Arbeitgeberverbandes Südwestmetall bei der Einführung des ERA-Tarifvertrages mit dem Versuch der Durchsetzung einer höheren Verbindlichkeit der tarifvertraglichen Eingruppierungsbestimmungen verbunden war (Einführung einer der sogenannten Tarifautomatik des öffentlichen Dienstes ähnlichen Verfahrensweise, um die betrieblichen Spielräume für höhere Eingruppierungen einzudämmen), ist bei der Einführung leistungsorientierter Bezahlung in den Kommunen der Versuch der Einflussnahme des Verbandes mit der Dezentralisierung von Entscheidungsstrukturen verbunden. Ein Widerspruch, der vor allem deshalb problemwirksam wird, weil in einem beachtlichen Teil der Kommunen die Umsetzung unterbleibt und in etlichen Kommunen eine Umsetzungsform gewählt wird, die den weitreichenden Intentionen der Modernisierung der Kommunen mittels LOB nicht genügt, wie sie zumindest von Teilen der VKA intendiert war.

Es entsteht bei der leistungsorientierten Bezahlung somit der etwas paradoxe Umstand, dass gerade die von der VKA gewollte Dezentralisierung den Gegnern des Leistungsentgelts unter den Personalräten (aber auch unter den Arbeitgebern) den Ansatzpunkt bietet, um die Einführung zu verhindern oder auf eine Einsatzform hinzuwirken, die der Intention der VKA nicht entspricht. Bemerkenswerterweise sind es dann nicht zuletzt Gewerkschafter und Personalräte, die dafür plädieren, allen oder den kleinen Kommunen die Umsetzung des § 18 völlig freizustellen (also nicht durch eine Ausschüttungsbegrenzung zu sanktionieren) und sich insofern auch für eine weitergehende Dezentralisierung aussprechen. Zwar wird damit das Ziel einer faktischen Wiederherstellung der Situation vor der LOB-Einführung angestrebt, doch wahrscheinlich würde zum jetzigen Zeitpunkt diese nur partiell erreicht werden. Erwartungsgemäß dürfte sich ein Teil der Kommunen, weil sie den § 18 ohnehin nur aus verbandlicher oder tarifvertraglicher Loyalität umgesetzt haben oder ihre Erwartungen inzwischen wegen lückenhafter Umsetzung durch die Vorgesetzten, mangelnder Akzeptanz bei den Beschäftigten oder ausbleibender oder schwacher Effekte enttäuscht wurden, unter der Voraussetzung der Freiwilligkeit aus der LOB-Anwendung verabschieden (vgl. Kap 5.4). Doch andere würden daran festhalten wollen. Schließlich teilen auch nicht wenige Arbeitgeber und etliche Personalräte die Ziele des § 18 bzw. der VKA oder nehmen zumindest an, mittels LOB das Ziel der leistungsgerechten Bezahlung erreichen zu können. Uneingeschränkte Freiwilligkeit der LOB-

Umsetzung würde sicherlich die Verbreitung von Leistungsentgelt etwas reduzieren, am Zustand unterschiedlicher Entgeltpraktiken jedoch grundsätzlich nichts ändern und die Fragmentierung definitiv legalisieren. Die Forderung nach der Freiwilligkeit ist somit nicht nur bei den Befürwortern leistungsorientierter Bezahlung unbeliebt, sondern bedarf auch vom Standpunkt des Flächentarifvertrags der kritischen Abwägung. Wir werden auf diesen Punkt zurückkommen.

5.2 LOB-Funktionalität und betriebliche Arbeitsbeziehungen

Die Zusammenarbeit zwischen Arbeitgebern und Personalräten vor Ort war bei der LOB-Einführung in den Augen beider Parteien nicht nur überwiegend gut, sie war dies in vielen Fällen auch durchaus intendiert. 73% der Arbeitgeber und 55% Personalräte berichten davon, man sei sich einig gewesen, „dass die LOB-Einführung nur gemeinsam und kooperativ gelingen" könne. Zwar sehen die Personalräte dies etwas weniger rosig, doch gerade einmal 2% sagen explizit, es habe keine oder eher keine Einigkeit über die Notwendigkeit einer kooperativen Einführung bestanden (vgl. Tab. 5.7).

Zwar wurde mitunter kontrovers diskutiert, überwiegend scheint jedoch auch dies nicht der Fall gewesen zu sein. Das mag vor dem Hintergrund der bei vielen Personalräten fehlenden gewerkschaftlichen Unterstützung bisweilen auch einen Grund darin gehabt haben, dass Personalräte über keinen eigenständigen Standpunkt zum Thema „LOB" verfügten und den Vorgaben der Verwaltung lediglich folgten. Zumindest wird dann, wenn der Fragebogen von einem Ver.di-Mitglied ausgefüllt wurde, etwas häufiger von kontroversen Diskussionen berichtet als bei nicht organisierten Personalräten (vgl. Tab. 5.8). Auch gibt lediglich eine Minderheit von 10% der Personalräte an, die Arbeitgeberseite versuche, die Personalräte „möglichst wenig zu beteiligen". Unter den Arbeitgebern selbst sind nur 2% der Auffassung, so verfahren zu sein. Gleichwohl berichtet auch die Mehrheit der in Ver.di Organisierten, dass es keine oder eher keine kontroversen Diskussionen gegeben habe. Da offenbar meist auch Einigkeit darin bestand, dass die Beschäftigten „gut informiert und beteiligt werden sollten",[7] darf angenommen werden, dass die Kooperation

7 Selbstverständlich ist anzunehmen, dass allein aufgrund der Zustimmung zu diesem Statement keineswegs immer ein elaboriertes Beteiligungskonzept unterstellt werden darf, doch es herrschte diesbezüglich auch Übereinstimmung zwischen den Betriebsparteien.

Tab. 5.7: Situation bei der Einführung des Leistungsentgelts[a] ≡

„Man war sich einig, dass die LOB-Einführung nur gemeinsam und kooperativ gelingen kann"

	Trifft zu (1)	Trifft eher zu (2)	Teils, teils (3)	Trifft eher nicht zu (4)	Trifft nicht zu (5)	*Mittelwert (Standardfehler)*
AG	72,5	21,9	1,6	0,7	3,3	*1,40 (,053)*
PR	55,1	34,2	8,2	2,1	0,3	*1,58 (,048)*

„Die Verhandlungen verliefen sehr kontrovers"

	Trifft zu (1)	Trifft eher zu (2)	Teils, teils (3)	Trifft eher nicht zu (4)	Trifft nicht zu (5)	*Mittelwert (Standardfehler)*
AG	4,2	4,0	19,2	30,7	42,0	*4,02 (,069)*
PR	8,8	9,7	22,8	28,6	30,1	*3,62 (,074)*

„Es wurde versucht, die Arbeitnehmervertreter möglichst wenig zu beteiligen" [b]

	Trifft zu (1)	Trifft eher zu (2)	Teils, teils (3)	Trifft eher nicht zu (4)	Trifft nicht zu (5)	*Mittelwert (Standardfehler)*
AG	0,2	1,5	0,8	21,3	76,2	*4,72 (,037)*
PR	2,7	7,7	8,8	35,1	45,7	*4,14 (,062)*

„Es bestand Einigkeit, dass die Beschäftigten gut informiert und beteiligt werden sollten"

	Trifft zu (1)	Trifft eher zu (2)	Teils, teils (3)	Trifft eher nicht zu (4)	Trifft nicht zu (5)	*Mittelwert (Standardfehler)*
AG	59,1	35,4	5,0	0,5	0,0	1,47 (,039)
PR	48,6	30,1	12,6	6,9	1,8	1,83 (,060)

a – Flächenbefragungen: Datensätze AG und PR; Prozente und Mittelwerte, Standardfehler in Klammern; b – Statement für Personalräte leicht anders: „Der Arbeitgeber versuchte die Arbeitnehmervertreter möglichst wenig zu beteiligen."

zwischen den Betriebsparteien durchaus nicht nur angepasstem Personalratsverhalten geschuldet war. Die Zustimmung der Personalräte zu einer Dienstvereinbarung erfolgte in den meisten Fällen offenbar auch nicht auf der Basis von Druck oder von Tauschgeschäften. Der Aussage „Der Personalrat stimmte einer Dienstvereinbarung zur LOB-Umsetzung zu, weil der Arbeitgeber dafür an anderer Stelle entgegenkam" stimmen 82% der Personalräte „nicht" oder „eher nicht" zu. 26% der Personalräte geben an, ursprünglich das Ziel, „eine pauschale Ausschüttung an alle zu erreichen", verfolgt (15%) bzw. „eher" verfolgt zu haben (11%).

≡ Tab. 5.8: Kontroversen bei LOB-Einführung nach Gewerkschaftszugehörigkeit

„Die Verhandlungen verliefen sehr kontrovers"[a]

	Unorganisierte PR	Ver.di-PR	dbb, Komba
Trifft zu (1)	8,7	10,5	5,3
Trifft eher zu (2)	9,6	10,3	6,7
Teils, teils (3)	19,8	23,4	35,8
Trifft eher nicht zu (4)	24,1	34,7	33,0
Trifft nicht zu (5)	37,8	21,1	19,2
Mittelwert (Standardfehler)	*3,73 (,112)*	*3,46 (,117)*	*3,54 (,206)*

a – (Flächenbefragung: Datensatz PR; Prozente und Mittelwerte, Standardfehler in Klammern)

Wie es auch von der Mehrheit der Akteure in den Kommunen gesehen wird, scheint es aus mehreren Gründen plausibel zu sein, dass ein System leistungsorientierter Bezahlung dann besser funktioniert, wenn es von Arbeitgebern und Personalräten gemeinsam getragen wird. Selbst von einem engen ökonomischen Standpunkt aus, in dem allein auf die Wirkung des materiellen Anreizes gesetzt wird, bedarf es doch der Akzeptanz eines LOB-Systems zumindest bei den Vorgesetzten, da diese für die Umsetzung der leistungsorientierten Bezahlung verantwortlich sind. Diese Akzeptanz sollte weitaus wahrscheinlicher sein, wenn die Einführung nicht von Konflikten geprägt ist und die Betriebsparteien die Einführung gemeinsam vertreten. Die Durchsetzungsfähigkeit öffentlicher Arbeitgeber dürfte zu schwach sein, um gegen den ausdrücklichen Willen von Vorgesetzten ein solches System funktionsfähig zu implementieren (Bogumil et al. 2007a). Darüber hinaus gibt es auch einen Zusammenhang zwischen der Akzeptanz bei den Beschäftigten und der Funktionsfähigkeit leistungsorientierter Bezahlung (vgl. Kap. 4), obgleich materielle Anreizeffekte auch dann auftreten können, wenn die Beschäftigten das LOB-System eher negativ bewerten.

Während jedoch eine kooperative LOB-Einführung einerseits der Akzeptanz und vermittelt auch der Funktionalität zuträglich sein dürfte, kann andererseits die gute Zusammenarbeit auch dadurch zustande gekommen sein, dass sich die Betriebsparteien darin einig waren, sich mehr um die Frage der Leistungsgerechtigkeit als um die Frage des Leistungsanreizes zu kümmern oder eine möglichst breite Ausschüttung anzustreben, die sich (wie bereits angedeutet) nicht allzu sehr von einer Pauschalausschüttung unterscheidet. Mitunter wurden uns auch Fälle bekannt, in denen ein Kompromiss gefunden wurde, in dem sich zwar jede Seite wiederfinden konnte, dabei jedoch kein funktionsfähiges LOB-System zustande kam.

Ein Zusammenhang zwischen einer guten Kooperation bei der Einführung leistungsorientierter Bezahlung und den Effekten derselben scheint insofern zwar plausibel zu sein, wenn angenommen wird, die gute Zusammenarbeit würde für ein gemeinsames Bemühen stehen, LOB wirkungsmächtig einzuführen und anzuwenden. Beruht die gute Kooperation jedoch primär darauf, dass ein modus vivendi gefunden wurde, wie man ohne großen Aufwand und Ärger seine Pflicht erfüllt, dann ist eine statistische Korrelation zwischen einem wirksamen LOB-System und der Intensität und Qualität der Kooperation keineswegs zwingend.

Betrachten wir, inwiefern die bereits diskutierten Effekte leistungsorientierter Bezahlung (vgl. Tab. 3.2) mit der Kooperationsqualität („Wie war die Zusammenarbeit mit dem Personalrat bei der Einführung von Leistungsentgelt?") während des Einführungsprozesses korrelieren, dann findet sich bei den Arbeitgebern lediglich beim Stichwort „Kunden-/Bürgerorientierung" eine signifikant positive Korrelation. Für alle anderen Effekte finden sich überaus schwache und nicht hinreichend signifikante Zusammenhänge. Bemerkenswerterweise finden sich jedoch auf Basis der Angaben der Personalräte für nahezu alle LOB-Effekte deutlich stärkere Zusammenhänge mit Kooperation, die in der Regel auch signifikant sind. Zwar dürfte es kaum überraschen, dass Kooperation für die Personalräte als schwächere der beiden Betriebsparteien von größerer Bedeutung ist, doch da es sich hier nicht um eine bewusste Verknüpfung von Kooperation und erfolgreicher LOB-Einführung handelt (ein solch positiver Zusammenhang wird von der Mehrheit der Arbeitgeber wie der Personalräte gesehen, vgl. Tab. 5.7), sondern lediglich um eine statistische Korrelation separat erfragter Angaben, überraschen die deutlichen Abweichungen doch etwas.

Um auszuschließen, dass sich diese Abweichung durch die partiell abweichende Zusammensetzung der beiden Netto-Stichproben erklärt, haben wir auch die Korrelationen für jene Kommunen betrachtet, in denen uns die Fragebögen beider Betriebsparteien vorliegen. Zwar weichen die Korrelationskoeffizienten des Zwillingsdatensatzes durchaus ab (was sie, da es sich um die ungewichteten Daten eines zudem kleineren Datensatz handelt, der weniger den Kriterien der Repräsentativität genügen kann, auch müssen), doch ein deutlich stärkerer Zusammenhang zwischen Kooperationsqualität und LOB-Effekten zeigt sich auch bei den Zwillingsangaben nicht (vgl. Tab. 5.9).

Von Ausnahmen abgesehen fehlen arbeitgeberseitig auch hier weitgehend beachtenswerte signifikante Korrelationen.[8] Wirklich überzeugend

8 Dabei bewerten die Arbeitgeber der paarweise betrachteten Kommunen alle genannten LOB-Effekte positiver als die Personalräte. Auch dies spricht dafür, dass

≡ Tab. 5.9: Korrelation von guter Zusammenarbeit bei der LOB-Einführung mit LOB-Funktionalität

„Welche Effekte hatte die Einführung der LOB auf nachfolgende Punkte?“ mit *„Wie war die Zusammenarbeit mit dem Personalrat bei der Einführung von Leistungsentgelt (LOB)?“* [a]

	AG/PR-Datensätze		Zwillingsdatensatz	
	AG	PR	AG	PR
Dienstleistungsqualität	,133	,105	,238*	,154
Führungskompetenz	,069	,177**	,119	,205*
Kunden-/Bürgerorientierung	,208**	,105	,288**	,192
Aufgaben- und Prozesssteuerung	,069	,177**	,082	,139*
Motivation	,077	,253**	,064	,200*
Effizienz der Arbeitsprozesse	,066	,111	,087	,209*
Personalkosteneffizienz	,071	,080	,122	,004
Wirtschaftlichkeit	,007	,177**	,133	,075
Eigenverantwortung	,034	,291**	,144	,362**
Führen mit Zielen	,000	,229**	,019	,250*
Leistung	-,028	,337**	,133	,377**
Leistungsgerechte Bezahlung	,098	,243**	,131	,222*
Begrenzung des Leistungsdrucks	-,004	,134*	,027	,127
Verhältnis Führungskräfte – Mitarbeiter	,033	,171**	,206*	,189
Verhältnis unter den Kolleg/inn/en	,063	,254**	,064	,218*
Beteiligung der Beschäftigten	,090	,206**	,094	,208*
Mitbestimmung bei Leistungsfragen	nicht gefragt	,205**	nicht gefragt	,180

a – Flächenbefragungen: Datensätze AG, PR und Zwillingsdatensatz zum Paarvergleich; Korrelationskoeffizienten nach Pearson

* –signifikant auf 0,05-Niveau; ** – signifikant auf 0,01-Niveau; Zwillingsangaben ungewichtet.

scheint hier nur folgendes zu sein: Die Wahrnehmung eines Zusammenhanges zwischen einer guten Kooperation der Betriebsparteien und den Wirkungen leistungsorientierter Bezahlung wird erstens davon beeinflusst, ob ein solcher Zusammenhang erwartet wird. Ein solcher Zusammenhang muss zweitens von den Personalräten aus interessenbedingt-performativen Gründen in stärkerem Maße angenommen werden, als dies arbeitgeberseitig der Fall ist, denn praktizierte Mitwirkung und Mitbestimmung stärken die gestaltende Rolle der Personalräte, während die Autonomie der Arbeit-

---

diesbezügliche Unterscheide nicht mit Abweichungen zwischen AG- und PR-Datensatz zu erklären sind.

geberseite eingeschränkt wird. Zwar fällt der Zusammenhang zwischen Zusammenarbeit und LOB-Effekten auf Basis der Zwillingsangaben auch auf Arbeitgeberseite nirgends signifikant negativ aus, sondern überwiegend schwach und nicht signifikant positiv, doch es darf angenommen werden, dass Personalräte die Bedeutung der Zusammenarbeit für die Funktionalität leistungsorientierter Bezahlung eher überschätzen, während auf Arbeitgeberseite der umgekehrte Fall zutrifft. Eingedenk der ohnehin schwachen LOB-Effekte und der überwiegend leicht positiven, wenn auch nicht signifikanten Tendenz auf Arbeitgeberseite, interpretieren wir die vorliegenden Daten als Bestätigung eines Zusammenhanges zwischen Kooperation und LOB-Effekten.[9]

Beruht ein positiver Zusammenhang zwischen einer guten Kooperation der Betriebsparteien im Einführungsprozess und LOB-Effekten darauf, dass die Akzeptanz der LOB gesteigert wird, weil der Personalrat darauf verzichtet, den Beschäftigten LOB-kritische Argumente zu liefern, da die Anliegen der Beschäftigten zudem bereits frühzeitig eingebracht werden können, dann sollte auch angenommen werden, dass negative Effekte der LOB-Einführung in einem umgekehrten Zusammenhang mit guter Kooperation im Einführungsprozess stehen. Tabelle 5.10 zeigt, dass dies auf Basis der Angaben der Personalräte auch der Fall ist. „Neid und Konkurrenzdenken“, „Konflikte“, „Demotivation“ und „Misstrauen“ korrelieren nach Angaben der Personalräte umgekehrt mit guter Zusammenarbeit im Einführungsprozess. Auf Grundlage der Arbeitgeberangaben finden sich jedoch keine hinreichend signifikanten Zusammenhänge. Auch hier gilt wieder, wie die Daten für die Kommunen mit gepaarten Fragebögen zeigen, dass sich die Unterschiede der Effekte auf Basis der Angaben der Arbeitgeber und der Personalräte nicht auf Abweichungen der Stichproben zurückführen lassen. Weil es sich wiederum nicht um Unterschiede handelt, die sich auf die bewusste Zustimmung zu Statements im Stile von „Kooperation zwischen Arbeitgeber und Personalrat beugt Misstrauen vor“ beziehen, sondern um die statistische Korrelation separat erhobener Variablen, wird auch hier klar, dass die (Bewertung der) Kooperation und die Wahrnehmung von Negativeffekten auf die betrieblichen Sozialbeziehungen tatsächlich zusammenhängen – jedenfalls bei den Personalräten.

---

9 Betrachten wir die Korrelationen zwischen der Qualität der Zusammenarbeit während der LOB-Einführung und den LOB-Effekten auf Basis der Arbeitgeberangaben lediglich für Kommunen mit Zielvereinbarungen, nimmt der Korrelationskoeffizient bei nahezu allen Effekten an Stärke zu. Da zugleich die Fallzahl abnimmt, beschränkt sich die Signifikanz allerdings auch dann lediglich auf den Effekt der „Kunden-/Bürgerorientierung“ (Korrelationskoeffizient: ,346*). Auf Basis der Personalratsangaben ändern sich die Korrelationskoeffizienten weniger ausgeprägt.

≡ Tab. 5.10: Korrelation von guter Zusammenarbeit bei der LOB-Einführung mit negativen LOB-Effekten

„Wie war die Zusammenarbeit mit dem Personalrat (zwischen Personalrat und Arbeitgeberseite) bei der Einführung von Leistungsentgelt (LOB)?" mit *„Hatte die Einführung von Leistungsentgelt auch problematische Effekte?"*[a]

	AG/PR-Datensätze		Zwillingsdatensatz	
	AG	PR	AG	PR
Verwaltungsaufwand	–,071	,107	–,129	–,011
Leistungsdruck	,023	–,085	–,059	–,159
Neid und Konkurrenzdenken	,033	–,151*	–,011	–,159
Konflikte	–,031	–,221**	–,139	–,210*
Demotivation	–,041	–,292**	–,025	–,205*
Misstrauen	–,014	–,298**	–,145	–,204*

a – Flächenbefragungen: Datensätze AG, PR und Zwillingsdatensatz zum Paarvergleich; Korrelationskoeffizienten nach Pearson

* = signifikant auf 0,05-Niveau, ** = signifikant auf 0,01-Niveau; Zwillingsangaben ungewichtet.

Auf Arbeitgeberseite finden sich diese Zusammenhänge nicht. Auch wenn wir ähnliche Variablen betrachten und beispielsweise danach fragen, ob die Zustimmung zum Statement „Man war sich einig, dass die LOB-Einführung nur gemeinsam (mit dem Personalrat) und kooperativ gelingen kann" mit einem geringeren Vorkommen von „Neid und Konkurrenzdenken" oder den anderen erfragten Negativeffekten auf die betrieblichen Sozialbeziehungen zusammenfällt, zeigt sich kein Zusammenhang. Weder die Qualität noch die Intention der Kooperation korrelieren auf Basis der Arbeitgeberangaben mit der Vermeidung von Negativeffekten auf die Sozialbeziehungen.[10] Ebenfalls rar sind auch Zusammenhänge der Intention der Kooperation mit Positiveffekten der LOB-Einführung: Allerdings korrelieren die Arbeitgeberangaben zum Statement „Man war sich einig, dass die LOB-Einführung nur gemeinsam (mit dem Personalrat) und kooperativ gelingen kann" positiv mit den Effekten „Kunden-/Bürgerorientierung" (,143*), „Leistungsgerechte Bezahlung" (,151*) und „Beteiligung der Beschäftigten" (,194*); weitere, auf 1%- oder 5%-Niveau signifikante Zusammenhänge fehlen jedoch auch hier (allerdings sind die Korrelationsko-

10 Einigkeit bei der Intention zur Kooperation und Qualität der Zusammenarbeit korrelieren bei den Arbeitgebern mit ,231 auf 1%-Niveau. Bei den Personalräten ist diese Korrelation mit ,460 deutlich stärker (Irrtumswahrscheinlichkeit wiederum 1%).

effizienten von Kooperation und weiteren Effekten zwar klein, doch niemals negativ). Somit sind die Hinweise auf einen Zusammenhang zwischen guter Kooperation bei der LOB-Einführung und erfolgreicher Praxis auf Basis der Arbeitgeberangaben zwar erheblich schwächer, sie weisen jedoch in dieselbe Richtung wie die Angaben der Personalräte.

Beachten wir die rollenbedingt unterschiedliche Performanz einer Wahrnehmung von Zusammenhängen zwischen Kooperation und Erfolg, so dürfte viel für die Annahme sprechen, dass die Daten der Personalrätebefragung die positiven Effekte der Kooperation überschätzen, während die Daten der Arbeitgeberbefragung zu einer Unterschätzung führen. Allerdings findet sich auch auf Arbeitgeberseite eine positive Tendenz. Nehmen wir an, dass in diesem Falle die Wahrheit irgendwo zwischen den Angaben beider Parteien liegt, so haben wir doch einen eindeutigen Befund: Eine erfolgreiche LOB-Umsetzung wird durch eine gute Zusammenarbeit zwischen Arbeitgeber und Personalrat begünstigt. Nach mehrheitlicher Angabe sowohl der Arbeitgeber als auch der Personalräte war man sich der Bedeutung guter Kooperation ja auch durchaus bewusst (vgl. Tab. 5.7).

Kooperation ist somit zweierlei: Zunächst ist sie eine Voraussetzung der Einführung leistungsorientierter Bezahlung, da es ohne ein Mindestmaß an Zusammenarbeit zwischen den Betriebsparteien nicht zum Abschluss einer Dienstvereinbarung kommt. Gute Zusammenarbeit ist aber auch ein Faktor, der eine wirksame Umsetzung begünstigt. Selbstverständlich ist es rational, eine Zusammenarbeit zum Abschluss einer Dienstvereinbarung abzulehnen, wenn man annimmt, gute Gründe zu haben, die gegen die Einführung eines LOB-Systems sprechen. Wenn die grundsätzliche Entscheidung für die Einführung und reale Anwendung jedoch einmal gefallen ist, dann ist in der Regel jedoch ein Bemühen um eine gute Kooperation zwischen den Betriebsparteien ebenfalls rational. Zwar ist der Zusammenhang zwischen LOB-Funktionalität und Kooperation offenbar weniger stark, als dies eine reine Personalrätebefragung suggeriert hätte, doch angesichts der ohnehin eher schwachen Effekte der leistungsorientierten Bezahlung kann eine auf Erfolg setzende LOB-Strategie sich den Verzicht auf positive Einflussfaktoren eigentlich nicht leisten. Kooperation gehört neben dem Einsatz von Zielvereinbarungen offenbar zu den „Erfolgsfaktoren“ leistungsorientierter Bezahlung.[11] Oder anders formu-

11 Der Zusammenhang zwischen guter Zusammenarbeit und positiven Effekten ist darüber hinaus bei der „Kunden-/Bürgerorientierung“, dem einzigen Effekt, bei dem sich auf Basis der Arbeitgeberangaben eine signifikante Korrelation zeigt, im Falle von Zielvereinbarungen mit einem Korrelationskoeffizient von ,346*

liert: Am ehesten gelingt leistungsorientierte Bezahlung offenbar dann, wenn sie erstens zu einem gemeinsamen Projekt der Betriebsparteien gemacht wird („integrative bargaining“ im Sinne von Walton/McKersie 1965) und zweitens mit Zielvereinbarungen eine Methode gewählt wird, in der die Beschäftigten zum einen an der Bestimmung der Leistungskriterien beteiligt und zum anderen mit der Operationalisierung der Leistungsanforderungen auch nicht allein gelassen werden. Dem gemeinsamen Projekt LOB auf der betrieblichen Ebene entspricht dann das gemeinsame Projekt der Vereinbarung von Zielen auf der Ebene des Arbeitsplatzes.

Die tarifvertragliche Vorgabe zum Abschluss einer einvernehmlichen Dienstvereinbarung dürfte somit auf der einen Seite zwar in etlichen Fällen dazu beigetragen haben, dass eine LOB-Einführung bisher unterblieb, auf der anderen Seite wäre für die Arbeitgeber ohne diese auch der Druck auf eine gleichberechtige Zusammenarbeit mit dem Personalrat erheblich geringer gewesen. Wahrscheinlich wäre der Anteil der Umsetzungsfälle an den Kommunen gestiegen, hätte es die Pflicht zur einvernehmlichen Dienstvereinbarung nicht gegeben, doch die relative Bedeutung positiver Effekte wäre mit dem Anstieg von nicht gemeinsam von den Betriebsparteien getragenen LOB-Einführungen gesunken. Sollte sich die BAG-Entscheidung des Jahres 2012, die bei Fehlen einer Dienstvereinbarung eine verzögert vollständige Ausschüttung des Prämienbudgets für unzulässig erklärte, so auswirken, dass der Anteil von den Betriebsparteien nicht substanziell gemeinsam getragener LOB-Einführungen merklich zunimmt, dann dürfte sich zwar die Umsetzungslücke verringern, die Wirkungsschwäche könnte jedoch weiter zunehmen. Der juristische Erfolg der Arbeitgeber könnte sich insofern in einen Pyrrhus-Sieg verwandeln, da die bisherige Verbreitungsschwäche primär, wenn auch lediglich partiell zu Recht, einer gewerkschaftlichen Blockadestrategie zugeschrieben werden und damit als prinzipiell behebbar gelten konnte, während die Verantwortung für eine dann unter Umständen schwächer werdende *performance* der LOB weniger einfach externalisiert werden könnte.

Um eine Verwandlung der Verbreitungslücke in Leistungsschwäche zu vermeiden, wäre es seitens des Arbeitgeberverbandes rational, im Falle urteilsinduzierter Neueinführungen stärker als bisher auf die Bedeutung der Zusammenarbeit mit dem Personalrat auch jenseits der tarifvertraglich unverzichtbar verlangten Kooperation hinzuweisen und mehr als bisher die Einführung von Zielvereinbarungen zu propagieren. Den Gegnern könnte es unter der Voraussetzung einer breiteren, als erzwungen empfun-

---

ausgeprägter als im Falle der Anwendung der Systematischen Leistungsbewertung, in dem er ,193* beträgt.

denen Umsetzung hingegen leichter fallen, der LOB mangelnde Funktionalität zu bescheinigen. Allerdings sollte eine breite, jedoch unzureichende Umsetzung leistungsorientierter Bezahlung weder im Interesse der Befürworter noch der Gegner liegen, denn von einem ausbleibenden Nutzen, der gleichwohl mit Aufwand und unter Umständen Unmut verbunden ist, profitieren weder die Kommunen noch die Beschäftigten – und auch nicht die Tarifparteien.

5.3 Leistungsentgelt und betriebliche Leistungspolitik ■

Es gibt eine ganze Reihe von positiven Wirkungen, die mit leistungsorientierter Bezahlung erreicht werden sollen, etwa eine verbesserte Dienstleistungsqualität oder eine stärker ausgeprägte Kunden- und Bürgerorientierung. Solchen Zielen gegenüber besteht weder aus der Sicht der Arbeitgeber noch der Personalräte grundsätzliche Ablehnung, auch Beschäftigte lehnen solche Ziele gewöhnlich nicht ab. Auch das Leistungsprinzip wird meistens geteilt und leistungsgerechte Bezahlung häufig als erstrebenswert erachtet. Gleichwohl gibt es aus der Sicht vieler Personalräte und Gewerkschafter grundsätzliche Argumente, die gegen die Einführung leistungsorientierter Bezahlung sprechen. Dargelegt wird häufig eine Fülle an Mängeln von Systemen leistungsorientierter Bezahlung, zu denen immer wieder Hinweise auf die Unmöglichkeit oder die Grenzen von Leistungsmessung zählen. Solche Mängel von Leistungsentgeltsystemen, insbesondere von Beurteilungssystemen, sind nicht von der Hand zu weisen, werden seit längerem in der einschlägigen Fachdebatte verhandelt und sind auch den Arbeitgebern häufig bekannt. Warum wenden jedoch Personalräte und Gewerkschafter diese Argumente häufiger zu einer grundsätzlichen Ablehnung leistungsorientierter Bezahlung als Arbeitgebervertreter, die diese Probleme nicht selten mittels einer Verbesserung des Systems zu bewältigen suchen? Für wenig überzeugend hielten wir eine Interpretation dieses Umstandes, die einer der beiden Seiten schlicht mangelnde Information und Kompetenz zuschreiben würde. Zwar ist Inkompetenz nirgendwo auszuschließen, doch weshalb sollte die Arbeitgeberseite häufiger nicht hinreichend kompetent sein als die Personalräte, um die Mängel der LOB-System zu begreifen? Oder umgekehrt, warum sollten Personalratsmitglieder, meist engagierte und aufgeweckte Zeitgenoss/inn/en, weniger als Arbeitgebervertreter verstehen, dass manche Schwäche durch ein gutes LOB-System vermieden werden kann? Es sind nicht Fragen des Wissens und der Kompetenz, die hier den Unterschied machen, sondern die des Interesses und der betrieblichen Rollen. Damit soll nicht unterstellt werden, dass beide Seiten von der jeweils eigenen Argumentation nicht auch überzeugt wären, doch Performanz in der Vertretung der jeweiligen Interessen beeinflusst die Wahrheitswahrnehmung. Überzeugungen haben es leichter, wenn sie auch nützen.

Leistungsorientierte Bezahlung funktioniert besser, wenn sie kooperativ eingeführt und betrieben wird. Doch, so darf gefragt werden, ist Leistungsentgelt auch von einem gewerkschaftlichen Standpunkt positiv zu bewerten, vom Standpunkt der Vertretung von Arbeitnehmerinteressen? Liegt nicht gerade ein Verzicht auf funktionierende Leistungsanreize und damit auf LOB im Arbeitnehmerinteresse?

Auf den ersten Blick ist die erste Frage zu verneinen und die zweite zu bejahen: Es scheint alles andere als im Arbeitnehmerinteresse zu liegen, Anreize für umfangreichere oder intensivere Leistungen einzuführen und damit selbst eine Verschlechterung der *terms of trade* der Ware Arbeitskraft zu befürworten. Hinzu kommt, ganz abgesehen von den bereits skizzierten Einführungsumständen (Umwidmung von Entgeltbestandteilen zugunsten der LOB), dass eine solche Verschlechterung der *terms of trade* ohnehin stattfindet. Die befragten Personalräte sind sich mit den Beschäftigten, aber auch mit den Arbeitgebern darin einig, dass die Leistungsanforderungen für die Kommunalbeschäftigten merklich zugenommen haben (vgl. Tabellen 3.3 und 3.6). Eine Zustimmung zur Einführung von Leistungsanreizen scheint unter dieser Voraussetzung, von einem Standpunkt kollektiver Arbeitnehmerinteressen aus betrachtet, nicht begründbar zu sein. Leistungsanreize lediglich einzuführen, um dem Wunsch von Beschäftigten nach individueller Leistungsgerechtigkeit bei der Bezahlung zu genügen, scheint – ganz abgesehen von den erwähnten realen Problemen der Messung und Bewertung – ausgesprochen kurzfristig gedacht, denn in *the long run* würden alle Beschäftigten mehr für ihr Entgelt leisten müssen.

Auf einen zweiten Blick allerdings könnte gerade der Umstand, dass Leistungsverdichtung unbestritten auch unabhängig von der leistungsorientierten Bezahlung stattfindet und lediglich 15% der Arbeitgeber und 20% der Personalräte (bei denen LOB eingeführt ist) die leistungsorientierte Bezahlung als eine wichtige Ursache steigender Leistungsanforderungen betrachten (wohlgemerkt in einer Befragung zum Thema Leistungsentgelt!), gerade dafür sprechen, die Einführung leistungsorientierter Bezahlung weniger negativ zu bewerten und als Ansatzpunkt zu begreifen, um die Beschäftigten stärker in einen Diskurs über Leistungserbringung und Aufgabengestaltung zu involvieren und dabei auch die stattfindende Leistungsverdichtung von einem Arbeitnehmerstandpunkt aus zu thematisieren. Mittels einer intensiveren Beteiligung der Beschäftigten könnte versucht werden, Leistungsdruck zu begrenzen und steigende Anforderungen an die Kommunen beschäftigtenfreundlicher zu bewältigen.

In unseren Gesprächen vor Ort hatten wir den Eindruck, dass unter den Personalräten drei Orientierungen vorherrschen: Eine erste Gruppe lehnt leistungsorientierte Bezahlung grundsätzlich ab (zumindest nach den Regeln des § 18 TVöD) und hat sich deshalb dafür entschieden, im Dissens oder auch Konsens mit dem Arbeitgeber keine Dienstvereinbarung abzuschließen (Contra-Gruppe). Eine weitere Gruppe von Personalräten hält, bei allen Mängeln, die gegebenenfalls im Detail gesehen werden, leistungsorientierte Bezahlung für einen angemessenen Versuch, dem Leistungsprinzip und der Leistungsgerechtigkeit zum Durchbruch zu verhelfen und versucht gemeinsam mit dem Arbeitgeber ein funktionsfähiges System zu etablieren (Pro-Gruppe). Eine dritte Gruppe schließlich hat sich für einen pragmatischen Umgang mit der Frage von Leistungsentgelt entschieden (pragmatische Gruppe).[12] Diese Gruppe erachtet meist sowohl die Chancen als auch die Risiken leistungsorientierter Bezahlung eher gering. Um die volle Auszahlung des Budgets für die Beschäftigten zu erreichen und mitunter auch, weil man wegen des Themas Leistungsentgelt die guten Beziehungen zum Arbeitgeber nicht riskieren möchte, wird eine Dienstvereinbarung unterzeichnet und ansonsten darauf gesetzt, durch eine möglichst breite Ausschüttung als problematisch erachtete Verteilungseffekte und starken Leistungsdruck zu vermeiden. Wie wir bereits dargelegt haben, treffen diese Personalräte mitunter auf damit kompatible Orientierungen auf Arbeitgeberseite.

Zwar kommen Konflikte der Personalräte mit ihren jeweiligen Arbeitgebern nicht nur im Falle der Contra-Gruppe, sondern auch im Falle der pragmatischen Gruppe und selbst bei der Pro-Gruppe durchaus vor, etwa Streit um die Frage der Methode oder die der Ausschüttung. Doch Personalräte, die mittels Leistungsentgelt eine eigene, zur Arbeitgeberorientierung konträre und hinlänglich ausgearbeitete leistungspolitische Strategie verfolgten, fanden sich in den Fallstudien nicht. Obwohl Zielvereinbarungen und Partizipation von manchen Personalräten als wichtig erachtet wurden, so wurde dies doch nicht mit einer leistungspolitischen Strategie verbunden, in der LOB auch zu einem Instrument der Begrenzung von Leistungsanforderungen hätte gemacht werden sollen. Dies gilt zumindest

12 Inwieweit die Orientierungen aller Personalräte dieser Gruppe als „pragmatisch" oder mitunter auch als „opportunistisch" zu charakterisieren sind, darüber mag gestritten werden. Jedenfalls schloss eine solche pragmatische Orientierung in manchen Fällen keineswegs aus, dass mit dem Arbeitgeber um die konkrete Ausgestaltung der LOB gestritten wurde.

dann, wenn wir darunter mehr als nur die (durchaus verbreitete) Absicht verstehen, durch LOB intendierte, zusätzliche Leistungssteigerungen zu vermeiden oder zu begrenzen.

In der Flächenbefragung gaben zwar 36% der Personalräte an, dass sie das Ziel einer „Begrenzung des Leistungsdrucks" verfolgt (18%) oder eher verfolgt (18%) hätten (vgl. Abb. 3.2) und ein knappes Drittel aller Arbeitgeber und fast die Hälfte der Personalräte geben an, dass „die Einführung von Leistungsentgelt" eine Diskussion über Leistungsanforderungen ausgelöst habe (vgl. Tab. 3.8), doch der aus einer solchen Diskussion gezogene Schluss lief dann häufig – soweit nicht gleichwohl ein pragmatischer Umgang gewählt wurde – auf einen Einführungsverzicht hinaus und nur in wenigen Fällen auf den Versuch, LOB als Instrument einer eigenständigen leistungspolitischen Strategie zu verstehen. Auffällig ist allerdings, dass sowohl Personalräte aus Kommunen mit pauschaler Ausschüttung als auch aus Kommunen, in denen Zielvereinbarungen angewandt werden, deutlich häufiger als Interessenvertreter aus Kommunen mit Systematischer Leistungsbewertung angeben, dass die LOB-Einführung eine Diskussion über die Entwicklung von Leistungsanforderungen ausgelöst habe. 51% der Personalräte mit vereinbarter Pauschalausschüttung und 59% derjenigen ganz ohne Dienstvereinbarung, 56% mit Zielvereinbarung und 35% mit Systematischer Leistungsbewertung geben dies an. Die entsprechenden Angaben der Arbeitgeber fallen bei differenzierter Ausschüttung stets etwas und bei pauschaler Ausschüttung mit oder ohne Dienstvereinbarung massiv schwächer aus (vgl. Tab. 5.11). Abgesehen davon, dass in vielen Kommunen offenbar die Einführung von Leistungsentgelt keine Diskussion über Leistungsanforderungen ausgelöst hat, ist doch der Unterschied zwischen SLB- und ZV-Anwendern bemerkenswert. Der vergleichsweise große Anteil von 56% der Personalräte und 51% der Ar-

≡ Tab. 5.11: Diskussion über Leistungsanforderungen nach Umsetzung und Methode

„Hat die Einführung von Leistungsentgelt eine Diskussion über die Entwicklung der Leistungsanforderungen ausgelöst?" [a]

	PR				AG			
	SLB	ZV	Pauschal	keine DV	SLB	ZV	Pauschal	keine DV
Ja	34,9	56,0	50,9	59,3	26,9	51,3	37,8	28,8
Nein	53,7	27,6	48,5	27,7	58,3	42,9	44,3	49,1
Weiß nicht	11,4	16,3	0,6	13,0	14,9	5,8	17,8	22,1

a – Flächenbefragungen: Datensätze PR und AG; Prozente

beitgeber mit Zielvereinbarungen, die angeben, dass eine solche Diskussion ausgelöst worden sei, dürfte immerhin dafür stehen, dass der Zusammenhang des Leistungsentgelts mit (kollektiven) Leistungsanforderungen und nicht nur mit (individueller) Leistungsgerechtigkeit thematisiert und keine lediglich pflichtschuldige Umsetzung der Tarifbestimmungen erfolgte.

Vor der Einführung der leistungsorientierten Bezahlung war „Leistungsverdichtung“ in den meisten Kommunen offenbar kein besonders wichtiges Thema für die Personalräte, jedenfalls hat dies die Arbeitgeberseite überwiegend so wahrgenommen (vgl. Tab. 5.12). Ein Umstand, der

Tab. 5.12: Leistungsverdichtung als Thema des Personalrats ≡

„War das Thema ‚Leistungsverdichtung‘ vor der LOB-Einführung ein wichtiges Thema für den Personalrat?“ [a]

	PR				AG			
	SLB	ZV	Pauschal	keine DV	SLB	ZV	Pauschal	keine DV
Wichtig (1)	13,4	20,1	6,1	30,4	2,7	11,1	3,5	2,3
Eher wichtig (2)	22,0	36,5	15,2	10,1	14,4	31,6	10,4	15,5
Teils, teils (3)	34,7	22,9	39,7	29,4	33,3	44,0	30,4	12,1
Eher unwichtig (4)	24,8	16,1	19,8	25,9	37,4	10,9	34,9	26,7
Unwichtig (5)	5,1	4,4	19,3	4,1	12,2	2,5	20,8	43,4
Mittelwert (Standardfehler)	*2,86 (,078)*	*2,48 (,148)*	*3,31 (,096)*	*2,63 (,128)*	*3,42 (,079)*	*2,62 (,162)*	*3,59 (,181)*	*3,93 (,202)*

a – Flächenbefragungen: Datensätze PR und AG; Prozente und Mittelwerte, Standardfehler in Klammern

daran liegen dürfte, dass sich manche Personalräte zwar intern mit dieser Frage beschäftigt haben, jedoch darüber in kein Gespräch mit dem Arbeitgeber eingetreten sind und auch keine nach außen wahrnehmbaren Aktivitäten entwickelt haben. Bemerkenswert ist unseres Erachtens vornehmlich, dass sich Personalräte nach eigener Auskunft und der der Arbeitgeber mit der Frage steigender Leistungsanforderungen bereits vor der LOB-Einführung dort besonders intensiv beschäftigt haben, wo inzwischen Zielvereinbarungen eingeführt wurden und dort eher selten, wo eine pauschale Ausschüttung des Budgets vereinbart wurde. Vergleichsweise intensiv haben sich die Personalräte nach eigenen Angaben dort mit „Leistungsverdichtung“ beschäftigt, wo keine Dienstvereinbarung abgeschlossen wurde. In diesen Fällen unterscheiden sich die Angaben der Arbeitgeber deutlich. Wahrscheinlich ein Ausdruck davon, dass in manchen dieser Fälle der Austausch zwischen den Betriebsparteien nicht sehr rege ist.

Auch die befragten Beschäftigten aus den 34 Kommunen geben im Falle von Zielvereinbarungen oder einer Kombination aus ZV und SLB häufiger an, leistungsorientierte Bezahlung führe dazu, dass „über Leistungsziele offener gesprochen" werde. Jeweils etwa ein Drittel der Beschäftigten mit Zielvereinbarung und Kombination geben an, dass dies nicht zutreffe. Bei den Beschäftigten mit Systematischer Leistungsbewertung sind dies 50%. Solche Unterschiede zwischen den Methoden entsprechen durchaus den Erwartungen. Allerdings sind es auch nur jeweils 29% der Beschäftigten mit Zielvereinbarung und Methodenkombination, die ohne Einschränkung beobachten, dass offener über Leistungsziele gesprochen wird (vgl. Tab. 5.13).

≡ Tab. 5.13: Kommunikation über Leistungsziele aus Beschäftigtensicht

„LOB führt dazu, dass über Leistungsziele offener gesprochen wird" [a]

	SLB	ZV	Kombination
Trifft zu	17,6	29,4	28,6
Trifft teilweise zu	32,5	35,8	36,7
Trifft nicht zu	49,9	34,8	34,7

a – Beschäftigtenbefragungen: Datensatz BESCH34; Prozente

Die Angaben der Beschäftigten unterstützen die Erwartung, dass auch im Falle von Zielvereinbarungen in der Regel kein Diskurs über kollektive Leistungsanforderungen angestoßen wurde, auch wenn der Umstand, Ziele vereinbaren oder zumindest unterzeichnen zu müssen, das Reden über Leistungsanforderungen begünstigt. Gut zwei Drittel der direkt befragten Beschäftigten beantworten die Frage danach, ob sie „die Zielfestlegung tatsächlich beeinflussen konnten" zustimmend. Immerhin 60% der Personalräte und sogar 87% der Arbeitgeber geben darüber hinaus an, dass „Mitarbeiter die Ziele mit den Führungskräften ‚auf Augenhöhe' vereinbaren" konnten. Lediglich 7% der Personalräte geben an, dies sei „selten" oder „sehr selten" der Fall. Die befragten Arbeitgebervertreter sind nahezu einhellig der Meinung, dass Vereinbarungen „auf Augenhöhe" kein Randphänomen sind (vgl. Tab. 5.14). Eine Einflussnahme der Beschäftigten auf die zu vereinbarenden Ziele findet in etlichen Fällen durchaus statt. In aller Regel wird über die Ziele offenbar tatsächlich bilateral entschieden. 48% der befragten Beschäftigten geben sogar an, dass sie „bei der Bewertung der Zielerreichung Einfluss nehmen" konnten (40% verneinen, 12% geben an, dies nicht zu wissen).

Tab. 5.14: Zielvereinbarungen „auf Augenhöhe“ ≡

„Können Mitarbeiter die Ziele mit den Führungskräften ‚auf Augenhöhe‘ vereinbaren?“ [a]

	sehr häufig (1)	häufig (2)	teils, teils (3)	selten (4)	sehr selten (5)	*Mittelwert*
AG	45,6	41,4	13,1	0,0	0,0	*1,68*
PR	26,0	34,5	32,7	4,9	1,9	*2,22*

a – Flächenbefragungen: Datensätze AG und PR; nur ZV-Anwender, Prozente und Mittelwerte

In den Augen von immerhin 26% der Personalräte aus Kommunen, in denen Zielvereinbarungen zum Einsatz kommen, hatte die Einführung leistungsorientierter Bezahlung sogar positive Effekte auf die Mitbestimmung bei Leistungsfragen (vgl. Tab. 5.15). Der Wert für bei Ver.di organisierte Personalräte fällt allerdings etwas schlechter aus, ohne sich jedoch signifikant zu unterscheiden (in den seltenen Fällen, in denen dbb/Komba-Mitglieder aus Kommunen mit Zielvereinbarungen beteiligt waren, fällt deren Bewertung der Mitbestimmungseffekte deutlich positiver aus). Die befragten Beschäftigten sehen im Fall von Zielvereinbarungen ebenfalls leicht positive Effekte auf die Mitbestimmung bei Leistungsfragen (20% „verbessert“ oder „eher verbessert“, 8% „verschlechtert“ oder „eher verschlechtert“), allerdings muss dabei in Rechnung gestellt werden, dass möglicherweise nicht alle Beschäftigten beim Stichwort „Mitbestimmung“ immer an eine kollektive Praxis, sondern mitunter auch eine individuelle Einflussnahme gedacht haben mögen.

Tab. 5.15: Mitbestimmung bei Leistungsfragen durch LOB ≡

„Welche Effekte (Wirkungen) hatte die Einführung der LOB auf nachfolgende Punkte? – Mehr Mitbestimmung bei Leistungsfragen“ [a]

	PR			BESCH34		
	SLB	ZV		SLB	ZV	Kombi
		alle	Ver.di			
verbessert (1)	1,5	1,1	0,0	1,4	2,9	2,4
eher verbessert (2)	8,4	24,9	15,5	12,1	17,4	18,3
unverändert (3)	80,2	70,9	82,5	69,9	71,9	64,9
eher verschlechtert (4)	7,6	3,1	2,0	10,4	4,5	9,4
verschlechtert (5)	2,3	0,0	0,0	6,1	3,4	4,9
Mittelwert	*3,01 (,040)*	*2,76 (,073)*	*2,86 (,072)*	*3,08 (,020)*	*2,88 (,031)*	*2,96 (,026)*

a – Flächenbefragung und Beschäftigtenbefragungen: Datensätze PR und BESCH 34; Prozente und Mittelwerte, Standardfehler in Klammern

Direkt danach gefragt, ob sich „die Chancen des Personalrats oder der Beschäftigten zur Einflussnahme auf die Leistungsbedingungen durch die LOB-Einführung verändert" haben, zeigen die Angaben aller Personalräte im Mittel keine signifikante Veränderung an, dies gilt auch für Personalräte aus Kommunen mit Systematischer Leistungsbewertung. In Ver.di organisierte Personalräte neigen dazu, bei SLB-Einsatz eher Verschlechterungen bei der Einflussnahme auf die Leistungsbedingungen zu sehen. Doch auch unter diesen bescheinigt lediglich eine kleine Minderheit eine eindeutige Abnahme der Einflussmöglichkeiten. Eine Zunahme der Einflusschancen auf die Leistungsbedingungen konstatieren die Personalräte hingegen im Falle des Einsatzes von Zielvereinbarungen. Eher etwas deutlicher als im Schnitt beobachten dies bei Ver.di organisierte Personalräte (vgl. Tab. 5.16).

≡ Tab. 5.16: Einflussnahme auf Leistungsbedingungen durch LOB

„Haben sich die Chancen des Personalrats oder der Beschäftigten zur Einflussnahme auf die Leistungsbedingungen durch die LOB-Einführung verändert?" [a]

	PR			
	SLB		ZV	
	alle	Ver.di	alle	Ver.di
Zugenommen (1)	0,0	0,0	0,0	0,0
Eher zugenommen (2)	12,0	6,4	21,7	31,6
Teils, teils (3)	77,2	76,1	73,1	63,7
Eher abgenommen (4)	9,3	17,1	5,2	4,7
Abgenommen (5)	1,5	0,4	0,0	0,0
Mittelwert	*3,00 (,035)*	*3,11 (,056)*	*2,84 (,064)*	*2,73 (,092)*

a – Flächenbefragung: Datensatz PR; Prozente und Mittelwerte, Standardfehler in Klammern

Durch eine leichte Verbesserung von Partizipations- und Mitbestimmungsmöglichkeiten werden Zielvereinbarungen jedoch noch lange nicht zu einem Instrument der Begrenzung steigender Leistungsanforderungen, wie sie vornehmlich wegen wachsender Aufgaben oder vorgenommener Einsparungen bei den Stellenbesetzungen zustande kommen. Die dargestellten Befunde zur Wirksamkeit der leistungsorientierten Bezahlung zeigen vielmehr, dass Zielvereinbarungen merklich stärker als die Methode der Systematischen Leistungsbewertung auch selbst leistungswirksam sind (vgl. Kap. 3). In aller Regel gilt folgendes: Zielvereinbarungen sind einerseits mit einer tatsächlichen Partizipation der Beschäftigten bei der Bestimmung der Leistungsanforderungen verbunden, andererseits sind sie ein (mäßig) wirksames Instrument zur Leistungssteigerung.

In einer unserer Fallstudien, die wir dem Typus der „konsultativen Partizipation" zurechnen (Kreis B) und in der sich sowohl der Arbeitgeber als auch der Personalrat in einer als vorbildlich geltenden Weise für die Einführung eines Zielvereinbarungssystems engagiert hatten, wurde nachvollziehbar, dass sich beim Einsatz von Zielvereinbarungen ein implizites Muster findet, bei dem *Partizipation gegen Leistung* getauscht wird. Dieses Tauschmuster bietet sich faktisch an, wenn Bemühungen um ein modernes *Human Resource Management* auf einen gegenüber Modernisierungsprozessen aufgeschlossenen und kooperativ orientierten Personalrat stoßen, für den die Orientierung auf eine aktive Beteiligung der Beschäftigten ebenso zum Selbstverständnis gehört, wie die Wahrnehmung einer aktiven Rolle als Co-Manager. Der Tausch „Partizipation gegen Leistung" kann nur deshalb funktionieren, weil die Beschäftigten nicht nur materiell interessiert sind, sondern auch Wert auf soziale Anerkennung legen. Soziale Anerkennung in einer ernstgemeinten Beteiligung an der Vereinbarung von Leistungszielen ist dabei allerdings mehr als die rhetorisch-symbolische Wertschätzung der Mitarbeiter, wie sie zum Einmaleins des Personalmanagements gehört, und auch mehr als die soziale Anerkennung der Leistungen, wie sie allein mit der Vergabe der Prämien verbunden ist. Doch der Stellenwert sozialer Anerkennung sollte weder ignoriert, noch überschätzt werden (Schmidt 2005; Voswinkel 2012; Voswinkel/Wagner 2012): Keineswegs alle Beschäftigten betrachten diesen Deal als vorteilhaft, etwa weil es ihnen an sozialer Anerkennung ohnehin nicht wirklich mangelt, oder auch – und beides kann zusammentreffen – weil sie bereits erheblich unter den gestiegenen Leistungsanforderungen zu leiden haben. Auch in der erwähnten Fallkommune zeigen sich viele Beschäftigte keineswegs begeistert von der Einführung leistungsorientierter Bezahlung.

Tragfähig kann der Tausch *Partizipation gegen Leistung* jedoch auch dann sein, wenn er nicht von allen Beschäftigten getragen wird, denn er ist eng verwandt mit dem Tausch *Mitbestimmung gegen Leistung,* eine Variante, in der weniger die individuellen Mitwirkungsmöglichkeiten der Beschäftigten Gegenstand des Tausches sind, sondern die Mitbestimmungs- und Gestaltungsmöglichkeiten der kollektiven Interessenvertreter. Anders formuliert: Gegen die Leistung der Beschäftigten getauscht wird im zweiten Fall nicht primär die soziale Anerkennung einzelner Beschäftigter, sondern die soziale Anerkennung des Kollektivakteurs Personalrat und von dessen Mitgliedern. Ein solcher Tausch liegt zunächst im Eigeninteresse des Personalrates, kann sich jedoch durchaus auch als im Interesse der Beschäftigten liegend erweisen. Jedenfalls tritt mit dem Personalrat, der auch als Repräsentant des Kollektivinteresses der Beschäftigten verstanden werden kann (Kotthoff 1994), zur Summe der Beschäftigten ein Akteur hinzu, dessen Handeln einen Tausch Partizipation gegen Leistung stabilisieren kann. In einem weiteren Fall, den wir dem Typus der „gesteuerten Partizipation" zugeordnet haben und den wir im Wandel hin zum Typus „partizipative Steuerung" bzw. „mitbestimmte Steuerung" sehen (Großstadt E), hatte die Mitbestimmung des Personalrats gegenüber der Partizipation der Beschäftigten dann auch einen erkennbar höheren Stellenwert im Tauschgeschäft als im zuerst genannten Fall.

Die Haltung der Beschäftigten gegenüber leistungsorientierter Bezahlung ist von Ambivalenzen geprägt und unterscheidet sich je nach Interessenlage und Orientierungen, den Erfahrungen mit der jeweiligen LOB-Praxis und den jeweils angebotenen Diskursen, an denen die Personalräte einen relevanten Anteil haben, sowie sonstigen Umständen. Diese Haltung artikuliert sich im Einzelfall als verhaltene Zustimmung, Unbehagen oder auch als ausgeprägter Unmut. Da sich die Beschäftigten zudem auch innerhalb einer Kommune gewöhnlich in ihrer Orientierung keineswegs einig sind, können alle Personalräte ihre jeweilige Haltung mit Beschäftigtenorientierungen rechtfertigen. Sowohl zustimmende und pragmatische als auch ablehnende Haltungen von Personalräten können sich partiell auf den Belegschaftswillen berufen. Die Versuche mancher Personalräte, in gewisser Weise sowohl für als auch gegen LOB zu sein, indem sie zwar eine Dienstvereinbarung abschließen, im Anschluss dann jedoch versuchen, möglichst nahe an eine Pauschalausschüttung heranzukommen, haben insofern auch in der Ambivalenz der Beschäftigentenorientierungen eine reale Basis.

Wenn wir unterstellen, dass die Personalräte als gewählte Belegschaftsrepräsentanten dort, wo sie die leistungsorientierte Bezahlung ablehnen, mit ihrer Position und ihrer Argumentation nicht hinter dem Berg halten[13] und damit die Belegschaftsorientierung beeinflussen, darf unseres Erachtens angenommen werden, dass auch dort, wo der Arbeitgeber LOB gern einführen würde, die Personalräte sich meist auf eine ihnen hinreichend erscheinende Ablehnung und Indifferenz der Beschäftigten stützen können. In Fällen, in denen auch der Arbeitgeber eine Einführung ablehnt, dürfte letzteres ohnehin der Fall sein. Eine Position zu beziehen, mit der alle Beschäftigten zufrieden sind, dürfte für Personalräte jedoch schwierig sein.

13 Diese Annahme rechtfertigt sich beispielsweise dadurch, dass in diesen Kommunen die Personalräte überdurchschnittlich häufig von einer Diskussion über gestiegene Leistungsanforderungen berichten.

Noch schwieriger vermittelbar als eine einfache Pro- oder Contra-Position oder ein pragmatischer Umgang mit LOB wäre vermutlich eine „Umnutzung" leistungsorientierter Bezahlung zu einer im Arbeitnehmerinteresse liegenden Leistungsbegrenzung. Abgesehen davon, dass die meisten Personalräte eine Strategie der Nutzung der LOB aus einer Arbeitnehmerperspektive bisher selbst nicht entwickelt haben, wäre eine diesbezügliche Nutzung von leistungsorientierter Bezahlung ohne breite vorherige Diskussion und eine Einbettung in eine Gesamtperspektive für den öffentlichen Dienst für die Beschäftigten nicht nachvollziehbar. Argumente, dass trotz unbestritten gestiegener Leistungsanforderungen die Arbeitsbelastungen im öffentlichen Dienst im Vergleich zur Privatwirtschaft keineswegs überall sehr hoch seien, dass es auch im Interesse der Beschäftigen des öffentlichen Dienstes liege, das dem öffentlichen Dienst noch immer anhaftende Image der Leistungsfeindlichkeit abzustreifen, um ihm wieder jene Anerkennung zukommen zu lassen, die ihm eigentlich zustehe, verfangen auch bei vielen Beschäftigten und sind nicht einfach zurückzuweisen.

Eine Nutzung von Leistungsentgelt als Instrument zur Eindämmung von Leistungsanforderungen und Begrenzung von Arbeitsbelastungen wäre mit großer Wahrscheinlichkeit auch bei den Personalräten nur dann mehrheitsfähig, wenn sie in eine Strategie eingebunden wäre, in der versucht würde, eine Verbesserung der Dienstleistungsqualität und eine Begrenzung von Leistungsanforderungen miteinander zu verbinden. Eine pure Strategie der Leistungsbegrenzung mittels LOB würde unseres Erachtens für die Kommunen wenig Erfolg versprechen, da das Risiko ausbleibender öffentlicher Unterstützung hoch wäre. Hinzu kommt, dass kollektive Leistungsbezugsgrößen, wie sie den klassischen Akkord- und Prämienbereichen der Industrie von Betriebsräten genutzt werden, um Leistungsverdichtung zu begrenzen, aufgrund der anderen Arbeitsbedingungen im öffentlichen Dienst in vielen Fällen nicht sinnvoll oder mit vertretbarem Arbeitsaufwand zu entwickeln sind. Selbst Festlegungen über die in Normalleistung zu bearbeitenden Fallzahlen bei Anträgen oder über die zu betreuenden Kinder in Kindertagesstätten sind im Rahmen von Leistungsentgelt nicht besonders sinnvoll, da die Beschäftigten oft keine Chance haben, ihre Leistung durch eine höhere Fallzahl oder die kurzfristige Betreuung einer größeren Kinderschar zu steigern oder ihre Leistung durch eine geringere Bearbeitungs- oder Betreuungsquote abzusenken. Die Beeinflussbarkeit der eigenen Leistung durch die Beschäftigten, eine Voraussetzung, ohne die eine leistungsorientierte Bezahlung wenig Sinn macht, wäre gerade bei der Konzentration auf einfache, zählbare Merkmale kaum gegeben.

Während die Methode der Beurteilung ohne Leistungsbezugsbasis auskommt, dabei jedoch, wie gezeigt, nicht nur generell wenig effektiv ist und als unilaterale Methode weder über die Partizipation der Beschäftigten noch die kollektive Mitbestimmung einen günstigen Ansatzpunkt für Leistungsbegrenzungsstrategien bietet, gehört die Festlegung individueller, jedoch lediglich auf Ausschnitte der Arbeit bezogener Leistungsbezugsgrößen zum Wesen von Zielvereinbarungen (allenfalls Bezugsgrößen für Teams wären möglich). Als Leistungsbegrenzungsinstrument können sie jedoch nur dann wirksam werden, wenn die Beschäftigen sich erstens für Leistungsbegrenzung einsetzen wollen, sie zweitens über eine entsprechende argumentative Kompetenz und drittens über hinreichende Durchsetzungsmacht verfügen.

Die Angaben aller Befragten, auch der Beschäftigten selbst, haben gezeigt, dass die Vereinbarung von Zielvereinbarungen „auf Augenhöhe“ kein Ausnahmephänomen ist. Vor dem Hintergrund von für Beamte und auch viele andere Beschäftigte noch immer quasi-unkündbaren Beschäftigungsverhältnissen darf dies nicht wirklich überraschen; noch immer verfügen die Beschäftigten über ein erhebliches Maß an „passiver Stärke“, die im Falle des Abschlusses einer Zielvereinbarung in die Waagschale geworfen werden kann, wenn es darum geht, Leistungszumutungen zurückzuweisen. Diese Stärke könnte dann beim Abschluss von Zielvereinbarungen auch aktiv gewendet werden, wenn die Beschäftigten Vorstellungen davon entwickeln, wohin die Reise gehen soll. Zwar gibt es auch im öffentlichen Dienst nicht wenige Beschäftigte mit befristeten Arbeitsverträgen, deren Durchsetzungsmacht naturgemäß schwächer ist, doch bei der Mehrheit der Beschäftigten fehlt es offenbar weniger an der Durchsetzungsstärke, sondern an einer Zielorientierung und deren argumentativer Begründung. Der zentrale Punkt ist, ob eine Begrenzung der Leistungsanforderungen von den Beschäftigten und auch vielen Personalräten nicht nur abstrakt gewünscht, sondern auch tatsächlich gewollt und als vertretbar erachtet wird. Unseres Erachtens wird letzteres solange nicht durchgängig der Fall sein, wie es gewerkschaftlich nicht gelingt, eine Strategie hegemonial werden zu lassen, in der sich eine Verbesserung der öffentlichen Dienstleistungen mit den Interessen der Beschäftigten verbindet. Kurz: Der Einsatz von LOB als Instrument zur Leistungsbegrenzung ist in den allermeisten Kommunen derzeit unrealistisch. Hinzu kommt, dass mit Blick auf die zentralen Ursachen der gestiegenen Leistungsanforderungen und Arbeitsbelastungen Maßnahmen gegen Personalabbau und die Durchsetzung eines den Aufgaben angemessenen Personalbestands geeignete Maßnahmen wären, diese jedoch mittels individueller Zielvereinbarungen kaum durchsetzbar sind. Bei Teamzielvereinbarungen verhält sich dies allerdings etwas anders. Während die Systematische Leistungsbewertung in aller Regel individuell erfolgt, kommen in 78% aller Kommunen mit Zielvereinbarungen auch Teamzielvereinbarungen vor (Datensatz FALL–). Die befragten Beschäftigten geben, soweit sie Zielvereinbarungen haben, zu 60% an, eine Einzelzielvereinbarung abgeschlossen zu haben; 28% haben eine Teamzielvereinbarung abgeschlossen und 12% beides.

Beim Abschluss von Zielvereinbarungen ist es angemessen, dass bestimmte Rahmenbedingungen der Leistungserbringung festgeschrieben oder zumindest im Konsens unterstellt und Ziele gegebenenfalls geändert werden, falls sich die Rahmenbedingungen verändern. Im Falle von Teamzielvereinbarungen gehört der Personalbestand selbstverständlich zu den zentralen Rahmenbedingungen der Leistungserbringung und sollte berücksichtigt und idealerweise mit vereinbart werden. An dieser Stelle bietet sich nun ein technischer Anknüpfungspunkt für eine leistungspolitische Strategie der Arbeitnehmerseite, denn die Beziehung zwischen Leistungsvolumen und Personalvorgabe kann auf dreierlei Weise bestimmt werden:

Eine erste und minimale Variante, die geregelt werden kann und im Interesse eines gerechten Verfahrens auch vereinbart werden sollte, besteht darin, dass verschlechterte Rahmenbedingungen bei der Leistungsbewertung Berücksichtigung finden müssen, möglichst indem bei Eintreten der Veränderung während der Laufzeit der Vereinbarung (z.B. Personalreduktion) die Leistungsziele angepasst werden. Eine zweite Variante würde darin bestehen, in die Vereinbarung aufzunehmen, dass die Beschäftigten ein bestimmtes Leistungsziel anstreben, der Arbeitgeber, vertreten durch den Vorgesetzten, sich jedoch dazu verpflichtet, die Rahmenbedingungen konstant zu halten. Sowohl ein Nichterreichen der Ziele der Beschäftigten als auch ein Nichteinhalten der Arbeitgebervereinbarung wären dann zu sanktionieren. Drittens schließlich wäre es möglich, dass nicht nur die Beschäftigten, sondern auch arbeitgeberseitig Ziele vereinbart werden. So wäre es denkbar, dass sich der Arbeitgeber dazu verpflichtet, als problematisch erachtete Rahmenbedingungen der Leistungserbringung zu verbessern. Etwa indem Räumlichkeiten instand gesetzt, geeignete Qualifizierungen angeboten oder auch beispielsweise vakante Stellen besetzt werden. Damit wären Zielvereinbarungen in ein vollständig bilaterales Instrument verwandelt, über das auch Verbesserungen im Interesse der Beschäftigten erreicht werden könnten. Mit Einschränkungen wären solche Vereinbarungen auch im Rahmen von individuellen Zielvereinbarungen möglich.

Eine Öffnung von Zielvereinbarungen für wechselseitige Verpflichtungen würden diesen einen stärker bilateralen Charakter verleihen und sie für eine eigenständige Leistungspolitik der Arbeitnehmerseite öffnen, die über den Versuch der LOB-Vermeidung hinausgeht. Abgesehen davon, dass einzelne Arbeitgeber aufgrund von Vorgaben der Länder, Eingriffen der Kreise oder Einflussnahmen von Rechnungshof oder Gemeindeprüfungsanstalt zum Abschluss mancher Vereinbarung nicht oder nicht hinreichend autonom sein könnten, es gewissermaßen an der Geschäftsfähigkeit fehlen könnte, stellt sich auch hier wieder die Frage der realen Möglichkeiten der Kommunen und des politischen Willens der Arbeitnehmerseite.

Eine Strategie von Personalräten, auf vollständig bilaterale Zielvereinbarungen zu setzen, würde durchaus Veränderungen nach sich ziehen: Erstens würde ein Austausch zwischen Beschäftigten und Vorgesetzten über Schwachpunkte bei den Rahmenbedingungen der Leistungserbringung gefördert, der Qualitätsverbesserungen bei den Dienstleistungen auch ohne Verschlechterungen für die Beschäftigten ermöglichen könnte. Zweitens würden die Gewichte in Richtung auf eine umfassendere Betrachtung der Leistungserbringung verschoben und sowohl Arbeitgebern als auch Personalräten und Beschäftigten hierzu ein Anreiz gegeben. Alle Beteiligten wären gezwungen, in einen Diskurs über die Ziele und die Operationalisierung der Aufgaben zu treten.

Forderungen nach „voll bilateralen Zielvereinbarungen“ wären eventuell geeignet, einen inhaltlich breiteren Diskurs über Leistung anzustoßen. Ziel und vielleicht auch Resultat eines solchen Diskurses könnte ein Schritt in Richtung eines gemeinsamen Projektes der betrieblichen Akteure sein, um die Dienstleistungserbringung zu verbessern. Dabei dürften die Kosten allerdings nicht in erster Linie auf die Beschäftigten übertragen werden. Ein Konzept dieser Art ist selbstverständlich nicht ohne weiteres zu verwirklichen. Es hätte jedoch den Vorteil, dass der Diskurs über die Aufgaben der kommunalen Dienstleistungen und die dazu erforderliche Leistungserbringung sowohl Voraussetzung als auch vornehmliches Resultat darstellen. Auch langwierige oder stockende Schritte in diese Richtung müssten deshalb nicht für ein Scheitern, sondern lediglich für begrenzte Fortschritte stehen.

Das *Konzept der „voll bilateralen Zielvereinbarung“* wird kaum einhellige Zustimmung finden, wenn auch aus gegensätzlichen Motiven. Einerseits wird auf Arbeitgeberseite durch das Konzept eine Einschränkung des „right to manage“ konstatiert werden, andererseits wird manchem Gewerkschafter und LOB-Gegner die ins Auge gefasste sozialpartnerschaftliche Kooperation zwischen Arbeitgebern, Personalräten und Beschäftigten wenig gefallen. Beiden ist dasselbe zu entgegnen: Der öffentliche Dienst ist kein privatwirtschaftliches Unternehmen, es stehen sich dort nicht Kapital und Arbeit gegenüber, sondern Staatsbeschäftigte und im

Auftrag der Bürgerinnen und Bürger agierende Verwaltungsspitzen, die beide seit längerem unter der Macht der Privatwirtschaft und neuerdings nicht zuletzt des Finanzsektors zu leiden haben. Verwaltungsspitzen und Verwaltungsbeschäftigte, überbetrieblich repräsentiert durch Arbeitgeberverbände und Gewerkschaften, befinden sich einerseits durchaus in einem strukturellen Interessengegensatz, andererseits jedoch befinden sich beide gemeinsam in einem keineswegs weniger relevanten Konflikt mit den erwähnten privatwirtschaftlichen Interessen. Auch hier geht es um Macht und nicht zuletzt um kulturelle Hegemonie.

Eine eigenständige LOB-Strategie der Arbeitnehmerseite jenseits der Verweigerung des Abschlusses einer Dienstvereinbarung oder des Drängens auf eine möglichst breite Ausschüttung scheint uns somit im Grundsatz möglich, müsste an der Methode der Zielvereinbarung anschließen und könnte daran ansetzen, dass es im Interesse auch der kommunalen Arbeitgeber liegen sollte, eine tatsächliche Verbesserung der Dienstleistungen zu erreichen und sich deshalb von der unilateralen Methode der Systematischen Leistungsbewertung zu verabschieden und auf Kooperation zu setzen. Mit der Benennung einer solchen Möglichkeit ist über deren Realisierbarkeit jedoch noch keine hinreichende Aussage getroffen. Auch wenn in einem Teil der Kommunen mit der Einführung von Zielvereinbarungen bereits erste Schritte in diese Richtung gegangen wurden, würde eine auch in der Breite erfolgreiche Strategie doch kaum ohne eine Begleitung der Tarifparteien auskommen.

5.4 Heterogene Umsetzung ■

Mit Mittelwerten zur Bewertung leistungsorientierter Bezahlung, aber auch Angaben zu den Anteilen unter den Befragten, die spezifische Effekte beobachten oder diese oder jene Bewertung des § 18 vornehmen, sind die unterschiedlichen Intentionen der Akteure und der in den Kommunen entstandenen Praktiken selbstverständlich nicht hinreichend abgebildet. Wir haben bereits in Kapitel 2 dargestellt, dass sich allein hinter dem Nichtabschluss einer Dienstvereinbarung zur leistungsorientierten Bezahlung eine ganze Reihe von Motiven verstecken können, die von der prinzipiellen Ablehnung von Leistungsentgelt durch beide Betriebsparteien bis zur Kommunikationsstörung aus ganz anderen, gänzlich sachfremden Gründen reichen kann.

Auch unter jenen Kommunen, in denen eine Einigung auf eine Umsetzung leistungsorientierter Bezahlung mit differenzierender Bewertung und differenzierter Ausschüttung erfolgte, finden sich diverse Unterschiede der Absichten wie der Praktiken, von denen wir etliche bereits zur Sprache brachten. Der Umgang mit den Bestimmungen des § 18 TVöD-VKA darf – allgemein formuliert – als durchaus heterogen bezeichnet werden.

Neben der grundsätzlichen Unterscheidung zwischen Umsetzern und Nichtumsetzern zeigte sich auf Basis der standardisierten Befragungen, dass es von Belang ist, ob die Methode der Zielvereinbarungen oder die der Systematischen Leistungsbewertung angewandt wird. Danach, ob Zielvereinbarungen, die Systematische Leistungsbewertung oder eine Kombination beider zum Einsatz kommen bzw. welche der Methoden dominiert, lassen sich auch unsere Fallstudien sinnvoll einteilen. Hinzu treten freilich noch weitere Aspekte, die letztlich, bei allen durch den Methodeneinsatz begründeten Übereinstimmungen bzw. Differenzen, jeden Fall in gewisser Weise einzigartig machen. Die Berücksichtigung weiterer Merkmale ermöglicht es jedoch auch, auf Basis der Fallstudien zumindest Grundzüge mehrerer typischer Umgangsvarianten bei der Einführung von Leistungsentgelt beschreiben zu können. Einzelne solcher Merkmale konnten wir auch bereits als quantifizierbare Merkmale benennen. Wir müssen jedoch darauf verzichten, die unterschiedlichen Umgangstypen mit allen ihren nicht zuletzt aus den Fallstudien gewonnenen Sinn- und Handlungszusammenhängen in ihren unterschiedlichsten Aspekten und ihrer ganzen Komplexität zu quantifizieren. Zumindest näherungsweise werden wir jedoch auch etwas über das Vorkommen der Umgangstypen sagen können.

Der Kompromiss zwischen pauschaler und willkürlicher Ausschüttung

Dienstvereinbarungen sind Kompromisse und die in den Kommunen eingeführten Regeln und Praktiken beim Leistungsentgelt folgen deshalb nicht immer der stringenten Logik eines elaborierten Systems. Nicht ganz selten finden sich Kombinationen aus Zielvereinbarungen und Beurteilungsverfahren oder die Möglichkeit, zwischen beiden Methoden zu wählen (ca. 14% aller Umsetzungsfälle, vgl. Tab. 2.9). Mitunter handelt es sich dabei um engagierte Bemühungen, die Vorteile beider Systeme zu integrieren oder erkannte Nachteile zu mildern, keineswegs selten sind solche Kombinations- und Optionsfälle jedoch auch nur das Ergebnis eines Kompromisses zwischen den Betriebsparteien oder auch von mikropolitischen Aushandlungsprozessen auf Arbeitgeberseite. Um beispielsweise alle Amtsleiter zur Mitwirkung zu bewegen, wird mitunter auf die ausschließliche Einführung von Zielvereinbarungen verzichtet und stattdessen vereinbart, dass zwischen den Methoden ausgewählt werden darf. In einer unserer Fallstudien bestand der Kompromiss jedoch nicht in einer Kombination oder der Wahl zwischen den vorgesehenen Methoden, sondern der Kompromiss dominierte gewissermaßen über die Methoden.

In der Großstadt D wurde vereinbart, dass 70% des Budgets pauschal ausgeschüttet und die restlichen 30% von den Vorgesetzten ohne geregelte Verfahrensweise an 15% der Beschäftigten vergeben werden. Der Personalrat hatte argumentiert, dass die Stadtverwaltung ganz gut funktioniere, dies jedoch nicht deswegen so sei, „weil es eine kleine Spitze von Leistungsträgern“ gebe, sondern „weil 80, 90% ihre Arbeit gut und ordentlich verrichten, wie es gefordert wird“ (Personalrat, Großstadt D).

> „(...) wenn also unsere These richtig ist, dann wäre es falsch, diese Leistungsträger oben alleine zu belohnen. Und das ist der Streit gewesen (...). Und das Ergebnis ist ein Kompromiss gewesen, der da lautete: Wir gehen her und nehmen vom Gesamtfinanzvolumen (...) 70% und verteilen diese 70% gleichmäßig an alle. Das hat zur Folge, dass damit natürlich auch eine gewisse soziale Umverteilung verbunden ist, die wir aber wollten, muss man ganz offen sagen. Also für jemanden, der unterdurchschnittlich viel verdient, ist natürlich dieser gleichmäßige Betrag, unabhängig von der Entgeltgruppe (relevant) (...) Für die höher Verdienenden ist das dann natürlich zugegebenermaßen (relativ zum Grundentgelt, d. Verf.) weniger gewesen. (...) Die restlichen 30% vom Gesamtvolumen, haben wir gesagt, dürfen die jeweiligen Vorgesetzten selbständig, ohne dass es zu einem formellen Verfahren kommt, auch ohne Beteiligung der Personalvertretung (...) an ihre Leistungsträger, ihre Olympiasieger verteilen. Das ist so der Kompromiss gewesen. Diese 30% vom Volumen, die dürfen an nur 15% der Beschäftigten verteilt werden.“ (Personalrat, Großstadt D)

Die Beschäftigten seien zunächst damit zufrieden gewesen, da das Leistungsentgelt nicht im Sinne der reduzierten Ausschüttung (6% Septemberentgelt-Regel) gekürzt werden musste. Auch seien Beschäftige und auch die Dienststellenleiter, so der Personalrat, dankbar gewesen, „dass es keine Beurteilungen gibt“. Eine Mitarbeiterbefragung habe später dann allerdings ergeben, dass es mit der Zufriedenheit bei den Beschäftigten schnell vorbei gewesen sei, vielmehr sei große Unzufriedenheit mit der Ausschüttungspraxis ermittelt worden.

> „Die Nachfragen und die Recherchen, die wir mittlerweile gemacht haben über Personalrätekonferenzen und, und, und, die haben uns aber gezeigt, dass die Beschäftigten als Leistungsentgelt nicht die 70% sehen, die sie sowieso kriegen als Basisleistungsentgelt, sondern deren Kritik bezieht sich ausschließlich auf die 30%, auf das so genannte Zusatzleistungsentgelt. Also, das muss man zugeben, haben wir offensichtlich auch etwas schlecht kommuniziert, um den Leuten immer wieder zu sagen: ‚Liebe Leute, ihr habt 70% sozusagen fest. Und das ist auch Leistungsentgelt.‘ (...) also über

diese 30% (...), da herrscht Unzufriedenheit. Und zwar deswegen, weil da die Transparenz nicht vorhanden ist." (Personalrat, Großstadt D)

Die Kombination aus pauschaler Ausschüttung für alle Beschäftigten und willkürlicher Ausschüttung für eine Minderheit von „Leistungsträgern" schien offenbar zunächst einen geeigneten Kompromiss zwischen den Betriebsparteien darzustellen. Der Personalrat konnte Umverteilungsziele erreichen, der Arbeitgeber bekam freie Hand zur Vergabe von Belohnungen, und da es um eine quotierte Vergabe an nur einen Teil der Beschäftigten ging, waren die Beträge der leistungsdifferenzierten Ausschüttung gleichwohl nicht verschwindend gering. Die insbesondere für Beschäftigte mit geringem Verdienst nicht gänzlich unattraktiven Prämien, sowie der Umstand, dass die Zuteilung von Prämien auch mit sozialer Anerkennung verbunden ist, führen dann jedoch dazu, dass sich die Beschäftigten mit den 70% Basispauschale nicht zufrieden geben und deshalb in der Folge das ungeregelte und unkontrollierte Bewertungssystem als undurchschaubar und auch ungerecht wahrnehmen. Der Personalrat räumt ein, dass die Vergabe danach erfolgt sei, wer „näher an der Sonne" gewesen sei, weswegen es „kaum eine Sekretärin in einem Vorzimmer" gegeben habe, die nicht von der Zusatzprämie profitiert habe. Die von Beschäftigten mitunter gestellte Frage, „Was muss ich tun, um etwas zu bekommen?", war so nicht eindeutig zu beantworten.[14] Die häufig kritisierte und kaum gänzlich zu überwindende Subjektivität von Beurteilungsverfahren wirkt sich in diesem Fall einer definitiv ungeregelten Beurteilungs- und Vergabepraxis selbstverständlich in besonders starkem Maße aus.

Die skizzierte Kombination aus pauschaler und willkürlicher Ausschüttung sollte die auf einem Gerechtigkeitskonzept basierenden Umverteilungsziele des Personalrats mit dem Belohnungs- und Gerechtigkeitskonzept des Arbeitgebers verbinden, tatsächlich genügte dieser Kompromiss jedoch weder dem Kriterium der Akzeptanz noch dem der Funktionalität. Die Umverteilungseffekte durch die Teilpauschale bewirken lediglich, dass das Budget für die leistungsdifferenzierte Bezahlung geringer wird, gleichwohl bleiben die negativen Folgen einer ausgesprochen willkürlichen Bewertung und einer quotierten Ausschüttung wirksam. Fehlt es an Transparenz und einer nachvollziehbaren Kausalverknüpfung von Leistung, Bewertung und Ausschüttung, dann muss eine solche Praxis von den

14 Als eine erste Gegenmaßnahme wurde versucht, über eine stärkere Vergabe von Gruppenprämien die 15% Maximalquote auf 20% anzuheben. Manche der Dienststellen haben auf den Mangel reagiert, indem sie selbst einen Vergabemodus entwickelt haben, „weil die Akzeptanz natürlich eine hohe Rolle spielt" (Personalrat, Großstadt D).

Beschäftigten nicht nur als ungerecht wahrgenommen werden, es wäre für die große Masse der Beschäftigten darüber hinaus auch wenig rational, das eigene Leistungsverhalten daran zu orientieren. Kurz: Sowohl Pauschale als auch Willkür sorgen dafür, dass positive Effekte in Richtung auf eine Erreichung der Ziele des § 18 ausbleiben, Willkür und Quotierung bedingen zusätzlich, dass Akzeptanzprobleme nicht unterbleiben können.

Der Kompromiss erscheint dem Personalrat weiter des Verteidigens wert, da er den Verteilungsaspekt als gerecht erachtet. Er setzt darauf, den Beschäftigten den verteilungspolitischen Erfolg der Teilpauschale besser zu erläutern. Allerdings wären unseres Erachtens in einem solchen Fall rein sachlich sowohl die Rückkehr zu einer vollständigen Pauschalausschüttung (ebenfalls keine Effekte, aber auch kein Unmut) als auch eine Systematisierung der Bewertungs- und Ausschüttungspraxis unter Aufhebung der Quotierung (eventuell geringe Effekte, jedenfalls weniger Unmut) bessere Alternativen. Im Kern hat sich in diesem Fall in Folge der Einführung des Leistungsentgelts zum einen der Verteilungskonflikt auf die kommunale Ebene verlagert, zum anderen kam ein entgelt- und gerechtigkeitspolitisch ausgesprochen problematischer Mix zustande. Selbst wenn den betrieblichen Akteuren dieser Kompromiss als akzeptabel gelten mag, da sie ihre jeweiligen Gerechtigkeitskonzepte zumindest partiell durchsetzen konnten, liefert diese Umsetzungsvariante doch keine Argumente für den Nutzen der tarifvertraglichen Regelungen. Wir wissen aus Berichten über andere Kommunen dieses Bundeslandes, dass es ähnliche Umsetzungsfälle dieser Art gibt. Wir können jedoch nicht bestimmen, wie häufig sie vorkommen; unsere Annahme ist, dass es sich um eine eher geringe Zahl handelt.

Variationen bei Systematischer Leistungsbewertung

Um sinnvollerweise von Systematischer Leistungsbewertung sprechen zu können, sollte eigentlich zumindest ein Mindestmaß an Systematik bestehen, deshalb haben wir den soeben diskutierten Fall nicht unter diese Überschrift gefasst. Bei der quantitativen Erhebung dürften selbstverständlich auch Fälle wenig bis unsystematischer Leistungsbeurteilungsprozesse unter die Kategorie der Systematischen Leistungsbewertung gefasst sein. Dabei sind allerdings Quotierungen stets ein Zeichen dafür, dass Bewertungs- oder zumindest Ausschüttungsprozesse nicht ausschließlich nach Leistungskriterien erfolgen.

Der Personalrat der Großstadt D legt Wert darauf, dass die dort praktizierte Quotierung nicht von ihm gewollt gewesen sei. Er habe immer argumentiert, dass „eine Quote“ die Anerkennung von Leistung „von Vornherein auf eine gewisse Anzahl von Beschäftigten“ beschränke, und deshalb vertreten, dass diese Vorgehensweise „eigentlich nicht dem Leistungsgedanken“ entspreche (Personalrat, Großstadt D). Dieses Argument ist insofern stichhaltig, als an einen Teil der Beschäftigten selbst im Falle verbreitet hoher Leistungsbereitschaft und bester Leistungen keine Prämie ausgeschüttet werden darf. Jede Ausschüttungsvorgabe, die unabhängig vom Leistungsverhalten der Beschäftigten und unter Umständen auch im Widerspruch dazu gilt, muss dazu führen, dass Bewertungsmaßstäbe entweder erst nach dem zu bewertenden Zeitraum konkretisiert, nachträglich angepasst oder nicht vorgesehene Bewertungen schlicht ignoriert werden. Eine solche Quotierung der Zahl der Beschäftigten, die eine Prämienauszahlung erhalten können, demotiviert nicht allein deshalb, weil ein Teil der Beschäftigten keine Prämie erhalten kann, sondern auch, weil die Leistungskriterien notwendigerweise nicht hinreichend klar und verbindlich sind. Zielvereinbarungen vertragen sich daher mit wirksamen Maximalquoten weder im Grundsatz, noch – zumindest soweit sie nicht sehr hoch sind – in der praktischen Anwendung. Streng genommen sind Quotierungen jedoch mit jeder stringenten und kausalen Verknüpfung von Leistung, Bewertung und Ausschüttung nicht zu vereinbaren und befinden sich damit nicht nur in einem manifesten oder latenten Widerspruch zu leistungsgerechter Bezahlung, sondern sie können den Beschäftigten auch keine klaren Leistungsanreize geben. Darüber hinaus kann eine nachträgliche Modifikation der Leistungskriterien bzw. die Rücknahme eines für den Einzelnen zunächst gemachten *Tauschversprechens Leistung gegen Prämie* (würde dieses nicht gegeben, dann bestünde ohnehin kein Leistungsanreiz) auch als eine Art Betrug gedeutet werden. Um es an einem fiktiven Beispiel zu erläutern: Würde jemand ein Haus bauen und bereits vor Arbeitsbeginn ankündigen, dass anschließend maximal 50% der Handwerker bezahlt werden, so würde vermutlich kein einziger Kontrakt zustande kommen und keiner der Handwerker mit der Arbeit beginnen. Nähmen die Handwerker hingegen an, dass sie bei einer den vereinbarten Kriterien genügenden Leistungserbringung auch entsprechend bezahlt würden, es würde ihnen jedoch erst nachträglich offenbar, dass dieser Fall nicht zutrifft, dann fände sich der Bauherr vor Gericht wieder. Quotierte Ausschüttungen können somit lediglich eine Funktion tatsächlich erfüllen. Sie können dazu dienen, Vorannahmen über das Leistungsverhalten von Beschäftigten durchzusetzen, die sich (würden sie stimmen) bei einem funktionierenden Bewertungssystem ohnehin ergeben würden, sich bei einem guten Anreizsystem jedoch in eine positive Richtung verändern sollten. Der meist genannte, mit dem bisher Gesagten in einem Zusammenhang stehende Grund, weshalb Quotierungen angestrebt werden, besteht darin, damit technisch dem Bewertungsopportunismus der Vorgesetzten entgegenwirken zu wollen, um eine in den Augen der Verwaltungsspitze allzu weitgehende Annäherung an eine Ausschüttung nach dem Gießkannenprinzip zu vermeiden. Davon abgesehen, dass auf diese Weise eher eine Schwäche der Führungskompetenzen kaschiert als tatsächlich aufgelöst werden dürfte, wird hinsichtlich Akzeptanz und Funktionalität ein vergleichsweise harmloses Teufelchen (das im schlimmsten Falle nichts bewirkt) durch einen heftigen Beelzebub vertrieben. Während sich der Unmut in der Großstadt D offenbar noch in Grenzen hielt, schließlich wurde der größere Teil des Budgets pauschal ausgeschüttet, fanden wir auch Kommunen, in denen die Einführung eines quotierten LOB-Systems heftige Missstimmungen und Konflikte auslöste.

In der Großstadt A, die sich zu den ersten Umsetzern der leistungsorientierten Bezahlung rechnet, wurde mit einem solchen selektiv angelegten System begonnen. Die Systematische Leistungsbewertung sollte auf der Grundlage von sechs Leistungskriterien erfolgen: Arbeitsqualität, Arbeitsquantität, selbständiges Arbeiten, Flexibilität, Zusammenarbeit und Kundenorientierung. Das Punktebudget wurde auf 60% der maximal möglichen Punktzahl begrenzt, „um eine Verteilung der Leistungsentgelte nach ‚Gießkannenprinzip' zu verhindern, stattdessen klare Prioritäten zu setzen und damit einen ‚echten' Leistungsanreiz zu schaffen" (Dienstvereinbarung 2007, Großstadt A). Pro Person standen demnach 2,4 Punkte zur Verfügung, ins Verteilungssystem kam aber nur, wer 2,5 und mehr Punkte hatte. 2,5 Punkte galten als Schwellenwert, der einem Leistungsniveau zwischen „Normalleistung" (2 Punkte) und einer Übererfüllung der Anforderungen entsprach. Im Sinne eines Nullsummenspiels mussten somit, wenn manchen Beschäftigten mehr Punkte gegeben wurden, die Punkte bei anderen reduziert werden. Etwa 55% der Beschäftigten erhielten nach diesem System eine Ausschüttung.

Die Einführung der leistungsorientierten Bezahlung auf der Grundlage des beschriebenen Systems erwies sich als äußerst problematisch und konfliktträchtig. So gingen nach der ersten Ausschüttung allein ca. 200 offizielle, schriftliche Beschwerden bei der paritätisch besetzten betrieblichen Kommission ein. Hinzu kam eine Vielzahl mündlicher Beschwerden, außerdem wurde angenommen, dass die „Dunkelziffer" Unzufriedener, die ihre Anliegen nicht bei der Betrieblichen Kommission oder dem Personalrat vorgebracht haben, hoch sei (vgl. zu den frühen Erfahrungen auch Schmidt et al. 2011a).

Das frühe Vorpreschen und der Verzicht, die Erfahrungen anderer abzuwarten, werden später eher kritisch gesehen. Zumindest im Personalrat wird konzediert, man hätte „vielleicht doch abwarten sollen", statt „wieder Vorreiter sein" zu wollen (Personalrat, Großstadt A).

> „(...) und da haben wir nach der Auswertung dann im Nachhinein jetzt gesehen, die Denke war vielleicht nicht ganz so in Ordnung, weil sie zu, naja, Verwerfungen, vielleicht auch klimatischen Veränderungen geführt haben, denn (...) ein Mitarbeiter, der honoriert werden sollte, konnte nur honoriert werden zu Lasten anderer." (Arbeitgebervertreter, Großstadt A)

Von Führungskräften wurde die Budgetierung der Punkte als unbegründetes Misstrauen der Verwaltungsleitung gegenüber den Vorgesetzten interpretiert. Denn, so einer der Vorgesetzten, diese hätten durchaus

> „eine gewisse Verantwortung gezeigt, und jetzt ist man aber misstrauisch. Jetzt denkt man, jetzt wenn es ums Geld geht, will jeder Vorgesetzte das Geld unter die Leute schmeißen, weil er sich die Arbeit, die Führungsaufgabe auch leicht macht und deshalb sind diese reduzierten Punktebudgets zustande gekommen (...)" (Vorgesetzter, Großstadt A)

Die Dienstvereinbarung wurde nach den ersten Veränderungen erneut zweimal geändert, unter anderem wurde die Quotierung abgeschafft. Durch eine gewisse Veränderung bei der Verteilung der Prämien wurden die unteren Beschäftigtengruppen etwas aufgewertet, nachdem anfangs unter dem Druck der Quote ein sehr starker Hierarchieeffekt aufgetreten war. Auch Zielvereinbarungen sind inzwischen zulässig (finden jedoch selten statt). Doch es scheint nicht gelungen zu sein, den Fehlstart wirklich zu kompensieren. Auch im Jahr 2011 gibt es noch immer Beschwerden und Unzufriedenheit bei den Beschäftigten. Auch gelang es noch immer nicht, die Führungskräfte für die leistungsorientierte Bezahlung zu begeistern.

Manche Führungskräfte neigen dazu, die Vorjahresbewertungen fortzuschreiben. Die wenig überzeugenden Erfahrungen mit der LOB-Praxis verstärken bei den Führungskräften dieser Kommune offenbar solche Verhaltensweisen. Die Ausschüttungsquote ist nach der Abschaffung der Quote auf ca. 85% gestiegen. In manchen kleineren Bereichen werde inzwischen *de facto* auch an alle Beschäftigten ausgeschüttet. Der Personalrat würde eine Abschaffung der differenzierten Ausschüttung gutheißen, jedoch nur solange, wie dabei kein Geld für die Beschäftigten verloren geht. Auf die Leistungserbringung habe die Einführung von Leistungsentgelt ohnehin keine Effekte gehabt, es sei „einfach nur ein System, um die Kohle zu verteilen" (Personalrat, Großstadt A). Der Leistungsdruck sei zwar gestiegen, die Ursachen werden jedoch, so ein anderer Personalrat, wie „überall im öffentlichen Dienst" (Personalrat, Großstadt A) primär im Personalabbau gesehen.

Der Anteil der Kommunen mit einer quotierten Ausschüttung an allen differenziert ausschüttenden Kommunen liegt bei ca. 7% (vgl. Tab. 5.18; und bei etwa 4% aller befragten Kommunen, die Pauschalausschütter eingeschlossen). Vor dem Hintergrund unserer früheren Auswertung von Dienst- und Betriebsvereinbarungen aus den Jahren 2007 und 2008, von denen 12% eine Quote vorsahen, wäre ein höherer Anteil an Quotenfällen zu erwarten gewesen (vgl. Trittel et al. 2010: 63). Doch da Funktionalität und Akzeptanz in solchen an Selektion ausgerichteten Umsetzungsfällen sich häufig als defizitär erwiesen haben dürften, ist ein merklicher Rückgang alles andere als überraschend. Das Scheitern zumindest eines erheblichen Teils dieser Fälle hatten wir erwartet. Unter den verbliebenen Fällen von „Selektion", wie wir diesen Typ von Fällen genannt haben, bei dem die zulässige Ausschüttungsquote bereits vor der Leistungsmessung feststeht, haben 46% eine Maximalquote, die höher als 50% liegt (Quotenmittelwert 55%, Median bei 50%, die häufigste Quote liegt bei 40%). Da sich hohe Quoten mit einer breiten Ausschüttung verbinden lassen, sind zwar die mit Quotierungen verbundenen Schwierigkeiten latent ebenfalls alle vorhanden, doch manifest werden müssen sie bei breiter Ausschüttung keineswegs. Nehmen wir an, dass höhere Quoten bei ansonsten einigermaßen professionell betriebener Umsetzung nicht zwingend gravierende Akzeptanzprobleme auslösen müssen, würde der Anteil der manifest selektiven Fälle noch geringer ausfallen. Orientiert am beschriebenen Fall der Großstadt A ist allerdings zu vermuten, dass die in der Folge von selektiven Umsetzungsversuchen nachwirkenden Akzeptanzprobleme auch oder gerade dort noch von Relevanz sind, wo „Selektion" als Verfahren heute statistisch nicht mehr auftaucht. Mit den „überlebenden Restfällen" selektiver Umsetzungssysteme konnte man sich offenbar einigermaßen arrangieren.

Wir können nicht endgültig ausschließen, dass im Laufe der Zeit auch im Fall der Großstadt A ein einigermaßen funktionsfähiges System etabliert wird, doch die Chancen, Führungskräfte und Beschäftigte noch einmal für die leistungsorientierte Bezahlung zu gewinnen, dürften nicht besonders gut stehen. Zumindest ein ausgesprochen gründlicher Neuanfang dürfte Voraussetzung dafür sein. Die leichte Tendenz Richtung Zielvereinbarungen könnte hier als ein Zeichen gedeutet werden. Wahrscheinlicher dürfte allerdings ein Übergang in eine mit gebremstem Engagement betriebene, eher wirkungsschwache Variante des Einsatzes von Systematischer Leistungsbewertung sein. Die offenbar bereits nachlassende Variabilität der Leistungsbewertungen signalisiert eine solche Entwicklung. Die Gleichzeitigkeit der Ermöglichung von Zielvereinbarungen und der nachlassenden Variabilität könnte dabei für eine zunehmende Heterogenität der Anwendung zwischen den Organisationseinheiten stehen.

Eine heterogene, uneinheitliche Anwendung von Leistungsbewertung innerhalb von Kommunen ist keineswegs untypisch. In manchen Kommunen reproduziert sich die Heterogenität der Umsetzung in der Fläche *en miniature.* Soweit die Verwaltungsspitze kein starkes Interesse an der Einführung des Leistungsentgelts entwickelt, oder – im öffentlichen Dienst ohnehin wahrscheinlich – nicht stark genug ist, um eine konsequente Umsetzung in allen Ämtern durchzusetzen, kann die Praxis von der faktischen Pauschalausschüttung bis zu Zielvereinbarungen reichen.

In der Gemeinde C, in der der Bürgermeister zwar den Befürwortern der leistungsorientierten Bezahlung weitgehend freie Hand für die Einführung gab, jedoch nicht verhehlt, selbst wenig davon zu halten, reichte die Mitwirkung der verantwortlichen Amtsleiter und Führungskräfte ebenfalls von der weitgehenden Ignoranz bis zu einer, obwohl diese in der Dienstvereinbarung gar nicht vorgesehen war, zielvereinbarungsähnlichen Praxis. Umsetzungsmängel fanden sich zwar in allen von uns untersuchten Kommunen, doch ausgeprägte Heterogenität oder ein Überwiegen einer Umsetzung *pro forma* fanden sich vornehmlich in Kommunen mit Systematischer Leistungsbewertung. Dies ist insofern plausibel, als diejenigen, denen wenig an einer Umsetzung liegt, meist auch den Aufwand für Zielvereinbarungen scheuen.

In der kleinen Stadt A etwa, in der es keinen Personalrat gibt, der einer LOB-Einführung hätte widersprechen können, wurde pflichtschuldig per Dienstanweisung Leistungsentgelt eingeführt. Angewandt wird die Systematische Leistungsbewertung. Der Bürgermeister zweifelt allerdings daran, dass der Nutzen den Aufwand rechtfertigt. Führungskräfte hätten ihre Führungsfunktion auch ohne LOB wahrzunehmen.

> „Also, eigentlich ist es als Führungskraft meine Aufgabe, dass die Mitarbeiter die Arbeitsaufgabe erhalten und dafür sollen sie ihr Gehalt kriegen. (...) Aber dann, dieses Element zusätzlich aufzusetzen und zu sagen, ich versuche nochmal, ohne dass ich es messbar machen kann, nochmal eine Bewertung vorzunehmen, (das) halte ich eigentlich für nicht unbedingt effektiv. Ich will nicht sagen, für nicht sinnvoll, ich will eher sagen, für nicht effektiv, weil, es ist eigentlich meine originäre Aufgabe als Führungskraft, zu sagen, wenn mir was passt oder nicht passt. So, und das muss ich dann nicht extra nochmal über geringfügigste (...) Prämierung ausdrücken. (...) Also, das soll meine ehrliche Meinung dazu sein, zur leistungsorientierten Vergütung.“ (Arbeitgebervertreter, Stadt A)

Insgesamt erfolgt die Umsetzung in der Stadt A allerdings nicht lediglich *pro forma*, sondern faktisch orientiert an zwei Kriterien: Erstens sollte mit der Umsetzung kein unnötiger Ärger verursacht und zweitens sollten Mitarbeitergespräche gefördert werden. Letztere werden auch hier als der eigentlich positive Effekt leistungsorientierter Bezahlung betrachtet. Die Leistungsbeurteilung erfolgt in dialogischer Form. Zunächst bewerten sich die Beschäftigen selbst, dann werden sie durch die Vorgesetzten bewertet. Dabei gab es zwar keineswegs in allen Fällen rasche Übereinstimmung. Insgesamt geht die Ausschüttung „Richtung 100%“ (Arbeitgebervertreter, Stadt A). Eine Pauschalausschüttung wird aus den genannten Gründen jedoch abgelehnt. Erstens würde der Anreiz für Mitarbeitergespräche entfallen, zweitens würde eine Pauschalausschüttung dem Gerechtigkeitsempfinden der Beschäftigten widersprechen.

> „Naja, das ist dann nun wieder der Umkehrschluss mit dem Pauschalausschütten. (...) jeder weiß trotzdem, dass jeder unterschiedliche Leistung erbringt (...), hat auch wieder einen Beigeschmack, dann sagen die anderen: ‚Ich kümmere mich, ich lauf mir die Haxen ab, und der kriegt's so und so.‘ (...) pauschal würde ich es nicht machen wollen.“ (Arbeitgebervertreter, Stadt A)

Dabei geht es jedoch nicht primär darum, Leistungseffekte zu erzielen. Motivation sei durch anerkennende Worte oder das Übertragen von Verantwortung effektiver zu erreichen. Die interviewten Beschäftigten sehen durch die LOB-Einführung keine großen Effekte („das läuft alles so wie vorher“), haben jedoch auch keine prinzipiellen Einwände.

> „Im Grunde machen wir alle unsere Arbeit so gut wie wir können. Von daher, Leistungsentgelt oder nicht, (es) ist jeder ständig bemüht.“

> „Ne, das ist schon nicht verkehrt mit der leistungsorientierten Bezahlung. Aber man muss das Verhältnis sehen, Aufwand und was rauskommt.“ (Beschäftige, Stadt A).

Eine breite Ausschüttung „Richtung 100%“ oder zumindest an einen großen Teil der Beschäftigten, von der jedoch einzelne, allen bekannte Minderleister ausgenommen werden können, ansonsten jedoch die prinzipielle Leistungsbereitschaft Anerkennung findet, scheint dem Gerechtigkeitsverständnis vieler Beschäftigter am ehesten zu entsprechen. Da bei breiter Ausschüttung subjektive Verzerrungen bei der Bewertung nicht besonders zum Tragen kommen, können Beurteilungsverfahren, wenn auch auf Kosten der Funktionalität, durchaus hinlängliche Akzeptanz erzielen. Der betriebene Aufwand allein zur Sanktionierung einer kleinen Minderheit leistungsschwacher Beschäftigter erschiene eindeutig zu groß, könnten nicht die Mitarbeitergespräche, wie beschrieben, nicht nur als Aufwand, sondern auch als Nutzen aufgefasst werden.

Es gibt etliche Kommunen, in denen die Wahlmöglichkeit zwischen Zielvereinbarung und Systematischer Leistungsbewertung des Tarifvertrages reproduziert wurde. In manchen Fällen darf als Ursache dafür ein ausgehandelter oder von den Betriebsparteien antizipierter Kompromiss gesehen werden, der widerstrebende Kräfte nicht nur zwischen Verwaltungsspitze und Personalrat, sondern auch zwischen den Leitern von Verwaltungseinheiten zu integrieren sucht. In der ostdeutschen Stadt E ist sowohl die Zielvereinbarung als auch die Systematische Leistungsbewertung zulässig. Dabei sollten Zielvereinbarungen die Entwicklungsperspektive darstellen. Tatsächlich verläuft die Entwicklung jedoch umgekehrt: Während anfangs „relativ viele Zielvereinbarungen" abgeschlossen wurden, geht inzwischen „der Trend mehr zur Systematischen Leistungsbewertung" (Personalrat, Stadt E). Eine Entwicklung, die sowohl unter den Führungskräften als auch unter den Personalräten von manchen bedauert und von manchen begrüßt wird. Zielvereinbarungen, so ein Personalratsmitglied, würden für Unfrieden sorgen.

> „Also meines Erachtens wird der Betriebsfrieden damit unwahrscheinlich gestört. Man sieht die Bewertung, man sieht die Ziele. Wenn ich sehe, der hat ein Pillepalle-Ziel und von mir wollen sie sonst noch etwas und im Endeffekt erreiche ich die Punkte nicht, bin ich kotzig auf Deutsch gesagt. Und dadurch sagen viele, was sollen sie sich jetzt noch einen Kopf machen, (...) meine Arbeit mache ich ordentlich und fertig." (Personalrat, Stadt E)

Eine wenig ernst genommene Systematische Leistungsbewertung bietet nicht nur den Kommunen als Organisation oder den Führungskräften einen Ausweg aus dem mit einer ernsthaften Umsetzung verbundenen zeitlichen Aufwand, sondern auch den Beschäftigten. Dies gilt in jedem Falle dann, wenn die Beträge gering sind und die Ausschüttung breit ist, doch offenbar bietet die Systematische Leistungsbewertung selbst bei als nicht gerechtfertigt betrachteter Bewertung noch die Chance, den psychischen Aufwand zu verringern, d.h. bei ungeliebten Bewertungsresultaten nicht auch noch selbst in den Bewertungsprozess involviert zu sein.

> „Also, ich bin auf dem Bauhof beschäftigt als Arbeiterin (...) Wir können nur die Systematische Leistungsbewertung machen, (eine Zielvereinbarung), das geht bei uns nicht, weil wir ja praktisch nach Auftragslage arbeiten. Was der Chef sagt, das machen wir. Wir können jetzt nicht eigenständig einfach irgendwas machen in der Stadt. Und da war das eigentlich für uns dann beendet. Und dann wurden die Gespräche geführt und jeder war damit einverstanden." (Beschäftigte, Stadt E)

In einem anderen Amt wurden hingegen spezifisch abgrenzbare Leistungen zur Grundlage von Zielvereinbarungen gemacht. Die Beschäftigten sollen Vorträge vor den Kollegen halten, die dem wechselseitigen Austausch über die Arbeit und dem persönlichen Training dienen sollen. Ein finanzieller Nachteil bei Nichtbeteiligung wird von den Beschäftigten akzeptiert.

> „Wir haben bei uns auch jemand, der sagt: ‚Ach, ich halte eben die Vorträge nicht'. Naja, dann hat er sie nicht gehalten, hat kein Leistungsentgelt bekommen, gar keins, und dann war es eben so." (Beschäftigte, Stadt E)

Eine wesentliche Ursache der heterogenen Umsetzung sind, neben der Enttäuschung mancher Beschäftigter über Zielvereinbarungen, auch hier nicht zuletzt deutlich variierende Orientierungen unter den Führungskräften. Darüber hinaus herrschen zum Teil erhebliche Konflikte, sowohl zwischen Amtsleitern als auch mitunter zwischen Amtsleitung und Sachgebietsleitern, die sich bis in die Ausgestaltung des LOB-Systems ausgewirkt haben. Etwa wird von den einen versucht, über eine hohe Autonomie der Sachgebietsleiter bei Bewertungsprozessen, die mitunter vorkommende Alleinentscheidungspraxis der höheren Ebene anderer Ämter zu begrenzen. Leistungsorientierte Bezahlung eignet sich auch als Vehikel für mikropolitische Machtspiele. Mehrmals konnten wir dabei eine Konfliktlinie zwischen Personalverantwortlichen (je nach Terminologie beispielsweise Hauptamtsleitung) und mindestens einem Verantwortlichen für eine andere wichtige Organisationseinheit feststellen. Konflikte um leistungsorientierte Bezahlung verlaufen jedenfalls keineswegs überall primär zwischen Arbeitgebern und Personalräten und auch nicht unbedingt zwischen einer Verwaltungsspitze, die sich für leistungsorientierte Bezahlung einsetzt und unwilligen Führungskräften auf mittlerer Ebene. Mitunter haben wir folgende Konstellation vorgefunden: Während sich die politische Spitze, also Bürgermeister/in bzw. Oberbürgermeister/in, für leistungsorientierte Bezahlung allenfalls am Rande interessiert, verlaufen die Konfliktlinien zwischen einigermaßen ähnlich mächtigen Leitern von Ämtern, Dezernaten und anderen organisatorischen Einheiten. Der in Gesprächen mit den Arbeitgeberverbänden vielfach bemühte Opportunismus als Ursache dafür, wenn Führungskräfte gegenüber den Beschäftigten beim Leistungsentgelt nicht „hinstehen und führen" wollen, hat auch in der Stadt E nicht selten eine Ursache in der heterogenen Umsetzungspraxis selbst.

> „Es gibt strenge Leiter, es gibt laxe Leiter und jeder beurteilt das anders. Man sagt dann auch, wenn in dem Kollektiv eben wirklich die Leute ordentlich arbeiten, belastet sind: ‚Warum soll ich die (...) bestrafen?' Weil

woanders geht das eben ganz lax durch. Und ja, warum soll ich dann meine eigenen Leute, die ja doch relativ gut arbeiten, dann eben schlechter bewerten?" (Vorgesetzter, Stadt E)

Abgesehen von ein paar sächsischen Besonderheiten, etwa Schwierigkeiten mit der auf das Vorjahr bezogenen Budgetbildung in der Folge von Gebietsreformen,[15] oder der Annahme, dass Besonderheiten in Ostdeutschland eine erfolgreiche Umsetzung leistungsorientierter Bezahlung behindern,[16] bestehen in der Stadt E sowohl Unmut als auch Engagement nur noch in gedämpfter Form:

> „Es hat sich ja jeder irgendwo mit der Situation arrangiert, egal in welche Richtung." / „Im Zweifelsfall führen wir die Gießkanne wieder ein. (...) wir werden doch nicht an den Strick gehangen, wenn wir die Gießkanne wieder einführen. Es ist nicht vorgesehen und es ist nicht üblich und es soll nicht sein, aber alle machen es." (Vorgesetzter, Stadt E)

> „Wenn es jetzt so, wie es ist, weiterläuft, dann sitzt man in drei Jahren wirklich nur noch da und macht die Kreuze und fertig." (Vorgesetzte, Stadt E)

Systematische Leistungsbewertung oder die Wahl zwischen Zielvereinbarung und Systematischer Leistungsbewertung sind zweifelsfrei besonders geeignet, um eine wenig engagierte Einführung zu ermöglichen oder um mit nicht zentrierter Heterogenität bzw. Fragmentierung umzugehen. Umgekehrt ist der Zusammenhang allerdings weniger zwingend. Auch mit der Einführung der Systematischen Leistungsbewertung kann ein engagiertes Bemühen um eine funktionierende Einführung von Leistungsentgelt verbunden sein.

In der Stadt H bestanden arbeitgeberseitig einerseits durchaus ernsthafte Absichten, mit der Einführung von leistungsorientierter Bezahlung etwas bewegen zu wollen, allerdings kann man sich des Eindrucks einer gewissen Orientierungslosigkeit bei der Einrichtung des Leistungsentgeltsystems nicht erwehren. Führungskräfte berichten von einer aus ihrer Sicht gründlichen Vorbereitung. Man habe intensiv darüber diskutiert, ob eine Ausschüttung nach Art der Gießkanne praktiziert oder die leistungsorientierte Bezahlung ernst genommen werden solle. Man habe sich arbeitgeber-

---

15 „So was ist ja überhaupt nie berücksichtigt worden, bei der Bemessungsgröße für (...) das Gesamtvolumen, dass in Sachsen, just in der Zeit als es gefordert wurde, extreme Gebietsveränderungen stattgefunden haben, die für den einen positiv und für den anderen negativ ausgegangen sind" (Vorgesetzter, Stadt E).

16 „Und ich sage einmal, NRW ist ja, ob KGSt oder andere Spitzenverbände, die blasen ja immer ganz oben mit. Und wenn so eine Welle auf uns übergestülpt wird, das kann nicht aufgehen hier im Osten. Das merken wir immer wieder. Hier ticken die Uhren einfach noch ein bisschen anders." (Vorgesetzter, Stadt E)

seitig einstimmig für den „deutlich schwereren Weg“ entschieden, „Einzelbeurteilung zu machen und im Prinzip das Geld so zu verteilen, dass der Leistungsstarke mehr kriegt und der Leistungsschwache ganz davon ausgenommen ist“ (Vorgesetzter, Stadt H). Die, wie es arbeitgeberseitig hieß, „Glaubensfrage“ Zielvereinbarung oder Systematische Leistungsbewertung habe man zunächst zugunsten der Systematischen Leistungsbewertung entschieden und sei auch mit dem Personalrat darin überein gekommen, dass eine rasche Einführung von Zielvereinbarungen nicht möglich sei.

Die erste Dienstvereinbarung des Jahres 2007 sah dann auch nur die Systematische Leistungsbewertung vor. Dabei wurde auf das vorhandene Beurteilungssystem zurückgegriffen, das die Verwaltung 1996 einführt hatte. Nach Beurteilungsrunden in den Jahren 1996, 2000 und 2004 stand die nächste im Jahr 2007 an. Man habe sich gesagt, „wir erfinden das Rad jetzt nicht noch mal neu“, so der Personalamtsleiter, und den ersten Teil der Regelbeurteilung zur Arbeitsleistung und deren Dimensionen hergenommen und zur Grundlage für die leistungsorientierte Bezahlung gemacht.

Mit dem Anschluss an die Methode der Regelbeurteilung, wie sie nicht der Intention der Tarifparteien entspricht, wählte die Stadt allerdings zunächst gerade einen eher einfach erscheinenden Weg. Dadurch habe man sich eine weitere Schulung der Beurteiler sparen können, da zur Regelbeurteilung bereits ausgiebig geschult worden sei. Anders als bei den Beurteilungsrunden davor, bei denen es Führungskräfte gegeben habe, „die auch unter Androhung eines empfindlichen Übels“ ihre Beurteilungen nicht abgeliefert hätten (Arbeitgebervertreter, Stadt H), seien die Bewertungen nach der Einführung des Leistungsentgelts alle pünktlich geliefert worden. Durch die Verkopplung mit Geld habe ein gewisser Druck der Beschäftigten geholfen. Der Unmut und die „passive Stärke“ der Beschäftigten scheinen wirksamer zu sein als der Unmut der Verwaltungsspitze.

Mit der Orientierung an der Regelbeurteilung steht die Stadt H keineswegs allein. Wir haben bereits darauf hingewiesen, dass in unserer Befragung immerhin in einem knappen Drittel der Fälle (Datensatz FALL–) angegeben wurde, dass „die Kriterien der SLB an die Kriterien der dienstlichen Regelbeurteilung angelehnt“ seien (vgl. auch Tab. 2.8). Nachdem mit der Niederschrifterklärung der Wille der Tarifparteien unmissverständlich zum Ausdruck gebracht wurde und Ver.di zeitweise die nicht seltene Anlehnung an die Regelbeurteilung heftig gegeißelt hatte, hat uns die Häufigkeit dieser Antwort überrascht. Nicht, weil wir angenommen hätten, dass eine solche Anlehnung an die Regelbeurteilung kaum stattfinden würde, sondern weil wir vermuteten, dass in einem solchen Falle inzwischen häufig eine Umdeutung stattgefunden hat, in der auch kleinere Abweichungen in der eigenen Wahrnehmung hervorgehoben werden. Nehmen wir an, dass es sowohl Fälle gibt, in denen im Laufe der Jahre seit der Einführung tatsächlich eine gewisse Distanz gegenüber der Regelbeurteilung entstanden ist und zudem entsprechende Wahrnehmungseffekte auftreten, dann sollte die Anlehnung an die Regelbeurteilung zumindest in den ersten beiden Jahren noch ausgeprägter gewesen sein. Möglicherweise sind Wahrnehmungsverschiebungen (Flucht in die „Weiß nicht"-Angabe) auch unter Personalräten ausgeprägter, da diesen die gewerkschaftliche Kritik präsenter sein dürfte.

Für das Jahr 2008 und für die Jahre 2009 und 2010 folgten dann in der Stadt H jeweils neue Dienstvereinbarungen, wobei bei letzterer auch Zielvereinbarungen mit aufgenommen wurden. Tatsächlich spielten Zielvereinbarungen jedoch nie eine größere Rolle. Auch danach wurden weitere Veränderungen vorgenommen. Insbesondere wurde beschlossen, von der Regelung Abstand zu nehmen, dass „Normalleistung" keine Honorierung durch Prämienzahlungen erhalten dürfe. Nach einer Mitarbeiterbefragung, die der neu zusammengesetzte Personalrat durchgeführt hat, und in der sich die große Mehrheit der Beschäftigten dafür aussprach, Prämien auch an „Normalleister" zu zahlen (wobei es sich dabei um keine Pauschalkomponente handelt), einigten sich die Betriebsparteien auf eine solche Verfahrensweise. Tatsächlich überzeugt scheint die Arbeitgeberseite von dieser Veränderung jedoch nicht zu sein. Die Rede ist von einem Kompromiss, der sich mit leistungsorientierter Bezahlung „unter Umständen ein bisschen inhaltlich beißt (...): Die Normalleistung ist ja eigentlich mit dem normalen Gehalt grundsätzlich schon abgedeckt. (...) Wir sind mittlerweile bei fast 95% Auszahlungsquote" (Arbeitgebervertreter, Stadt H). Der neue Personalrat betont, dass er den Einbezug der „Normalleister" in die Ausschüttung gegen erhebliche Widerstände habe durchsetzen müssen. Auf Arbeitgeberseite sei der Verlust von Steuerungswirkungen befürchtet worden. Dem Personalrat scheint es angesichts zugenommener Leistungsanforderungen primär darum zu gehen, weitere Anreizeffekte für Mehrleistungen zu verhindern. Er argumentiert, dass eine weitere Zunahme von Arbeitsbelastungen letztlich nicht nur den Beschäftigten, sondern auch der Organisation selbst Schaden zufügen würde:

> „Wir haben bei uns in der Verwaltung halt auch Burn-Out-Fälle von sehr, sehr engagierten Kolleginnen und Kollegen, die hier wirklich auch Leistungsträger waren und die, man muss das ja immer insgesamt betrachten, unter anderem auch wegen der Arbeitsverdichtung, natürlich auch wegen ihrer eigenen Ansprüche, die sie an sich selbst haben und noch anderer Momente, völlig abgestürzt sind, und man wirklich nicht weiß, ob die Therapie, die sie machen, letztendlich wieder da hinbringt, wo sie vorher waren. Und das muss man einfach sehen: Die werden mit Sicherheit mit einem

anderen Bewusstsein an die Arbeit rangehen müssen, um überhaupt noch arbeitsfähig zu bleiben. Also, die Verdichtung ist extrem; die ist auch immer wieder Thema. Und ich habe auf der letzten Personalversammlung in Richtung Verwaltungsleitung gesagt, dass das Personal das höchste Gut der Verwaltung ist und das man die Kolleginnen und Kollegen wirklich hegen und pflegen muss." (Personalrat, Stadt H)

Während sich auf Personalratsseite die Ablehnung von Leistungsentgelt inzwischen durchgesetzt zu haben scheint, schwankt die Arbeitgeberseite zwischen Ernüchterung und der Hoffnung auf weitere Verbesserungen. Die Durchsetzung eines tatsächlich wirkungsmächtigen Systems ist in der Stadt H nahezu ausgeschlossen und wäre hier nur durch einen grundlegenden Neuanfang möglich, der nicht auf Mehrleistung, sondern auf ein qualitatives Steuerungskonzept setzen würde, in dem wachsende Arbeitsbelastungen explizit nicht angestrebt werden. Ein Umdenken dieser Art ist jedoch nicht angelegt. Vielmehr musste der Personalrat im Tausch gegen die Beteiligung der „Normalleister" das Zugeständnis machen, dass die tarifliche Steigerung des Prämienvolumens von 0,25% für die beiden kommenden Jahre in jenen Topf eingespeist wird, mit dem überdurchschnittliche Leistung honoriert wird. Der Arbeitgeber verfolgt damit die Strategie, den Anteil der Ausschüttung für normale Leistung langfristig wieder zu reduzieren.[17]

Variationen bei Zielvereinbarungen

Reine Zielvereinbarungssysteme gibt es streng genommen selten, da häufig geregelt ist, dass bei der Weigerung zum Abschluss einer Zielvereinbarung die Pflicht zur Systematischen Leistungsbewertung besteht. In lediglich 0,3% aller Fälle wird bei Nichtteilnahme an der Leistungsbewertung eine Pauschale ausgezahlt (FALL–). Öfter kommt es vor, dass die beiden Methoden miteinander kombiniert werden. Dies ist in etwa einem Siebtel aller Kommunen mit differenzierter Ausschüttung der Fall, in etwa einem Drittel dieser Fälle dominieren die Zielvereinbarungsanteile (Datensatz FALL+). In etwa 12% aller Kommunen dominieren die Zielvereinbarungen außerhalb einer solchen Kombination. Zusammengenommen spielen Zielvereinbarungen in etwa einem Fünftel der Kommunen mit differenzierter Leistungsbewertung die zentrale Rolle (vgl. Tab. 2.9).

---

17 „Ich würde es nur nicht akzeptieren, wenn das, was für normale Leistung zur Verfügung gestellt wird, auf Dauer oberhalb dessen bleibt, was letztlich leistungsorientiert ist. (...) Für mich ist eigentlich das Ziel/ Es ist vollkommen richtig, dass dieses eine Prozent, meinetwegen, der Sockel bleibt, aber das, was dazu kommt, dass das auf die Leistungsseite geht" (Arbeitgebervertreter, Stadt H).

Wir haben bereits gezeigt, dass sich Zielvereinbarungen verglichen mit der Systematischen Leistungsbewertung in vielfacher Hinsicht als empirisch wirkungsmächtiger erweisen. Dabei ist es auch plausibel, dass sie dann nicht eingesetzt werden, wenn es darum geht, leistungsorientierte Bezahlung mit möglichst geringem Aufwand einzuführen. Wählen wir sowohl bei der Anwendung von Zielvereinbarungen als auch bei der Systematischen Leistungsbewertung nur diejenigen unter den Arbeitgebern aus, die angaben, dass ihnen die LOB-Einführung „ganz wichtig“ oder „wichtig“ gewesen sei, dann wird der Abstand der Systematischen Leistungsbewertung gegenüber der Zielvereinbarung bei den Wirkungen geringer (vgl. Tab. 5.17). Dies liegt vor allem daran, dass der Einfluss der Angaben jener Arbeitgeber auf die Effekte nachlässt, die sich für eine ihnen nicht so besonders wichtig erscheinende LOB-Einführung auch nicht besonders engagiert haben.

≡ Tab. 5.17: LOB-Effekte nach Methode und Arbeitgeberengagement

„Welche Effekte hatte die Einführung der LOB auf nachfolgende Punkte?“ [a]

Anwender ...	AG alle		AG stark interessiert[b]	
	SLB	ZV	SLB	ZV
Dienstleistungsqualität	2,49	2,34	2,33	2,30
Führungskompetenz	2,44	2,28	2,20	2,31
Kunden-/Bürgerorientierung	2,49	2,31	2,33	2,29
Aufgaben- und Prozesssteuerung	2,77	2,34	2,70	2,31
Motivation	2,53	2,47	2,35	2,56
Effizienz der Arbeitsprozesse	2,75	2,71	2,70	2,64
Personalkosteneffizienz	3,01	3,04	3,00	3,06
Wirtschaftlichkeit	2,89	2,82	2,79	2,74
Eigenverantwortung	2,48	2,12	2,36	2,09
Führen mit Zielen	2,72	2,10	2,64	1,95
Leistung	2,60	2,39	2,44	2,38
Leistungsgerechte Bezahlung	2,40	2,31	2,19	2,33
Verhältnis Führungskräfte – Mitarbeiter	2,77	2,42	2,59	2,27
Verhältnis unter den Kolleg/inn/en	3,05	2,99	3,01	2,92
Beteiligung der Beschäftigten	2,74	2,45	2,63	2,27
Mittelwerte	*2,68*	*2,47*	*2,55*	*2,43*

a – Flächenbefragung: Datensatz AG; alle Anwender sowie stark interessierte Arbeitgeber nach ZV und SLB; Mittelwerte einer Skala von 1 = „verbessert“ bis 5 = „verschlechtert“ *b* – „Stark interessierte Arbeitgeber“, operationalisiert als Arbeitgeber mit der Angabe „ganz wichtig“ oder „wichtig“ auf die Frage *„Wie wichtig war Ihnen als Arbeitgeber die LOB-Einführung?“*

Es wäre allerdings ein voluntaristischer Fehlschluss, würde deshalb angenommen, dass der jeweils angewandten Methode deshalb keine besondere Bedeutung zukäme. Denn während beim Einsatz von Zielvereinbarungen der Zwang zu einer ernsthaften Praxis allein durch die getroffene Entscheidung groß ist und gewissermaßen eine Art struktureller Zwang installiert wird, bedarf es bei der Systematischen Leistungsbewertung eines ganz besonderen und nachhaltigen Engagements des Arbeitgebers (selbst dann, ohne den Unterschied gänzlich zum Verschwinden zu bringen).[18]

Gleichwohl gilt, dass auch Zielvereinbarungen auf unterschiedliche Weise eingeführt werden können. Abgesehen davon, dass auch bei Zielvereinbarungen nicht immer alle Führungskräfte mitziehen und sich bisweilen eine eher heterogene Umsetzungspraxis etabliert, finden sich bei Zielvereinbarungen zwei Pole, die wir mit den Bezeichnungen „konsultative Partizipation“ und „Partizipation und Steuerung“ benennen wollen. Bei der „konsultativen Partizipation“, wie wir sie im Kreis B vorgefunden haben, wird die Einführung der leistungsorientierten Bezahlung ausgesprochen ernsthaft betrieben. Es wird großer Wert darauf gelegt, dass Führungskräfte und Mitarbeiter die Zielvereinbarungen soweit möglich „auf Augenhöhe“ abschließen, die Verwaltungsspitze und die betriebliche Kommission verzichten darauf, auf den Abschluss der Ziele Einfluss zu nehmen.

Eine zentrale Voraussetzung für diese Umsetzungsvariante war im Kreis B durch das Zusammentreffen mehrerer Umstände gegeben. Erstens hat der Kreis eine Tradition als Reformvorreiter, zweitens sieht sich auch der Personalrat als Reformer und hat die Rolle eines aktiv gestaltenden Co-Managers eingenommen, der nicht ohne realen Einfluss ist. Drittens pflegen beide Betriebsparteien eine – in Arbeitgeberworten – „sehr partnerschaftliche“ Beziehung. Sie sind sich darin einig, so der Personalratsvorsitzende, die „Kreisverwaltung als moderne Dienstleistungsverwaltung voranzubringen“, ohne deshalb Interessenunterschiede zu leugnen oder unter den Tisch fallen zu lassen.

Bei der Einführung leistungsorientierter Bezahlung verfolgte der Arbeitgeber, nach eigener Aussage, vor allem das Ziel, größere Leistungsgerechtigkeit herzustellen. Gegenüber positiven Wirkungen auf die Motivation herrscht jedoch durchaus wissenschaftlich aufgeklärte Skepsis. Der

18 Methodisch ist zu Tabelle 5.17 anzumerken, dass die Mittelwertunterschiede insbesondere dann, wenn wir lediglich die interessierten Arbeitgeber betrachten, in der Regel nicht mehr signifikant sind, da die Fallzahlen für die Zielvereinbarungen zu gering werden. Die systematische Veränderung interpretieren wir zumindest als Hinweis darauf, dass die qualitativ gewonnenen Eindrücke sich auch in der Fläche finden.

Personalrat verband mit der Einführung der leistungsorientierten Bezahlung die Absicht, eine „Vereinbarungskultur" bzw. eine „Beteiligungskultur" zu etablieren. Auf der Grundlage einer nach Basis- und Zusatzprämie differenzierten Bewertung wurde rasch eine relativ breite Ausschüttung erzielt. Nur wenige Beschäftigte erhielten gar keine Prämie.

Auch im Kreis B funktionierte nicht alles reibungslos, insbesondere wurde später mit der Einführung von regelmäßigen Absprachen nachgebessert, um dafür zu sorgen, dass der Standard der vereinbarten Ziele nicht allzu stark voneinander abweicht. Da zuvor auf jede Form zentraler Einflussnahme oder auch nur Absprachen verzichtet worden war, entstanden Gerüchte unter den Beschäftigten über Ziele mit ausgesprochen ungleichem Anforderungsniveau. Auch die Weigerung von Vorgesetzten, an der Umsetzung des Systems mitzuwirken, kam im Kreis B vor. „Eine Führungskraft", so der Personalratsvorsitzende, habe „sogar in Kauf genommen, runtergruppiert zu werden". Er habe selbst vorgeschlagen „eine nicht so gut bezahlte Stelle" anzunehmen, um „da raus" zu kommen. Ansonsten sei eher eine „gewisse Alltagsroutine" eingekehrt, manche Führungskräfte hätten ihre Ansprüche reduziert und würden schon auch mal „wieder die gleichen Ziele vereinbaren, wenn die sinnvoll und gut waren." Auch manchen Beschäftigten sei es lieber, wenn Vorgesetzte die Ziele vorformulierten. Im Falle des Baubetriebshofs etwa sei es ungeheuer schwierig, Ziele zu vereinbaren.

Auch im Jahr 2012 ist die Einschätzung des eingeführten, sehr partizipativ ausgerichteten Systems gleichwohl noch immer positiv. Gravierende Veränderungen am System wurden nicht vorgenommen. Auch wenn die „große Euphorie" hinsichtlich „Partizipation und Beteiligung", mit der man gestartet sei, inzwischen auch beim Personalratsvorsitzenden verflogen ist, hätten sich die Ziele in Teilen doch umsetzen lassen. In den Mittelpunkt der Aufmerksamkeit der Interessenvertretung sind jedoch auch im Kreis B jetzt andere Themen gerückt, etwa Fragen des betrieblichen Gesundheitsmanagements, es geht um Krankenstände, Überlastungen, auftretende Fälle von Burn-Out-Syndrom.

Fragen des Gesundheitsmanagements und der strukturellen Überlastung durch Sparmaßnahmen sind auch in der Großstadt E, einer Kommune, in der die Einführung leistungsorientierter Bezahlung nach eigener Darstellung und auch nach einer von uns im Rahmen des Projekts „Entgeltreform" durchgeführten Beschäftigtenbefragung relativ gut funktionierte, in den Vordergrund des Interesses der Personalratsarbeit gerückt. Allerdings hat hier das Leistungsentgelt auch real an Bedeutung verloren. Ähnlich wie im Kreis B, in dem die leistungsorientierte Bezahlung ebenfalls überdurchschnittlich gut funktionierte, wurde auch in der Großstadt E die

Einführung von den Betriebsparteien gemeinsam getragen und die Beschäftigen haben das Leistungsentgelt einigermaßen akzeptiert (vgl. Schmidt et al. 2011a: 133ff.). Anders als im Kreis B zielte das System in der Großstadt E von Beginn an weniger auf Leistungsgerechtigkeit und Partizipation, sondern auf Steuerungseffekte. Nach umfangreichen Pilotversuchen wurde (bei Zulässigkeit auch der Systematischen Leistungsbewertung) ein Zielvereinbarungssystem angestrebt, bei dem die einzelnen Ziele der Beschäftigten, die Ziele von Organisationseinheiten und die Ziele der Stadt insgesamt sinnvoll aufeinander bezogen werden sollten. Angestrebt wurde ein „kaskadisches Zielsystem", bei dem nicht die Mehrleistung einzelner Beschäftigter im Mittelpunkt steht, sondern die Leistung des Gesamtsystems verbessert werden sollte. Mit den Worten des Gesamtpersonalratsvorsitzenden: „Die Serviceleistung öffentlicher Dienst muss besser werden und nicht die Ausstoßrate."

Trotz des einigermaßen erfolgreichen Einsatzes von Zielvereinbarungen[19] wurde dann ab dem Jahr 2012 ein deutlicher Einschnitt vorgenommen. Nachdem bereits früh, ganz ähnlich wie in anderen Kommunen auch, von Führungskräften über die Mehrbelastungen durch Bewertungsprozess und Mitarbeitergespräche geklagt worden war, und auch Arbeitgebervertreter mutmaßten, dass bei einer ausbleibenden hinreichenden Steigerung der zur Verfügung stehenden Volumina sich der Aufwand nicht mehr lohne, wurde die Konsequenz gezogen, für die Entgeltgruppen 1 bis 7 auf die Leistungsbewertung „vorübergehend" zu verzichten und eine pauschale Ausschüttung vorzunehmen. Bedenken, dass es nicht ohne weiteres möglich sein könnte, später wieder zu einer differenzierten Ausschüttung zurückzukehren, wurden zwar geäußert, fanden aber letztlich keine Berücksichtigung.

Abgesehen von der Frage, welche Schwierigkeiten eine Rückkehr zur leistungsdifferenzierten Ausschüttung bereiten würde, ist diese Einführung einer Teilpauschalausschüttung in der Großstadt E insofern von großem Interesse, weil dadurch deutlich wird, welche Probleme bei einer Abschaffung des § 18 auftreten könnten. Zunächst zeigte sich, was nach der von uns durchgeführten Erhebung nicht überraschen durfte,[20] dass die Be-

19 Über 80% der Leistungsvereinbarungen waren in der Großstadt E in den Jahren 2009 und 2010 Zielvereinbarungen mit Einzelpersonen oder Teams.

20 52% der befragten Beschäftigten in der Großstadt E bewerteten eine „stärkere Leistungsorientierung" laut unserer im Rahmen des Projekts „Entgeltreform" durchgeführten Erhebung als „gut" oder „eher gut", 14% mit „schlecht" oder „eher schlecht". Die Frage „Wie bewerten Sie es generell, wenn ein Teil des Entgelts von der Leistung abhängig gemacht wird?" beantworteten 52% mit „gut" oder „eher gut" und 17% mit „schlecht" oder „eher schlecht".

schäftigten der unteren Entgeltgruppen keineswegs alle zufrieden mit der Umstellung waren. Auch unter Führungskräften und Personalräten löste die Umstellung auf partielle Pauschalausschüttung bis zur Entgeltgruppe 7 offenbar Debatten aus, wie man mit „Schlechtleistern“ umgehen solle.

> „Der Prozentsatz, der sich beschwert, minimiert sich eigentlich gar nicht. Er verlagert sich nur (...).“ (Personalrat, Großstadt E)

Da in der Großstadt E auch die Beamten und Beamtinnen in das LOB-System einbezogen sind, entstand die Frage, ob im Falle einer Pauschalausschüttung auch den Beamten eine pauschale Auszahlung zustünde. Da das System nach Leistung differenzierter Ausschüttung nicht vollständig abgeschafft, sondern nur für ungefähr die Hälfte der Tarifbeschäftigten plus einen Teil der Beamten außer Kraft gesetzt wurde, konnten auch letztere ihre Pauschalzahlung behalten. Im Falle einer Abschaffung des § 18 und einer Rückführung des Leistungsanteils in die Tabelle wäre allerdings die Frage zu klären, was mit den in manchen Kommunen an die Beamten ausgeschütteten Entgeltbestandteilen zu geschehen hätte. In immerhin 12% der von uns befragten Kommunen mit Leistungsdifferenzierung werden an die Beamtinnen und Beamten „Prämien in derselben Höhe“ ausbezahlt, in weiteren 6% der Kommunen erhalten sie eine Auszahlung „in der beamtenrechtlich erlaubten Höhe“ oder einen Ausgleich in Form von Freizeit (vgl. Tab. 2.10). Abgesehen von der ebenfalls bestehenden Unsicherheit, ob es im Falle einer Abschaffung des § 18 gelingen würde, den Betrag für die Tarifbeschäftigten effektiv zu sichern und dies auch glaubhaft darstellen zu können, könnte hier durchaus ein relevantes Problem sowohl für den inneren Frieden in den Kommunen und die Motivation der Beamtinnen und Beamten, als auch für die Akzeptanz der betrieblichen und gewerkschaftlichen Interessenvertretung bestehen. Möglicherweise fiele dem Beamtenbund eine Abschaffung der LOB auch deshalb weniger leicht als Ver.di. Doch vor dem Hintergrund der ohnehin positiven Haltung der Beschäftigten gegenüber dem Prinzip der leistungsgerechten Bezahlung und der ambivalenten Haltung gegenüber der praktizierten leistungsorientierten Bezahlung, die sich auch in gegenüber dem konkreten LOB-System weitgehend gespaltenen Belegschaften ausdrückt, ist damit zu rechnen, dass weder die Fortführung noch eine Abschaffung des Leistungsentgelts ohne Schwierigkeiten wäre.

In der Großstadt E wurde die leistungsorientierte Bezahlung auf einem relativ eleganten und produktiven Weg verändert. Da dort Mitarbeitergespräche ohnehin ein ernstgenommenes Thema sind (auch im Kontext des § 5 TVöD zur Qualifizierung, vgl. hierzu Bahnmüller/Hoppe 2012) und Führungskräfte nicht nur allein LOB-Gespräche führen mussten, konnte dort auf einen zentralen und weitgehend unbestrittenen positiven Effekt der leistungsorientierten Bezahlung, die Förderung des Mitarbeitergesprächs, verzichtet werden (zumindest eher als in manch anderer Kommune). Die möglichen Effekte eines auf Steuerung ausgelegten Zielvereinbarungssystems hingegen werden durch die Fortführung der leistungsorientierten Bezahlung für die oberen Entgeltgruppen weitgehend gesichert. LOB als Kommunikations- und Steuerungsinstrument hat sich deshalb hier gewissermaßen auf die §§ 5 und 18 verteilt, die Funktion der LOB als Instrument des Leistungsanreizes wurde damit weitgehend aufgegeben. Offenbar wurde der Anreizeffekt zumindest bei den unteren Entgeltgruppen im Vergleich zum Aufwand als zu gering erachtet.

Während die Großstadt E ihr System mit einem hohen Anspruch aufzubauen versuchte, finden sich mitunter auch ausgesprochen pragmatische Umgangsweisen mit Zielvereinbarungen. In der Stadt C wurde zwar die Methode der Zielvereinbarung wohlüberlegt und aus guten Gründen gewählt, weder in der Verwaltungsspitze noch bei Führungskräften und Personalrat herrscht eine strikte Ablehnung der leistungsorientierten Bezahlung, doch der Nutzen wird zum Teil doch etwas skeptisch gesehen. Überwiegend wird auf eine Vorgehensweise geachtet, die nur geringen Aufwand erforderlich macht. Gern werden Teamzielvereinbarungen abgeschlossen, weil, so einer der Vorgesetzten, „ich habe die Zeit nicht, mich mit allen Leuten einzeln zu verständigen. Und ich denke, das bringt auch nichts" (Vorgesetzter, Stadt C). Um eine wenig zeitintensive Zielvereinbarung anzuwenden und zugleich einen gewissen Nutzen zu erzielen, wurde in einem Amt etwa folgende Teamzielvereinbarung abgeschlossen:

> „Wir treffen uns alle 14 Tage einmal. Der Termin ist so gewählt, dass eigentlich jeder nach einer Stunde sagt, jetzt ist Feierabend. Also, da ist ein gewisser Druck da, weil wir haben das Projekt Mittwoch elf Uhr und zwölf Uhr ist Mittag. (Gelächter) (...) Es geht ja nicht darum, stundenlang da zu sitzen und über irgendein Zeug zu palavern, sondern einfach (darum, dass) die einzelnen Abteilungen untereinander sich auch mal näher kennen lernen. Das war früher so strukturiert: Es gab ein Tiefbauamt, ein Hochbauamt. Was ich so erfahren habe, ging es da eigentlich nur um das Gegeneinander. (...) Und einfach dort aus diesen einzelnen Abteilungen ein Team zusammenzukriegen, das war der Hintergedanke. Aufgezogen wird das Ganze folgendermaßen: Es gibt von mir ein paar einleitende Worte, dann wird kurz erläutert, was im Hochbau im Moment aktuell läuft, wo es Probleme gibt, dasselbe bauordnungstechnisch. Dort wird es schon interessant, weil es gibt viele Bauanfragen, die eigentlich nicht mehr durch die einzelnen Abteilungen müssen, wenn sie aber in dem Rahmen alle 14-Tage bekannt gegeben werden, können sich die Mitarbeiter aber natürlich gleich

melden und sagen: Hallo, hier haben wir auch etwas. Hier stehen Bäume, hier müssen wir Einfahrten beachten. (...) Also, man vermeidet dadurch viel Stress im Nachhinein. Die Tiefbauer stellen ihre Probleme und Projekte vor, ganz interessant ist immer die Verkehrsbehörde (...). Das ziehen wir regelmäßig durch jetzt, seit fast einem Jahr. Es hat sich für meine Begriffe bewährt, positive Resonanz. Ich habe schon das Gefühl, dass auch die einzelnen Abteilungen miteinander besser kommunizieren. Ich sage mal, es ist gut, dass es diese LOB gibt, weil es ist ein guter Aufhänger gewesen, aber im Normalfall, wenn man sich dann jedes Jahr etwas Neues ausdenken muss, finde ich das eigentlich nicht wirklich lustig." (Vorgesetzter, Stadt C)

Während die Bereitschaft ohne LOB eher gering gewesen sei, sich regelmäßig zusammen an einen Tisch zu setzen, hat diese pfiffige Zielvereinbarung hier hilfreich gewirkt. Das Beispiel zeigt im Konkreten, dass hier mit geringem Aufwand ein merklicher und möglicherweise nachhaltiger Nutzen gestiftet wurde. Es zeigt aber auch, dass nach Möglichkeiten der Minimierung von Aufwand auch bei einem Zielvereinbarungsregime gesucht werden kann. Eine Teamzielvereinbarung, wiewohl in vielen Fällen ein vergleichsweise wirksames Instrument, kann hier oft einen Weg zu geringem Aufwand weisen: Während bei individuellen Zielvereinbarungen ein gewisser Aufwand auch dann nicht zu vermeiden ist, wenn leicht erfüllbare Ziele gewählt werden, lassen sich mit dem Abschluss einer problemlos zu erfüllenden Teamzielvereinbarung nötiger Aufwand und drohender Unmut mit einer Klappe schlagen. Dabei kann dann mitunter durchaus jeder andere Nutzen auf der Strecke bleiben, als der, die Bestimmungen des § 18 angewandt zu haben.

Obgleich sich bei empirischer Betrachtung die Methode Zielvereinbarung als überlegen erwiesen hat, ist bei intern heterogenen Führungskräfteorientierungen bzw. einem schwachen initiierenden Zentrum durchaus damit zu rechnen, dass auch (Team-) Zielvereinbarungen nicht in jedem Fall hohe Umsetzungsqualität garantieren. Allerdings verlangt die Einführung von Zielvereinbarungen in aller Regel bereits eine starke Verwaltungsspitze, die dazu in der Lage ist (eventuell im Bündnis mit dem Personalrat) ein solches, als aufwändig geltendes System gegenüber den eigenen Führungskräften durchzusetzen (von denen zumindest manche den Aufwand scheuen) und nicht über die Einführung der Systematischen Leistungsbewertung oder einer Wahlmöglichkeiten den Vorgesetzten *Opt-Out*-Chancen zuzugestehen. Mit geringen Absichten verbundene Umsetzungen finden sich in erster Linie beim Einsatz Systematischer Leistungsbewertung, bei Zielvereinbarung macht eine Differenzierung zwischen engagierten und weniger engagierten Arbeitgebern keinen großen Unterschied. Bei Zielvereinbarungen heben sich vornehmlich jene Kommunen hervor, in denen über ein partizipativ angelegtes Anreizsystem hinaus auch ein personenübergreifendes Steuerungssystem geschaffen werden soll.

Wir haben die Anwender der Systematischen Leistungsbewertung in drei Gruppen unterschieden: Erstens diejenigen, die angaben, dass die Einführung dem Arbeitgeber „ganz wichtig“ oder „wichtig“ war (vgl. Tab. 5.17) und zudem nicht die Angabe machten, dass keine besonderen Ziele verfolgt wurden. Diese Variante nennen wir „Eingreifende Unilaterialität“. In der zweiten Variante, der „Selektion“, muss zusätzlich noch das Merkmal einer maximalen Ausschüttungsquote erfüllt sein. Die dritte Variante der Systematischen Leistungsbewertung muss kein zusätzliches Ziel erfüllen, wir sprechen hier von „Konventioneller Unilateralität“.

Unter den Anwendern von Zielvereinbarungen, deren Anteil geringer ist, haben wir keine besondere Gruppe von Kommunen mit eingreifender Arbeitgeberabsicht gebildet, da diese Unterscheidung sich statistisch kaum ausgewirkt hätte. Auf eine Bildung einer Gruppe mit Bestimmungen für eine quotierte Ausschüttung konnte bei Zielvereinbarungen aus methodenspezifischen Gründen ebenfalls verzichtet werden. Stattdessen haben wir zwischen Zielvereinbarungen ohne und mit hoher Steuerungsabsicht unterschieden. Soweit die Angaben „Die Verwaltungsspitze gibt die Ziele vor, Führungskräfte und Mitarbeiter haben praktisch keinen Einfluss auf die Ziele“ oder „Die Ziele müssen zwar in das Gesamtsystem passen (Oberziele, Zielkaskade), aber es gibt Spielraum für Führungskräfte und Mitarbeiter“ gemacht wurden, wurde eine starke Steuerungsabsicht im Sinne der Großstadt E angenommen. Diese Variante haben wir „Partizipation und Steuerung“ genannt. Soweit dieses Merkmal nicht erfüllt ist, sprechen wir schlicht von der Variante „Partizipation“. Tabelle 5.18 zeigt, dass sich „Konventionelle Unilateralität“ und „Eingreifende Unilateralität“ in etwa die Waage halten, während die Variante „Selektion“, wie bereits erläutert, nur eine geringe Rolle spielt. Etwas seltener noch sind Kommunen, die wir auf Basis dieser Angaben der Variante „Partizipation und Steuerung“ zuordnen können.

Fragen wir danach, welche LOB-Effekte diese einfach konstruierten, sich jedoch an der qualitativen Beobachtung orientierenden Varianten jeweils hervorbringen, so zeigen sich doch merkliche Unterschiede. Tabelle 5.19 verdeutlicht auf der Basis der Arbeitgeberangaben (Datensatz AG), dass der Typus „Partizipation und Steuerung“ den anderen Varianten bei nahezu allen Effekten deutlich überlegen ist. Diese Überlegenheit ist beim Stichwort „Führen mit Zielen“ gegenüber den SLB-Varianten selbstverständlich nicht und gegenüber der anderen Zielvereinbarungsvariante

≡ Tab. 5.18: Typen der LOB-Umsetzung[a]

	FALL–	AG	PR
„Konventionelle Unilateralität"	35,9	36,0	31,1
„Eingreifende Unilateralität"	39,9	40,7	42,1
„Selektion"	6,7	7,6	6,0
„Partizipation"	13,4	11,2	17,3
„Partizipation und Steuerung"	4,1	4,5	3,4

a – Flächenbefragungen: Datensätze AG, PR und FALL–; nur Anwender mit differenzierter Ausschüttung, Näherungswerte, Prozente Fallzuordnung

wenig überraschend, doch die befragten Arbeitgeber mit steuerungsorientierter Anwendung von Zielvereinbarungen betrachten mit wenigen Ausnahmen ihr System auch bei allen anderen Wirkungsvariablen überdurchschnittlich häufig als besonders funktionstüchtig. Für den Einfluss von Absicht und Wille spricht auch, dass die SLB-Variante „Eingreifende Unilateralität" besser abschneidet als die Restkategorie „Konventionelle Unilateralität". Besonders überraschen sollte dies jedoch vor dem Hintergrund einer partiell auch unter den Arbeitgebern ungewünschten Regelung nicht. Bemerkenswert ist, dass der Typ „Selektion", obwohl wir annehmen müssen, dass gerade extreme Fälle zum Untersuchungszeitpunkt bereits gescheitert und die Ausschüttungsquoten abgemildert oder abgeschafft worden waren, doch noch immer extreme Ausschläge bei einzelnen Effekten aufweist und sich gerade in dieser Hinsicht deutlich vom Typ „Partizipation und Steuerung" unterscheidet. Den besten Wert erzielt „Selektion" beim Kriterium „Leistungsgerechte Bezahlung", den schlechtesten Wert bei den Wirkungen auf das „Verhältnis unter den Kolleg/inn/en". Dies spricht unseres Erachtens dafür, dass sich in dieser Gruppe von Kommunen noch immer eine Reihe von Überzeugungstätern findet, denen es primär darum geht, ihre Vorstellungen von gerechter Entgeltungleichheit auch unter Absehung von tatsächlichen Bewertungsergebnissen durchzusetzen. Der Typ „Selektion" ist zumindest in manchen Fällen an wertrationalen und nicht an zweckrationalen Maßstäben orientiert. Gleichwohl ist zu konstatieren, dass sich die relativ schlechten Werte bei Beziehungs- und Steuerungswirkungen lediglich in der Nähe der konventionellen Fälle finden.

Die Angaben der Personalräte variieren bei nach denselben Kriterien[21] gebildeten Typen weniger deutlich. „Partizipation und Steuerung" hebt

21 Zwar wurde auch bei den Personalräten nach dem Engagement der Arbeitgeber unterschieden, da diese Angabe im Datensatz der Personalrätebefragung jedoch nur als Fremd- und nicht als Selbsteinschätzung vorkommt, mag sie weniger treffsicher ausgefallen sein.

sich bei den Personalräten lediglich beim Effekt „Führen mit Zielen" deutlich von allen anderen Varianten positiv und bei „Begrenzung des Leistungsdrucks" negativ ab (wobei es der Typ „Selektion" hier schafft, ähnlich schlechte Werte zu erzielen). Die Kriterien „Eigenverantwortung" und „Verhältnis Führungskräfte – Mitarbeiter" und bemerkenswerterweise auch „Wirtschaftlichkeit" schlagen die Personalräte dem nicht steuerungsorientierten Typ der „Partizipation" zu. Bei den beiden letztgenannten Merkmalen beobachten Personalräte aus Kommunen des LOB-Typus „Selektion" deutliche Negativeffekte wie auch im Hinblick auf das „Verhältnis unter den Kolleg/inn/en", bei welchem die Arbeitgeber ebenfalls negative Auswirkungen konstatieren.

Tab. 5.19: LOB-Effekte nach Umsetzungstypen aus Arbeitgebersicht ≡

„Welche Effekte hatte die Einführung der LOB auf nachfolgende Punkte?"[a]

	„Partizipation und Steuerung"	„Partizipation"	„Selektion"	„Eingreifende Unilateralität"	„Konventionelle Unilateralität"
Führen mit Zielen	1,61	2,29	2,61	2,65	2,81
Kunden-/Bürgerorientierung	1,91	2,46	2,39	2,34	2,68
Dienstleistungsqualität	1,93	2,46	2,50	2,33	2,66
Führungskompetenz	1,93	2,42	2,30	2,21	2,74
Aufgaben- und Prozesssteuerung	1,94	2,49	2,87	2,68	2,87
Eigenverantwortung	1,94	2,2	2,36	2,38	2,61
Leistung	1,99	2,55	2,54	2,44	2,79
Leistungsgerechte Bezahlung	2,04	2,4	2,09	2,2	2,67
Verhältnis Führungskräfte – Mitarbeiter	2,11	2,55	2,87	2,61	2,92
Beteiligung der Beschäftigten	2,31	2,5	2,56	2,66	2,85
Motivation	2,47	2,47	2,31	2,36	2,77
Effizienz der Arbeitsprozesse	2,48	2,80	2,87	2,68	2,80
Wirtschaftlichkeit	2,69	2,87	2,92	2,78	3,01
Verhältnis unter den Kolleg/inn/en	2,79	3,07	3,26	2,99	3,08
Personalkosteneffizienz	3,00	3,06	3,00	3,00	3,03
Begrenzung des Leistungsdrucks	3,15	3,1	3,2	3,04	3,11

a – Flächenbefragungen: Datensatz AG; Mittelwerte einer Skala von 1 = „verbessert" bis 5 = „verschlechtert"; sortiert nach Typ „Partizipation und Steuerung"

Durchaus heterogen fallen auch die Antworten auf die Frage aus, ob sich die Praxis der leistungsorientierten Bezahlung seit der Einführung verbessert habe oder nicht. Eingedenk der unterschiedlichen Prozesse, die sich in den Kommunen beobachten lassen, sollte auch dies nicht überraschen. Es darf angenommen werden, dass gewöhnlich versucht wird, ersichtliche Schwächen des eingeführten LOB-Systems zu beseitigen. Führungskräfte lernen beim Umgang mit Bewertungsinstrumenten hinzu und üben sich in Mitarbeitergesprächen. Nachdem sich anfängliche Aufregung legt, setzt ein Prozess der Gewöhnung ein, der eine rationalere Praxis ermöglichen kann. Zugleich schwindet jedoch auch anfängliche Euphorie und Einsatzbereitschaft und es kommt zunehmend vor, dass die Bewertungsresultate der Vorjahre schlicht übernommen werden. Die Variabilität lässt nach und damit schwindet im Zeitverlauf auch der Leistungsbezug. Erfahrungsgewinn und nachlassende Bemühungen schließen sich nicht gegenseitig aus und können durchaus beide dazu beitragen, dass die Praxis der leistungsorientierten Bezahlung als im Prozess der Verbesserung verstanden wird – je nach Interessenlage. Jedenfalls scheint die Zufriedenheit mit der eigenen LOB-Praxis bei den Betriebsparteien zu wachsen, bei den Arbeitgebern stärker, bei den Personalräten weniger stark ausgeprägt (vgl. Tab. 5.20). Daran zu erinnern ist jedoch, dass die befragten Beschäftigten im Schnitt keine positive Veränderung der LOB-Praxis wahrnehmen (vgl. Tab. 4.10).

≡ Tab. 5.20: Veränderung der Praxis leistungsorientierter Bezahlung

„Wie ist Ihr Eindruck: Hat sich die Praxis der LOB seit der Einführung verbessert oder verschlechtert?“ [a]

	AG	PR	KL	FALL+
verbessert (1)	5,9	5,4	4,3	3,7
eher verbessert (2)	44,5	28,7	40,3	38,7
teils, teils (3)	43,5	47,8	42,3	47,1
eher verschlechtert (4)	4,9	16,9	11,8	9,0
verschlechtert (5)	1,1	1,3	1,3	1,5
Mittelwert	*2,51*	*2,80*	*2,66*	*2,66*

a – Flächenbefragungen: Datensätze AG, PR, KL und FALL+; Prozente und Mittelwerte

6. Dezentrale Regelung und Tarifpolitik

6.1 Die Haltung der Betriebsparteien zum § 18 TVöD ■

Anders als es die tarifpolitische Kontroverse um die leistungsorientierte Bezahlung erwarten ließ, lehnen die Personalräte leistungsorientierte Bezahlung keineswegs durchgängig ab. Die konkrete Praxis vor Ort finden viele relativ akzeptabel. Insbesondere soweit Zielvereinbarungen angewandt werden, wird der leistungsorientierten Bezahlung auch von den Personalräten eine gewisse Wirksamkeit zugestanden. Die Beschäftigten sind zum einen etwas stärker ablehnend, zum anderen jedoch durchaus ambivalent eingestellt. Vor dem Hintergrund einer hohen Akzeptanz des Leistungsprinzips können viele einerseits einer an der Leistung orientierten Bezahlung durchaus etwas abgewinnen, andererseits jedoch wird, gerade weil das Leistungsprinzip für die meisten identitätsrelevant ist, eine Überprüfung der eigenen Leistung nicht selten als Misstrauenserklärung interpretiert. Soweit eine Bewertung negativ ausfällt, gilt letzteres selbstverständlich in noch stärkerem Maße. Letztlich sind sich jedoch auch die Beschäftigten uneins. Auch wenn die Beschäftigten beiden Methoden skeptisch gegenüberstehen, können doch auch sie der Zielvereinbarung ein wenig mehr abgewinnen als der Systematischen Leistungsbewertung. Trotz der einstimmigen Beschlüsse der VKA stehen zudem keineswegs alle Arbeitgeber zur leistungsorientierten Bezahlung, auch wenn die Tendenz deutlich zustimmender ausfällt als bei Beschäftigen und auch bei Personalräten.

Erheblich schlechter als das angewandte eigene LOB-System und die jeweilige Methode wird von den befragten Arbeitgebern und Personalräten allerdings die Tarifregelung selbst beurteilt. Bei den Arbeitgebern halten sich Zustimmung und Ablehnung die Waage. Eine Gewichtung der Angaben der Arbeitgeber nach der Anzahl der Beschäftigten zeigt, dass die Akzeptanz mit der Beschäftigtenzahl zunimmt. Geringere Zustimmung findet der § 18 TVöD darüber hinaus bei den Arbeitgebern der kleinen Kommunen, bei denen die Ablehnung leicht dominiert (vgl. Tab. 6.1). Die Personalräte bewerten den § 18 TVöD mehrheitlich negativ, lediglich ein knappes Fünftel findet ihn „gut“ (nur in ganz wenigen Ausnahmefällen „sehr gut“). Fragen wir nach dem Beschäftigtenanteil, den die Personalräte jeweils vertreten, zeigt sich recht deutlich, dass die negative Bewertung des § 18 bei Personalvertretungen in größeren Kommunen noch einmal deutlich ausgeprägter ist. In den Kommunen (mit mehr als 3.000 Einwohnern), deren Personalräte den § 18 ablehnen, arbeiten demnach mehr als zwei Drittel der Beschäftigten. Während somit Arbeitgeber aus größeren Kommunen etwas positiver zum § 18 stehen, wächst bei den Personalräten mit der Größe der Kommune die Ablehnung. Hier wird deutlich, dass sich die Bewertung der Tarifregelung nicht nur aus den jeweiligen eigenen Umsetzungserfahrungen speist, sondern auch durch tarifpolitische Diskurse beeinflusst wird. Da große Kommunen meist enger in die tarifpolitischen Debatten eingebunden sind und eingebunden werden, darf angenommen werden, dass tarifpolitische Orientierungen dort auch stärkeren Niederschlag finden.

≡ Tab. 6.1: Bewertung § 18 insgesamt

„Abgesehen von eventuellen Umsetzungsproblemen im Detail: Wie beurteilen Sie die Tarifregelung zur leistungsorientierten Bezahlung nach § 18 TVöD insgesamt?“[a]

	AG		PR		KL	
	Fälle	Anteil Beschäftigte	Fälle	Anteil Beschäftigte	Fälle	Anteil Beschäftigte
sehr gut (1)	3,1	2,5	0,3	0,4	1,7	1,2
gut (2)	34,8	44,1	18,5	11,4	23,4	27,3
teils, teils (3)	29,9	32,2	28,3	18,4	39,0	36,4
schlecht (4)	23,5	17,8	31,1	30,8	28,0	26,6
sehr schlecht (5)	8,6	3,4	21,9	39,1	7,9	8,5
Mittelwert	*3,00*	*2,76*	*3,56*	*3,97*	*3,17*	*3,14*

a – Flächenbefragungen: Datensätze AG, PR und KL; Prozente und Mittelwerte für Fälle und Beschäftigtenanteil

In etwa demselben Maße negativ bewerten die Regelungen des § 18 TVöD diejenigen Arbeitgeber und auch Personalräte, die eine pauschale Ausschüttung vereinbart haben (vgl. Tab. 6.2). Wo es nicht zu einem Abschluss einer Dienstvereinbarung gekommen ist, fällt die Bewertung im Mittel ebenfalls bei beiden Betriebsparteien negativ aus, bei den Personalräten dabei ganz ausgeprägt negativ. Dies dürfte ein Ausdruck davon sein, dass die Personalräte häufig doch die zentrale Rolle bei der Verhinderung einer Einführung des Leistungsentgelts spielen. 72% der Personalräte aus Kommunen ohne Dienstvereinbarung geben an, den § 18 „schlecht“ oder „sehr schlecht“ zu finden, lediglich 3% finden ihn „gut“. Unter den Arbeitgebern ohne Dienstvereinbarung (ohne Kleinkommunen) finden sich immerhin 20%, die den Paragraphen „gut“ finden und ein knappes Prozent, das ihn „sehr gut“ findet. Doch 44% auch der Arbeitgeber aus Kommunen ohne Dienstvereinbarung bewerten den § 18 als „schlecht“ oder

„sehr schlecht". Es darf angenommen werden, dass in vielen Fällen, in denen es Personalräten gelingt, die Einführung leistungsdifferenzierter Bezahlung zu verhindern (sei dies mit einer entsprechenden Dienstvereinbarung oder ohne), das Anliegen der Personalräte durchaus auf eine zustimmende Toleranz bei den Arbeitgebern trifft.

Tab. 6.2: Bewertung § 18 insgesamt nach Methode ≡

„Abgesehen von eventuellen Umsetzungsproblemen im Detail: Wie beurteilen Sie die Tarifregelung zur leistungsorientierten Bezahlung nach § 18 TVöD insgesamt?"[a]

AG				PR			
SLB	ZV	Pauschal	keine DV	SLB	ZV	Pauschal	keine DV
2,75 (,064)	2,53 (,064)	3,67 (,121)	3,39 (,121)	3,38 (,069)	3,12 (,134)	3,58 (,088)	4,01 (,074)

a – Flächenbefragungen: Datensätze AG und PR, Mittelwerte und Standardfehler in Klammern

Bemerkenswert ist aber auch, dass sowohl unter den Arbeitgebern als auch den Personalräten die Bewertung des § 18 dort relativ gut ausfällt, wo Zielvereinbarungen eingeführt wurden. Zwar ist unter den Personalräten auch in diesem Fall lediglich eine Minderheit damit zufrieden, doch immerhin 36% von ihnen finden den § 18 „gut" oder „sehr gut" (letztere machen allerdings lediglich 0,5 Prozentpunkte aus). Unter den Arbeitgebern allerdings findet sich in dieser Gruppe nicht nur ein positiver Mittelwert der Fünfer-Skala von 2,53, sondern auch eine mehrheitliche Besetzung der beiden positiven Kategorien mit 3% „sehr gut" und 56% „gut". Zwar scheinen auch in dieser Gruppe nur wenige Arbeitgeber wirklich begeistert zu sein, doch die Zielvereinbarungsanwender sind die einzige Arbeitgebergruppe, in der die Mehrheit den Paragraphen positiv bewertet.[1] Die bessere Funktionalität von Zielvereinbarungen schlägt sich somit auch in der Bewertung des § 18 nieder.

Zusammengefasst sollte bei aller Differenzierung jedoch die Generaltendenz nicht aus den Augen verloren werden, die da lautet: Es ist jeweils lediglich eine Minderheit unter den Kollektivakteuren, die mit dem § 18 ohne Einschränkungen zufrieden ist. 38% der befragten Arbeitgeber, 25% der Arbeitgeber aus kleinen Kommunen und 19% der Personalräte bewerten den § 18 mit „gut" oder „sehr gut" (wobei „sehr gut" kaum vorkommt; Mittelwerte 3,00, 3,56, 3,17; vgl. Tab. 6.1). Das sind keine guten Werte für eine Tarifregelung, die von manchen Arbeitgebervertretern als ein zentraler Schritt der weiteren Reform des öffentlichen Dienstes betrachtet wird.

1 Trotz des Mittelwerts von 2,75 (vgl. Tab. 6.2) finden lediglich 44% der Arbeitgeber mit Systematischer Leistungsbewertung den § 18 „gut" oder „sehr gut" (4%).

Auch wenn die Bewertung bei den umsetzenden Kommunen etwas und bei Zielvereinbarungsanwendern merklich besser ausfällt, ändert dies nichts an dem Umstand, dass 53% der Personalräte, 36% der Arbeitgeber aus kleinen und 32% der Arbeitgeber aus größeren Kommunen den § 18 „schlecht" oder sogar „sehr schlecht" finden. Rechnen wir diejenigen hinzu, die die mittlere Bewertungsstufe „teils, teils" gewählt haben, um den Anteil derjenigen zu bestimmen, die negativ oder nur teilweise und mit merklichen Einschränkungen positiv dazu stehen, dann erhalten wir Anteile von 81% für die Personalräte, 75% für die Arbeitgeber kleiner Kommunen und 62% für die anderen Arbeitgeber. Die Beschäftigten selbst hatten wir nicht direkt nach der Bewertung des § 18 gefragt, da wir annahmen, dass die Tarifregelung selbst vielen nicht bekannt ist und wir mit der Frage nach deren Bewertung nur eine etwas unpräzise Bewertung der jeweiligen LOB-Praxis vor Ort erhalten würden, nach der es besser direkt zu fragen galt. Vor dem Hintergrund der eher negativen Tendenz bei der generellen LOB-Bewertung durch die Beschäftigten (Mittelwert 3,16) wären hier jedoch keine besonders positiven Werte zu erwarten gewesen. Dafür sprechen auch zahlreiche Antworten auf die von uns in den Beschäftigtenbefragungen offen gestellte Frage „Was sollte Ihrer Meinung nach bei der Leistungsorientierten Bezahlung verändert werden?" Neben zahlreichen Kritikpunkten und Verbesserungshinweisen, bei denen immer wieder auf Schwierigkeiten und Ungerechtigkeiten bei den Bewertungen hingewiesen wird, die es zu beseitigen gelte, und, dass es sich nicht lohne, für die geringen Beträge besondere Leistungen zu erbringen, oder es eine Zumutung sei, Mehrleistung zu erwarten, ohne auch tatsächlich mehr Geld zu bezahlen, wird auch in sehr vielen Fällen statt einer Veränderung eine Abschaffung verlangt:

> „Das LOB kann durch Veränderungen nicht verbessert werden, der Fehler liegt im System." (Beschäftigter, BESCH34)

Häufig wird die Forderung nach der Abschaffung mit Kritik am Bewertungssystem oder der Bewertungspraxis, am zu treibenden Aufwand oder an den Effekten für die sozialen Beziehungen verbunden:

> „Abgeschafft gehört es! Viel zu viel Missstimmung unter Kollegen! Bewertung = Sympathie!" (Beschäftigter, BESCH34)

> „Abgeschafft! Weil diejenigen, die nichts tun, erhalten sie, weil sie schleimen. Und die, die sie verdient haben, bekommen sie nicht, weil sie die Wahrheit sagen und somit anecken bei den Vorgesetzten, und das ist nicht gewollt!" (Beschäftigter, BESCH34)

> „Abschaffen der LOB. Ist ein zusätzlicher Verwaltungsaufwand und kann nur ungerecht bei den verschiedenen Tätigkeiten sein.“ (Beschäftigter, BESCH34)

Mitunter heißt es auch schlicht:

> „Abschaffen und lieber wieder Urlaubsgeld einführen.“ (Beschäftigter, BESCH34)

Die Antworten der Beschäftigten auf die Frage nach Veränderungen, die vorgenommen werden sollten, sind insgesamt vielfältig und spiegeln sowohl Zustimmung als auch Ablehnung, nicht zuletzt jedoch die Ambivalenzen, die sich aus der Zustimmung zum Leistungsprinzip und der sich zugleich darauf berufenden Kritik an der Bewertung ergeben. Gerade die Zustimmung zum Leistungsprinzip ist es, die manche, in Anbetracht einer als nicht leistungsgerecht wahrgenommenen Bewertung, die Forderung nach Abschaffung der LOB erheben lässt, während andere die geringe Höhe der Prämien als nicht leistungskonform kritisieren. Dabei finden sich in den Anmerkungen der Beschäftigten in den Fragebögen wie auch in den Gruppendiskussionen immer wieder Aussagen, die den Pro- und Contra-Argumenten ähneln, die auch in den Gesprächen mit den betrieblichen Akteuren und den Vertretern der Tarifparteien zu hören waren, und die in vielfältiger Weise auch die realen Schwierigkeiten der Leistungsbewertung reflektieren. Verkürzt wäre es allerdings, würde man die Beschäftigten lediglich als passive Rezipienten von den Kollektivakteuren vorgegebener Deutungsmuster betrachten. Selbst in den notwendig knappen Anmerkungen in den Fragebögen finden sich mitunter eigenwillige Statements, die dafür stehen, dass die Beschäftigten im Stile einer *bricolage* aus ihren Erfahrungen und den mehr oder weniger rezipierten Deutungsangeboten ihre eigenen Orientierungen hervorbringen.

> „Dass man wirklich Mitarbeiter nach ihrer Tätigkeit und Leistung bezahlt, und nicht nach dem Gießkannenprinzip. Und bei Tarifverhandlungen sollten nur Kollegen Lohnerhöhungen bekommen, die in der Gewerkschaft sind. Das erhöht das Potenzial und Solidarität.“ (Beschäftigter, BESCH34)

Ein kombiniertes Statement, dessen erster Teil die Zustimmung der Arbeitgeberverbände finden würde, während der zweite Teil eher einer spezifischen Variante von gewerkschaftlicher *Organizing*-Kampagne entnommen zu sein scheint, wobei er jedoch auch einer unter Arbeitern seit langem verbreiteten Position entspricht. Die Argumentation in beiden Teilen des Doppelstatements gehorcht dabei dem Leistungsprinzip, das sowohl am Arbeitsplatz als auch im Kampf um Entlohnung gelten soll und sich gegen ein *Free-Rider*-Verhalten wendet.

Fragt man die betrieblichen Akteure danach, ob sie Änderungsbedarf beim § 18 sehen (vgl. Tab. 6.3), findet sich lediglich eine Minderheit, die sich sicher ist, dass auf Änderungen verzichtet werden sollte. 11% der Arbeitgeber (12% der Arbeitgeber aus kleinen Kommunen) und 6% der Personalräte sehen keinerlei Änderungsbedarf, weitere 15% der Arbeitgeber und 10% Personalräte sind sich da nicht so sicher, 29% der Arbeitgeber aus kleinen Kommunen geben an, teilweise zuzustimmen, dass es keinen Änderungsbedarf gebe.

Der große tarifpolitische Veränderungsbedarf, den die betrieblichen Akteure beim § 18 sehen, sollte unseres Erachtens von den Tarifparteien nicht einfach ignoriert werden. Analog zu den Ursachen der ausgesprochen begrenzten Zufriedenheit mit der tariflichen Regelung gibt es jedoch

≡ Tab. 6.3: Änderungsbedarf beim § 18 TVöD

„Was sollten die Tarifparteien bei der leistungsorientierten Bezahlung ändern?" [a]

	AG			PR			KL[b]		
	stimme zu	stimme nicht zu	weiß nicht	stimme zu	stimme nicht zu	weiß nicht	stimme zu	stimme nicht zu	stimme teilw. zu
Keine Änderung nötig	11,1	74,3	14,6	5,6	84,0	10,5	11,8	58,8	29,4
Weitere Ausweitung des Volumens	56,4	36,1	7,5	47,1	44,1	8,9	26,4	56,2	17,4
Zielvereinbarung verbindlich für alle	16,2	68,8	15,0	20,4	66,6	13,0	13,7	66,2	20,0
Systematische Leistungsbewertung verbindlich für alle	30,2	57,3	12,5	26,6	61,3	12,1	18,2	55,1	26,7
Abschaffen des § 18 bei pauschaler Auszahlung des Volumens	39,4	47,9	12,6	54,5	29,6	15,9	50,9	33,0	16,1
Abschaffen des § 18 (auch)[c] bei Wegfall des Volumens	24,3	55,1	20,5	20,9	56,1	23,0	25,1	44,6	30,4
Einschränkung der Spielräume vor Ort	8,0	75,2	16,9	11,5	66,6	21,9	12,6	63,6	23,8
Volle Ausschüttung des Topfes auch bei Verzicht auf LOB	37,3	53,9	8,7	66,6	18,0	15,4	50,0	30,9	19,1
Für kleine Kommunen sollte die Einführung freiwillig sein	60,7	32,7	6,6	54,9	35,8	9,3	73,3	15,8	10,9
Für alle Kommunen sollte die Einführung freiwillig sein	45,6	44,6	9,8	49,8	35,2	15,0	45,6	22,9	31,4

a – Flächenbefragungen: Datensätze AG, PR und KL; Prozente; b – Abweichende Skala bei KL; c – Das Wort *„auch"* war nur bei den Personalräten eingefügt.

auch hier wieder zwischen Arbeitgebern und Personalräten, aber auch innerhalb beider Lager ganz unterschiedliche Vorstellungen davon, was geändert werden sollte. Eine Mehrheit von 56% der Arbeitgeber spricht sich für eine weitere Ausweitung des Volumens aus, eine Forderung, die jedoch von den Arbeitgebern aus kleinen Kommunen mehrheitlich nicht getragen wird (dort sprechen sich 56% dagegen aus) und bei den Personalräten lediglich bei einer relativen Mehrheit von 47% Zustimmung findet.

Allerdings sind 55% der Personalräte auch dafür, den § 18 abzuschaffen und das Entgeltvolumen pauschal auszuschütten. 67% plädieren für die „volle Ausschüttung des Topfes auch bei Verzicht auf LOB“. In der Orientierung vieler Personalräte schlägt sich offenbar durchaus die Ambivalenz der Beschäftigten gegenüber der leistungsorientierten Bezahlung nieder. Offenbar handelt es sich bei vielen Personalräten um keine prinzipielle Ablehnung von Leistungsentgelt, dabei jedoch durchaus um eine Sache, die man lieber los wäre. Viele Personalräte scheinen sich auch zu sagen, wenn der Aufwand der Bewertung und der Unmut mancher Beschäftigter (der häufiger in der Sphäre der Anerkennung gesehen wird als in der der materiellen Interessen, und von dem häufig nicht angenommen wird, dass er linear mit dem Volumen korreliert) schon in Kauf genommen werden muss, dann muss sich die Sache wenigstens auch lohnen. Kurz: Mehrheitlich sind die Personalräte für die Abschaffung des § 18 (soweit das Entgeltvolumen nicht verloren geht), ersatzweise wäre für viele aber auch eine Ausweitung des Volumens akzeptabel. Eine solche Position mag zunächst wenig überzeugend wirken, sie bringt jedoch die Gespaltenheit und Ambivalenz der Beschäftigten zum Ausdruck und sie verträgt sich auch gut mit den psychologischen Erkenntnissen zum widersprüchlichen Zusammenwirken von intrinsischer und extrinsischer Motivation. Wenn schon Leistungsentgelt, dann aber richtig. Eine Position, die auch von nicht wenigen Arbeitgebern geteilt zu werden scheint. Klarer noch als die Personalräte sprechen sich die Arbeitgeber aus kleinen Kommunen, deren praktische Kritik sich ja auch bereits in einer geringen Umsetzungsquote zeigte, für eine Abschaffung des Paragraphen aus.

Nicht unter den Tisch fallen soll jedoch, dass ein Fünftel der Personalräte dafür plädiert, den § 18 auch bei Wegfall des Volumens abzuschaffen. Diesen Personalräten ist die Abschaffung von Leistungsbewertung und differenzierter Ausschüttung offenbar so wichtig, dass notfalls auch ein finanzieller Nachteil für die Beschäftigten in Kauf genommen würde, um das Leistungsentgelt loszuwerden. Hierfür findet sich auch eine gewisse Unterstützung bei den Arbeitgebern, die sich hierbei jedoch in einer anderen verteilungspolitischen Interessenlage befinden.

Ambivalente Orientierungen, eigene Zweifel und wahrscheinlich auch das Wissen um die unterschiedlichen Haltungen von Kollegen und Kolleginnen aus anderen Kommunen begünstigen offenbar eine Position, die nicht nur viele Personalräte, sondern auch Arbeitgeber dazu bringt, sich für eine Freiwilligkeit der Einführung auszusprechen. Jeweils absolute Mehrheiten der Personalräte (55%), der Arbeitgeber (61%) und der Befragten aus den kleinen Kommunen (73%) sind sich darin einig, dass die LOB-Einführung für kleine Kommunen freiwillig sein solle. Relative Mehrheiten aller drei Befragungen von 46% (AG), 50% (PR) und 46% (KL) sprechen sich auch dafür aus, die Einführung leistungsorientierter Bezahlung für alle Kommunen freiwillig zu machen.

Passend zu der Tendenz, die Freiwilligkeit der Umsetzung zu fordern, findet auch das Statement „Einschränkung der Spielräume vor Ort" wenig Zustimmung. Lediglich 8% der Arbeitgeber, 12% der Personalräte und 13% der Befragten aus den kleinen Kommunen plädieren dafür. Selbstverständlich gibt es hierfür wieder ein Bündel sich mitunter entgegenstehender Gründe. Während die einen bei eingeschränkten Spielräumen eine Umsetzungspflicht befürchten dürften, da sie bisher den Abschluss einer einvernehmlichen Dienstvereinbarung als Chance zum Ausstieg aus der LOB nutzen oder durch die gegebenen Spielräume meinen, zumindest den Weg des geringstmöglichen Aufwandes gehen zu können, dürften andere um das selbst eingeführte LOB-System bangen, hinter dem man mit voller Überzeugung steht, oder das man zumindest nicht schon wieder ändern möchte.

Wie problematisch eine „Einschränkung der Spielräume vor Ort" tatsächlich wäre, zeigt sich in den Antworten auf die Fragen, ob die Zielvereinbarung oder die Systematische Leistungsbewertung „verbindlich für alle" werden sollte. Zunächst spricht sich eine absolute Mehrheit der Befragten in allen drei Befragungen dagegen aus, eine der beiden Methoden verbindlich für alle Kommunen zu machen. Nur Minderheiten können es sich jeweils vorstellen, eine der beiden Methoden verpflichtend für alle zu machen. Hinzu kommt, dass in allen drei Befragungen jene Gruppe größer ist, die sich dafür ausspricht, die Systematische Leistungsbewertung verbindlich zu machen, als die Gruppe derjenigen, die für verbindliche Zielvereinbarungen ist. Das ist zwar wenig überraschend, da die Systematische Leistungsbewertung die eindeutig dominierende Methode ist und, wie wir bereits gezeigt haben, in den Kommunen meist die selbst angewandte Methode für die beste gehalten wird. Angesichts der Wirkungen wäre eine Verpflichtung zur Systematischen Leistungsbewertung allerdings die sicherste Methode, um die ohnehin eher verhaltenen Effekte der LOB weiter abzuschwächen und leistungsorientierte Bezahlung *ad absurdum* zu führen.

Es gibt somit einerseits eine generelle Tendenz bei den betrieblichen Akteuren zu – vorsichtig formuliert – geringer Zufriedenheit mit dem § 18, auch wird ein großer Veränderungsbedarf gesehen, andererseits gibt es hinsichtlich anzustrebender substanzieller Veränderungen wenig Potential für Konsens. Relativ breit unterstützt oder zumindest toleriert wäre allenfalls eine Ausweitung von Spielräumen und Freiwilligkeit. Die Dezentralität der Regulierung von Leistungsentgelt scheint damit auf den ersten Blick in einem breiten Konsens zu erfolgen. Allerdings unterscheiden sich die Motive derjenigen, die für die Freiwilligkeit leistungsorientierter Bezahlung und gegen eine Einschränkung der Spielräume vor Ort oder für das Recht zur vollen Ausschüttung auch bei einem Verzicht auf Leistungsbewertung plädieren, tatsächlich doch erheblich. Von vielen Personalräten, aber auch manchen Arbeitgebern, wird Dezentralität nur deshalb favorisiert, weil gehofft wird, damit die Abkehr von der kollektiv einheitlichen Ausschüttung des Entgelts unterlaufen zu können. Also mit anderen Worten: Dezentralisierung wird von vielen als ein Instrument verstanden, um die Variabilisierung und Differenzierung der Entgelte vermeiden und möglichst nahe an die alten Umstände kollektiver Ausschüttung anschließen zu können. Von anderen hingegen wird die Ausweitung von Entscheidungs- und Gestaltungspielräumen vor Ort *per se* begrüßt.

Wir haben bereits darauf hingewiesen, dass die Intention zumindest mancher Vertreter der Arbeitgeberverbände, mittels leistungsorientierter Bezahlung Einfluss auf die Modernisierung der Kommunen zu nehmen, durch die Dezentralität des Prozesses auch begrenzt wird. Paradox mutet allerdings auch der Versuch an, mittels Dezentralität und *Opt-out*-Regelungen den Flächentarif zu retten. Es ist deshalb sowohl vom Standpunkt derer, die mit Hilfe von Leistungsentgelt die Steuerungs- und Führungsprozesse der Kommunen reformieren wollen, als auch vom Standpunkt jener, denen es darum geht, einen zentral vereinbarten und wirkungsmächtigen Flächentarifvertrag zu erhalten, durchaus Skepsis gegenüber einer Ausweitung von Freiwilligkeit und Spielräumen vor Ort angebracht. Die dezentralen Spielräume haben jedoch bereits in einem Maße voneinander abweichende Praktiken hervorgebracht, dass trotz der insgesamt als verbesserungswürdig erachteten Situation kaum eine andere Maßnahme als die der Freiwilligkeit auf breite Zustimmung bei beiden Betriebsparteien stoßen dürfte.

LOB-System und § 18

Die tarifvertragliche Regelung zum Leistungsentgelt wird von den befragten Arbeitgebern und Personalräten wenig positiv bewertet. Das zeigen die verbreiteten Änderungswünsche. Die Antworten auf die Frage „Abgesehen von eventuellen Umsetzungsproblemen im Detail: Wie beurteilen Sie die Tarifregelung zur leistungsorientierten Bezahlung nach § 18 TVöD insgesamt?“ erbrachten etwa ausgeglichene Werte für Zustimmung und Ablehnung bei den Arbeitgebern, leicht negative Werte bei den Arbeitgebern kleiner Kommunen und deutlich negative bei den Personalräten.

Verglichen damit schien die Zufriedenheit mit der Funktionsweise des selbst eingeführten Systems größer zu sein. Relativ gut vergleichbar werden die Bewertung des § 18 und des vor Ort eingeführten Systems, wenn wir die Antworten auf die Frage „Abgesehen von Einzelheiten: Wie wird das bei Ihnen eingeführte System der leistungsorientierten Bezahlung insgesamt beurteilt?“ betrachten. Auch hier zeigte sich das bekannte Muster bei den Antworten: Während die größeren Arbeitgeber relativ zufrieden sind, lässt die Zufriedenheit bei den Arbeitgebern der kleinen Kommunen und deutlicher noch bei den Personalräten nach. Die Beschäftigten zeigten sich bei der direkten Befragung in den 34 Kommunen eher unzufrieden mit dem LOB-System (vgl. Abb. 6.1 sowie Tab. 4.2).

≡ Abb. 6.1 Bewertung LOB-System insgesamt

„Abgesehen von Einzelheiten: Wie beurteilen Sie das bei Ihnen eingeführte System der leistungsorientierten Bezahlung insgesamt?“[a]

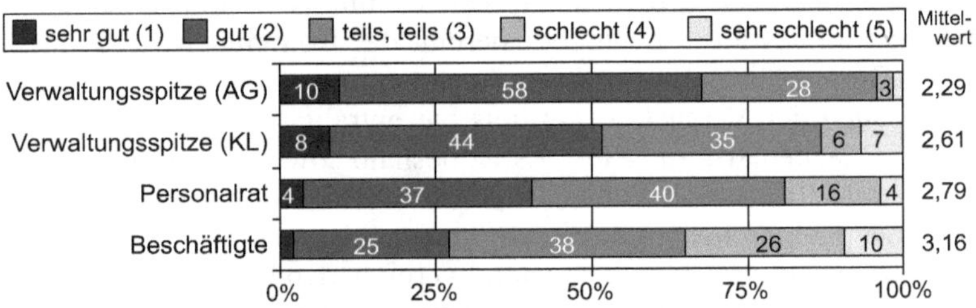

a – Flächenbefragungen und Beschäftigtenbefragungen: Datensätze AG, KL, PR und BESCH34; Eigensicht bei Anwendung, Prozente und Mittelwerte

Personalräte und Arbeitgeber stimmen darin überein, dass das LOB-System von den Beschäftigten am schlechtesten bewertet wird. Allerdings fällt die Annahme über die Bewertung des eingeführten Systems durch die Beschäftigten bei den Arbeitgebern positiver aus als bei den Personalräten. Letztere liegen im Mittel nahe bei den Eigenangaben der Beschäftigten aus den Beschäftigtenbefragungen. Alle Befragten der Flächenbefragungen gehen davon aus, dass Führungskräfte ihr System leistungsorientierter Bezahlung ähnlich bewerten wie die Personalräte. Damit wird einerseits noch einmal deutlich, dass viele Führungskräfte in dieser Frage näher bei den Personalräten als bei der offiziellen Arbeitgeberlinie liegen. Ersichtlich ist aber auch, dass den Führungskräften zumindest im Mittel eine leicht positive Haltung gegenüber dem eigenen LOB-System zugeschrieben wird, d.h. von einer generellen Verweigerung der Führungskräfte, wie sie mitunter angenommen wird, nicht die Rede sein kann. Bemerkenswert ist noch, dass sich die in den Beschäftigtenbefragungen direkt befragten Führungskräfte in ihrer LOB-Bewertung nahe bei den Beschäftigten sehen. Es ist selbstverständlich nicht auszuschließen, dass die Distanz mancher Führungskräfte stillschweigend gegenüber der LOB ausgeprägter ist, als es gegenüber der eigenen Verwaltungsspitze und möglicherweise auch gegenüber dem Personalrat zum Ausdruck gebracht wird. Allerdings wäre in solchen Fällen dann auch zu fragen, ob eine solche innere Distanz auch tatsächlich Relevanz für die praktische Anwendung der leistungsorientierten Bezahlung erlangt, oder ob die Rollenerwartungen an Vorgesetzte gleichwohl erfüllt werden.

Auch bei der Frage nach der Gesamtbewertung des eingeführten LOB-Systems findet sich bei den Angaben von Arbeitgebern und Personalräten wieder die durchgehende Tendenz einer höheren Zufriedenheit unter den Zielvereinbarungs-Anwendern, allerdings fallen diese Unterschiede im Vergleich zu den direkten Fragen zur Bewertung der Methoden und vor allem zu den nach Methoden differenziert betrachteten Effekten nur sehr schwach aus und sind nicht signifikant. Dies steht dafür, dass für die Betriebsparteien für eine Gesamtbewertung des bei ihnen eingeführten Systems leistungsorientierter Bezahlung auch noch andere Faktoren relevant sind, die dazu beitragen, die Bewertungsunterschiede nach Methode abzu-

Tab. 6.4: Bewertung LOB-System insgesamt ≡

„Abgesehen von Einzelheiten: Wie beurteilen Sie das bei Ihnen eingeführte System der leistungsorientierten Bezahlung insgesamt?" [a]

	alle Beschäftigten[b]			Führungskräfte		
	alle[c]	SLB	ZV	alle[c]	SLB	ZV
Sehr gut (1)	2,2	2,0	3,0	3,0	2,4	3,7
Gut (2)	24,8	21,6	30,6	27,9	23,5	35,4
Teils, teils (3)	37,9	37,9	35,8	33,7	36,7	24,7
Schlecht (4)	25,5	27,7	23,7	24,6	23,9	24,5
Sehr schlecht (5)	9,6	10,7	7,0	10,9	10,9	9,9
Mittelwert (Standardfehler)	*3,16 (,018)*	*3,24 (,023)*	*3,01 (,034)*	*3,13 (,042)*	*3,18 (,054)*	*3,02 (,083)*

a – Beschäftigtenbefragungen: Datensatz BESCH34; Prozente und Mittelwerte, Standardfehler in Klammern; b – inklusive Führungskräfte; c – inklusive Fälle mit Kombination von ZV und SLB

schwächen, etwa die erfolgte Kooperation. Auch in den Angaben der Beschäftigten und der Führungskräfte findet sich erneut diese Tendenz der besseren Bewertung im Falle von Zielvereinbarungen (vgl. Tab. 6.4).

Vergleichen wir die Angaben auf die Frage, wie das „eingeführte System der leistungsorientierten Bezahlung insgesamt beurteilt" wird, direkt mit der Frage danach, wie „die Tarifregelung zur leistungsorientierten Bezahlung nach § 18 TVöD insgesamt" beurteilt wird, dann bestätigt sich der Eindruck, dass das selbst eingeführte System besser bewertet wird als der § 18. Allerdings bewerten diejenigen den § 18 besser, die eine Leistungsbewertung mit differenzierter Ausschüttung selbst eingeführt haben (vgl. Tab. 6.5).

≡ Tab. 6.5: Vergleich Bewertung LOB-System und Bewertung § 18

„Abgesehen von Einzelheiten: Wie wird das bei Ihnen eingeführte System der leistungsorientierten Bezahlung insgesamt beurteilt?" und *„Abgesehen von eventuellen Umsetzungsproblemen im Detail: Wie beurteilen Sie die Tarifregelung zur leistungsorientierten Bezahlung nach § 18 TVöD insgesamt?"*[a]

	AG			PR			KL		
	LOB-System	§ 18 (alle)	§18 (LOB-Anwender)	LOB-System	§ 18 (alle)	§18 (LOB-Anwender)	LOB-System	§ 18 (alle)	§18 (LOB-Anwender)
sehr gut (1)	9,6	3,1	3,5	3,6	0,3	0,7	7,7	1,7	4,5
gut (2)	57,8	34,8	46,0	36,7	18,5	24,5	44,1	23,4	29,0
teils, teils (3)	28,1	29,9	29,6	40,4	28,3	30,2	35,1	39,0	35,0
schlecht (4)	2,7	23,5	17,7	15,8	31,1	28,9	6,1	28,0	24,3
sehr schlecht (5)	1,7	8,6	3,2	3,5	21,9	15,7	7,0	7,9	7,2
Mittelwert (Standardfehler)	*2,29 (,047)*	*3,00 (,052)*	*2,71 (,057)*	*2,79 (,052)*	*3,56 (,043)*	*3,34 (,063)*	*2,61 (,119)*	*3,17 (,069)*	*3,01 (,123)*

a – Flächenbefragungen: Datensätze AG, PR und KL; Prozente und Mittelwerte, Standardfehler in Klammern

Das ist selbstverständlich wenig überraschend, schließlich haben die Gegner des § 18 nicht ganz zufällig auf eine Einführung von Leistungsentgelt verzichtet. Die Angaben zur Bewertung des eigenen Systems stammen jedoch naturgemäß nur von Anwendern. Das Argument einer im Vergleich mit dem § 18 höheren Zufriedenheit mit dem eigenen LOB-System kann sich zwar korrekterweise auf einen Vergleich mit den Daten der Anwender leistungsorientierter Bezahlung stützen, die den § 18 besser bewerten als die Gesamtheit der Arbeitgeber und Personalräte, doch damit werden die Angaben aller Arbeitgeber und Personalräte zum § 18 keineswegs bedeutungslos. Die Bewertung des § 18 durch die Gesamtheit der Arbeitgeber und der Personalräte ist das für den Geltungsbereich des Tarifvertrages relevante Datum. Dabei kann selbstverständlich nicht ausgeschlossen werden, dass praktische Erfahrungen mit leistungsorientierter Bezahlung dazu beitragen könnten, auch das Urteil über den § 18 bei den Nichtanwendern zu verbessern. Ein stärkerer Druck auf eine Umsetzung würde dann auch, so argumentieren Befürworter mitunter, das Urteil über die tarifvertragliche Regelung verbessern. Wir halten diese Interpretation jedoch für ausgesprochen optimistisch. Ähnlich plausibel dürfte die Annahme sein, dass größerer Umsetzungszwang bei Gegnern des Leistungsentgelts zusätzlichen Unmut auslösen oder eine wenig engagierte LOB-Einführung (bei ohnehin auch ansonsten eher schwachen Effekten) ablehnende Vorannahmen mit großer Wahrscheinlichkeit bestätigen würde.

6.2 LOB, Arbeitsbeziehungen und organisationspolitische Nebeneffekte

Trotz der eher positiven Tendenz in ihrer LOB-Bewertung erwarten die meisten Personalräte nicht, dass Ver.di oder dbb/Komba eine deutlich positivere Haltung zur LOB entwickeln sollten, ganz im Gegenteil (vgl. Tab. 6.6). Zwei Drittel der Personalräte plädieren dafür, dass Ver.di LOB strikter ablehnen solle. Die Arbeitgeber sehen dies erwartungsgemäß etwas anders. Daraus zu schließen, dass sich die eher ablehnende Haltung der

Tab. 6.6: Änderungswünsche bei der gewerkschaftlichen Orientierung

„Sollte sich die Orientierung der Gewerkschaften zum Leistungsentgelt verändern?" [a]

	AG	PR
Ver.di sollte LOB endlich akzeptieren	50,4	16,7
Ver.di sollte LOB strikter ablehnen	34,8	65,8
Ver.di sollte so weiterarbeiten	14,8	17,4
dbb/Komba sollte LOB endlich akzeptieren	45,5	20,4
dbb/Komba sollte LOB strikter ablehnen	39,0	66,1
dbb/Komba sollte so weiterarbeiten	15,5	13,0

a – Flächenbefragungen: Datensätze AG und PR; Prozente für Zustimmung: die Anzahl der fehlenden Antworten ist bezüglich dbb/Komba erheblich höher.

Personalräte gegenüber dem Leistungsentgelt positiv auf das Image von Ver.di auswirken würde, wäre jedoch vorschnell.

Nicht nur bei den Arbeitgebern, auch bei den Personalräten hat Ver.di im Kontext des Leistungsentgelts leicht an Ansehen verloren. Relativ stark gelitten hat unter den Personalräten jedoch das Ansehen der Arbeitgeberverbände (vgl. Tab. 6.7). Differenzieren wir die Angaben der Personalräte danach, ob diese Mitglieder bei Ver.di oder dbb/Komba sind, dann zeigt sich allerdings, dass Ver.di und dbb-Personalräte vornehmlich nicht auf die eigene Organisation schlecht zu sprechen sind, sondern sich ihre Meinung über die Konkurrenz verschlechtert hat. Gleichwohl schneidet der Beamtenbund bei den eigenen Mitgliedern ein wenig besser ab. Bei unorganisierten Personalräten hat das Ansehen beider Organisationen etwas abgenommen. Das Ansehen der Arbeitgeberverbände hat bei Ver.di-Personalräten besonders ausgeprägt gelitten.

≡ Tab. 6.7: LOB und Bewertung der Kollektivakteure durch Arbeitgeber und Personalräte

„Hat sich Ihre Meinung über den Personalrat, den Arbeitgeberverband oder die Gewerkschaften im Zusammenhang mit LOB verändert?“ (Frage Arbeitgeber) und *„Hat sich die Meinung des Personalrats über die Verwaltungsspitze, den Arbeitgeberverband oder die Gewerkschaften im Zusammenhang mit LOB verändert?“* (Frage Personalräte) [a]

	AG	PR			
			Mitgliedschaft Ausfüller		
		alle	Ver.di	dbb, Komba	nicht-organisiert
über den Personalrat	2,88 (,028)				
über die Verwaltungsspitze		3,07 (,030)	3,16 (,045)	3,12 (,121)	2,96 (,044)
über KAV, VKA	3,05 (,026)	3,32 (,030)	3,51 (,051)	3,31 (,110)	3,12 (,030)
über Ver.di	3,21 (,027)	3,14 (,029)	3,08 (,044)	3,33 (,111)	3,18 (,040)
über dbb, Komba	3,16 (,025)	3,17 (,032)	3,25 (,054)	2,90 (,093)	3,19 (,043)

a – Flächenbefragungen: Datensätze AG und PR; Mittelwerte einer Skala von 1 = „positiv“ bis 5 = „negativ“, Standardfehler in Klammern

Fragt man die Betriebsparteien danach, wie sich ihres Erachtens „die Meinung der Beschäftigten über die Verwaltungsspitze, die Vorgesetzten, den Personalrat oder die Gewerkschaften im Zusammenhang mit LOB verändert“ habe, dann sind sich Arbeitgeber und Personalräte im Mittel darin einig, dass das Ansehen der Personalräte keinen Schaden genommen, das gewerkschaftliche Ansehen sich jedoch etwas verschlechtert habe. Den Personalräten zufolge hat sich auch das Ansehen der Verwaltungsspitze und der Vorgesetzten bei den Beschäftigten merklich verschlechtert. Diese Einschätzung teilen die Arbeitgeber nicht (vgl. Tab. 6.8). In den Augen der Beschäftigten aus jenen Kommunen, in denen wir diese direkt befragen konnten, ergab sich keine bzw. keine nennenswerte Verschlechterung des Ansehens der Personalräte und der Vorgesetzten. Die Verwaltung und die Gewerkschaften haben jedoch etwas an Ansehen bei den Beschäftigten verloren (vgl. Tab. 6.9).

Tab. 6.8: LOB und Bewertung der Kollektivakteure durch die Beschäftigten aus Sicht der Betriebsparteien ≡

„Hat sich Ihres Erachtens die Meinung der Beschäftigten über die Verwaltungsspitze, die Vorgesetzten, den Personalrat oder die Gewerkschaften im Zusammenhang mit LOB verändert?“ [a]

	AG	PR			
			Mitgliedschaft Ausfüller		
		alle	Ver.di	dbb, Komba	nicht-organisiert
über die Verwaltungsspitze	3,03 (,026)	3,31 (,030)	3,36 (,048)	3,39 (,094)	3,24 (,041)
über Vorgesetzte	3,01 (,029)	3,33 (,030)	3,39 (,046)	3,45 (,090)	3,26 (,044)
über Personalrat	2,99 (,029)	2,92 (,027)	2,88 (,044)	3,01 (,072)	2,95 (,038)
über Ver.di	3,16 (,030)	3,17 (,032)	3,18 (,048)	3,30 (,123)	3,12 (,045)
über dbb, Komba	3,15 (,030)	3,19 (,036)	3,30 (,059)	3,21 (,119)	3,10 (,052)

a – Flächenbefragungen: Datensätze AG und PR; Mittelwerte einer Skala von 1 = „positiv“ bis 5 = „negativ“, Standardfehler in Klammern

Tab. 6.9: LOB und Bewertung der Kollektivakteure durch Beschäftigte ≡

„Hat sich Ihre Meinung über die Verwaltung, Ihre/n Vorgesetzte/n, den Personalrat oder die Gewerkschaft(en) im Zusammenhang mit der Einführung der LOB verändert?“ [a]

	Verwaltung	Vorgesetzte/r	Personalrat	Ver.di	dbb, Komba
positiv (1)	1,5	2,4	3,1	1,1	0,7
eher positiv (2)	4,7	9,1	6,5	3,2	1,6
gleich (3)	78,3	69,8	78,5	77,4	84,2
eher negativ (4)	11,4	14,4	8,8	10,9	7,5
negativ (5)	4,2	4,3	3,1	7,4	6,0
Mittelwert (Standardfehler)	*3,12 (,011)*	*3,09 (,013)*	*3,02 (,012)*	*3,20 (,013)*	*3,16 (,013)*

a – Beschäftigtenbefragungen: Datensatz BESCH34; Prozente und Mittelwerte, Standardfehler in Klammern

Es ist nicht besonders überraschend, dass die betrieblichen Akteure bei den Beschäftigten und insbesondere in der Selbstbewertung besser abschneiden als die Gewerkschaften. Die ambivalente Bewertung leistungsorientierter Bezahlung durch die Beschäftigten und die unterschiedlichen Orientierungen innerhalb der meist gespaltenen Belegschaften schreiben offenbar der überbetrieblich tätigen, für viele vergleichsweise anonymen Großorganisation Ver.di, der man im Verständnis etlicher auch den § 18 zu verdanken habe, etwas stärker die negativen Aspekte zu, als den häufig persönlich bekannten Personalräten. Darüber hinaus dürften auch manche Personalräte dazu neigen, sich von unliebsamen Tarifregelungen zu distanzieren und diese „denen da oben" zuzuschreiben.

Nicht nur für die Arbeitgeberverbände, sondern auch für Ver.di stellt die Einführung des § 18 offenbar nicht gerade eine Kampagne zur Imageverbesserung dar. Das Ansehen von Ver.di hat sich in den Augen der Personalräte und auch der Beschäftigten eher verschlechtert. Daraus jedoch den Schluss zu ziehen, der Verzicht auf den Abschluss einer Dienstvereinbarung würde vor Ansehensverlust bewahren, wäre voreilig. Nach Angaben der Personalräte hat sich das Ansehen von Ver.di bei den Beschäftigten besonders dort verschlechtert, wo keine Dienstvereinbarung abgeschlossen oder eine Systematische Leistungsbewertung eingeführt wurde (vgl. Tab. 6.10). Am besten fällt die Meinungsveränderung der Beschäftigten über Ver.di nach Angaben der Personalräte dann aus, wenn es gelungen ist, eine Dienstvereinbarung über pauschale Ausschüttung abzuschließen. Keine besonders deutliche Verschlechterung findet sich im Falle der Anwendung von Zielvereinbarungen. Die Angaben zur Veränderung der Meinung der Beschäftigten über Ver.di unterscheiden sich in der Tendenz zwischen Ver.di-Mitgliedern und Nicht-Mitgliedern unter den Personalräten nicht.

Der Unterschied zwischen dem Verzicht auf eine Dienstvereinbarung und einer vereinbarten oder informell praktizierten Pauschalausschüttung mit Vereinbarung dürfte in aller Regel mit dem Unterschied zwischen einer vollen und einer teilweisen Ausschüttung des Budgets an die Beschäftigten zusammenfallen. Nicht nur aus monetärem Interesse der Beschäftigten, sondern auch im Organisationsinteresse der Gewerkschaft sollte zwischen diesen beiden Formen des Verzichts auf Leistungsdifferenzierung deshalb deutlich unterschieden werden. Falls sich die Chancen zum Abschluss von Vereinbarungen mit einer vollen Pauschalausschüttung in der Folge des BAG-Urteils vom Mai 2012 *de facto* verschlechtern und der von Ver.di mehrheitlich gewünschte Kurswechsel in Richtung auf eine Abschaffung des § 18 tarifpolitisch nicht erreichbar sein sollte, wäre es im organisationspolitischen Eigeninteresse von Ver.di rational, auf einen Ausbau von Zielvereinbarungen hinzuarbeiten. Ein Verzicht auf die volle Ausschüttung ist hingegen in der Regel keine Strategie, die von den Beschäftigten honoriert wird. Das Ansehen von Ver.di bei den Personalräten leidet im Falle der Einführung der Systematischen Leistungsbewertung weniger als bei den Beschäftigten. Das Fehlen einer Dienstvereinbarung kommt Ver.di jedoch auch bei den Personalräten nicht zugute.

Tab. 6.10: Veränderung des Ansehens von Ver.di nach Methode und Umsetzung ≡

„Hat sich die Meinung des Personalrats über (Ver.di) im Zusammenhang mit LOB verändert?" „Hat sich Ihres Erachtens die Meinung der Beschäftigten über (Ver.di) im Zusammenhang mit LOB verändert?" [a]

Meinung ...	alle Personalräte		Ver.di Mitglieder		Ver.di Nichtmitglieder[b]	
	des Personal-rats	der Beschäf-tigten	des Personal-rats	der Beschäf-tigten	des Personal-rats	der Beschäf-tigten
Systematische Leistungsbewertung	3,15 (,037)	3,28 (,048)	3,16 (,065)	3,31 (,076)	3,14 (,047)	3,25 (,062)
Zielvereinbarung	3,08 (,057)	3,13 (,069)	3,10 (,059)	3,15 (,089)	3,05 (,124)	3,10 (,115)
Pauschale Ausschüttung	3,09 (,067)	2,94 (,064)	2,77 (,093)	2,89 (,102)	3,39 (,084)	2,99 (,078)
keine DV/DA	3,24 (,071)	3,26 (,070)	3,29 (,091)	3,30 (,093)	3,13 (,107)	3,23 (,117)

a – Flächenbefragung: Datensatz PR; Mittelwerte einer Skala von 1 = „positiv" bis 5 = „negativ", Standardfehler in Klammern; b – Unorganisierte und Mitglieder anderer Gewerkschaften

Die Entwicklung der Meinung der Arbeitgeber über die kommunalen Arbeitgeberverbände unterscheidet sich zwischen den Anwendern von Systematischer Leistungsbewertung und von Zielvereinbarungen nicht (Mittelwert jeweils 2,96), bei pauschaler Ausschüttung und im Falle des Nichtabschlusses einer Dienstvereinbarung verschlechtern sich jedoch die Angaben (Mittelwerte 3,10 bzw. 3,33). Wir nehmen an, dass die relativ schlechten Werte im Falle des Fehlens einer Dienstvereinbarung sich vornehmlich aus zwei ganz unterschiedlichen Motiven speisen: Während ein Teil der Arbeitgeber, selbst Gegner leistungsorientierter Bezahlung, grundsätzliche Kritik an der Position der VKA zum Leistungsentgelt hat, dürften andere darunter leiden, dass es ihnen nicht möglich ist, ihre Vorstellungen gegen die Personalräte durchzusetzen.

7. Resümee und Handlungsoptionen

7.1 Resümee der empirischen Befunde ■

Leistungsentgelt nach § 18 TVöD-VKA – im Sinne einer nach Leistung differenzierten Ausschüttung von Prämien oder Zulagen, die auf Basis einer Leistungsbewertung erfolgt – wird in gut der Hälfte der Kommunen umgesetzt. In den anderen Fällen werden die dafür vorgesehenen Mittel mit oder ohne Dienstvereinbarung teilweise (6% des Septemberentgelts) oder vollständig pauschal ausgeschüttet. Eine deutliche Zunahme der Umsetzungsfälle war bisher nicht zu erwarten. Allerdings ist nicht auszuschließen, dass das BAG-Urteil vom Mai 2012, das die zeitversetzte pauschale Vollausschüttung des Budgets der *leistungsorientierten Bezahlung* untersagt, dort einen gewissen Umsetzungsdruck aufbauen könnte, wo man bisher auf eine Legalisierung der vollen Pauschalausschüttung setzte.

Soweit Leistungsentgelt eingeführt wurde, erfolgt die Bewertung überwiegend nach der Methode der *Systematischen Leistungsbewertung.* In etwa einem Achtel der Kommunen mit einer Umsetzung der leistungsorientierten Bezahlung und für ein knappes Drittel der Beschäftigten aus solchen anwendungsaktiven Kommunen wird die Bewertung auf Basis von Zielvereinbarungen erstellt.

Positive Effekte auf *Motivation, Führungskompetenz* und *Eigenverantwortung* werden dem eingeführten Leistungsentgelt lediglich in einer Minderheit der Kommunen von beiden Betriebsparteien zugeschrieben, für eine Reihe weiterer Merkmale gilt dasselbe (etwa Dienstleistungsqualität). Die Arbeitgebervertreter bewerten die Wirksamkeit der LOB besser als die Personalräte. Im Mittel handelt es sich um schwach positive Effekte. Ausgeprägt positiv wirkt sich die Einführung von Leistungsentgelt hingegen auf das Vorkommen von Mitarbeitergesprächen aus.

Bei der Anwendung der *Systematischen Leistungsbewertung* fallen die positiven Effekte deutlich schwächer aus als bei der Methode Zielvereinbarung. Alle Befunde weisen darauf hin, dass die Zielvereinbarung das wirkungsmächtigere Instrument darstellt. Darüber hinaus ist mit dem Einsatz von Zielvereinbarungen eine intensivere Beteiligung und Mitsprache der Beschäftigten verbunden. Zielvereinbarungen übertreffen die Systematische Leistungsbewertung bei den zentralen Kriterien der *Funktionalität* und der *Akzeptanz* deutlich.

Soweit Zielvereinbarungen angewandt werden, sind sowohl die Arbeitgeber als auch die Personalräte zufriedener mit der Einführung der leistungsorientierten Bezahlung, als dies bei der Systematischen Leistungsbewertung der Fall ist. Selbst wenn ihre Anwender nur *schwache Nutzeffekte* bei der Systematischen Leistungsbewertung wahrnehmen, wird sie doch von diesen häufig für die bessere Methode gehalten. Viele Arbeitgeber und Personalräte sind schlicht davon überzeugt, dass die von ihnen selbst angewandte Methode die bessere ist. Zwar wird die Systematische Leistungsbewertung von deren Anwendern weniger gut bewertet als die Zielvereinbarung bei den ihren, doch da die Systematische Leistungsbewertung stärker verbreitet ist, wird sie gleichwohl von vielen besser bewertet.

Werden Zielvereinbarungen abgelehnt, wird dies häufig damit begründet, dass es schwierig sei, geeignete Ziele für die Leistungsbewertung zu finden. Oft wird von Organisation und Führungskräften der Aufwand zur *Operationalisierung der Leistungserwartungen* in konkrete Ziele gescheut. Die Systematische Leistungsbewertung, die häufig nach bestimmten Kriterien in Form einer Leistungsbeurteilung erfolgt, ermöglicht hingegen eine rückblickende Bewertung, ohne eine zukunftsbezogene Bestimmung von Leistungszielen zu erfordern. Da dadurch die Notwendigkeit, aus Leistungsbewertungen Zielorientierungen für das künftige Leistungsverhalten zu ziehen, nicht verschwindet, sondern diese lediglich den Beschäftigten überantwortet wird, die damit jedoch meist überfordert sind, beeinflussen Leistungsbeurteilungen das zukünftige Leistungsverhalten wenig.

Eine verbreitete Kritik vor allem an der Systematischen Leistungsbewertung besteht darin, dass bei Beurteilungsverfahren Leistung oft wenig objektiv bewertet wird, sondern Bewertungen durch die subjektive Brille der Vorgesetzten beeinflusst werden. Der sogenannte „Nasenfaktor“ werde wirksam. Diese *Kritik mangelnder Objektivität* ist nicht von der Hand zu weisen, doch scheint sie mitunter etwas überspitzt, wenn sie sich zu einer allgemeinen Kritik an der Möglichkeit einer hinlänglichen Leistungsmessung ausweitet. Während mitunter generell an der Möglichkeit gezweifelt wird, Leistungsunterschiede zutreffend bewerten zu können, werden Verdienstunterschiede entlang von Eingruppierungskriterien in der Regel nicht in Frage gestellt. Die Akzeptanz von Entgeltdifferenzen auf der Basis von Arbeits- und Leistungsbewertungen nimmt offenbar zu, soweit sich Entgeltdifferenzen auf gesellschaftlich anerkannte Statusunterschiede stützen können.

Den positiven Effekten der leistungsorientierten Bezahlung auf Motivation, Eigenverantwortung, Dienstleistungsqualität etc. stehen oft negativ bewertete Effekte gegenüber. Ausgesprochen häufig wird von einer *Verschlechterung der sozialen Beziehungen* zwischen Vorgesetzten und Mitarbeiter/inne/n sowie unter den Kolleginnen und Kollegen berichtet. Hiermit scheint die Kehrseite eines Prozesses der *Verzweckung* angesprochen zu sein, der als *Entzauberung der Beziehungen zwischen Organisation und*

Mitglied und auch als Quelle generellen *Unbehagens an Modernisierung* verstanden werden kann. Manche Personalräte und Vorgesetzte befürchten in diesem Kontext einen Rückgang der Motivation.

Besonders ausgeprägt waren negative Effekte auf die betriebliche Sozialintegration dort, wo Regelungen vorsahen, dass Prämien nur an einen Teil, gegebenenfalls auch nur an eine Minderheit der Beschäftigten ausgeschüttet werden dürfen. Vorgegebene Quoten und andere feste Vorgaben delegitimieren das Bewertungssystem, da Beschäftigte (ob zu Recht oder zu Unrecht) annehmen, dass sich eine ausbleibende Prämie nicht auf eigene Leistungsmängel, sondern auf willkürlich gesetzte Vorgaben gründet. Aus der Perspektive des *Tausches ‚Leistung gegen Prämie‘* ist es in solchen Fällen jedenfalls sowohl möglich als auch wahrscheinlich, dass Beschäftigte trotz erbrachter Leistung keine Prämie erhalten. Dies kann als Verstoß gegen gerechte Tauschprinzipien wahrgenommen werden. Wahrscheinlich ist, dass Beschäftigte darüber nicht nur empört sind, sondern auch zukünftig das Risiko entsprechender Bemühungen nicht mehr eingehen. *Hochselektive Fälle* sind allerdings aufgrund ihrer offensichtlichen Akzeptanz- und Funktionalitätsdefizite inzwischen kaum mehr zu finden.

In den Augen etlicher Arbeitgeber und Personalräte sowie nicht zuletzt vieler Vorgesetzter wird vornehmlich der zusätzliche *personelle* und *zeitliche* Aufwand für die Anwendung eines Systems leistungsorientierter Bezahlung negativ bewertet. Die Zeit für den Bewertungsprozess und die Gespräche mit ihren Mitarbeiter/inne/n geht für viele Vorgesetzte häufig auf Kosten ihrer regulären Fachtätigkeiten. Dies wird zumal deshalb als Problem gesehen, weil zum einen die Leistungsanforderungen ohnehin bereits zugenommen haben und zum anderen die Kommunen finanziell gewöhnlich nicht dazu in der Lage sind, für zeitliche Entlastung zu sorgen. Der Leistungsdruck ist in dieser Perspektive einfach zu hoch, um sich den Luxus leistungsorientierter Bezahlung erlauben zu können.

Mitarbeitergespräche machen einen erheblichen Anteil am Aufwand für die leistungsorientierte Bezahlung aus, sie werden zugleich jedoch als ein wichtiger, nicht selten als der wichtigste Nutzeffekt der eingeführten Leistungsentgeltsysteme betrachtet. Werden Mitarbeitergespräche als *faux frais* verbucht, die von der produktiven Arbeitszeit abgezogen werden müssen, oder auch nur in erster Linie auf der Input-Seite veranschlagt, dann fällt die Bilanz leistungsorientierter Bezahlung wesentlich schlechter aus als im Falle einer Zuordnung von Mitarbeitergesprächen auch oder sogar primär zum Output von Leistungsentgelt. Ein objektives Abwägen von Kosten und Nutzen leistungsorientierter Bezahlung ist jedoch nicht möglich, wenn Aufwand und Nutzen von Mitarbeitergesprächen nicht eindeutig bilanzierbar sind.

In einem Teil der Kommunen tritt der bekannte Effekt auf, dass statushöhere Fach- und Führungskräfte bei der Bewertung besser abschneiden als andere Beschäftigte. Hierfür ist eine Reihe von Ursachen verantwortlich, die von einer zweifelhaften Vermischung von Leistungsbewertung und Eingruppierung, in der höhere Fach- und Führungskräfte *per se* als „Leistungsträger" gelten, bis zu einer im Falle von wichtigen Kräften besonders ausgeprägten Sensibilität gegenüber den negativen Folgen von Anerkennungskonflikten und Demotivation reichen. Dieser *Hierarchieeffekt* delegitimiert das Bewertungsverfahren in den Augen der Beschäftigten. Allerdings sind sich die betrieblichen Akteure in der Regel dieses Problems bewusst und versuchen gegenzusteuern. Andere systematische Bewertungsverzerrungen, etwa nach Geschlecht oder Alter, ließen sich nicht nachweisen.

Trotz des Hierarchieeffekts führt die Einführung von Leistungsentgelt jedoch gegenüber dem vorherigen Zustand der kollektiven Ausschüttung im Großen und Ganzen zu keiner Entgeltumverteilung zugunsten der höheren Entgeltgruppen. Da zum einen meist eine breite Ausschüttung erfolgt und zum anderen diese häufig nicht nach Entgeltgruppen gewichtet wird, findet gegenüber dem nach Entgeltgruppen gestaffelten Tabellenentgelt vielmehr oft eine Umverteilung zugunsten der unteren Entgeltgruppen statt. Ein Verteilungseffekt, der eher den Intentionen der Gewerkschaften als denjenigen des Arbeitgeberverbandes entsprechen dürfte. Im Falle einer Volumensteigerung würde dieser *Verteilungseffekt* an Bedeutung gewinnen.

Mit dem vor Ort selbst eingeführten System können die meisten Arbeitgeber und auch nicht wenige Personalräte offenbar leben. Im Mittel fällt die *Bewertung des eingeführten Systems leistungsorientierter Bezahlung* bei den Arbeitgebern deutlich und bei den Personalräten leicht positiv aus, die Haltung der Beschäftigten tendiert etwas negativ, ist insgesamt jedoch von Ambivalenz geprägt. Es finden sich Gegner, Befürworter und Dulder. Wesentlich schlechter wird der § 18 TVöD-VKA als tarifliche Grundlage leistungsorientierter Bezahlung bewertet. Die Arbeitgeber finden die Tarifregelung im Mittel weder gut noch schlecht. Bei den Personalräten überwiegt die Ablehnung deutlich.

Nur eine kleine Minderheit sowohl der Arbeitgeber als auch der Personalräte sieht beim § 18 TVöD-VKA keinen *Änderungsbedarf*. Die Mehrheit der Personalräte plädiert einerseits für die *Abschaffung* des § 18 bei pauschaler Auszahlung des Entgeltvolumens, könnte andererseits jedoch auch einer *Ausweitung des Prämienvolumens* etwas abgewinnen. Änderungen, die vorsehen, eine der beiden Bewertungsmethoden für verpflichtend zu erklären, würden jeweils nur von Minderheiten unterstützt. Eine Mehrheit sowohl der Arbeitgeber als auch der Personalräte ist allerdings der Auffassung, dass die Umsetzung für kleine Kommunen freiwillig sein sollte, knapp die Hälfte spricht sich für eine generell freiwillige Umsetzung in allen Kommunen aus. Zwar wird ein großer Verbesserungsbedarf gesehen, doch von einem höheren Maß an *Freiwilligkeit* abgesehen könnte offenbar kaum eine Veränderung die Mehrheit für sich gewinnen.

Obwohl die Tarifregelung selbst wenig beliebt und insbesondere zwischen den Tarifparteien auch heftig umstritten ist, war die *Zusammenarbeit zwischen Arbeitgebern und Personalräten* bei der Einführung überwiegend gut. Die Überzeugung der Mehrheit beider Seiten in umsetzungsaktiven Kommunen, dass eine erfolgreiche Umsetzung leistungsorientierter Bezahlung am besten in guter Kooperation gelingt, hat sich bestätigt. Die besten Resultate wurden dann erzielt, wenn alle Beteiligten, Arbeitgeber, Personalräte und Beschäftigte, möglichst weitgehend einbezogen wurden, d.h. nicht nur zwischen den Kollektivakteuren gut kooperiert, sondern mit Zielvereinbarungen auch eine kommunikations- und beteiligungsorientierte Form der leistungsorientierten Bezahlung gewählt wurde.

Während sich Umsetzungsfälle finden, die zeigen, dass bei guter Kooperation, ausreichendem Engagement und beteiligungsorientierter Praxis sich gewisse Verbesserungen der Arbeitsweise und der Dienstleistungserbringung erzielen lassen (bei denen das relative Gewicht von Nutzen und Aufwand allerdings nicht eindeutig bestimmbar ist), müssen hinsichtlich der Effektivität und vor allem der Kosten-Nutzen-Effizienz leistungsorientierter Bezahlung in der Fläche doch erhebliche Vorbehalte angebracht werden. Solange nicht absehbar ist, wie die vergleichsweise gute Praxis mancher Kommunen mit den zur Verfügung stehenden Mitteln verallgemeinert werden kann, klaffen *Intention und Umsetzungsrealität* des § 18 TVöD-VKA in der Fläche doch erheblich auseinander.

Bei vielen Personalräten und Gewerkschaftern besteht ein entscheidendes Hindernis zur Akzeptanz von *„Good-Practice“*-Modellen darin, dass oft nicht erkennbar ist, ob Arbeitnehmer/innen dabei etwas gewinnen können. Viele befürchten lediglich einen weiteren Schritt zu Leistungsverdichtung und nehmen aufgrund der Einführungsumstände an, hinreichend Hinweise dafür zu haben, dass es sich bei leistungsorientierter Bezahlung um einen Übergriff der Arbeitgeberseite auf *vested interests* der Beschäftigten des öffentlichen Dienstes handelt. Vor allem zwei Gründe sind hier zu nennen: Zunächst der Umstand, dass das sogenannte „Startvolumen“ aus umgewidmeten, bis dahin nicht nach Leistung differenziert ausgeschütteten Entgeltbestandteilen finanziert wurde. Hier sehen nicht nur Kritiker der leistungsorientierten Bezahlung eine Art von „Geburtsfehler“. Die *Umwidmung kollektiver, nicht variabler Entgeltbestandteile* wird von vielen Personalräten und Gewerkschaftern in einem aufgezwungenen Prozess von *„concession bargaining"* verortet, den es rückgängig zu machen gelte. Im Kontext steigender Leistungsanforderungen und insbesondere nach der TVöD-Einführung im öffentlichen Dienst stagnierender Nominallöhne bzw. Verluste beim Realentgelt wurde die Forderung nach einer Abschaffung des § 18 darüber hinaus zu einem Symbol dafür, sich einer generellen Verschlechterung der Arbeits- und Verdienstbedingungen im öffentlichen Dienst entgegenstellen zu wollen. Es sind nicht zuletzt die wirtschaftlichen Entwicklungsbedingungen des öffentlichen Dienstes, die einem Erfolg leistungsorientierter Bezahlung entgegenstehen.

Die Schwierigkeiten der Verallgemeinerung einer funktionsfähigen und akzeptablen Form leistungsorientierter Bezahlung liegen jedoch keineswegs nur an einer Verweigerung vieler Personalräte und der Gewerkschaft Ver.di. Ein zentraler Schwachpunkt des § 18 besteht darin, dass sich dessen Promotoren nicht entscheiden oder zumindest klarstellen konnten, welche Ziele mit leistungsorientierter Bezahlung eigentlich verfolgt werden sollen. Während zum einen elaborierte Konzepte vertreten werden, die Leistungsentgelt in einem Gesamtkontext einer integrierten Tarif- und Verwaltungsreform sehen, in der qualitativ hochwertige Dienstleistungserbringung, ausgeprägte Bürgerorientierung sowie gute Beschäftigungsbedingungen durchaus zusammen gedacht werden können, wird leistungsorientierte Bezahlung zum anderen nicht selten nur als *Instrument materiellen Leistungsanreizes* betrachtet, oder als wünschenswerter Schritt zu einer für gerecht gehaltenen, leistungsdifferenzierten Bezahlung angesehen, über deren organisationale Effekte kaum nachgedacht wird.

Ein Verständnis leistungsorientierter Bezahlung als *Instrument der Steuerung, der Verbesserung von Führungsprozessen und der qualitativen Verbesserung der Dienstleistungen* einerseits sowie eine eher an ökonomische Konzepte zum Anreiz von Mehrleistungen anknüpfende Interpretation andererseits sind im § 18 gleichermaßen angelegt und dürften nicht zuletzt auch auf Kompromisse und Rücksichtnahmen im Arbeitgeberlager zurückzuführen sein. Auf diese Weise entstanden in der Praxis durchaus divergente Umsetzungskonzepte, die auch aus Arbeitnehmerperspektive unterschiedliche Reaktionen begünstigt haben.

Soweit Leistungsgerechtigkeit und nicht organisationale Effekte im Fokus der Aufmerksamkeit stehen, mag es bei aller Kritik subjektiver Bewertungsverzerrungen vorteilhafter erscheinen, auf die Systematische Leistungsbewertung zu setzen, die zumindest formal alle Beschäftigten denselben Kriterien unterwirft. Die Aufwand-Nutzen-Effizienz ist dann ohnehin nicht mehr zu bestimmen, wenn es primär nicht um mitarbeiterbezogene oder organisationale Effekte, sondern um Gerechtigkeit geht.

Wahrscheinlich ist dann aber auch, dass mitunter Gerechtigkeitsvorstellungen miteinander konkurrieren, die kaum produktive Kompromisse erlauben. Während es manchen Arbeitgebervertretern (keineswegs immer im Dissens mit dem Personalrat) dann darum geht, endlich die eigene Überzeugung quasi-natürlicher Leistungsunterschiede im Entgeltsystem zum Ausdruck bringen zu können, wird etlichen Personalräten der Kampf gegen das Leistungsentgelt zu einer Manifestation ihrer ethischen Überzeugungen.

7.2 Anmerkungen zur Leistungsentgeltforschung

Leistungsorientierte Bezahlung, so legten wir eingangs dar, ist nicht nur unter den Tarifparteien im Bereich der deutschen Kommunen umstritten, auch in der deutschen wie der internationalen wissenschaftlichen Diskussion werden der Sinn und der Nutzen von *„performance-related pay"* nicht einhellig bewertet. Zweifel an der Funktionsfähigkeit leistungsorientierter Bezahlung gibt es nicht nur bezogen auf den öffentlichen Dienst, doch bestehen sie für diesen in ganz besonderem Maße. Welche Schlüsse legen unsere empirischen Befunde für die wissenschaftliche Diskussion zur Wirksamkeit materieller Leistungsanreize nahe?

Zunächst darf konstatiert werden, dass schlichte Vorstellungen eines positiven und eindeutigen Zusammenhanges von materiellem Anreiz und Beschäftigtenhandeln, wie wir sie mitunter im untersuchten Feld vorfanden und wie sie bisweilen auch von Beratern suggeriert werden, sich mit unseren Befunden nicht vertragen. Unzufriedenheit und Demotivation spielen seitens der Beschäftigten im Prozess der Einführung leistungsorientierter Bezahlung erklärtermaßen eine erhebliche Rolle. Viele Arbeitgeber und Personalräte registrieren zudem keine dem Leistungsentgelt geschuldeten Effekte bei Motivation, Leistung und anderen Zielen. Zumindest ergänzungsbedürftig scheinen deshalb auch theoretische Ansätze, die Anreize als zentrales Merkmal der Beziehung zwischen Organisation und Beschäftigten betrachten. Für eine sich auf die ökonomische Prinzipal-Agenten-Theorie stützende Argumentation, soweit sie einerseits von der Voraussetzung ausgeht, dass Beschäftigte keine eigene Arbeitsbereitschaft aufweisen und Leistung ohne Anreiz und Kontrolle zu vermeiden trachten, andererseits jedoch unterstellt, dass Beschäftigtenhandeln stets nutzenmaximierend erfolgt, erschließen sich unsere Befunde keineswegs problemlos.

Leistungsorientierte Bezahlung kann wirkungslos bleiben und bisweilen die Motivation sogar beeinträchtigen. Bevor wir uns jenen theoretischen

Konzepten zuwenden, die in solchen Fällen eine Negativwirkung extrinsischer Anreize auf intrinsische Motivation unterstellen, muss jedoch festgehalten werden, dass sich mitunter ausbleibende Effekte auch ohne Bezug auf intrinsische Motivation erklären lassen. Lazear/Gibbs (2009: 285), die Anreize als unverzichtbar erachten, weisen auf eine ganze Reihe von möglichen Fehlanwendungen von Anreizsystemen hin, die deren Wirkung beeinträchtigen können. Fehlsteuerungen durch falsch gesetzte Ziele oder Bewertungskriterien beispielsweise müssen gerade bei ausschließlich an Nutzenmaximierung orientiertem Handeln unmittelbar problematische Effekte nach sich ziehen, da Beschäftigte (gerade unter der Voraussetzung, intrinsische Motivation existiere nicht) Aufgaben, die nicht mit besonderen Anreizen verbunden sind, vernachlässigen werden.

In einer Konstellation, in der Beschäftigte miteinander um eine begrenzte Menge an positiven Bewertungen oder ein feststehendes Prämienbudget konkurrieren müssen, kann unter der Voraussetzung nutzenmaximierenden Verhaltens ebenfalls mit Negativeffekten gerechnet werden. Lazear/Gibbs (2009) führen aus, dass im Falle von *relative performance evaluation* (RPE), „an employee can improve the evaluation in two ways. One is to work harder in the standard sense (...). The other is to *sabotage*". Darüber hinaus gilt:

> „RPE also reduces incentives for workers to *cooperate* on the job. This can be a serious downside to RPE, since most jobs are interdependent with those of colleagues to some extent." (301)

Da die Bildung eines fixen LOB-Budgets nach § 18 TVöD dazu führt, dass die Beschäftigten faktisch in Konkurrenz zueinander geraten, lässt es sich aus dieser Perspektive durchaus erklären, dass im Zuge der LOB-Einführung, wie wir es festgestellt hatten, immer wieder „Neid und Konkurrenzdenken" auftreten. Als eine besondere Form von RPE betrachten die Autoren Vorgaben, nach denen die Bewertungen sich in einer bestimmten Weise auf die Beschäftigten verteilen müssen *(forced curves for performance appraisals)*, wobei neben den negativen Auswirkungen auf die Kooperation auch kein eindeutiges Signal der Leistungsbewertung gegeben wird (ebd.: 303). Unsicherheit der Beschäftigten über die Wirkung leistungsorientierten Handelns ist die Folge.

Erklären lässt es sich somit auch aus dieser Perspektive, wenn LOB-Systeme mit quotierter Ausschüttung (Typus „Selektion") wenig erfolgreich sind. Hinzu kommt, dass bei vorgegebenen Maximalquoten eingedenk „the agent's aversion both to work and risk" (Kunz/Pfaff 2002: 277) es Beschäftigten als Nutzenmaximierer geradezu rational erscheinen muss, auf besondere Anstrengungen zu verzichten, um nicht eigenen Aufwand zu vergeuden.[1] Auch das Vorkommen von *„postreward performance lessening“* wird im Kontext standardökonomischer Handlungstheorie nicht unbedingt bestritten, jedoch das „hypothetical construct“ (ebd.: 279) intrinsische Motivation zu dessen Erklärung als unnötig erachtet. Diese Kritik erscheint insofern gerechtfertigt, als die Definition und die Operationalisierung intrinsischer Motivation mitunter zu wünschen übrig lässt (vgl. hierzu etwa Rheinberg 2010), auch wenn das Handlungsmodell der Prinzipal-Agenten-Theorie nicht weniger hypothetisch sein dürfte als die Annahme intrinsischer Motivation im Kontext der „Cognitive Evaluation Theory“ bzw. „Self Determination Theory“ (Deci/Ryan 1985; vgl. auch Sansone/Harackiewicz 2000) bzw. des daran anschließenden ökonomischen Konzepts, das Frey/Jegen (2001) als „Motivation Crowding Theory“ bezeichnen.

Auf Basis unserer eigenen Felderfahrung und Überlegungen (Schmidt 2005) scheint uns eine strikt am Nutzen orientierte, ausschließlich instrumentelle (und gewissermaßen extrinsische) Motivation von Beschäftigten gleichermaßen reduziert wie die strikte Unterscheidung zwischen extrinsischer und intrinsischer Motivation konstruiert. Am Arbeitsprozess selbst orientiertes und auch altruistisch motiviertes Handeln kommt vor. Eine Reduktion der Motivation menschlichen Arbeitshandelns auf das instrumentelle Eigeninteresse hält unseres Erachtens keiner empirischen Überprüfung stand, kann allerdings innerhalb gewisser Grenzen durchaus eine brauchbare methodologische Annahme darstellen.

In einer kritischen Auseinandersetzung mit den Erklärungsgrenzen vereinfachter verhaltenstheoretischer Annahmen[2] konnte die Einführung einer besonderen „intrinsischen Motivation“ als eine sinnvolle Ergänzung erscheinen, auch wenn die mitunter suggerierte Konzeptualisierung dieser als eine gewissermaßen natürliche und vorsoziale Antriebsquelle selbst wiederum alles andere als unproblematisch ist. Rheinberg (2010) sieht gerade darin, dass das Konzept der intrinsischen Motivation „gut zu Rousseauschen Überzeugungen“ passt, „wonach Menschen ursprünglich von sich aus das tun, was für sie richtig ist“ (372), eine Ursache für den Erfolg

---

1 „It is supposed that the agent chooses actions to maximize his utility. He is assumed to be work averse in the sense that tempting off-the-job opportunities may instigate him to reallocate his effort to maximize his overall utility resulting from payoffs both, on and off the job. The combination of information asymmetry and the agent's aversion both to work and risk, steer him away from cooperative behavior.“ (Kunz/Pfaff 2002: 277)

2 „External regulation is the only kind of motivation recognized by operant theorists (e.g., Skinner, 1953), and it is this type of extrinsic motivation that was typically contrasted with intrinsic motivation in early lab studies and discussions.“ (Ryan/Deci 2000: 62)

des Konzepts in der Pädagogik. An der Unterscheidung zwischen extrinsischer und intrinsischer Motivation wird zwar auch in jüngerer Zeit festgehalten, doch deren Verhältnis zueinander wird nicht mehr als stets entgegenwirkend bestimmt und die Differenzierung ist zudem weniger distinkt (Deci/Ryan 2000).

Für den Gegenstand leistungsorientierte Bezahlung ist eine Schwäche vieler Studien zur intrinsischen Motivation und zu deren Verhältnis zu extrinsischen Anreizen darin zu sehen, dass sich die Befunde kaum auf Studien aus der Arbeitswelt, sondern auf Laborexperimente (häufig mit Schülern und Studenten) stützen. Hier setzen Matiaske/Weller (2008) an und versuchen sich, erklärtermaßen im Anschluss an die „Cognitive Evaluation Theory“ sowie deren Übernahme als „Crowding-out“-Konzept in die Ökonomie durch Frey, mit einer empirischen Prüfung. Zwei Fragen wollen sie beantworten:

> „(1) Wie wirkt die Einführung eines leistungsbasierten Vergütungssystems auf Leistungshandeln, das vorwiegend intrinsisch motiviert ist?
> (2) Wie wirkt die Höhe des gewährten Leistungsanreizes auf Leistungshandeln, das vorwiegend intrinsisch motiviert ist?“ (Ebd.: 38)

Die Erhebungen fanden noch vor Inkrafttreten des § 18 TVöD in drei süddeutschen Kommunen statt, in denen das Leistungsbeurteilungssystem „LBB-SYS“ eingeführt wurde. Um „intrinsische Motivation“ zu erfassen, wurde die Leistungsbewertung mit LBB-SYS um eine Befragung zum „Extra-Rollenverhalten“ (definiert als „Leistungshandeln, das positiv zum Organisationsergebnis beiträgt, implizit verlangt, aber nicht explizit eingefordert werden kann“; ebd.: 39) ergänzt. Das Extra-Rollenverhalten wurde nach Merkmalen des „Organizational Citizenship Behavior“ (OCB) erfasst. Der zentrale Befund besteht nach Ansicht der Autoren in einer Bestätigung des „Crowding-out“-Effektes.

> „In den drei von uns beobachteten Städten existieren zum ersten Messzeitpunkt keine Unterschiede im Extra-Rollenverhalten. Nach der Systemeinführung sinkt das gezeigte Extra-Rollenverhalten in beiden länger begleiteten Städten signifikant ab, während Leistungsbeurteilungen im Durchschnitt ansteigen. Die Einführung des neuen Vergütungssystems wirkt also mit unterschiedlichen Vorzeichen auf vorwiegend extrinsisch und intrinsisch motiviertes Leistungshandeln.“ (Ebd.: 54)

Die „negative Wirkung der Systemimplementation“ werde „kompensiert, wenn die gewährte Zulage die Höhe von ca. 4,5%“ erreiche (ebd.: 54).

Die vorgelegten Daten sind aus unserer Sicht durchaus plausibel, lassen sich jedoch auch ohne das „Crowding-Out“-Konzept erklären. Da mittels des Verfahrens LBB-SYS in der ersten Runde so bewertet wurde, dass 90% der Beschäftigten bei einer Maximalausschüttung von einer mehr als zehnprozentigen Prämie lediglich bis zu 5% Prämie erhielten (darunter sind 41% der Beschäftigten, die gar keine bekamen), war eine gewisse Unzufriedenheit mit der Leistungsbewertung sowie eine Zunahme an Konkurrenzverhalten sowohl nach unseren Befunden als auch auf Basis standardökonomischer Kalkulation wahrscheinlich.[3] Unseres Erachtens misst das OCB-Konzept zwar für die Organisation positives Handeln, das mit Leistungsbewertungssystemen oft nicht erfasst wird, doch OCB als Indikator „intrinsischer Motivation" zu verstehen, scheint uns nicht zwingend zu sein. Die erfassten Verhaltensweisen lassen sich als Bemühungen um soziale Anerkennung und sogar aus Angst vor Ärger mit Vorgesetzten mindestens ebenso gut erklären, wie mit „intrinsischer Motivation".[4] Es handelt sich bei OCB um betriebliches Sozialverhalten, das aus der normativen Perspektive organisationalen Nutzens betrachtet wird. Ob dieses intrinsisch motiviert ist, ist jedoch nicht entschieden. Unseres Erachtens könnte zudem die Verschlechterung der OCB-Werte nach der ersten Bewertung – vermittelt über die Wahrnehmung von Unmut durch die Führungskräfte – die bessere Leistungsbewertung durch die Vorgesetzten in der zweiten Bewertungswelle mindestens ebenso gut verursacht haben, wie tatsächlich bessere Leistungen der Beschäftigten.

Matiaske/Weller (2008) untersuchen zudem nicht, welche Effekte leistungsorientierte Bezahlung im öffentlichen Dienst zeitigt, sondern wie das spezielle System LBB-SYS funktioniert. Doch auch wenn die Studie unseres Erachtens keinen Beleg für die Bedeutung „intrinsischer Motivation" liefert, sollte die Unterscheidung zwischen äußeren Anreizen und einer eher intrinsischen oder auch subjektiven Motivation doch nicht gänzlich aufgegeben werden, um die Motivlage der Beschäftigten zu verstehen. Es finden sich bei den Beschäftigten aus deren eigener Sicht eindeutig zwei

---

3 Die Methode LBB-SYS charakterisieren Fietze et al. dann auch folgendermaßen: „Das LBB-SYS ist ein analytisches Leistungsbeurteilungsinstrument, das in der Typologie der Dienst- und Betriebsvereinbarungen zum § 18 TVöD von Trittel et al. (2010, S. 40) dem ‚Selektion' überschriebenen Basistypus zuzuordnen ist." Weiter: „(...) enthält das LBB-SYS im Verständnis von Trittel et al. auch Elemente des Typus ‚Partizipation'." (Fietze et al. 2012: 2)

4 Als beispielhafte Items für Extra-Rollenverhalten werden genannt: Negativ für „Unkompliziertheit": „Der Mitarbeiter neigt dazu, aus einer Mücke einen Elefanten zu machen" und „... sieht alles, was das Unternehmen macht, als falsch an" oder auch: „... beachtet Vorschriften und Arbeitsanweisungen mit größter Sorgfalt" und „... informiert immer frühzeitig, wenn er/sie nicht zur Arbeit kommen kann." (Matiaske/Weller 2008: 59)

nicht aufeinander reduzierbare Antriebsquellen: die instrumentelle Kalkulation und das Gefühl, (de-) motiviert zu sein. Alltagssprachlich kann es durchaus zusammengehen, gänzlich unmotiviert zu sein und sich gleichwohl Mühe zu geben, dann aber „nur des Geldes wegen“ oder um keine Nachteile zu erleiden. Der Antrieb durch gefühlte Motivation und der Antrieb durch äußeren Anreiz verhalten sich manchmal durchaus in einer gewissen Weise ähnlich zueinander wie intrinsische und extrinsische Motivation. Doch „motiviert fühlen“ können sich Beschäftigte aus einer ganzen Reihe von Gründen, die vom Spaß an der Arbeit über kollegiale Kooperation und die Anerkennung durch Vorgesetzte bis hin zur Wahrnehmung reichen können, nach einer Beförderung oder auch einer Tarifrunde „endlich das Geld zu verdienen, das einem zusteht“. Ein entsprechender Verdienst kann einen gerechten Tausch symbolisieren, Geld kann für gesellschaftliche Anerkennung stehen, ist aber auch ein Instrument zur Verfolgung anderer Ziele.

Unseres Erachtens verursacht, anders als dies insbesondere das „Crowding-Out“-Konzept mitunter suggeriert, nicht in erster Linie die Prämie Demotivation, sondern die mit leistungsorientierter Bezahlung verbundene oder versagte soziale Anerkennung: Der Bewertungsprozess entzieht die Selbstverständlichkeit der Anerkennung als Leistungsbeiträger durch die Organisation. Das Vorenthalten einer guten Bewertung müssen Beschäftigte sowohl in der Dimension der Interessen als auch der sozialen Anerkennung dann als Ungerechtigkeit wahrnehmen, wenn ihnen dieses nicht adäquat erscheint. Leistungsorientierte Bezahlung kann erstens die Beziehungen zwischen Organisation und Beschäftigten beeinträchtigen. Dies allerdings nicht primär deshalb, weil Geld verteilt wird, sondern weil die Leistung bewertet und damit implizit die moralische Integrität der Beschäftigten, d.h. deren Leistungsbereitschaft und Loyalität angezweifelt und für überprüfungsbedürftig erklärt wird. Anders gefasst, ob es „intrinsische Motivation“ gibt oder nicht, mag schwer zu entscheiden sein, die Beschäftigten selbst glauben jedenfalls an sie und reagieren mit Unmut, wenn sie das Gefühl haben, diese werde ihnen nicht abgenommen. Selbstverständlich spielen für die Wahrnehmung des Bewertungsprozesses die Bewertungsqualität, d.h. das Vorgesetztenverhalten und die angewandte Methode, sowie das Resultat der Bewertung und die daran geknüpfte Prämienausschüttung eine Rolle.

Zweitens wird mit der Einführung von leistungsorientierter Bezahlung – oft intendiert, mitunter als Nebenfolge – den Beschäftigten das Signal gegeben, dass die Bezahlung jetzt leistungsgerecht erfolge. Eine auf Leistung gegründete Anerkennungsordnung, von vielen Beschäftigten ohnehin als legitim erachtet, wird damit als normatives Modell bekräftigt.

Da die meisten Beschäftigten sich selbst dem Leistungsprinzip verpflichtet sehen, kommt es dann bei vielen zu Enttäuschungen, wenn keine ausgesprochen gute Bewertung erfolgt und nicht die volle Prämie ausgeschüttet wird, während die Leistung anderer mehr Anerkennung findet. Im Quervergleich kann deshalb selbst der Erhalt einer Prämie enttäuschen – wenn andere mehr bekommen. Doch auch hier ist es nicht die erhaltene Prämie, die der Motivation schadet, sondern die versagte Anerkennung. Eine versagte Prämie schadet der intrinsischen Motivation somit mehr als eine ausbezahlte Prämie. Dies gilt selbstverständlich ebenso unter dem Aspekt der instrumentellen Kalkulation bzw. der extrinsischen Motivation. Im Rahmen nicht vollständig selbstbestimmter Beschäftigungsverhältnisse allein auf „intrinsische Motivation" und Vertrauen zu setzen (Sadowski et al. 1999; Backes-Gellner et al. 2008), würde zweifelsfrei die Schwelle zur Romantik überschreiten, weshalb Unternehmen und auch Kommunen in der Regel Arbeit auch vergelten. Ein der Tätigkeit und der Leistung angemessenes Entgelt ist als Gegenleistung auch dann unverzichtbar, wenn sich die Motivation der Beschäftigten nicht allein auf das materielle Interesse reduzieren lässt.

Doch obwohl vor einer allzu fundamentalen Kritik an der Wirksamkeit von monetären Anreizen zu warnen ist, zeigen unsere Befunde doch auch, dass sich jede Annahme eines direkten und unvermittelten Zusammenhanges zwischen materiellen Anreizen und Leistungs- oder generell: Arbeitshandeln verbietet. Damit bestätigen sich international vergleichende Studien, deren Ergebnisse in der Tendenz ebenfalls für lediglich schwache motivations- oder leistungsfördernde Effekte sprechen, jedoch keineswegs durchgängig zu denselben Resultaten kommen und mitunter das Auftreten anderer, eher organisationsbezogener Effekte hervorheben. Auch die eingangs erwähnte, „häufig zitierte OECD-Studie" (Demmke 2009: 56) konstatiert:

> „The impact of PRP on staff motivation is rather limited, and PRP will never replace a good comprehensive performance management strategy. However, in the right managerial conditions, when PRP is introduced, a window of opportunity for wider management and organisational changes occurs. In implementing PRP based on effective appraisal and goal setting, organisational and cultural changes such as increased employee-manager dialogue, more team work and greater flexibility in the approach to work are set in train. PRP can be the driving force that allows these changes to occur and, at the same time, to enable the renegotiation of the culture at the workplace, leading to an increased focus on getting the job done and thereby to improved performance. Pay for performance should be viewed as a management tool that enables a systematic management by objectives

process, and an articulation between individual and organisational objectives.“ (OECD 2005: 85)[5]

Ein kurz darauf erstellter EU-Report berichtet keine Verbesserungen bei der Bewertung von leistungsorientierter Bezahlung. Festgestellt wird, dass

> „19% of all respondents agreed that performance rewards are more transparent than before and are allocated quicker. Overall, most respondents from almost all countries do not agree that performance assessment systems have become less subjective. However, respondents from the Scandinavian countries evaluate performance assessment systems less critically than their colleagues form the Mediterranean countries and some continental career-system countries.“ (Demmke et al. 2008)[6]

Neben Studien, die negative, keine oder lediglich geringfügige Effekte konstatieren, liegen jedoch auch Berichte vor, die eher positiv ausfallen (Makinson 2000; Prentice et al. 2007; Stazyk, 2012). Hasnain et al. (2012) kommen in einer Analyse von 110 Studien zu dem Resultat, dass die Befunde positiver Wirksamkeit dominieren (ebenfalls auf Basis einer Metastudie, doch negativer: Weibel et al. 2009). Angesichts der großen Bandbreite an eingesetzten PRP-Methoden, variierenden Rahmenbedingungen und in den Studien eingesetzten Untersuchungsmethoden überraschen diese heterogenen Befunde nicht. Sie sind mit den Ergebnissen unserer Erhebungen, die ebenfalls eine erhebliche Heterogenität nachweisen, durchaus zu vereinbaren und auch zu erklären. Es bestätigt sich jedoch auch, dass der Verweis auf die internationale Forschung die Untersuchung konkreter Fälle leistungsorientierter Bezahlung gerade deshalb alles andere als hinfällig macht.

Der von David Marsden (2010: 188) konstatierte Umstand fortwährenden Einsatzes von performance-related pay[7] und die daran geknüpfte Frage,

---

5 Empirisch basiert die OECD-Studie auf Fallstudien aus zwölf Ländern, darunter Deutschland (in dem zu diesem Zeitpunkt allerdings leistungsorientierte Bezahlung lediglich im Beamtenbereich und in eher rudimentärer Form eingeführt war), dem „OECD/GOV Survey on Strategic Human Resources Management“ sowie einschlägigen Untersuchungen von David Marsden in Großbritannien (OECD 2005: 12).

6 Diese EU-Studie stützt sich zwar auf Angaben aus 27 Ländern, in 23 der einbezogenen Länder beruhen die Aussagen jedoch auf (überwiegend deutlich) weniger als 20 Fragebögen, die sowohl von Vertretern des oberen und des mittleren Managements als auch von Beschäftigten kamen (Demmke et al. 2008: 12).

7 Bach et al. 2009 (325) stellen auf Basis des Workplace Employee Relations Survey (WERS) 2004 für Großbritannien sogar fest: „It is therefore noteworthy that by 1998 public sector workplaces were more likely to conduct performance appraisals than those in the private sector, and this remained the case in 2004.“

„Why do we keep adopting them in the face of evidence that they fail to motivate?“, könnte (vgl. auch bereits Kellough/Lu 1993), da zumindest schwache Wirkungen durchaus feststellbar sind und diese methodenbezogen unterschiedlich stark ausfallen, insofern konkretisiert oder zumindest ergänzt werden, als zusätzlich gefragt werden müsste: Warum wählt die Mehrheit der Kommunen die Systematische Leistungsbewertung?

Die Forschungsfrage sollte somit deshalb auch keinesfalls mehr pauschal lauten: *„Motivieren externe Anreize?“* Vielmehr sollte danach gefragt werden, unter welchen Voraussetzungen diese motivieren, ob diese Voraussetzungen mit vertretbarem Aufwand geschaffen werden können und nach welchen Regeln Entgelt sinnvoll zu bemessen und zu vergeben ist, ohne wirkungslos zu bleiben oder nicht intendierte, kontraproduktive Effekte hervorzubringen. Unsere Befunde bestätigen in der Literatur geäußerte Bedenken bezüglich der Bewertungsverzerrungen bei Beurteilungsverfahren (beispielhaft hatten wir genannt: Tondorf 2007b; Schettgen 1996; Breisig 1998) bzw. Systematischer Leistungsbewertung (insbesondere Hierarchieeffekt), sie verdeutlichen jedoch auch, dass solche Effekte nicht methodenunabhängig sind. Weniger feldfremde Versuche und rasch generalisierende Aussagen versprechen deshalb zukünftig Erkenntnisse zur Frage, ob leistungsorientierte Bezahlung im öffentlichen Dienst wirklich sinnvoll ist, sondern ein Abwägen von Aufwand und Nutzen und ein detaillierter Vergleich unterschiedlicher Methoden. Dabei dürfte es nicht hilfreich sein, Phänomene zu übergehen, wie sie unter dem Stichwort der „intrinsischen Motivation“ diskutiert werden. Jedoch sollte dabei bedacht werden, dass Funktionsschwächen und Akzeptanzprobleme leistungsorientierter Bezahlung auch aus einer Perspektive von Interesse und sozialer Anerkennung erklärbar sind. Entscheidend ist dabei nicht so sehr, ob es eine besondere „intrinsische Motivation“ gibt oder nicht,[8] von Relevanz ist vielmehr, dass Beschäftigte nicht nur ihren materiellen Nutzen mehren, sondern sich aus ihrer Perspektive im Raum sozialer Anerkennung angemessen platziert sehen möchten. Je ausgeprägter eine Bewertung sich nicht auf die Bewältigung einer spezifischen Aufgabe bezieht, sondern die ganze Leistung einer Person zu bewerten vorgibt, und je intransparenter eine Bewertung für Beschäftigte ist, desto stärker scheint die Anerkennungsdimension gegenüber der Interessenkalkulation an Gewicht zu gewinnen.

Abgesehen vom Selbstverständnis der Beschäftigten, in dem eine nicht durch leistungsorientierte Bezahlung erzeugte Motivation einen hohen Stel-

---

8 Auch Vertreter des entsprechenden Ansatzes räumen ein, dass intrinsische Motivation „ein schwer fassbares Konzept“ sei (Frey/Jegen 2002: 38).

lenwert einnimmt, sprechen auch Untersuchungen zur Existenz einer sogenannten „Public Service Motivation“ (PSM) dafür, dass sich die Motivation der Beschäftigten nicht auf ein Nutzenkalkül reduzieren lässt. In etlichen Studien wurden, angeregt insbesondere durch einen konzeptionellen Beitrag von Perry/Wise (1990), in dem diese traditionelle Vorstellungen einer public service ethic formalisierter als public sector motivation fassten, entsprechende Befunde vorgelegt. Perry (1996) operationalisierte PSM später zudem als konkretes Fragenset, das bis heute in den meisten einschlägigen Studien Verwendung findet. Politische Mitwirkung, Mitgefühl und Altruismus gelten demnach als wichtige Handlungsantriebe öffentlich Beschäftigter.[9]

Wir hatten dargelegt, dass die Operationalisierung von Leistungserwartungen und transparente Bewertungsprozesse wichtige Voraussetzungen sind, um den Beschäftigten ein rationales Leistungsverhalten im Sinne der LOB erst zu ermöglichen. Damit hatten wir auch die Überlegenheit von Zielvereinbarungen erklärt. Die gleichwohl größere Verbreitung der Systematischen Leistungsbewertung haben wir als im Bestreben begründet gesehen, den zu treibenden Aufwand („Ziele finden“, Abstimmungsbedarf mit Mitarbeiter/inne/n) gering zu halten und sich mitunter auch

9 Diese Forschungslinie war längere Zeit weitgehend auf Nordamerika begrenzt, etabliert sich nun jedoch auch in Europa und im deutschsprachigen Raum (Hammerschmid et al. 2009; Giauque et al. 2011). Es dürfte im Grundsatz möglich sein, die Diskussion um performance-related pay (PRP) und public sector motivation (PSM) aufeinander zu beziehen und dadurch die Motivation öffentlich Beschäftigter in einer breiteren Perspektive zu betrachten. Allerdings wenden kritische Stimmen ein, dass trotz etlicher Studien noch nicht hinreichend geklärt sei, ob PSM in erster Linie persönliche Dispositionen bei der Berufswahl oder Effekte des Tätigkeitsfeldes bzw. von organisationalen Einflüssen erfasst (Moynihan/Pandey 2007) und in welchem Maße es sich dabei um eher unverbindliche Vorstellungen und Legitimationen oder um handlungswirksame Anreize handelt (Wright 2001). Nicht zuletzt scheint es nicht hinreichend geklärt zu sein, inwieweit mit PSM durchgehend eine für den öffentlichen Dienst spezifische oder eine auch in anderen Sektoren vorkommende Motivationslage erfasst wird (Kjeldsen/Jacobsen 2012: 18; Buelens/Van den Broeck 2007). Da die Studien überwiegend mit den originalen oder übersetzten Items von Perry (1996) arbeiten, die unseres Erachtens in einem privatwirtschaftlichen Kontext aus einer völlig anderen Perspektive beantwortet werden müssten, sind vergleichende Untersuchungen zumindest mit einem PSM-Zugang im engeren Sinne auch nicht besonders sinnvoll. Neuere Befunde von Park/Perry (2013) sprechen dafür, dass weniger die Eigentumsform, sondern die konkreten Tätigkeitsinhalte von Relevanz für PSM-Orientierungen sind – dem zollen die Autoren mit einer Ausweitung des Begriffs public service auch auf Non-profit- und For-profit-Bereiche Tribut, soweit diese Aufgaben übernehmen, für die früher der Staat zuständig war.

nahe an einer Umsetzung lediglich *pro forma* zu bewegen. Es kam uns (abgesehen von Wissensdefiziten und der Durchsetzung vorgefertigter Verteilungsmuster) kaum eine andere rationale Begründung als die des Aufwandes zu Ohren, die für eine Bevorzugung der Systematischen Leistungsbewertung gegenüber von Zielvereinbarungen sprechen könnte.

Einen Vorteil bieten Beurteilungsverfahren allerdings gerade deshalb, weil in ihrem Rahmen Leistungserwartungen nicht hinreichend operationalisiert werden und Bewertungen lediglich eine vordergründige Transparenz aufweisen müssen. Leistungsbewertungen können so problemloser vorgefertigten Gerechtigkeitsvorstellungen angepasste Ergebnisse liefern. Einen weiteren, zumindest im öffentlichen Dienst jedoch kaum als legitim geltenden Vorteil könnte ein Mangel an Transparenz für einzelne Vorgesetzte auch dann bieten, wenn es nicht primär um die Leistung von Beschäftigen und Organisation geht, sondern um persönliche Dominanz, die Chancen, missliebiges Verhalten jedweder Art von Fall zu Fall zu sanktionieren, oder auch um eine willentliche Benachteiligung von einzelnen oder Gruppen von Mitarbeiter/inne/n. Der Frage, welcher Stellenwert mikropolitischer Herrschaftsausübung bei der Methodenwahl zukommt, konnten wir im Rahmen unserer Studie nicht hinreichend nachgehen, um einen solchen Einfluss abschätzen zu können. Sehr wahrscheinlich dürfte dagegen sein, dass ein Mangel an Phantasie und Fähigkeiten hinsichtlich der Operationalisierung von Leistungsanforderungen sowie die Abwehr von Zusatzbelastungen für die Neigung vieler Führungskräfte zu Beurteilungsverfahren zentral sind. Doch diesbezüglich wäre weitere Forschung erforderlich.

Die Frage nach den Gründen der Anwendung leistungsorientierter Bezahlung wäre für Deutschland lange Zeit allerdings auch insofern falsch gestellt gewesen, als es näher lag zu fragen, warum leistungsvariable Bezahlung bei den Arbeitern, Angestellten und Beamten des öffentlichen Diensts trotz langer Diskussionen nicht oder allenfalls in rudimentärer Weise eingeführt worden war.

Bereits vor Inkrafttreten des § 18 TVöD legte Jörges-Süß eine „neoinstitutionalistische-historische Analyse“ vor, in der argumentiert wird, dass sich die öffentliche Verwaltung aus vielerlei Gründen, die im Kern darauf beruhen, dass „institutionalisierte Elemente von einer relativ hohen Beständigkeit sind und sich daher in der Regel institutionalisierte Verhaltensweisen und Strukturen – und um solche handelt es sich in der öffentlichen Verwaltung und beim Personal- und Dienstrecht sicherlich – langsamer verändern als nicht-institutionalisierte“ (Jörges-Süß 2007: 221). Die Durchsetzung leistungsdifferenzierter Bezahlung im öffentlichen Dienst wird demnach als schwierig bis unwahrscheinlich betrachtet. Nicht so sehr mangelnder Wille wird dafür verantwortlich gemacht, dass es lange Zeit kaum gelingt, im öffentlichen Dienst leistungsvariables Entgelt durchzusetzen, sondern erstens praktische Umsetzungsschwierigkeiten (die Finanzkrise der öffentlichen Haushalte, der Aufwand für Leistungsbewertungen, die vor dem Hintergrund zweier Beschäftigtengruppen potentiell hohe Komplexität „neuer Bezahlungssysteme" verbunden mit der Notwenigkeit einer Verständigung der Tarifparteien sowie befürchtete Akzeptanzbarrieren bei den Beschäftigten), zweitens ein subjektiv als zu gering empfundener Veränderungsdruck, drittens das Setzen anderer Prioritäten von Politikern und viertens „gibt es in der gut dokumentierten (internationalen) Reformbewegung neben erfolgreichen Beispielen, die als Vorbild dienen können, negative bzw. umstrittene Beispiele für eine leistungsorientierte Anreizgestaltung." Es überrasche angesichts „dieser vielen Probleme, Hindernisse und Befürchtungen" nicht, wenn die öffentlichen Verwaltungen und Arbeitgeber *„Reformrhetorik* benutzen" und *„Legitimationsfassaden* aufbauen" (ebd.: 216ff).

Die historische Rekonstruktion der Debatte um die Einführung von Leistungsentgelt im deutschen öffentlichen Dienst zeigt unter anderem, dass leistungsorientierte Bezahlung in der sozial-liberalen Reformphase zwar bereits mitgedacht wurde, jedoch lediglich als ein Moment einer umfassenden gesellschaftlichen Reform verstanden wurde, in die auch der öffentliche Dienst gehören sollte.

> „‚Supporting Actors' der Bundesregierung waren in dieser ersten Zeitphase die Gewerkschaften (DAG, DBB, DGB und ÖTV) (...) Indem sie von den politischen Akteuren nachhaltig, allerdings mit immer wieder neuen Konzepten und Änderungsvorschlägen, eine leistungsbezogene(re) Bezahlung in der öffentlichen Verwaltung fordern, liefern die Gewerkschaften einen entscheidenden Impuls in der Reformdebatte." (Jörges-Süß/Süß 2011: 109)

In den Folgejahren wurde leistungsorientierte Bezahlung in den Kontext anderer Konzepte gestellt (New Public Management, Neues Steuerungsmodell) und als „Supporting Actors" traten zunehmend Organisationsberater und etwa die Kommunale Gemeinschaftsstelle für Verwaltungsmanagement (KGSt) auf den Plan. Zudem „rückten personalwirtschaftliche Maßnahmen generell stärker in den Fokus von Organisationen und im von Einsparungs- und Rationalisierungsmaßnahmen sowie von Personalabbau gekennzeichneten öffentlichen Dienst wurden der Effizienz des Verwaltungshandels und der Leistungsfähigkeit der Mitarbeiter eine höhere Bedeutung beigemessen als in der Vergangenheit" (ebd.: 112).

Die Argumentation von Jörges-Süß (2007) stützt sich in starkem Maße auf die Analyse auf das Dienstrecht bezogener Debatten, die zwischen

1971 und 1997 (Jörges-Süß/Süß 2011: bis 2004) stattfanden. Doch die Verschiebungen des Kontextes leistungsorientierter Bezahlung gingen danach weiter. Nachdem auch der Veränderungsimpuls durch das neue Steuerungsmodell sich spätestes 2005 allmählich erschöpft hatte (Bogumil et al. 2007a: 39; Schmidt et al. 2011a), rückte nicht zuletzt für die kommunalen Arbeitgeberverbände (weiterhin mit Unterstützung von Organisationsberatern) Leistungsorientierung weiter ins Zentrum der Reformbemühungen. Leistungsentgelt wurde dabei seines ursprünglichen Kontexts zusehends entkleidet und zu einem weitgehend eigenständigen Projekt. Die mit dem § 18 eingeführte leistungsorientierte Bezahlung wurde deshalb von vielen Arbeitgebern nur mehr als Leistungsanreiz oder als Instrument zur Herstellung leistungsgerechter Verteilungsmuster begriffen sowie von etlichen Personalräten und Gewerkschaftern als neo-liberaler Übergriff verstanden. Leistungsentgelt gilt dann primär als Versuch, Leistungsbedingungen zu Lasten der Beschäftigten zu verschärfen, nicht als Element eines gemeinsamen Projekts zur Weiterentwicklung des öffentlichen Dienstes im Interesse verbesserter Dienstleistungen.

Zeitlich endet mit der Einführung der leistungsorientierten Bezahlung die empirische Basis von Jörges-Süß/Süß (2011), inhaltlich tritt damit jedoch auch eine Schwäche ihrer Argumentation zu Tage. Wahrscheinlich da sie implizit davon ausgehen, dass Leistungsentgelt einerseits *per se* modern und positiv für den öffentlichen Dienst ist und ihnen andererseits bei institutionalisierten Organisationen des öffentlichen Dienstes eine Durchsetzung leistungsorientierter Bezahlung ohnehin unwahrscheinlich scheint, erachten sie es nicht für nötig, konkrete Ausgestaltungsformen leistungsorientierter Bezahlung zu diskutieren und auf Interessenunterschiede der zentralen tarifpolitischen Akteure zu rekurrieren. Sowohl die mit dem TVöD erfolgte tatsächliche Einführung leistungsorientierter Bezahlung als auch die geäußerte Kritik daran müssen so überraschen.

Erklärt wird primär die Nichteinführung leistungsorientierter Bezahlung, die Einführung wird hingegen als eine „passive Reaktion auf die Krise der staatlichen Haushalte sowie auf die mangelnde Modernität und Wirtschaftlichkeit der Verwaltung“ verstanden (ebd.: 116), die durch Haushaltsengpässe erzwungen worden sei. Während Jörges-Süß/Süß vermutlich vollkommen zu Recht damit argumentieren, dass Reformvorhaben zu früheren Zeitpunkten wegen finanzieller Engpässe verschoben oder aufgegeben wurden, wird hier ein Mechanismus unterstellt, der eine direkte Umsetzung von Haushaltsanforderungen in die Einführung leistungsorientierter Bezahlung suggeriert. Ein solcher unmittelbarer Zusammenhang existiert jedoch nicht.

> „Noch so scharfer ökonomischer Druck ändert prinzipiell nichts an der Kontingenz dieser Handlungen und Entscheidungen. Rote Zahlen schweigen darüber, wie sie schwarz werden. So beredt sie verlangen mögen: ‚Es muss etwas geschehen', so offen lassen sie, was dieses ‚Etwas' sein kann, soll oder muß." (Ortmann 1995: 181)

Eigentlich hätte gerade der Anschluss an das neo-institutionalistische Konzept Jörges-Süß/Süß vor der Annahme eines unvermittelten Zusammenhanges von ökonomischen Anforderungen und leistungsorientierter Bezahlung bewahren können. Doch auch eine Analyse der unmittelbar involvierten Akteure und deren mehr oder weniger rational begründeten Interessenhandelns wäre hier hilfreich gewesen. Empirisch finden sich Gegner leistungsorientierter Bezahlung in den Verwaltungsspitzen offenbar keineswegs selten unter den Kämmerern. Gerade die Kämmerer, so ein Vertreter des Arbeitgeberverbandes, seien häufig gegen leistungsorientierte Bezahlung:

> „Der Kämmerer ist der Haushalter und der hat immer nur ein Bestreben, dass seine Mittel natürlich möglichst wirtschaftlich umgesetzt werden und dass, was durch sparsames Wirtschaften überbleibt, in den großen Sack zurückkommt. So, und das schafft überhaupt keine Anreize konstruktiven Denkens." (KAV-Vertreter)

Bei Haushaltsengpässen dürfte im öffentlichen Dienst jedenfalls ein unmittelbares Sparprogramm naheliegender sein, als die Steigerung von Effizienz und Effektivität durch die Bemühung um zunächst aufwändige und unsichere Innovationen. Auch die Streichung des in der Praxis noch nicht umgesetzten Leistungsentgelts im Tarifvertrag der Länder (TV-L) in der Tarifrunde 2009 (Schmidt et al. 2011a: 79) wird von Vertretern der kommunalen Arbeitgeberverbände ähnlich erklärt: Es liege daran, dass bei den Ländern von den Finanzpolitikern Tarifpolitik gemacht werde, die Abkehr vom Leistungsentgelt habe „ausschließlich haushalterische Gründe" (KAV-Vertreter). Der damalige Verhandlungsführer der Tarifgemeinschaft der Länder (TdL), der frühere niedersächsische Finanzminister Möllring, gilt persönlich zudem als Gegner leistungsorientierter Bezahlung.

Eine „Glaubensfrage" ist leistungsorientierte Bezahlung, wie es mitunter im Feld hieß, häufig gleichwohl. Sowohl auf der Seite der Befürworter als auch der Gegner finden sich, wie wir ausgeführt haben, verschiedene Deutungsmuster mit denen der leistungsorientierten Bezahlung Funktionen zugeschrieben oder abgesprochen werden. Diese Orientierung an Deutungsmustern kann durchaus als eine Art nachahmendes Denken und mitunter Handeln verstanden werden und „mimetic isomorphism" im Sinne von DiMaggio/Powell (1983) hervorbringen. Doch gewöhnlich handelt zunächst nicht die Organisation als Ganzheit. Etwa entwickeln Arbeitgeber und Personalräte häufig unterschiedliche Vorstellungen, weshalb zum Abschluss einer Dienstvereinbarung zunächst ein Kompromiss zwischen deren Intentionen geschlossen werden muss (Trittel et al 2010: 42).

Zwar wurde mit der Tarifvereinbarung zur leistungsorientierten Bezahlung mehr als bloße Reformrhetorik produziert und zumindest den Promotoren leistungsorientierter Bezahlung in der VKA geht es auch um mehr als nur die Errichtung von Fassaden, doch vielerorts fehlt es noch immer an einer praktischen Einführung variabler Entgelte. Etliche Kommunen hingegen scheinen tatsächlich mehr darum bemüht zu sein, eine Umsetzungsfassade zu errichten, um dem Zwang zur Umsetzung des Tarifvertrages zu entgehen, als sich ernsthaft um eine solche zu bemühen. Das Argument von Jörges-Süß, Reformrhetorik und Fassadenbau würden dann auftreten, wenn öffentliche Verwaltungen, „Neuerungen verwirklichen möchten", dann jedoch feststellen, „dass sich die Umsetzung der Konzepte schwieriger gestaltet als sie erwartet hatten" (2007: 220), trifft jedoch nur teilweise zu. Denn die Fassaden werden meist gerade dort aufgestellt, wo es an Umsetzungswillen fehlt und sie werden primär für den eigenen Verband, nicht für die Umwelt des öffentlichen Dienstes errichtet. Oder anders formuliert: Zumindest nach Inkrafttreten des § 18 ist es nicht in erster Linie der Bremsklotz der Institutionalisierung, der einer Umsetzung entgegenwirkt, sondern die bei Arbeitgebern oder Personalräten in etlichen Fällen fehlende Überzeugung, dass der Nutzen leistungsorientierter Bezahlung den Aufwand überwiegt, sowie die vor allem unter Personalräten mitunter grundsätzliche Ablehnung einer Veränderung, die vor allem aus Arbeitnehmerperspektive für eine Fehlentwicklung gehalten wird. Die Gegnerschaft von Führungskräften kann wahrscheinlich in etlichen Fällen aus der Institutionalisierung des öffentlichen Dienstes erklärt werden. Doch auch Führungskräfte, die Leistungsentgelt ablehnen, nennen mit einem Mangel an Zeit häufig einen plausibel erscheinenden Grund – auch wenn die Rationalität bei diesen wie bei allen anderen beteiligten Akteuren ihre Begrenzungen im Sinne von Simons Konzept der „bounded rationality" aufweist (vgl. Berger/Bernhard-Mehlich 2002: 140ff.).

Warum jedoch, um noch einmal auf das Paradox von Marsden (2010) zurückzukommen, wurde Leistungsentgelt in den Kommunen eingeführt bzw. daran festgehalten, wenn die angestrebten Effekte schwach ausfallen, selbst dann, wenn wir nicht nur das subjektive Gefühl der Motivation, sondern auch die instrumentelle Kalkulation bzw. rationales Tauschhandeln mit bedenken?

Eingeführt wurde leistungsorientierte Bezahlung in erster Linie, weil sich die Befürworter davon versprachen, ihre Ziele zu erreichen und sie sich außerdem gegen die Gegner im eigenen Lager und auf Arbeitnehmerseite durchsetzen konnten. Die verfolgten Absichten sind vielfältig und unterscheiden sich zum Teil deutlich. Neben den im Tarifvertrag genannten Zielen gehört dazu auch, dem öffentlichen Dienst ein modernes Image zu geben oder sich selbst als modern und innovativ profilieren zu können. Soweit sich Gegner aufgrund der tarifvertraglichen Regelung oder der Erwartungshaltung des Verbandes zur Einführung der leistungsorientierten Bezahlung gezwungen sehen, wird entweder missmutig und halbherzig umgesetzt oder auch eine Umsetzung mehr oder weniger vorgetäuscht. Bei der Klärung dieser Frage haben die vorliegenden Theoretisierungsversuche einerseits einen gewissen heuristischen Wert, doch vorschnelle Theoretisierung ohne eine gründliche empirische Analyse scheint einem Verstehen der Vorgänge doch eher im Weg zu stehen.

Fügt sich die Einführung leistungsorientierter Bezahlung in den Kommunen in den von etlichen Arbeits- und Industriesoziologen im Privatsektor festgestellten Trend der „Vermarktlichung“, der „Subjektivierung“ oder auch der „Finalisierung“ der Leistungsbewertung?

Zunächst ist diese Frage in einem rein formalen Sinne zu verneinen, handelt es sich bei leistungsorientierter Bezahlung im öffentlichen Dienst doch um eine Neueinführung, die aus diesem Grunde mit den genannten Prozessbegriffen nicht zu erfassen ist. Zwar kann die Einführung von Leistungsentgelt selbst als eine Annäherung an den Privatsektor gesehen und insofern als Ökonomisierung klassifiziert werden, doch mit dem Stichwort „Vermarktlichung“ sind mit Blick auf den öffentlichen Dienst Privatisierungsprozesse erheblich präziser bezeichnet als die Einführung leistungsorientierter Bezahlung. Dies nicht, weil mit leistungsorientierter Bezahlung nicht im Grundsatz die Implikation verknüpft wäre, den Tausch von Leistung gegen Entgelt hervorzuheben und damit die Beziehung zwischen Organisation und Beschäftigten zu „vermarktlichen“, sondern weil in vielen Fällen damit gänzlich anders umgegangen wird.

Von einem mit „Vermarktlichung“ oder „Finalisierung“ meist gemeinten Bezug auf eine Bewertung von Leistung durch den Markt ist die LOB der Kommunen meist weit entfernt, auch im Falle der Zielvereinbarungen geht es um keine „Finalisierung“ im Sinne eines Marktbezugs. Zwar geben Ziele den Bezugspunkt für die Leistungsbewertung ab, doch in diesem Sinne war bereits der traditionelle Stücklohn „finalisiert“. Die Einführung einer nach Leistung differenzierten Entgeltkomponente ist gegenüber dem vorherigen Zustand zweifellos als ein Schritt in Richtung auf eine Dekollektivierung und „Individualisierung“ von Entgelt zu werten. Doch der im Vergleich mit dem Privatsektor relativ hohe Anteil an Zielvereinbarungen steht für keine „Subjektivierung“, soweit wir darunter eine über die zu leistende Arbeit hinausgehende Bewertung der ganzen Person verstehen. Eine Aufhebung der Trennung zwischen Arbeitsleistung und Subjekt findet sich eher bei Verfahren der persönlichen Leistungsbeurteilung, wie sie im Privatsektor schon länger verbreitet sind. Das neuere Instrument der Zielvereinbarung stärkt die Kontraktform, damit die Tausch- und Arbeitsmarktförmigkeit der Beziehung, doch es versachlicht den Tausch und subjektiviert ihn nicht. Der unter anderem als Gefährdung intrinsischer Motivation durch extrinsische Anreize gefasste Prozess steht ohnehin gänzlich konträr zu einer „Subjektivierung“.

7.3 Dezentralisierung der Arbeitsbeziehungen

Marsden (2010) vermutet, dass eines der Ziele von *performance-related pay* darin bestehe, den Leistungskompromiss mit den Beschäftigten neu auszuhandeln. Er nimmt eine Unterscheidung zwischen *motivation* (wenig erfolgreich) und *renegotiation* (erfolgreich) vor und reformuliert damit im Kern die Differenzierung zwischen „intrinsischer“ und „extrinsischer“ bzw. zwischen subjektiv gefühlter Motivation und instrumentell kalkuliertem Leistungshandeln aus einer Aushandlungsperspektive. Obwohl

> „there is a great deal of overlap between the renegotiation perspective and the motivational perspective (...) The main difference in terms of outcomes is that the renegotiation perspective predicts improved performance from PRP even in some cases where large numbers of employees claim not to be motivated by it.” (Marsden, 2004: 354)

Soweit zunächst nichts wirklich Neues.

Diese Aushandlungs- und Austauschperspektive bietet darüber hinaus jedoch den Vorteil, dass sie auch eine Perspektive der Arbeitsbeziehungen ist und wir damit sowohl die sektorale als auch die betriebliche und die individuelle Ebene von Aushandlungsprozessen in den Blick bekommen, wodurch wir die Beschäftigten nicht ausschließlich in der Rolle von agents sehen müssen. Leistungsentgelt kann dann als eine soziale Beziehung und als eine Austauschbeziehung verstanden werden, die je nach den Umständen antagonistisch, konflikthaft oder auch kooperativ angelegt sein kann und nicht nur als einseitig vorgegebener Anreiz gefasst werden muss.

In einer Perspektive der Arbeitsbeziehungen erscheint Entgelt auch nicht als mit der Einführung leistungsorientierter Bezahlung erstmals mit Leistung verkoppelt, wie es sowohl manche Beraterlosungen (PricewaterhouseCoopers AG 2008: „Lohn für Leistung statt Dienst nach Vorschrift“) als auch mitunter romantisierende Vorstellungen einer vorgängig primär

„intrinsischen Motivation“ suggerieren, sondern wird immer schon als ein im Grundsatz verhandelbarer Tausch von Arbeitsleistung gegen Entgelt verstanden. Dieser Tauschprozess kann jedoch auf unterschiedliche Art reguliert werden und für die Beteiligten unterschiedliche soziale Anerkennung und materielle Verteilungseffekte erbringen. Marginson hat einen Beitrag, der sich mit dem Verhältnis von Leistungsentgelt und Kollektivverhandlungen außerhalb des öffentlichen Dienstes beschäftigt mit „Performance pay and collective bargaining: a complex relationship“ überschrieben (Marginson 2009). Dies gilt für ein System mit Flächentarifverträgen und betrieblicher Mitbestimmung allemal.

Die sektorale Tarifregelung muss in einer Perspektive der Arbeitsbeziehungen auf betrieblicher Ebene nicht nur als aus der Umwelt herrührender Zwang, sondern kann auch als durch die betrieblichen Akteure in vermittelter Weise mehr oder weniger beeinflussbare Anforderung betrachtet werden. Je nach Nähe und Zugang zur tarifpolitischen Ebene können betriebliche Akteure trotz tariflichen Zwanges ihre Handlungsoptionen nicht nur zwischen Adaption, Scheinanpassung und Verweigerung auf betrieblicher Ebene variieren, sondern auch den Versuch machen, Einfluss auf die weitere tarifpolitische Entwicklung zu nehmen.

In umgekehrter Richtung ist die Frequenz, mit der eine Umsetzung erfolgt bzw. vermieden wird, auch davon beeinflusst, wie hart die Tarifparteien den Umsetzungsdruck gestalten bzw. inwiefern dieser gerichtlich nachgehärtet wird. Die Quote der Nichtumsetzung ist dann für die betrieblichen Akteure nicht nur ein Signal, ob sie selbst im Falle einer Verweigerung mit Sanktionen zu rechnen haben, sondern auch dafür, ob sie mit einem Fortbestand der Regelungen zum Leistungsentgelt kalkulieren sollten, und für wie erfolgversprechend leistungsorientierte Bezahlung bei den anderen Akteure des eigenen „organizational field“ (DiMaggio/Powell 1983) gilt.

Die Antworten auf die Frage nach der Funktionalität leistungsorientierter Bezahlung im öffentlichen Dienst sind somit nicht nur stark davon abhängig, welche Methoden jeweils angewandt werden, sondern auch davon, welche Regeln die Tarifparteien vorgeben, wie strikt diese gelten, und ob die Tarifparteien Leistungsentgelt als ein gemeinsames Projekt im Sinne des „integrative bargaining“ von Walton/McKersie (1965) betreiben oder gegenläufige Interessen und Ziele dabei verfolgt werden. Die Entbettung leistungsorientierter Bezahlung aus dem ursprünglichen sozialdemokratischen Reformkontext, die Verabschiedung des § 18 als eine gewerkschaftliche Konzession zur Sicherung des Flächentarifvertrages sowie die Finanzierung des Startvolumens aus bis dahin fixen Entgeltbestandteilen trugen dazu bei, dass sich viele Gewerkschafter und Personalräte die Einführung leistungsorientierter Bezahlung nicht als ihr Projekt zu eigen machen wollten.

Die erheblichen Akzeptanzprobleme, die allein die defizitäre Umsetzung signalisiert, sprechen dafür, dass Leistungsentgelt im öffentlichen Dienst nicht primär schlecht funktioniert, weil technische Schwierigkeiten der Leistungsbewertung bestehen. Vielmehr verstehen große Teile der Arbeitnehmerseite – trotz meist prinzipieller Akzeptanz von nach Leistung differenzierter Bezahlung – leistungsorientierte Bezahlung nach § 18 TVöD im Kern als einen Übergriff, den es nach Möglichkeit zu korrigieren gilt. Leistungsentgelt im öffentlichen Dienst funktioniert jedenfalls dann schlecht, wenn es gegen die „passive Stärke" der Arbeitnehmerseite, aber auch gegen den Willen etlicher Führungskräfte und Verwaltungsspitzen durchzusetzen versucht wird. Dieser Versuch dürfte eine zentrale Ursache für begrenzte Umsetzung und Fassadenbau darstellen.

Die leistungsorientierte Bezahlung der deutschen Kommunen verdankt somit sowohl ihre Regelungsgrundlage als auch ein Gutteil der Umsetzungsschwäche den sektoralen Arbeitsbeziehungen. Doch welche Veränderungen brachte die Einführung von Leistungsentgelt für die Arbeitsbeziehungen selbst? Hat sich die Machtbalance zwischen den Akteuren respektive den Ebenen der Arbeitsbeziehungen verändert? Hat sich der Charakter der Arbeitsbeziehungen gewandelt?

Zunächst ist eine Veränderung zwischen den Ebenen zu konstatieren, da über Entgeltregeln jetzt auch auf betrieblicher Ebene verhandelt und über die Höhe des Entgelts einzelner Beschäftigter nicht mehr ausschließlich kollektiv entschieden wird. Heery (2000: 65) etwa weist bezogen auf Großbritannien darauf hin, dass Gewerkschaften

> „opposed contingent pay because it may pose a threat to their procedural role as the collective representatives of employees and be linked to attempts by employers to exclude unions from the process of pay determination."

Doch spricht Heery von Prozessen, die hinsichtlich ihrer Auswirkungen auf die Arbeitsbeziehungen mit der Einführung von Leistungsentgelt nach § 18 TVöD vergleichbar sind?

Die Dezentralisierung von Verhandlungsprozessen scheint für die Arbeitnehmerseite stets riskant, da es unwahrscheinlich ist, dass auf einer niedrigeren Ebene überall eine hinreichende Verhandlungsmacht aufgebaut werden kann. Von einer erheblichen Schwächung der gewerkschaftlichen Verhandlungsmacht durch das (vor Ort durch einvernehmliche Dienstvereinbarung zu konkretisierende und auf Basis einer individuellen oder Teambewertung zu verteilende) Leistungsentgelt kann im Kontext der deutschen Kommunen allerdings so lange nicht die Rede sein, wie das dafür kollektiv zur Verfügung stehende Entgeltvolumen mittels Flächentarifvertrag festgelegt wird und einem Ausschüttungszwang unterliegt. Damit ist Entgelt zwar für einzelne Beschäftigte, jedoch keineswegs kollektiv *at risk.*

Unter Dezentralisierung der Tarifpolitik wird meist eine „Verlagerung tarifvertraglicher Regelungen und Prozesse der Aushandlung von der nationalen bzw. sektoralen auf die betriebliche Ebene“ (Bahnmüller/Bispinck 1995: 145) verstanden. Dabei kann zwischen organisierter und unorganisierter Dezentralisierung unterschieden werden (Traxler 1995). Die Einführung von Leistungsentgelt auf Basis des § 18 TVöD darf zum Typus der organisierten Dezentralisierung gezählt werden, da die tarifpolitischen Akteure in geregelter Weise und unter Einhaltung gewisser Vorgaben den Betriebsparteien die Aufgabe übertragen, vor Ort ein System leistungsorientierter Bezahlung zu vereinbaren. Darüber hinaus ist es jedoch nicht nur hinsichtlich der praktischen Folgen für die Beschäftigten bedeutsam, sondern es macht auch einen großen Unterschied für den Charakter der Dezentralisierung, ob betrieblich nur über die Regeln der Entgeltdifferenzierung oder auch über das auszuschüttende Budget entschieden wird.

Über das Entgeltvolumen entscheiden nach wie vor die Tarifparteien, sie haben diesbezüglich keine Entscheidungskompetenz abgegeben. Die Betriebsparteien haben vielmehr die zusätzliche, bis dahin nicht vorhandene Aufgabe übertragen bekommen, eine an Leistungskriterien orientierte Entgeltverteilung zu regeln. Der Funktionsumfang, für den die tarifpolitische Ebene zuständig ist, hat somit nicht verloren. In gewisser Weise hat das Aufgabenspektrum der sektoralen Ebene sogar hinzugewonnen, da in Tarifrunden jetzt über zwei Entgeltkomponenten verhandelt werden muss: über die Steigerungsrate beim Tabellenentgelt und über die Höhe des Leistungsanteils. Einzelarbeitgeber und Personalräte haben somit mit der Ausgestaltung der leistungsorientierten Bezahlung an Regulierungskompetenz gewonnen, ohne dass die Tarifparteien an ihrer Entscheidung über die kollektive Entgeltentwicklung etwas verloren hätten. Lediglich ein relativer Verlust ist für die Tarifebene zu konstatieren, da ihr prozentualer Anteil am Gesamtregelungsvolumen abgenommen hat.

Bei der Einführung leistungsorientierter Bezahlung in den Kommunen wollen wir deshalb von einer *supplementären Dezentralisierung* sprechen, die von einer mit einer absoluten Funktionsverlagerung verbundenen *dislozierenden Dezentralisierung* begrifflich abgegrenzt werden soll.[10] Die

10 Eine gewisse Einschränkung muss die Feststellung, dass es sich bei leistungsorientierter Bezahlung lediglich um supplementäre Dezentralisierung handelt, al-

Forschung zu Dezentralisierungstendenzen der industriellen Beziehungen in der deutschen Privatwirtschaft scheint sich in aller Regel mit dislozierender Dezentralisierung zu beschäftigen (anfänglich ging es primär um Härte- und Öffnungsklauseln, dann um die Regelungen des Pforzheimer Abkommens),[11] Dezentralisierung der deutschen Tarifpolitik wurde meist im Kontext der äußeren oder inneren Erosion der Tarifpolitik diskutiert (vgl. Artus 2001; Bispinck/Schulten 2003). Soweit im Kontext tarifpolitisch neuer Themen jedoch eine Erweiterung des Aufgabenspektrums bei Betriebs- oder Personalräten konstatiert wird, wird auch immer wieder eine Überforderung beobachtet (Bahnmüller et al. 1993: 191 sprechen von einem „Überforderungssyndrom") und Unterstützungsbedarf konstatiert (Keller/Schnell 2003).

> „Dieser Befund ist relevant, weil eine wichtige, zumeist implizite Prämisse von Dezentralisierung lautet, dass die ‚betrieblichen' Akteure sie unterstützen und tragen." (Keller 2010: 98)

Um die mit der Einführung leistungsorientierter Bezahlung neu gewonnene Regelungskompetenz haben sich die betrieblichen Akteure nun allerdings tatsächlich in vielen Fällen keineswegs bemüht, etliche betrachten – dies zeigt allein die erhebliche Umsetzungslücke – Leistungsentgelt als durch die Tarifparteien aufgenötigt. Mitunter findet sich auch unter prinzipiellen Befürwortern von Leistungsentgelt die Auffassung, dass es besser gewesen wäre, hätten die Tarifparteien die Konkretisierung der Regelungen selbst vorgenommen. Mit dem Tarifvertrag über das Leistungsentgelt für die Beschäftigten des Bundes (LeistungsTV-Bund) gibt es auch ein Modell, wie eine weitergehende Konkretisierung hätte aussehen können. Konfrontiert sind die betrieblichen Akteure somit mit einer *Einschränkung der Entlastungsfunktion* des Flächentarifvertrages und in der Folge mit einem *Anstieg der Transaktionskosten:*

> „Die regelmäßig zu wiederholende, für alle Beteiligten transparente und nachvollziehbare Verteilung der zur Verfügung stehenden, insgesamt geringen Mittel an einzelne Mitarbeiter (...) verursacht zusätzlichen Aufwand (etwa durch Einsetzung paritätischer Kommissionen oder auch für die un-

---

lerdings insofern erfahren, als durch einen Umsetzungsverzicht sich das Entgelt der Beschäftigten (6%-Septemberentgelt-Regel) verringern kann, da *de facto* vor Ort entschieden werden kann, ob (zumindest) temporär auf eine Umsetzung zulasten der Ausschüttung eines Teils des Entgelts an die Beschäftigten verzichtet werden soll.

11 Bahnmüller/Bispinck (1995: 146) verweisen im Kontext von „qualitativer Tarifpolitik" allerdings bereits auf eine mit einer Ausweitung des Regelungskorridors verbundene Form von Dezentralisierung.

mittelbaren Dienstvorgesetzten); außerdem entstehen erhebliche Mehraufwendungen im Sinne von Transaktionskosten, die bei der offiziellen Aushandlung nicht in Rechnung gestellt werden, obwohl sie finanziert werden müssen.“ (Keller 2010: 106)

Gegenüber dem vorherigen Zustand, in dem die Regeln der Entgeltvergabe auf sektoraler Ebene vollständig und abschließend festgelegt waren, stellt sich die Einführung von leistungsorientierter Bezahlung zwar auf der tarifvertraglichen Ebene nicht als *dislozierende Dezentralisierung,* auf der betrieblichen Ebene jedoch durchaus als *Deregulierung* dar, die zusätzlichen betrieblichen Regulierungsaufwand verursacht. Leistungsorientierte Bezahlung steigert den Regulierungsaufwand und die Regulierungskosten. Während Leistungsentgelt in etlichen Kommunen keine oder lediglich schwach positive Effekte im Hinblick auf die intendierten Ziele hat und das Erreichen dieser Ziele darüber hinaus mit erheblicher Unsicherheit verbunden ist, wird die Regulierungseffizienz der Arbeitsbeziehungen allemal eingeschränkt.

Da keine entsprechende Verringerung des Regulierungsaufwandes auf tarifpolitischer Ebene gegengerechnet werden kann, und die betrieblichen Akteure mehr oder weniger der Unterstützung bedürfen, um die Tarifregel interpretieren und umsetzen zu können, nehmen nicht nur Regulierungsaufwand und -kosten auf betrieblicher Ebene zu, es steigt auch der Unterstützungsaufwand für Arbeitgeberverbände und Gewerkschaften an. Es reicht für diese nicht mehr, nur Tarifverträge zu den Entgeltbestimmungen abzuschließen. Die neu geschaffenen Spielräume verlangen auch eine Begleitung der Umsetzung, wenn die Ziele der Tarifparteien erreicht werden sollen. Wir haben dargelegt, dass die Personalräte mit der gewerkschaftlichen Unterstützung nicht besonders zufrieden sind. Ein Umstand, der zum einen daran liegen dürfte, dass Ver.di in eine Zwickmühle geraten ist, da die grundsätzliche Ablehnung einerseits gegen eine Mitwirkung bei der Verbesserung der örtlichen Leistungsentgeltsysteme spricht, andererseits jedoch viele Personalräte Unterstützung erwarten. Zum anderen sind die Kapazitäten für Unterstützung sowohl auf gewerkschaftlicher als auch auf Seite des Arbeitgeberverbandes begrenzt.

Vornehmlich während der Einführungsphase suchen manche Personalräte und mehr noch Arbeitgeber Unterstützung bei Organisationsberatern. Organisationsberater werden damit nicht nur zu mehr oder weniger nützlichen Helfern im Einführungsprozess (vgl. Tab. 5.5 und 5.6), sie spielen auch eine wichtige Rolle bei der Deutung und Konkretisierung der tarifvertraglichen Regelung. Die *Consultants* werden zu einem Mitspieler bei der Regulierung von Entgelt, gewissermaßen zu einem weiteren Akteur der betrieblichen Arbeitsbeziehungen (einer Art „third party“ mit Einfluss und eigenen Zielen, vgl. auch Graham 2011).[12] Durch die Mitwirkung von Organisationsberatern bei der Entgeltgestaltung ändert sich der Charakter der betrieblichen Arbeitsbeziehungen auf eine von den Tarifparteien kaum zu kontrollierende Weise.[13] Organisationsberater zeichnen sich unter anderem dadurch aus, dass sie sich in aller Regel für Veränderungen einsetzen, wie sich etwa im Rahmen der Reformbemühungen des New Public Management zeigte:

> „Management consultants tend to focus more on the future, on the potential of new techniques and systems to solve the perceived problem of today (...) This may be considered understandable for a group the existence of which depends partly on the membership being able to sell innovatory concepts and techniques.“ (Pollitt/Bouckaert 2011: 156)

Weniger zurückhaltend spricht Richter von einer „Ökonomisierung des öffentlichen Sektors durch Beratungssysteme“ (Richter 2009: 204). Selbst wenn sich nicht alle Einflüsse von Beratern bruchlos unter eine Logik der „Ökonomisierung des öffentlichen Dienstes“ (Czerwick 2007) subsumieren lassen sollten, ist doch nicht zu übersehen, dass sich Berater in aller Regel am – meist idealisierten – Privatsektor orientieren. Nicht nur für „American government agencies“ gilt, dass sie als „almost a textbook case of isomorphic modeling“ (DiMaggio/Powell 1983: 152) gelten dürfen. Organisationsberater sind dabei zugleich Agenten der Veränderung und der nachahmenden Anpassung.

Wir haben bereits dargelegt, dass die Erfahrungen und Interessen der *consultants* auch nicht bedeutungslos für die tarifpolitische Ebene sind, insbesondere die Wahrnehmung der betrieblichen Situation durch die Arbeitgeberverbände. Wahrscheinlich ist, dass der ständige Veränderungsdrang, von dem die Organisationsberater angetrieben sind, das Konfliktpotential im System der Arbeitsbeziehungen des öffentlichen Dienstes insbesondere bei den Kommunen auch auf Tarifvertragsebene steigert,

---

12 Der Bundesverband der Unternehmensberater (BDU) ordnet für 2010 10,1% des gesamten Beratermarktes dem „Public Sector“ zu (Bundesverband Deutscher Unternehmensberater 2011: 9). Richter (2009: 197) nimmt auf Basis der Daten für 2005 an, dass der Anteil des öffentlichen Sektors tatsächlich höher ist, da sich in der BDU-Statistik etwa unter den Kategorien Gesundheitswesen oder Energie- und Wasserversorgung ebenfalls Beratungsleistungen für den öffentlichen Sektor verbergen würden.

13 Um keinen Verlust an Deutungshoheit zu erleiden, hatten die IG Metall und der Metallarbeitgeberverband Südwestmetall während der Einführung des ERA-Tarifvertrages in Baden-Württemberg sich gezielt darum bemüht, externe Berater aus dem Umsetzungsprozess auszuschließen (Bahnmüller/Schmidt 2009: 116).

jedenfalls spricht beim Thema leistungsorientierte Bezahlung vieles dafür. Allerdings dürfte dies auf betrieblicher Ebene meist nicht so wahrgenommen werden, bieten sich die Berater dort doch als Problemlöser an, um die Veränderungsvorgaben der Tarifpolitik zu bewältigen.

Sowohl die kommunalen Arbeitgeber als auch die Personalräte werden somit durch die Einführung leistungsorientierter Bezahlung mit neuen Anforderungen konfrontiert. Die Transaktionskosten der Arbeitsbeziehungen steigen, und Aufwand und Kosten für das Betreiben der LOB-Systeme, inklusive für den Aushandlungs-, Abstimmungs- und Qualifizierungsbedarf mit Vorgesetzten und Beschäftigten, kommen neu hinzu. Für die VKA kam insbesondere die erzwungene Beschäftigung mit Führungsaufgaben jedoch keineswegs unerwartet, sie wird vielmehr als ein wichtiger Effekt betrachtet. Das mehrdeutige Verhältnis von Aufwand und Nutzen haben wir insbesondere am Beispiel der Mitarbeitergespräche dargelegt, ganz ähnlich verhält es sich auch mit der Beziehung zwischen den Voraussetzungen und den Folgen der Einführung von Leistungsentgelt: Während ein wichtiges Ziel leistungsorientierter Bezahlung darin besteht, die Führungskompetenz zu befördern, ist eine gelingende LOB-Praxis ohne ein gehöriges Maß an Führungskompetenz ausgesprochen unwahrscheinlich.

Nicht ganz unähnlich verhält es sich mit Anforderungen, die aus dem erhöhten betrieblichen Regulierungsbedarf für die Akteure der Arbeitsbeziehungen entstehen, vor allem für Personalräte und Gewerkschaften. Einerseits sind in vielen Fällen Personalräte unmittelbar und Gewerkschaften als Unterstützer mittelbar überfordert, da die betriebliche Regulierung von Entgeltfragen bisher nicht zu ihren Aufgaben zählte, andererseits wird erst durch diese Anforderung Kompetenz geschaffen. Da es bei der Regulierung leistungsorientierter Bezahlung aus Personalratsperspektive nicht nur (und vielleicht auch nicht in erster Linie) um Kompetenz bei der Wahl und Ausgestaltung der Methoden der Leistungsbewertung geht, sondern auch darum, die Beschäftigten einzubeziehen, deren Anliegen aufzugreifen und mit ihnen und dem Arbeitgeber in einen Diskurs über Leistungsziele und Leistungsanforderungen zu treten, bietet leistungsorientierte Bezahlung auch die Chance, die Interessenvertretungskompetenz zu stärken.

Während aus Arbeitgeberperspektive zusätzliche Verhandlungen primär als ein Mehr an Transaktionskosten erscheinen mögen,[14] bieten sie für

---

14 Allerdings würde eine betriebliche Umsetzung des § 18 TVöD ohne die Pflicht zum Abschluss einer einvernehmlichen Dienstvereinbarung, also bei Vermeidung diesbezüglicher Transaktionskosten, die Akzeptanzrisiken bei den Beschäftigten eher verstärken, da die Einführung hochselektiver LOB-Systeme wahrscheinlicher würde.

Personalräte und Beschäftigte auch Teilhabe- und Lernchancen. Für die Gewerkschaften könnte die Ausweitung des betrieblichen Regulierungs- und Aushandlungsbedarfs die Gelegenheit bieten, ihren betrieblichen Unterbau und ihre betriebspolitische Handlungskompetenz zu stärken. Allerdings taugt leistungsorientierte Bezahlung eher wenig als Gegenstand tarifpolitischer Mobilisierung, da der § 18 einerseits wenig beliebt ist, andererseits jedoch Grundprinzipien leistungsorientierter Bezahlung auch von vielen Beschäftigten geteilt werden. Vielen Beschäftigten schiene eine Abschaffung zudem mit dem Risiko einer Entgelteinbuße verbunden. Dabei sind jedoch Leistungs- und Gesundheitsfragen, etwa die Burn-Out-Problematik, von der in vielen Kommunen berichtet wurde, durchaus auch in den Augen vieler Beschäftigter wichtige Themen für die Vertretung von Arbeitnehmerinteressen.

Solche Chancen ändern gleichwohl zunächst wenig daran, dass es Ver.di ebenso wie der VKA an den nötigen Ressourcen fehlt, um eine aufwändige betriebliche Politik der LOB-Umsetzung und der Leistungsdiskurse zu führen. Die Gewerkschaften und auch die Personalräte können hierfür nicht nur lediglich begrenzt auf die Tätigkeit von Beratern zurückgreifen, ein solcher Rückgriff wäre auch keineswegs unproblematisch. Zum einen gilt auch für gewerkschaftsnahe Berater notwendig das Interesse am Erhalt des Geschäftsfeldes, zum anderen wäre damit ein Outsourcing von Interessenvertretung verbunden, das mittelfristig die Strategie- und Steuerungsfähigkeit gewerkschaftlicher Interessenvertretung nachhaltig schädigen könnte.

Dieser widersprüchliche Zusammenhang von Aufwand und Nutzen sowie Transaktionskosten, Akzeptanz und Partizipation findet sich auch auf der individuellen Ebene der Arbeitsbeziehungen bzw. der Beziehung zwischen Organisation und Mitarbeiter. Wird auf vollständig unilaterale Leistungsmessung verzichtet, und der Weg der Zielvereinbarungen eingeschlagen, dann sind ein erhöhter Aushandlungsbedarf und damit verbundene Transaktionskosten auch auf dieser Ebene in Rechnung zu stellen. Allerdings nehmen damit sowohl die Effekte als auch die Beteiligung zu. Auch die Beschäftigten sind über ihre Chancen, bei Zielvereinbarungen an der Leistungsregulierung mitwirken zu dürfen, nicht immer begeistert, weil sie die auch für sie anfallenden Transaktionskosten scheuen. Zielvereinbarungen sind aus der Perspektive der Beschäftigten auch Deregulierung, da die Ebene darüber auf die definitive Festlegung von Leistungskriterien verzichtet.

Haben sich mit der dezentralisierten Form der Regulierung leistungsorientierter Bezahlung die Machtverhältnisse zwischen Arbeitgeber- und Arbeitnehmerseite verändert?

Im Falle der Systematischen Leistungsbewertung wird eine ursprünglich tarifvertraglich festgelegte Vergaberegel partiell an die betriebliche Ebene (Dienstvereinbarung), zum Teil jedoch auch unmittelbar an den Arbeitgeber selbst bzw. die unmittelbaren Vorgesetzten gegeben (Bewertung nach individuell unveränderbaren Kriterien). Bei der Wahl von Zielvereinbarungen wird zwar ebenfalls dezentralisiert, die Verschiebung der Entscheidungsbefugnis auf Arbeitgeber bzw. Vorgesetzte fällt jedoch noch einmal schwächer aus, da die Kriterien der Bewertung (Ziele) verhandelbar werden, zumindest wenn es gelingt, auf betrieblicher und individueller Ebene die Mitwirkungsrechte auch zu nutzen. Doch auch wenn im Falle der Systematischen Leistungsbewertung der Machtzuwachs auf Arbeitgeberseite etwas größer ist, eingedenk der Wirkungsschwäche von Beurteilungsverfahren handelt es sich dabei um einen weitgehend unproduktiven Machtgewinn, bei dem zwar das *right to manage* in geringem Maße formal gestärkt und unter Umständen vorgefertigte Überzeugungen leistungsgerechter Verteilung etabliert werden können, es häufig jedoch *de facto* an Motivations-, Steuerungs-, Effektivitäts- und Effizienzgewinnen gebricht. Soweit es jedoch der Arbeitnehmerseite bei Zielvereinbarungen gelingt, die Regulierungschancen auf betrieblicher und individueller Ebene zu nutzen, ist die Machtverschiebung nicht nur formal gering, es kann sich vermittelt über Beteiligungs-, Aushandlungs- und Konflikterfahrungen möglicherweise sogar ein faktisch positiver Einfluss auf die Mobilisierungs- und Durchsetzungskraft der Arbeitnehmerseite ergeben. Voraussetzungen dafür dürften jedoch auf Arbeitnehmerseite eine die Ebenen übergreifende gewerkschaftliche Strategie, sowie Unterstützung und Koordination sein. Einer schwachen Einbuße an institutioneller Macht könnte ein Zugewinn an mitgliederbasierter Macht gegenüberstehen.

Mit Blick auf die Tarifregelungen gilt trotz der mit der Einführung des Leistungsentgelts erfolgten supplementären Dezentralisierung für die Arbeitsbeziehungen der Kommunen noch immer, dass es im „Gegensatz zu anderen europäischen Ländern (wie Schweden) (...) keine massive Dezentralisierung der Verhandlungs- bzw. Regulierungsebene" gibt (Keller 1998: 266). Doch diese Aussage gilt in dieser Weise heute nur noch dann, wenn wir unsere Betrachtung auf die Bereiche beschränken, in denen die beiden zentralen Tarifverträge TVöD und TV-L gelten und wir zudem vom Zerfall der Tarifgemeinschaft von Bund, Kommunen und Länder selbst absehen. Nicht die Dezentralisierung im Kontext der Einführung leistungsorientierter Bezahlung bei Bund und Kommunen (die Regelung wurde in den Ländern ohnehin revidiert und ist nie praxiswirksam geworden) verursachte die größten Veränderungen der Arbeitsbeziehungen des öffentlichen Dienstes, sondern eine ganze Reihe von Veränderungen, die jeweils für sich betrachtet nicht sehr gravierend erscheinen, zusammengenommen jedoch in ihren Auswirkungen auf die Arbeitsbeziehungen deren Charakter erheblich verändert haben.

Erstens sind der deutliche Personalabbau im Bereich des öffentlichen Sektors sowie eine Zunahme atypischer Beschäftigung zu nennen (Keller 2011; Vesper 2012; Bosch 2013), gegen die gewerkschaftlich offenbar kein geeignetes Rezept gefunden werden konnte. Deutschland kann inzwischen auch in vergleichender Perspektive als „prototypical example" für „lean government" und einen „lean state" gelten (Keller 2013: 427). Erinnert sei zweitens an die damit in einem Zusammenhang stehende Privatisierung von Post und Bahn, von Versorgungs- und mehr noch Entsorgungsbereichen, sowie die Abgabe spezifischer Aufgaben an private Unternehmen und sogenannte Öffentlich-Private Partnerschaften (ÖPP) (Brandt et al. 2008). Durch diese Veränderungen hat sich der öffentliche Sektor in vielfältiger Weise fragmentiert und entzieht sich damit der traditionellen gewerkschaftlichen Arbeitsweise im öffentlichen Dienst, die sich auf ein hohes Maß an Verrechtlichung stützte. Ver.di verlor darüber hinaus vielerorts im öffentlichen Dienst bis dahin wichtige Trägergruppen tarifpolitischer Auseinandersetzungen, etwa die Müllwerker und die Busfahrer. Drittens wurden mit der Föderalismusreform I die beamtenrechtlichen Kompetenzen und damit auch die Regelung der Beamtenbesoldung auf die Länder übertragen. Zudem wurde die traditionell übliche Übertragung von Tarifergebnissen auf den Beamtenbereich aufgegeben, vielmehr werden in jüngerer Zeit arbeitgeberseitig, beispielsweise bei Arbeitszeitverlängerungen, die Veränderungen bei den Beamtinnen und Beamten auch als Leitorientierung für Veränderungen im Tarifbereich betrachtet. Deshalb haben sich nicht nur die Bedingungen der Beamten auseinander entwickelt, sondern auch Verhandlungen für Tarifbeschäftigte sind in den Bundesländern mit unterschiedlichen Rahmenbedingungen konfrontiert. Viertens schließlich hat sich mit der unabgeschlossenen Tarifreform (Schmidt et al. 2011a) sowie vorübergehend ausbleibenden Entgeltsteigerungen im öffentlichen Dienst die Verdienstrelation gegenüber der Privatwirtschaft verschlechtert. Fünftens weiteten häufig bereits seit längerer Zeit bestehende berufsständische Interessenvertretungen (insbesondere der Marburger Bund und die Lokführer Gewerkschaft GDL) ihr gewerkschaftliches Engagement aus und trugen zu einer Veränderung der Gewerkschaftslandschaft bei (ganz abgesehen vom Mitgliederrückgang bei den DGB-Gewerkschaften). Zusammengenommen kann von einer ganz erheblichen Veränderung des deutschen öffentlichen Sektors sowie dessen Arbeitsbeziehungen gesprochen werden.

Diese Veränderungen waren nicht Gegenstand der hier vorgelegten Untersuchung und sollen im Interesse speziell an der Einführung von leistungsorientierter Bezahlung orientierter Leser/innen hier nicht weiter ausgeführt werden. Allerdings könnte der vor allem seit den 90er-Jahren stattfindende Prozess der sukzessiven und kleinteiligen Veränderung des öffentlichen Sektors und die daraus resultierende Gesamtzumutung, von der die gestiegenen Leistungsanforderungen eben nur eine Dimension abbilden, erklären helfen, weshalb das Leistungsentgelt nach § 18 TVöD bei etlichen Gewerkschaftern so viel leidenschaftliche Ablehnung hervorruft. Ausgründungen und Privatisierungen konnten meist nicht verhindert werden und waren nicht in derselben Weise auf nationaler Ebene tarifvertraglich verhandelbar. Haushaltszwänge und Sparprogramme können zwar ebenfalls abgelehnt werden, doch hier fehlt es nicht nur an gewerkschaftlicher Handlungskompetenz, sondern mitunter auch an einem klaren Adressaten. Allein die Länderzuständigkeiten bei der Kommunalfinanzierung und seit der Föderalismusreform I bei der Beamtenbesoldung, aber auch die trotz einer insgesamt starken Belastung doch sehr unterschiedlichen Haushaltslagen der Kommunen verursachten nicht nur eine „erhebliche Spreizung des Besoldungsniveaus“ (Schneider 2013: 149), sondern führen auch zu einem unterschiedlichen Druck zum Abbau öffentlicher Dienstleistungen. Diesen partikularen Veränderungen wohnt gleichwohl eine Gesamttendenz inne. Keller (2011: 2345) spricht davon, dass nicht nur „incremental changes and minor adjustments“ stattgefunden hätten, sondern „a more or less fundamental transformation has been set in motion.“ Gerade diese vielfältigen Veränderungen erschweren eine Fokussierung gewerkschaftlichen Handelns und einen regulativen Zugriff der Tarifparteien. Zumindest fehlte es dazu bisher an einem durchschlagenden Ansatz. Die Abschaffung des § 18 wäre aus der Sicht vieler Gewerkschafter endlich ein Sieg über die zahlreichen, in der Regel negativ wahrgenommenen Veränderungen. Ein Sieg allerdings, der primär ein symbolischer wäre, und der nicht nur erst erkämpft werden müsste, sondern der auch nicht gänzlich unproblematisch wäre. Nach einer Rekapitulation unserer wichtigsten Befunde werden wir nachfolgend deshalb noch ein wenig über weitere (tarifpolitische) Entwicklungsmöglichkeiten nachdenken.

■ 7.4 Handlungsoptionen

Da weder die konzeptionelle Anlage des § 18 noch die Konzepte des Arbeitgeberverbandes und der Gewerkschaften hinreichend stringent sind, und divergente Vorstellungen auch im jeweils eigenen Lager nicht ausgetragen, sondern durch dezentrale Regelungskompetenz auf die kommunale Ebene verschoben wurden, entstand auch eine *heterogene Umsetzungslage,* die von der Nichtumsetzung über schlichte Leistungsanreizkonzepte bis zu elaborierten Steuerungs- und Beteiligungskonzepten reicht. In dieser Konstellation ist weder ein weiterer Ausbau, noch eine Modifikation oder ein Abschaffen der leistungsorientierten Bezahlung problemlos. Eine Ausweitung des Volumens würde der gespaltenen und keineswegs unproblematischen Umsetzung weiteres Gewicht geben. Bei insgesamt doch schwachen Nutzeffekten der leistungsorientierten Bezahlung würden die Konflikte in den Tarif- und Arbeitsbeziehungen des öffentlichen Dienstes, die aufgrund der Haushaltssituation ohnehin unter Stress stehen, weiter verschärft. Vor diesem Hintergrund sollte ein *weiterer Ausbau im Dissens* auch kaum im Arbeitgeberinteresse liegen.

Ebenfalls nicht gänzlich unproblematisch wäre allerdings auch eine tarifvertragliche *Abkehr vom Leistungsentgelt* in den Kommunen. Etliche Arbeitgeber, aber auch eine durchaus relevante Gruppe an Personalräten, haben sich für die Einführung ihres örtlichen Systems engagiert, sind damit zufrieden und möchten dieses auch nicht abschaffen. Auch die Beschäftigten sind keineswegs alle dagegen. Insbesondere jedoch müsste es Ver.di gelingen, einen tarifvertraglichen Rückbau so zu organisieren, dass die große Mehrheit der Betroffenen davon überzeugt werden kann, dass die Abschaffung nicht mit Entgelteinbußen verbunden ist. Dabei dürften vorgelegte Verrechnungen bei einem hohen Tarifabschluss wahrscheinlich überzeugender wirken.

Die kommunalen Arbeitgeberverbände wären im Falle einer Abschaffung des Leistungsentgelts in noch stärkerem Maße mit dem Problem konfrontiert, Befürworter in den Kommunen zu brüskieren. Deshalb dürften sie ein starkes Interesse daran haben, den Verzicht auf leistungsorientierte Bezahlung als Kostenersparnis zu präsentieren, um unter ihren Mitgliedern für eine möglichst breite Akzeptanz zu sorgen. Die gewerkschaftliche Kommunikation mit den Beschäftigten dürfte daher kaum ohne Irritationen verlaufen. Es wäre keine einfache Aufgabe, die Beschäftigten davon zu überzeugen, dass das Prämienvolumen tatsächlich erhalten bleibt. Eine Abschaffung von Leistungsentgelt dürfte deshalb auch auf Arbeitnehmerseite kaum ohne Akzeptanzprobleme verlaufen. Vor dem Hintergrund der real schwachen Effekte und dem Umstand, dass Leistungsverdichtung primär auf andere Ursachen zurückzuführen ist, sollte eine tarifpolitische Forderung nach einer Abschaffung des Leistungsentgelts auch auf Gewerkschaftsseite wohl erwogen sein.

Jenseits des Weges eines weiteren *Ausbaus* der leistungsorientierten Bezahlung durch bloße Volumensteigerung, wie sie von den Arbeitgeberverbänden bisher gefordert wurde, und der gewerkschaftlichen Haltung, die in Richtung *Abschaffung* tendiert, scheinen drei weitere Entwicklungsmöglichkeiten denkbar zu sein: ein *Wechsel zu vollständiger Freiwilligkeit,* ein *Neubeginn* oder das *Verharren in der derzeitigen Situation.* Dabei besitzt das letzte Szenario wahrscheinlich die größte Chance auf Realisierung, da es weder einen Konsens zwischen den Tarifparteien voraussetzt, noch verlangt, dass sich eine der beiden Parteien gegenüber der anderen tatsächlich durchsetzen kann. Wirklich zufrieden können mit der momentanen Situation jedoch weder die Betriebs- noch die Tarifparteien sein. Doch auch die beiden anderen Möglichkeiten dürften zumindest nicht gänzlich ausgeschlossen sein.

Unabhängig davon, welchen Verlauf die weitere tarifpolitische Entwicklung nehmen wird, wird zumindest vorerst in der Mehrzahl der Kommunen weiterhin leistungsorientierte Bezahlung praktiziert werden. Die Chancen auf eine effektive Anwendung, eine Beteiligung der Beschäftigten sowie auf Anschlussfähigkeit in Richtung auf eine Weiterentwicklung zu einem Steuerungs- und Gestaltungsinstrument sind beim Einsatz von *Zielvereinbarungen* jedenfalls deutlich besser. Soweit vor Ort Interesse an einem ernst gemeinten Einsatz von Leistungsentgelt besteht, ist deshalb allemal die Zielvereinbarung zu empfehlen. Sollte es zu einem Abbau oder Rückbau kommen, dann sollte darüber nachgedacht werden, ob es einen Weg gibt, um den wahrscheinlich stärksten Effekt des Leistungsentgelts, den Bedeutungsgewinn der *Mitarbeitergespräche,* zu sichern.

Wenn auch keineswegs einhellige, so doch das größte Maß an Zustimmung fände in den Kommunen ein Wechsel zu einer Freiwilligkeit leistungsorientierter Bezahlung. Die *Umstellung auf Freiwilligkeit* würde zahlreiche Kommunen aus einer juristisch zweifelhaften Situation befreien und könnte dafür sorgen, dass den Beschäftigten das ihnen kollektiv im Prinzip zustehende Entgelt legal ausgezahlt werden kann. Es wäre allerdings auch damit zu rechnen, dass sich manche Kommunen, die aufgrund halbherziger Umsetzung oder anderen Gründen keinen Nutzen der leistungsorientierten Bezahlung erkennen, daraus verabschieden würden. Die Akzeptanz leistungsorientierter Bezahlung würde zweifellos einer Prüfung unterzogen. Allerdings halten wir es auf Basis unserer Befunde für wahrscheinlich, dass keineswegs alle Kommunen auf Leistungsentgelt verzichten würden, sind doch durchaus viele Arbeitgeber und auch Personalräte nicht unzufrieden mit ihrer eigenen Praxis. Vorausgesetzt die Ausschüttungspflicht an die Beschäftigten bliebe erhalten, würden sich erwartungsgemäß vornehmlich diejenigen, bei denen es faktisch ohnehin an Nutzen fehlt, oder wo negative Nebenfolgen auf die betrieblichen Sozialbeziehungen überwiegen, aus der leistungsorientierten Bezahlung verabschieden.

Da es etliche Arbeitgeber und auch Personalräte gibt, deren Kritik am Leistungsentgelt sich auf das ihres Erachtens zu geringe Prämienbudget bezieht, für das sich der Aufwand nicht lohne, könnte es sachgerecht sein, die Freiwilligkeit mit einer *Ausweitung des Entgeltvolumens* zu verkoppeln. Dadurch würde die Möglichkeit geschaffen, die Funktionsfähigkeit von Systemen leistungsorientierter Bezahlung zu verbessern. Kommunen, die Leistungsentgelt einsetzen möchten, würden in die Lage versetzt, dies unter besseren Bedingungen zu tun. Allen nicht interessierten Kommunen müsste eine pauschale Ausschüttung des Volumens („Gießkanne") zugestanden werden.

Der Vorteil einer *Umstellung auf Freiwilligkeit* bei *Ausweitung des Volumens* würde darin liegen, dass sich die Blockadesituation auflösen ließe. Stattdessen würden die Kommunen auf Basis ihrer eigenen Einschätzung und bisherigen Erfahrungen entscheiden, d.h. Anwendung und Nicht-Anwendung könnten miteinander konkurrieren. Da weiterhin auf Basis einer einvernehmlichen Dienstvereinbarung operiert werden müsste, bestünde unter den Bedingungen vollständiger Freiwilligkeit ein erhöhter Druck zur Kooperation der Betriebsparteien und zu Beschäftigtenbeteiligung, d.h. positive Einflussfaktoren würden gestärkt und eine Anwendung leistungsorientierter Bezahlung als Instrument zur Verschlechterung der *terms of trade* der Ware Arbeitskraft erschwert.

Eine Auflösung der tarifpolitischen Blockadesituation könnte mit einer Entspannung der Beziehungen der Arbeitgeberverbände und der Gewerkschaft zu ihren Mitgliedern, dem Verschwinden nutzloser Umsetzung *pro forma* sowie einer besseren Akzeptanz und Funktionalität des Leistungsentgelts bei den Anwendern einhergehen. Möglicherweise könnte leistungsorientierte Bezahlung unter diesen Bedingungen durch gelingende Praxis nachhaltiger überzeugen. Sollte letzteres nicht der Fall sein, dann wäre eine nachlassende Verbreitung rational begründet.

Der Nachteil dieses Weges bestünde in einer Festschreibung der Möglichkeit sehr unterschiedlicher Praktiken in den Kommunen – einer weitgehenden Dezentralität, die weder vom Standpunkt einer einheitlichen, flächentarifvertraglichen Regelung Begeisterung auslösen dürfte, noch aus einer Perspektive, die auf eine flächenweite Durchsetzung leistungsorientierter Bezahlung setzt. Angesichts der realistischen Alternative des Verharrens in der derzeitigen Situation würde unseres Erachtens eine von einer Ausweitung des Volumens begleitete Umstellung auf Freiwilligkeit jedoch durchaus eine Prüfung durch die Tarifparteien verdienen.

Eine mögliche Alternative zu Abschaffung, Ausbau oder Verharren könnte auch in einem *Neubeginn* bestehen. Die Voraussetzung wäre auch hier das Eingeständnis einer verfahrenen Situation durch die Tarifparteien, in der weder die Abschaffung, die Verallgemeinerung einer erfolgversprechenden Umsetzungsvariante noch ein zielstrebiger Ausbau wahrscheinlich sind. Anders als die Kombination von Freiwilligkeit mit Ausweitung würde hier eine *vorübergehende Freiwilligkeit mit der Bereitschaft zu einem offenen Diskurs* verbunden.

Das Ziel des Diskurses müsste grundsätzlich offen sein und sowohl eine Einigung auf einen *Umbau,* einen *Ausbau* als auch einen Rückbau leistungsorientierter Bezahlung für zulässig erklären. Allerdings sollte bereits vor Beginn des inhaltlichen Diskurses festgelegt werden, welcher Zustand bei Nichtverständigung nach einer festgelegten Zeitdauer eintritt. Hier wäre primär an die Rückkehr zum *status quo ante* des § 18 vor der Phase der Freiwilligkeit oder auch eine dann erfolgende (vorher zu spezifizierende) *Umstellung auf Freiwilligkeit bei Ausweitung des Volumens* ins Auge zu fassen. Um einen solchen Diskurs nicht mit größter Wahrscheinlichkeit einfach nur wieder bei der derzeitigen, nicht befriedigenden Situation enden zu lassen, wäre es darüber hinaus erforderlich, dass eine Verständigung auf wenige, grundsätzlich während des Diskurses revidierbare Prinzipien eines anzustrebenden Systems getroffen würde, an denen entlang diskutiert werden kann. Etwa sollte das Ziel erklärtermaßen nicht darin bestehen, den Leistungsdruck zu mehren, sondern die Ziele der Arbeit besser auszurichten sowie die Bedingungen der Leistungserbringung zu thematisieren und gegebenenfalls zu optimieren. Nicht Effizienz, sondern Effektivität müsste die Intention sein, Verbesserung von Dienstleistungen durch Optimierung von Leistungen, nicht Maximierung. Es müsste aber auch die Bereitschaft beider Seiten bestehen, die jeweiligen Maximalpositionen aufzugeben und die Erfahrungen der bisherigen Praxis ohne Einschränkungen zu reflektieren.

Vorübergehende Freiwilligkeit könnte hergestellt werden, indem eine terminierte Bestimmung das Recht zu einer vollen Ausschüttung ohne Leistungsbewertung sichert. Sie wäre erforderlich, da auch ein Neubeginn berücksichtigen müsste, dass kein Neuanfang „auf der grünen Wiese" möglich ist. Deshalb müssten für die Phase nach der Freiwilligkeit Übergangs- und möglicherweise Bestandsschutzregeln vereinbart werden, die weitere Schritte mit Rücksicht auf bereits etablierte Praktiken ermöglichen. Ein solcher Diskurs mit dem Ziel eines Neubeginns kann nur dann erfolgreich sein, wenn er nicht rasch den Charakter von Quasi-Tarifverhandlungen annimmt. Er müsste unter breiter Beteiligung betrieblicher Akteure stattfinden und der interessierten Öffentlichkeit zugänglich sein.

Der Versuch eines solchen Neubeginns wäre zweifelsfrei ein anspruchsvolles Unterfangen. Er würde über die Kombination Freiwilligkeit/Ausweitung hinausgehen, die gewissermaßen eine Art „realistische Wende" wäre, und versuchen, an einer Gestaltungs- und Modernisierungsorientierung durch Tarifpolitik festzuhalten. Dazu würde jedoch arbeitgeberseitig der wenig erfolgreiche Versuch, Modernisierung als gewerkschaftliche Konzession zu verlangen, aufzugeben sein und das in den Kommunen bei der Umsetzung leistungsorientierter Bezahlung häufig praktizierte *„integrative bargaining"*, das Arbeiten an einem gemeinsamen Projekt, auch auf tarifpolitischer Ebene aufgenommen werden. Auf Gewerkschaftsseite müsste dabei auch, soweit eine solche besteht, von einer Ablehnung von Leistungsentgelt *per se* abgegangen werden.

Sofern es nicht gelingen sollte, einen produktiven Ausweg aus der derzeitigen Situation zu finden, was wir durchaus als sehr wahrscheinlich erachten, bleibt das *Verharren* im *status quo* die wahrscheinlichste Perspektive für die leistungsorientierte Bezahlung in den Kommunen. Dieses Szenario scheint uns wahrscheinlicher als eine *Abschaffung* und auch als eine (zumindest relevante) *Ausweitung des Volumens,* denn beide Tarifparteien müssen sowohl ihre externe Durchsetzungsfähigkeit als auch die jeweiligen internen Interessenlagen im eigenen Lager berücksichtigen. Was ein Verharren in der derzeitigen Situation bedeutet, soll nicht erneut beschrieben werden, hier soll der Hinweis genügen, dass auf Beurteilungsverfahren beruhenden Leistungsentgeltsystemen erfahrungsgemäß die Tendenz innewohnt, allmählich zu erstarren. Eine solche Tendenz dürfte sich im Zeitverlauf gerade auch im öffentlichen Dienst zeigen, weil die Chancen dort eher gering sind, Führungskräften eine kontinuierlich variable Bewertungspraxis abzuverlangen, und weil das geringe Entgeltvolumen die Relation von Aufwand und Nutzen tatsächlich vergleichsweise ungünstig erscheinen lässt. Wenn jedoch einmal vorgenommene Leistungsbewertungen trotz Leistungsveränderungen konserviert werden, dann löst sich der Zusammenhang von Leistung und Prämienausschüttung, die Funktionalität schwindet und die Leistungsgerechtigkeit erodiert. Ein Zustand, der für keine der beiden Tarifparteien erstrebenswert sein dürfte, auch wenn mit nachlassender Variabilität in den Kommunen eine gewisse De-Thematisierung leistungsorientierter Bezahlung Raum greifen sollte, d.h. Akzeptanzprobleme trotz nachlassender Gerechtigkeit und Funktionalität nicht notwendig weiter zunehmen müssen.

Die grundsätzliche wissenschaftliche Frage, ob Leistungsentgelt im öffentlichen Dienst funktionsfähig ist, bedarf abschließend einer differenzierten Antwort. Diese lautet: Leistungsorientierte Bezahlung kann unter gewissen Voraussetzungen auch im öffentlichen Dienst funktionieren. Diese Voraussetzungen zu schaffen gelingt aufgrund der „passiven Stärke" der Beschäftigten jedoch in erster Linie dann, wenn kein konventionelles, auf Mehrleistungen fokussiertes Konzept des materiellen Leistungsanreizes verfolgt wird, sondern in einem kooperativen und beteiligungsorientierten Prozess qualitative Verbesserungen der Dienstleistungserbringung angestrebt werden, d.h. das Ziel darin besteht, zielgerichteter und nicht mehr und schneller zu arbeiten. Aufgrund der Besonderheiten des öffentlichen Dienstes funktioniert leistungsorientierte Bezahlung einerseits ohne ein hohes Maß an Akzeptanz bei Beschäftigten und Führungskräften nicht besonders gut. Andererseits eröffnet der öffentliche Dienst aus genau diesen Gründen bessere Chancen, solche Zielvereinbarungen zu etablieren, die zu Recht als Vereinbarung bezeichnet werden können. Mit anderen Worten: Versuche ausschließlich mittels materieller Anreize und unilateraler Beurteilungsverfahren Mehrleistungen zu erzeugen, versprechen im öffentlichen Dienst geringen Erfolg. Viel eher könnte ein beteiligungsorientierter Einsatz von Zielvereinbarungen erfolgreich sein, soweit es gelingt, Personalräte und Beschäftigte zur Mitwirkung zu gewinnen. Hier erweist sich die Pflicht zum Abschluss einer einvernehmlichen Dienstvereinbarung, so sehr sie eine breite Umsetzung behindern mag, als segensreich für die Qualität der leistungsorientierten Bezahlung. Ohne sie wäre die Zahl der tatsächlich gut funktionierenden Umsetzungen geringer ausgefallen.

Leistungsorientierte Bezahlung im öffentlichen Dienst funktioniert, aber nur – wie es auch die Mehrheit der Leistungsentgelt anwendenden Arbeitgeber und Personalräte sieht – in Kooperation. Eine erfolgreiche Einführung leistungsorientierter Bezahlung bedarf deshalb der Unterstützung der Personalräte und auch der Gewerkschaften. Eine solche Unterstützung ist bei Ver.di jedoch nicht mehrheitsfähig, wenn zu befürchten ist, dass dabei die Interessen der Beschäftigten zu kurz kommen. In erster Linie sind allerdings nicht die Umsetzungsbemühungen in den Kommunen gescheitert, auch wenn es hier in der Fläche erhebliche Mängel gibt, sondern der tarifpolitische Versuch, Leistungsentgelt im Dissens durchzusetzen. Dieser Versuch war aus der Perspektive des Arbeitgeberverbandes durchaus naheliegend, da die bis dahin erfolgten Bemühungen, Leistungsentgelt zu etablieren, wenig Resonanz gefunden hatten. Gleichwohl erweist sich diese Vorgehensweise im Rückblick als gravierender Fehler.

Bedarf es der leistungsorientierten Bezahlung in den Kommunen tatsächlich? Nicht funktionierender Systeme bedarf es zweifelsfrei nicht. Funktionierende und beteiligungsorientiert ausgestaltete Systeme können allerdings dazu beitragen, dass die Kommunikation intensiviert, Aufgaben überdacht und Organisationsprozesse verbessert werden. Eine Weiterentwicklung und Verbesserung öffentlicher Dienstleistungen hat im Interesse der Bürgerinnen und Bürger und in der Auseinandersetzung mit der noch immer weit verbreiteten Überzeugung einer generellen Überlegenheit privatwirtschaftlicher Organisationsformen und zu erwartender Sparprogramme durchaus erhebliche Relevanz. Die derzeitige Umsetzung und

Ausgestaltung der leistungsorientierten Bezahlung ist in der Fläche jedoch noch weit davon entfernt, als unverzichtbar gelten zu dürfen. Die Tarifparteien sollten sich im jeweiligen Eigeninteresse und im Interesse der Arbeitsbeziehungen des öffentlichen Dienstes sowie der konstruktiven Weiterentwicklung öffentlicher Dienstleistungserbringung um einen Ausweg aus der derzeitigen Situation bemühen.

Literatur

Adamaschek, B./Oechsler, W. (Hg.) (2001): Leistungsabhängige Bezahlung im öffentlichen Dienst. Gütersloh

Adamaschek, B./PROSOZ (Institut für Sozialforschung der PROSOZ Herten GmbH) (2010): Befragung zur Leistungsorientierten Bezahlung gem. § 18 TVöD (im Auftrag der Vereinigung kommunaler Arbeitgeberverbände). Herten, Frankfurt/M.

Ahlers, A./Becker, S./Kleine, T. (2007): Einführung von Leistungsentgelt im öffentlichen Dienst. 2630.01.01 – Symposion Publishing 2007

Akerlof, G. A./Kranton, R. E. (2010): Identity Economics. How our Identities Shape our Work, Wages and Well-Being. Princeton, Oxford

Allinger, H. J. (2003): Geschlechtsspezifische Einkommensdifferenzierung und -diskriminierung. In: BeitrAB 278. Nürnberg

Artus, I. (2001): Krise des deutschen Tarifsystems. Die Erosion des Flächentarifvertrags in Ost und West. Wiesbaden

Bach. S./Givan, R. K./Forth, J. (2009): The public sector in transition. In: Brown, W./ Bryson, A./Forth, J./Whitfield, K. (eds.): The Evolution of the Modern Workplace. Cambridge, S. 307–331

Backes-Gellner, U./Bessey, D./Pull, K./Tuor, S. (2008): What Behavioural Economics Teaches Personnel Economics. In: Die Unternehmung, Jg. 62, S. 217–234

Bahnmüller, R. (2001): Stabilität und Wandel der Entlohnungsformen. Entgeltsysteme und Entgeltpolitik in der Metallindustrie, in der Textil- und Bekleidungsindustrie und im Bankgewerbe. München, Mering

Bahnmüller, R./Bispinck, R. (1995): Vom Vorzeige- zum Auslaufmodell? Das deutsche Tarifsystem zwischen kollektiver Regulierung, betrieblicher Flexibilisierung und individuellen Interessen. In: Bispinck, R. (Hg.): Tarifpolitik der Zukunft? Was wird aus dem Flächentarifvertrag? Hamburg, S. 137–172

Bahnmüller, R./Bispinck, R./Schmidt, W. (1993): Betriebliche Weiterbildung und Tarifvertrag. Eine Studie über Probleme qualitativer Tarifpolitik in der Metallindustrie. München, Mering

Bahnmüller, R./Hoppe, M. (2012): Von den Mühen der Ebene: Wirkungen tariflicher Weiterbildungsregelungen im öffentlichen Dienst und in der Metall- und Elektroindustrie Baden-Württembergs im Vergleich. In: Industrielle Beziehungen. Zeitschrift für Arbeit, Organisation und Management, Jg. 19, S. 7–30

Bahnmüller, R./Kuhlmann, M./Schmidt, W./Sperling, H.J. (2010): Erosion, Erneuerung, Umnutzung: Arbeitgeberverbände und ihr Umgang mit dem Flächentarifvertrag am Beispiel der ERA-Einführung in der Metall- und Elektroindustrie. In: Industrielle Beziehungen. Zeitschrift für Arbeit, Organisation und Management, Jg. 17, S. 241–260

Bahnmüller, R./Schmidt, W. (2009): Riskante Modernisierung des Tarifsystems. Die Reform der Entgeltrahmenabkommen am Beispiel der Metall- und Elektroindustrie Baden-Württembergs. Berlin

Bepler, K./Böhle, T./Meerkamp, A./Stöhr, F. (Hg.) (2012): TVöD-Kommentar, inkl. 21. Ergänzungslieferung Juni 2012. München

Berger. U./Bernhard-Mehlich, I. (2002): Die Verhaltenswissenschaftliche Entscheidungstheorie. In: Kieser, A. (Hg.): Organisationstheorien (5. Auflage). Stuttgart, S. 133–168

Bispinck, R./Schulten, T. (2003): Verbetrieblichung der Tarifpolitik? Aktuelle Tendenzen und Einschätzungen aus Sicht von Betriebs- und Personalräten. In: WSI Mitteilungen, Jg. 56/, Heft 3, S.157–166

Boegl, M. (2006): Leistungsorientierte Bezahlung: Leistungsentgelt nach § 18 TVöD. In: ZfPR, Heft 3, S. 76–79

Bogumil, J./Grohs, St./Kuhlmann, S./Ohm, A. K. (2007a): Zehn Jahre Neues Steuerungsmodell. Eine Bilanz kommunaler Verwaltungsmodernisierung. Berlin

Bogumil, J./Holtkamp, L./Kißler, L./Kuhlmann, S./Reichard, Ch./Schneider, K./Wollmann, H. (Hg.) (2007b): Perspektiven kommunaler Verwaltungsmodernisierung. Praxiskonsequenzen aus dem Neuen Steuerungsmodell. Berlin

Bogumil, J./Kißler, L. (1998a): Verwaltungsmodernisierung als Machtspiel. Zu den heimlichen Logiken kommunaler Modernisierungsprozesse. In: Budäus, D./Conrad, P./Schreyögg G. (Hg.): Managementforschung 8. Berlin, New York, S. 123–149

Bogumil, J./Kißler, L. (1998b): Die Beschäftigten im Modernisierungsprozeß – Akteure oder Agierende? In: Industrielle Beziehungen, Jg.5, Heft 3, S. 298–321

Böhm, M. (2005): Leistungsorientierte Besoldung im öffentlichen Dienst – tauglicher Anreiz oder Sparpaket? In: Aschke, M./Hase, F./Schmidt-de Caluwe, R. (Hg.): Selbstbestimmung und Gemeinwohl. Baden-Baden, S. 176–190

Bosch, G. (2013): Public sector adjustments in Germany: From cooperative to competitive federalism. In: Vaughan-Whitehead, D. (ed.): Public Sector Shock. The Impact of Policy Retrenchment in Europe, Cheltenham, Northampton, Geneva, S. 214–258

Brandt, T./Schulten, T./Sterkel, G./Wiedemuth, J. (Hg.) (2008): Europa im Ausverkauf. Liberalisierung und Privatisierung öffentlicher Dienstleistungen und ihre Folgen für die Tarifpolitik, Hamburg

Bredendiek, K./Görgens, N./Hebler, S./Hoffmann, M./Jeske, J./Wiese, F. (2005): Wegweiser TVöD. Einführung in den TVöD/Überleitungsregeln/Einmalzahlungen/ Jahressonderzahlungen. Stuttgart u.a.O.

Breisig, T. (1998): Personalbeurteilung – Mitarbeitergespräch – Zielvereinbarungen. Grundlagen, Gestaltungmöglichkeiten und Umsetzung in Betriebs- und Dienstvereinbarungen. Frankfurt/M.

Breisig, T. (2000): Entlohnen und Führen mit Zielvereinbarungen. Orientierungs- und Gestaltungshilfen für Betriebs- und Personalräte sowie Personalverantwortliche. Frankfurt/M.

Breisig, T. (2003): Entgelt nach Leistung und Erfolg. Grundlagen moderner Entlohnungssysteme. Frankfurt/M.

Briefs, G. (1959): Betriebssoziologie. In: Vierkandt, A. (Hg.): Handwörterbuch der Soziologie (1. Auflage Stuttgart 1931; unveränderter Neudruck), S. 31–52

Brown, M./Heyword, J. S. (Hg.) (2002): Paying for Performance. An International Comparison. New York

Buelens, M./Van den Broeck, H. (2007): An Analysis of Differences in Work Motivation between Public and Private Sector Organizations. In: Public Administration Review, Jg. 67, S. 65–74

Bull, H. P. (2008): Leistungsorientierte Bezahlung im öffentlichen Dienst – Probleme und Lösungsansätze. In: Magiera, S./Sommermann, K.-P./Ziller, J. (Hg.): Verwaltungswissenschaft und Verwaltungspraxis in nationaler und transnationaler Perspektive. Berlin, S. 531–550

Bundesministerium des Inneren (Hg.) (2006): Leistungsabhängige Bezahlung nach dem TVöD, Berlin

Bundesverband Deutscher Unternehmensberater (Hg.) (2011): Facts & Figures zum Beratermarkt 2010/2011. Bonn

Burgess, S./Propper, C./Ratto, M./Tominey, E. (2004): Incentives in the Public Sector: Evidence from a Government Agency. CMPO Working Paper, No. 04/103

Czerwick, E. (2007): Die Ökonomisierung des öffentlichen Dienstes. Dienstrechtsreformen und Beschäftigungsstrukturen seit 1991. Wiesbaden

Dannenberg, O. (2013): Undifferenziertes Leistungsentgelt bei fehlender Dienstvereinbarung. In: Der Personalrat, Jg. 30/Heft 3, S. 98–101

Deci, E.L. (1971): Effects of externally mediated rewards on intrinsic motivation. In: Journal of Personality and Social Psychology, Jg. 18, S. 105–115

Deci, E.L. (1976): The hidden costs of rewards. In: Organizational Dynamics, Jg. 4, S. 61–72

Deci, E. L./Ryan, R. M. (1985): Intrinsic motivation and self-determination in human behavior. New York

Demmke, C. (2007): Leistungsbeurteilung bei Einführung leistungsorientierter Besoldung. Erste europäische Erfahrungen. In: Zeitschrift für Beamtenrecht, Heft 3, S. 81–92

Demmke, C. (2009): Leistungsbezahlung in den öffentlichen Diensten der EU-Mitgliedsstaaten – Eine Reformbaustelle. In: dms – der moderne Staat – Zeitschrift für Public Policy, Recht und Management, Jg. 4/Heft 1, S. 53–71

Demmke, C. (2010): Civil Services in the EU of 27 – Reform Outcomes and the Future of the Civil Service. In: EIPASCOPE, 2, S. 5–11

Demmke, C. /Henökl, T./Moilanen, T. (2008): What are Public Services Good at? Success of Public Services in the Field of Human Resource Management. Study Commissioned by the Slovenian EU Presidency. European Institute of Public Administration. Maastricht

DiMaggio, P./Powell, W. (1983): The Iron Cage Revisited: Institutional Isomorphism and Collective Rationality in Organizational Fields. In: American Sociological Review, Jg. 48, S. 147–160

Dröge, K./Marrs, K./Menz, W. (Hrsg.) (2008): Rückkehr der Leistungsfrage. Leistung in Arbeit, Unternehmen und Gesellschaft. Berlin

Dürk, B./Sternatz, R. (2007): Leistungsentgelt – Stichwort: Zielvereinbarungen. Chancen eines umstrittenen Instruments. In: Der Personalrat, Heft 10, S. 418–442

Eisel, H. (2005): Leistungszulagen im öffentlichen Dienst. Bonn

Faust, M./Jauch, P./Brünnecke, K./Deutschmann, C. (1994): Dezentralisierung von Unternehmen. Bürokratie- und Hierarchieabbau und die Rolle betrieblicher Arbeitspolitik (2. Auflage). München, Mering

Fietze, S./Holtmann, D./Matiaske, W. (2012): Leistungsbeurteilung im öffentlichen Dienst. Zur Validität des analytischen Beurteilungssystems LBB-SYS. Berlin

Fisch, R./Mühlekamp, H./Siedentopf, H. (Hg.) (2007): Anreizorientierte Entgeltsysteme im öffentlichen Dienst (TVöD) und die neue Dienstrechtsreform. Speyerer Arbeitsheft, Nr. 193. Speyer

Fischbach, S./Bahnmüller, R. (2005): Der Haustarifvertrag der GWW. Wirkungen und Bewertungen, 3. und abschließender Bericht. Tübingen

Flick, U. (2008): Triangulation (2. Auflage). Wiesbaden

Frey, B. S. (1997): On the relationship between intrinsic and extrinsic work motivation. In: International Journal of Industrial Organization, Jg. 15, S. 427–439

Frey, B.S./Jegen, R. (2001): Motivation Crowding Theory. In: Journal of Economic Surveys, Jg. 15, S. 589–611

Frey, B.S./Jegen, R. (2002) Kontraproduktive Wirkung des Motivators „Geld"? In: Verbands-Management, Jg. 28/Heft 3, S. 30–41

Ganser, P./Jerchel, K./Jochmann-Döll, A./Tondorf, K. (2011): Praxishandbuch Gleichbehandlung. Ungleichbehandlung vorbeugen – Rechte nutzen – Gleichstellung herstellen. Hamburg

Gesamtmetall (2011): Die Metall- und Elektroindustrie in der Bundesrepublik Deutschland in Zahlen 2011. Berlin

Giauque, D./Ritz, A./Varone, F./Anderfuhren-Biget, S./Waldner, C. (2011): Putting public service motivation into context: a balance between universalism and particularism. In: International Review of Administrative Sciences, Jg. 77, S. 227–253

Goffman, E. (1973): Asyle. Über die soziale Situation psychiatrischer Patienten und anderer Insassen. Frankfurt/M.

Graham, P. (2011). Consultants in Government: A Necessary Evil? In: Corby, S./Symon, G. (Hg.): Working for the State. Employment Relations in the Public Services. London, New York, S. 209–223

Hammerschmid, G./Meyer R. E./Egger-Peitler, I. (2009): Das Konzept der Public Service Motivation – Status Quo der internationalen Diskussion und erste empirische Evidenzen für den deutschsprachigen Raum. In: dms – der moderne staat – Zeitschrift für Public Policy, Recht und Management, Jg. 4/Heft 1, S. 73–92

Handler, H./Koebel, B./Reiss, Ph./Schratzenstaller, M. (2005): The Size and Performance of Public Sector Activities in Europe. WIFO Working Papers No. 246. Wien

Hasnain, Z./Manning, N./Pierskalla, J. H. (2012): Performance-related Pay in the Public Sector: A Review of Theory and Evidence. The World Bank (Hg.): Policy Research Working Paper 6043

Heery, E. (1998): A Return to Contract? Performance Related Pay in a Public Service. In: Work, Employment and Society, Jg. 12, March, S. 73–95

Heery, E. (2000): Trade Unions and Reward Management. In: White, G./Druker, J. (Hg.): Reward Management. A critical text. Abingdon, New York, S. 54–83

Heidlas, T. (2007): Die Einführung des Leistungsentgeltes nach TVöD bei kleineren Kommunalverwaltungen. Grad der Umsetzung und Kriterienauswahl für die Bemessung des Leistungsentgeltes. Masterarbeit, Verwaltungsfachhochschule Wiesbaden

Heisig, U./Littek, W./Prigge, R. (Hg.) (2001): Modernisierte Bürokratie. Eine arbeitssoziologische Untersuchung des Strukturwandels öffentlicher Dienstleistungsarbeit in drei Funktionsbereichen des bremischen öffentlichen Dienstes. Bremen

Helzel, A. (2007): Umsetzung von Leistungsentgelt im öffentlichen Dienst. Eine Fallstudie zur Umsetzung des § 18 TVöD (VKA) bei vier Kommunalverwaltungen (Kurzversion). Hamburg

Herbing, Th. (2004): Leistungsbemessung, Beteiligung und Motivation – Perspektiven für die gewerkschaftliche Politik. In: Kuhlmann, S./Bogumil, J./Wollmann, H. (Hg.): Leistungsmessung und -vergleich in Politik und Verwaltung. Konzepte und Praxis. Wiesbaden, S. 361–373

Hill, K. (2009): Tarifliche Regelungen zu leistungsbezogener variabler Vergütung im privaten Dienstleistungsgewerbe. Berlin

Holtmann, D. (2008): Funktionen und Folgen von Leistungsbeurteilungen. Eine Studie zur Einführung eines personalwirtschaftlichen Standardinstrumentariums in öffentlichen Verwaltungen. München, Mering

Jann, W./Bogumil, J./Bouckaert, G./Budäus, D./Holtkamp, L./Kißler, L./Kuhlmann, S./Mezger, E./Reichard, Chr./Wollmann, H. (Hg.) (2004): Status-Report Verwaltungsreform. Eine Zwischenbilanz nach zehn Jahren. Berlin

Jochmann-Döll, A. (1990): Gleicher Lohn für gleichwertige Arbeit. Ausländische und deutsche Konzepte und Erfahrungen. München, Mering

Jochmann-Döll, A./Ranftl, E. (2009a): Eine neue AERA für die Gleichstellung! Auch von Frau und Mann. In: WSI-Mitteilungen, Jg. 62/Heft 4, S. 218–222

Jochmann-Döll, A./Ranftl, E. (2009b): Die neuen Entgeltrahmentarifverträge in der Metall- und Elektroindustrie: (K)Ein Beitrag zur Entgeltgleichheit zwischen Männern und Frauen? Vorläufiger Endbericht an die Hans-Böckler-Stiftung. Essen, Linz

Jochmann-Döll, A./Tondorf, K. (2008): Leistungsabhängige Entgeltdifferenzierung auf dem gleichstellungspolitischen Prüfstand. In: Krell, G. (Hg.): Chancengleichheit durch Personalpolitik. Gleichstellung von Frauen und Männern in Unternehmen und Verwaltungen. Rechtliche Regelungen – Problemanalysen – Lösungen. Wiesbaden, S. 283–298

Jörges-Süß, K. (2007): Leistungsbezogene Bezahlung in der Öffentlichen Verwaltung. Eine neoinstitutionalistisch-historische Analyse (Schriftenreihe Empirische Personal- und Organisationsforschung, Band 29). München, Mering

Jörges-Süß, K./Süß, St. (2011): Leistungsorientierte Bezahlung in der öffentlichen Verwaltung: Eine neoinstitutionalistische Analyse. In: Industrielle Beziehungen. Zeitschrift für Arbeit, Organisation und Management, Jg. 18, H. 1–2, S. 99–118

KAV Schleswig-Holstein/Schleswig-Holsteinischer Landkreistag/Schleswig-Holsteinischer Gemeindetag/Städteverband Schleswig-Holstein (Hg.) (2007): Umfrage zum Umsetzungsstand der Leistungsorientierten Bezahlung (LOB) nach dem TVöD in Schleswig-Holstein

Kelle, U. (2008): Die Integration qualitativer und quantitativer Methoden in der empirischen Sozialforschung. Theoretische Grundlagen und methodologisches Konzept (2. Auflage). Wiesbaden

Keller, B. (2013): The Public Sector in the United States and Germany: Comparative Aspects in an Employment Relations Perspective. In: Comparative Labor Law and Policy Journal, Jg. 34/Heft 2, S. 101–129

Keller, B. (1998): Kontinuitäten und Diskontinuitäten in den Beschäftigungsbeziehungen des öffentlichen Sektors. In: Industrielle Beziehungen, Jg. 5/Heft 3, S. 248–269

Keller, B. (2010): Arbeitspolitik im öffentlichen Dienst. Ein Überblick über Arbeitsmärkte und Arbeitsbeziehungen. Berlin

Keller, B. (2011): After the end of stability: recent trends in the public sector of Germany. In: The International Journal of Human Resource Management, Jg. 22, S. 2331–2348

Keller, B./Schnell, R. (2003): Zur empirischen Analyse von Personalräten – Strukturdaten und Probleme der Interessenvertretung. In: WSI-Mitteilungen, Jg. 56/Heft 3, S. 185–199

Kellough, J. E./ Lu, H. (1993): The Paradox of Merit Pay in the Public Sector: Persistence of a Problematic Procedure. In: Review of Public Personnel Administration, Jg. 13, S. 45–64

Kern, H./Schumann, M. (1984): Das Ende der Arbeitsteilung? Rationalisierung in der industriellen Produktion. München

KGSt (2006): Leistungsorientierte Entgeltbestandteile im TVöD: Erste Empfehlungen, Bericht 2/2006. Köln

KGSt (2007): Kombimodell – weitere Option zur Vergabe der Leistungsentgelte. Köln

Kienbaum Management Consultants (Hg.) (2009): Kienbaum-Analyse zur leistungsorientierten Bezahlung im öffentlichen Dienst. Gummersbach, Düsseldorf

Killian, W./Richter, P./Trapp, H. H. (Hg.) (2006): Ausgliederung und Privatisierung in Kommunen. Empirische Befunde zur Struktur kommunaler Aufgabenwahrnehmung. Modernisierung des öffentlichen Sektors, Sonderband 25. Berlin

Killian, W./Schneider, K. (2003): Umgestaltung des öffentlichen Sektors. Analyse und Handlungsempfehlungen. Frankfurt/M.

Kißler, L./Bogumil, J./Greifenstein, R./Wiechmann, E. (2000a): Moderne Zeiten im Rathaus. Reform der Kommunalverwaltungen auf den Prüfstand der Praxis (2. Auflage). Berlin

Kißler, L./Graf, M./Wiechmann, E. (2000b): Nachhaltige Partizipation. Beschäftigtenbeteiligung als Beitrag für mehr Chancengleichheit. Modernisierung des öffentlichen Sektors, Sonderband 14. Berlin

Kjeldsen, A. M./Jacobsen, C. B. (2012): Public Service Motivation and Employment Sector: Attraction or Socialization? In: Journal of Administration Research and Theory, Jg. 22, doi:10.1093/jopart/mus039, S. 1–28

Komba Gewerkschaft (Hrsg.) (2006): Leistungsorientierte Bezahlung in Kommunen gemäß § 18 TVöD VKA. Positionen, Musterdienstvereinbarung, Durchführungshinweise, o. O.

Kotthoff, H. (1994): Betriebsräte und Bürgerstatus. Wandel und Kontinuität betrieblicher Mitbestimmung. München/Mering

Kratz, F./Weiß, J. (2006): Einfach, flexibel, gerecht und leistungsorientiert: Einheitliche Leistungsmessung für alle Beschäftigten mit dem Kombimodell. Baumgartner & Co. Business Consultants GmbH. Hamburg

Kratzer, N./Nies, S. (2009): Neue Leistungspolitik bei Angestellten. ERA, Leistungssteuerung, Leistungsentgelt. Berlin

Krell, G. (2008): Diskriminierungs- und Gleichstellungspotenzial von Leistungsbeurteilungen. In: Krell, G. (Hg.): Chancengleichheit durch Personalpolitik. Gleichstellung von Frauen und Männern in Unternehmen und Verwaltungen. Rechtliche Regelungen – Problemanalysen – Lösungen. Wiesbaden, S. 195–206

Kuhlmann, M./Schmidt , W. (2011): Materielle Interessen und soziale Anerkennung. Die ERA-Umsetzung aus Sicht der Beschäftigten und der Betriebsräte. In: Brandl, S./Wagner, H. (Hg.): Ein „Meilenstein der Tarifpolitik" wird besichtigt. Die Entgeltrahmentarifverträge in der Metall- und Elektroindustrie: Erfahrungen – Resultate – Auseinandersetzungen. Berlin, S. 51–82

Kunz, A. H. (2005): Personalcontrolling zwischen Ökonomie und Sozialpsychologie: Schaden finanzielle Anreizsysteme der Mitarbeitermotivation? In: Betriebswirtschaftliche Forschung und Praxis, Jg. 57/Heft 1, S. 58–73

Kunz, A. H./Pfaff, D. (2002): Agency theory, performance evaluation, and the hypothetical construct of intrinsic motivation. In: Accounting, Organizations and Society, Jg. 27/Heft 3, S. 275–295

Lazear, E. P./Gibbs, M. (2009): Personnel Economics in Practice. Hoboken, NJ

Leist, A. (2007): Einführung in den Leistungstarifvertrag des Bundes – Teil I (Ziff. 1 – 5.3.3). In: Zeitschrift für Tarifrecht, Jg. 21/Heft 2, S. 58–68

Leist, A./Mischlewitz, Th. (2007): Leistungsentgelt auf Grundlage des TVöD. Köln

Lepper, M.R./Greene, D./Nisbett, R.E. (1973): Undermining children's intrinsic interest with extrinsic rewards: A test of the 'overjustification' hypothesis. In: Journal of Personality and Social Psychology, Jg. 28, S. 129–137

Lerch, S. (2006): Leistungsbezogene Vergütung nach dem Tarifvertrag für den öffentlichen Dienst (TVöD). In: Lorenz, F./Schneider, G. (Hg.): Haben wir das verdient? Verteilungsgerechtigkeit, solidarische Lohnpolitik und betriebliche Vergütungsregeln. Hamburg

Liebig, B./Nentwig-Gesemann, I. (2002): Gruppendiskussion. In: Kühl, S./Strodtholz, P. (Hg.): Methoden der Organisationsforschung. Reinbek b. Hamburg

Litschen, K. (2007): Leistungsorientierte Vergütung: Ein Katalysator des Kulturwandels im öffentlichen Dienst. In: Matiaske, W./Holtmann, D. (Hg.): Leistungsvergütung im öffentlichen Dienst. München, Mering, S. 87–92

Litschen, K. (2009): Betriebliche Regelungen zum Leistungsentgelt. Lösungen und Auslegungshilfen für die Praxis. Heidelberg, München, Landsberg, Frechen, Hamburg

Litschen, K./Lorenzen, E. G. (2006): Leistungsorientierte Bezahlung – ein Erfolgsmodell aus der Praxis, in: Zeitschrift für Tarifrecht, Jg. 20/Heft 10, S. 514–518

Lucke, D. (1995): Akzeptanz. Legitimität in der „Abstimmungsgesellschaft". Opladen

Lutz, B. (1995): Betriebe im realen Sozialismus als Lebensraum und Basisinstitution. In: Schmidt, R./Lutz, B. (Hg.): Chancen und Risiken der industriellen Restrukturierung in Ostdeutschland. Berlin, S. 135–158

Makinson, J. (2000): Incentives for change. Rewarding performance in national government networks. Public Services Productivity Panel. London.

Marginson, P. (2009): Performance pay and collective bargaining: a complex relationship. In: Corby, S./Palmer, S./Lindop, E. (Hg.): Rethinking Reward. Basingstoke, New York, S. 102–119

Marginson, P./Arrowsmith, J./Gray, M. (2008): Undermining or reframing collective bargaining? Variable pay in two sectors compared. In: Human Resource Management Journal, Jg. 18/Heft 4, S. 327–346

Marsden, D. (2004): The Role of Performance-Related Pay in Renegotiating the „Effort bargaining": the Case of the British Public Service. In: Industrial and Labor Relations Review, Jg. 57, S. 350–370

Marsden, D. (2006): Individual Employee Voice: Renegotiation and Performance Management in Public Services. CEP Discussion Paper No. 752, October. London

Marsden, D. (2010): The Paradox of Performance-Related Pay Systems: Why Do we Keep Adopting Them in the Face of Evidence that they Fail to Motivate? In: Margetts, H./6, P./Hood, C. (Hg.): Paradoxes of Modernization. Unintended Consequences of Public Policy Reform. Oxford, S. 185–202

Marsden, D./French, St. (2002): Performance Pay in the United Kingdom: The Case of the Inland Revenue Service. In: Brown, M./Heyword, J. S. (Hg.): Paying for Performance. An International Comparison. New York

Marsden, D./French, St./Kubo, K. (2001): Does Performance Pay De-Motivate, and Does It Matter? Centre for Economic Performances. London

Martin, K. (2006): „Faire" leistungsbezogene Bezahlung: Neue Chancen für Mitarbeiter/innen?, Vortrag von Kurt Martin, Mitglied des Ver.di Bundesvorstands, Euroforum 2006.

Martin, K. (2007): Leistungsentgelte sollten Verbesserung von Mitarbeiterbeteiligung und Führung anregen. In: Matiaske, W./Holtmann, D. (Hg.): Leistungsvergütung im öffentlichen Dienst. München, Mering

Marx, K. (1972 [zuerst 1848]): Manifest der Kommunistischen Partei. In: Marx, K./ Engels, F.: Werke. Berlin. Band 4 (6. Auflage 1972, unveränderter Nachdruck der 1. Auflage 1959). Berlin/DDR, S. 459–493

Matiaske, W. (2012): Nutzen und Grenzen einer ergebnisorientierten Steuerung mit Zielen und Anreizen. In: Richter, G. (Hg.): Neuausrichtung der Bundeswehr. Wiesbaden, S. 261–275

Matiaske, W./Holtmann, D. (2007): Einleitung: Leistungsorientierung und -vergütung in öffentlichen Organisationen. In: Matiaske, W./Holtmann, D. (Hg.): Leistungsvergütung im öffentlichen Dienst. München, Mering, S. 3–9

Matiaske, W./Holtmann, D./Weller, I. (2005): Leistungsvergütungssysteme in öffentlichen Verwaltungen. In: Der Städtetag 1/2005, S. 27–30

Matiaske, W./Holtmann, D./Weller, I. (2007): Leistungsvergütung im öffentlichen Dienst: Erwartungen und erste Erfahrungen. Ergebnisse einer Kommunalbefragung. In: Matiaske, W./Holtmann, D. (Hg.): Leistungsvergütung im öffentlichen Dienst. München, Mering, S. 79–86

Matiaske, W./Holtmann, D./Weller, I. (o.J.): Zur Verbreitung leistungsorientierter Entgeltformen. Ergebnisse einer Umfrage bei Gemeinden, Städten, Kreisen. Universität Flensburg, Internationales Institut für Management

Matiaske, W./Weller, I. (2007): Kann weniger mehr sein? Theoretische Überlegungen und empirische Befunde zur These der Verdrängung intrinsischer Motivation durch externe Anreize. In: Moldaschl, M. (Hg.): Verwertung immaterieller Ressourcen. Nachhaltigkeit von Unternehmensführung und Arbeit, Band 3. München, Mering, S. 237–263

Matiaske, W./Weller, I. (2008): Leistungsorientierte Vergütung im öffentlichen Sektor. Ein Test der Motivationsverdrängungsthese. In: ZfB, Jg. 78/Heft 1, S. 35–60

Matuschek, I. (2010): Konfliktfeld Leistung. Eine Literaturstudie zur betrieblichen Leistungspolitik. Berlin

Meerkamp, A. (2008): Neue Gestaltung des Tarifrechts im öffentlichen Dienst. In: Bispinck, R. (Hg.): Verteilungskämpfe und Modernisierung. Aktuelle Entwicklungen in der Tarifpolitik. Hamburg, S. 109–122

Menz, W. (2009): Die Legitimität des Marktregimes. Leistungs- und Gerechtigkeitsorientierungen in neuen Formen betrieblicher Leistungspolitik. Wiesbaden

Moynihan, D. P./Pandey, S. K. (2007): The Role of Organizations in Fostering Public Service Motivation. In: Public Administration Review, Jg. 67, S. 40–53

Niedersächsische Fachhochschule für Verwaltung und Rechtspflege (Hg.) (2005): Projekt: „Leistungsorientierte Bezahlung im Öffentlichen Dienst." Niedersächsische Fachhochschule für Verwaltung und Rechtspflege, Hochschule für den öffentlichen Dienst, Fakultät Allgemeine Verwaltung

OECD (1999): Benefit Systems and Work Incentives. Paris

OECD (2002): Benefits and Wages. Paris

OECD (2004): Benefits and Wages. Paris

OECD (2005): Performance-related Pay Policies for Government Employees. Paris

OECD (2008): The State of the Public Service. Paris

OECD (2012): Public Sector Compensation in times of Austerity. Paris

Oechsler, W. A. (1996): Ist Leistung objektiv meßbar? Anforderungen an die Leistungsbeurteilung als Voraussetzung für die Einführung von Leistungsanreizen. In: ZBR 7/1996, S. 202–206

Offe, C./Wiesenthal, H. (1980): Two Logics of Collective Action: Theoretical Notes on Social Class and Organizational Form. In: Political Power and Social Theory, Jg. 1, S. 67–115

Ortmann, G. (1995): Formen der Produktion. Organisation und Rekursivität. Opladen

Ortmann, G. (2004): Als ob. Fiktionen und Organisationen. Wiesbaden

Park, H. M./Perry, J. L. (2013): The Transformation of Governance: Who Are the New Public Servants and What Differences Does It Make for Democratic Governance? In: The American Review of Public Administration, Jg. 43, S. 26–49

Perry, J. L. (1996): Measuring Public Service Motivation: An Assessment of Construct Reliability and Validity, Jg. 6, S. 5–22

Perry, J. L./Wise, L. R. (1990): The Motivational Bases of Public Service. In: Public Administrion Review, Jg. 50, S. 367–373

Peters, K./Sauer, D. (2005): Indirekte Steuerung – eine neue Herrschaftsform. Zur revolutionären Qualität des gegenwärtigen Umbruchprozesses. In: Wagner, H. (Hg.): „Rentier' ich mich noch?“ Neue Steuerungskonzepte im Betrieb. Hamburg

Pflüger, J. (2012): Triangulation in der arbeits- und industriesoziologischen Fallstudienforschung. In: Kölner Zeitschrift für Soziologie und Sozialpsychologie, Jg. 64, S. 155–173

Pollitt, C./Bouckaert, G. (2011): Public Management Reform. A Comparative Analysis: New Public Management, Governance and the Neo-Weberian State (3. Auflage). Oxford

Prentice, G./Burgess, S./Propper, C. (2007): Performance Pay in the Public Sector: A Review of the Issues and Evidence. London

PricewaterhouseCoopers AG (2008): Leistungsorientierte Bezahlung in deutschen Kommunalverwaltungen. Lohn für Leistung statt Dienst nach Vorschrift. Auflage Juli 2008. Berlin, S. 1–23

Rheinberg, F. (2010): Intrinsische Motivation und Flow-Erleben. In: Heckhausen/Heckhausen (Hg.): Motivation und Handeln (4. Auflage). Berlin, Heidelberg, S. 365–387

Richter, M. (2007): Leistungsorientierte Bezahlung für Bundesbeamte? – Probleme und Lösungsansätze. In: Zeitschrift für Tarifrecht, Jg. 21/Heft 9, S. 484–487

Richter, P. (2009): Ökonomisierung als gesellschaftliche Entdifferenzierung. Eine Soziologie zum Wandel des öffentlichen Sektors. Konstanz

Rob, W. (2007): Leistungsorientierte Bezahlung. Stufenaufstieg und Leistungsentgelte nach TVöD-VKA und TV-L. In: Die Personalvertretung, Heft 8, S. 353–363

Roetteken, T. v. (2006): Dienstvereinbarungen zur Einführung von Leistungsentgelten im Bereich des Bundes. In: Zeitschrift für Tarifrecht, 20. Jg., H. 11, S. 573–578

Roggenkamp, G. (2006a): Die Leistungselemente des TVöD. Werden Beschäftigte künftig nach Leistung sortiert? In: Der Personalrat, Heft 2, S. 48–53

Roggenkamp, G. (2006b): Systematische Leistungsbewertung. Ein Instrument zur Messung der Arbeitsleistung. In: Der Personalrat, Heft 6, S. 232–238

Rüsen, Ch./Rocke, B. (2006): Leistungsorientierte Bezahlung nach dem Tarifvertrag für den öffentlichen Dienst (TVöD). In: Recht im Amt, H. 2, S. 49–61

Ryan, R.M./Deci, E.L. (2000): Intrinsic and Extrinsic Motivations: Classic Definitions and New Directions. In: Contemporary Educational Psychology, Jg. 25, S. 54–67

Sadowski, D. (2002): Personalökonomie und Arbeitspolitik. Stuttgart

Sadowski, D./Pull. K./Schneider, M. (1999): Vertrauen: Voraussetzung oder Ergebnis effizienter Arbeitsbeziehungen? – Gutenbergs Solidaritätsaxiom und die institutionenökonomische Unternehmenstheorie. In Albach, H./Eymann, E./Luhmer, A./

Steven, M. (Hg.): Die Theorie der Unternehmung in Forschung und Praxis. Berlin, Heidelberg, New York, S. 537–49

Sansone, C./Harackiewicz, J.M. (Hg.) (2000): Intrinsic and Extrinsic Motivation. The Search for Optimal Motivation and Performance. San Diego, CA

Schettgen, P. (1996): Arbeit – Leistung – Lohn. Analyse- und Bewertungsmethoden aus sozioökonomischer Perspektive. Stuttgart.

Schiefer, H. (2008): Endlich Leistungsentgelt für gute Leistung?! Umsetzung der leistungsorientierten Bezahlung in den Kommunen. Freiburg

Schmidt, W. (2005): Industrielle Beziehungen, Interesse und Anerkennung. Plädoyer für eine duale Perspektive. In: Industrielle Beziehungen. Zeitschrift für Arbeit, Organisation und Management, Jg. 12/Heft 1, S. 51–73

Schmidt, W. (2006): Kollegialität trotz Differenz. Betriebliche Arbeits- und Sozialbeziehungen bei Beschäftigten deutscher und ausländischer Herkunft. Berlin

Schmidt, W./Müller, A./Trittel, N. (2010): Leistungsentgelt bekämpfen oder gestalten? Erste Befunde zur Umsetzung leistungsorientierter Bezahlung in den Kommunen. In: Sterkel, G./Ganser, P./Wiedemuth, J. (Hg.): Leistungspolitik: neu denken. Erfahrungen – Stellschrauben – Strategien. Hamburg, S. 60–92

Schmidt, W./Müller, A./Trittel, N. (2011a): Der Konflikt um die Tarifreform des öffentlichen Dienstes. Verhandlungsprozesse und Umsetzungspraxis. Reihe Modernisierung des öffentlichen Sektors, Sonderband 38. Berlin

Schmidt, W./Müller, A./Trittel, N. (2011b): Leistungsentgelt im öffentlichen Dienst: Intentionen, Wirkungen und Akzeptanz. In: Industrielle Beziehungen. Zeitschrift für Arbeit, Organisation und Management, Jg. 18, S. 78–98

Schmidt, W./Schönberger, K. (1996): Betriebliche Arbeitsbeziehungen und soziale Anerkennung im Prozeß der Transformation. In: Becker, M./Lang, R./Wagner, D. (Hg.): Personalarbeit in den neuen Bundesländern, Sonderband der Zeitschrift für Personalforschung, S. 139–161

Schmidt, W./Trittel, N./Müller, A (2011c): Performance-related pay in German public services. The example of local authorities in North Rhine-Westphalia. In: Employee Relations, Jg. 33/Heft 2, S. 140–158

Schneider, K. (2002): Mitbestimmung im „Konzern Stadt“. Arbeitspolitische Implikationen des dezentralisierten kommunalen Sektors. In: Industrielle Beziehungen Zeitschrift für Arbeit, Organisation und Management, Jg. 9/Heft 1, S. 7–32

Schneider, K. (2003): Die Auflösung hierarchischer Koordination im Zuge organisatorischer Dezentralisierung im kommunalen Sektor. In: Grande, E./Prätorius, R. (Hg.): Politische Steuerung und neue Staatlichkeit. Baden-Baden

Schneider, K. (2013): Gute Arbeit im öffentlichen Dienst. Beschäftigungsbedingungen und die Qualität gesellschaftlich notwendiger Leistungen. In: Matecki, C./Schulten, T. (Hg.): Zurück zur öffentlichen Hand? Chancen und Erfahrungen der Rekommunalisierung. Hamburg, S. 148–160

Schur, K. S. (2005): Leistungsorientierte Besoldung und Vergütung in der Kommunalverwaltung. Stuttgart

Sennett, R. (2012): Together. The Rituals, Pleasures and Politics of Cooperation. New Haven, London

Sperling, H.-J. (1999): Verwaltungsmodernisierung und Partizipation. Marburg

Stazyk, Edmund C. (2012): Crowding Out Public Service Motivation? Comparing Theoretical Expectations with Empirical Findings on the Influence of Performance-Related Pay. In: Review of Public Personnel Administration, http://rop.sagepub.com/content/early/2012/07/22/0734371X12453053

Streeck, W. (1999): Staat und Verbände: Neue Fragen, neue Antworten? In: Streeck, W. (Hg.): Korporatismus in Deutschland. Zwischen Nationalstaat und Europäischer Union. Frankfurt/M., New York

Thanheiser, S. (2009): Leistungsentgelt erfolgreich einführen und Beschäftigte fair bewerten: Praxisanleitung für kommunale Arbeitgeber. Heidelberg, München, Landsberg, Frechen, Hamburg

Tondorf, K. (1998): Zielvereinbarungen. Zum Mitbestimmungspotential eines dezentralen Regulierungsmodus. In: WSI-Mitteilungen, Jg. 51/Heft 6, S. 386–392

Tondorf, K. (2003): Einführung leistungsbezogener Vergütung auf Basis von Zielvereinbarungen. Ein Praxisbeispiel, Arbeitspapier Nr. 64 der Hans-Böckler-Stiftung. Düsseldorf

Tondorf, K. (2006): Gibt es ein gerechtes Leistungsentgeltsystem? Aspekte zur betrieblichen Umsetzung des §18 TVöD. In: Der Personalrat, Heft 6, S. 228–232

Tondorf, K. (2007a): Monetäre Leistungsanreize im öffentlichen Sektor. In: Matiaske, W./Holtmann, D. (Hg.): Leistungsvergütung im öffentlichen Dienst. München, Mering, S. 25–39

Tondorf, K. (2007b): Tarifliche Leistungsentgelte – Chance oder Bürde (Modernisierung des öffentlichen Sektors, Band 29). Berlin

Tondorf, K. (2008): Evaluation zur betrieblichen Umsetzung des § 18 TVöD (VKA) Leistungsentgelt, hrsg. von Ver.di, Ressort 12. Berlin

Tondorf, K./Bahnmüller, R./Klages, H. unter Mitarbeit v. Brenner, R. (2002): Steuerung durch Zielvereinbarungen. Anwendungspraxis, Probleme, Gestaltungsempfehlungen. Berlin

Tondorf, K./Jochmann-Döll, A. (2004): Monetäre Leistungsanreize im öffentlichen Sektor. In: WSI-Mitteilungen, Jg. 57/Heft 8, S. 428–434

Tondorf, K./Jochmann-Döll, A. (2005): (Geschlechter-)Gerechte Leistungsvergütung? Vom (Durch-)Bruch des Leistungsprinzips in der Entlohnung. Hamburg

Tondorf, K./Jochmann-Döll, A. (2007): Monetäres Leistungsanreizsystem der Landeshauptstadt Hannover (Ms.)

Traxler, F. (1995): Farewell to Labour Market Associations? Organized versus Disorganized Decentralization as a Map for Industrial Relations. In: Crouch, C./Traxler, F. (Hg.): Organized Industrial Relations in Europe: What Future? Aldershot, S. 3–19

Trinczek, R. (1995): Experteninterviews mit Managern: Methodische und methodologische Hintergründe. In: Brinkmann, C./Deeke, A./Völkel, B. (Hg.): Experteninterviews in der Arbeitsmarktforschung. Diskussionsbeiträge zu methodischen Fragen und praktischen Erfahrungen, BeitrAB 191. Nürnberg

Trittel, N./Schmidt, W./Müller, A./Meyer, T. (2010): Leistungsentgelt in den Kommunen. Typologie und Analyse von Dienst- und Betriebsvereinbarungen. Reihe Modernisierung des öffentlichen Sektors, Sonderband 35. Berlin

Vartiainen, M./Antoni, C./Baeten, X./Hakonen, N./Lucas, R./Therry, H. (Hg.) (2008): Reward Management – Facts and Trends in Europe. Lengerich, Berlin, Bremen, Miami, Riga, Viernheim, Wien, Zagreb

Vesper, D. (2012): Finanzpolitische Entwicklungstendenzen und Perspektiven des Öffentlichen Dienstes in Deutschland. Gutachten im Auftrag des IMK in der Hans-Böckler-Stiftung. Berlin

Vesper, E. (1996): Leistungsanreize und andere (auch nicht monetäre) Möglichkeiten der Mitarbeitermotivation. In: Zeitschrift für Tarifrecht, Jg. 10/Heft 4, S. 150–155

Vesper, E./Feiter, M. (2008): „LOB" bewirkt mehr als Tadel! – Leistungsorientierte Bezahlung nach einem Jahr TVöD. In: Zeitschrift für Tarifrecht, Jg. 22/Heft 1, S. 2–17

Voswinkel, S. (2001): Anerkennung und Reputation. Die Dramaturgie industrieller Beziehungen. Mit einer Fallstudie zum „Bündnis für Arbeit". Konstanz.

Voswinkel, S. (2010): Das Leistungsprinzip: Wandel und Kritik. In: Sterkel, G./Ganser, P./Wiedemuth, J. (Hg.): Leistungspolitik: neu denken. Erfahrungen – Stellschrauben – Strategien. Hamburg, S. 20–39

Voswinkel, S. (2012): 'Recognition' and 'interest': a multidimensional concept in the sociology of work. In: Distinktion: Skandinavian Journal of Social Theory, Jg. 13/Heft 1, S. 21–41

Voswinkel, S./Kocyba, H. (2008): Die Kritik des Leistungsprinzips im Wandel. In: Dröge, K./Marrs, K./Menz, W. (Hg.): Rückkehr der Leistungsfrage. Leistung in Arbeit, Unternehmen und Gesellschaft. Berlin, S. 21–39

Voswinkel, S./Wagner, G. (2012): Die Person als Leistungskraft. In: Leviathan, Jg. 40/Heft 4, S. 591–608

Walton, R. E./McKersie, R. B. (1965): A Behavioral Theory of Labor Negotiations. An Analysis of a Social Interaction System. New York

Weibel, A./Rost, K./Osterloh, M. (2009): Pay for Performance in the Public Sector – Benefits and (Hidden) Costs. In: Journal of Public Administration Research and Theory, Jg. 20, S. 387–412

Weiler, A. (1992): Frauenlöhne – Männerlöhne. Gewerkschaftliche Politik zur geschlechtsspezifischen Lohnstrukturierung. Frankfurt/M., New York

Weiß, J./Kratz, F. (2008): Die Leistungsorientierung im öffentlichen Dienst stärken! In: Zeitschrift für Tarifrecht, Heft 9, S. 466–475

Weller, I./Matiaske, W./Holtmann, D. (2007): Leistungsorientierung, Ressourcen und Nachhaltigkeit in öffentlichen Betrieben: Zur „Machbarkeit" von Extra-Rollenverhalten und Commitment. In: Moldaschl, M. (Hg.): Verwertung immaterieller Ressourcen. Nachhaltigkeit von Unternehmensführung und Arbeit, Band 3. München, Mering, S. 237–263

Winter, R. (1994) (Hg.): Frauen verdienen mehr. Zur Neubewertung von Frauenarbeit in Tarifsystemen. Berlin

Witzel, A. (1982): Verfahren der qualitativen Sozialforschung. Überblick und Alternativen. Frankfurt/M., New York

Witzel, A. (2000): Das problemzentrierte Interview. In: Forum Qualitative Sozialforschung, Jg. 1/Heft 1, Art. 22

Wollmann, H. (2008): Reformen in Kommunalpolitik und -verwaltung. England, Schweden, Frankreich und Deutschland im Vergleich. Wiesbaden

Wollmann, H. (2011): Entwicklung und Perspektiven der deutschen kommunalen Selbstverwaltung im europäischen Vergleich. Referat anlässlich der Bundesfachgruppenkonferenz Allgemeine Kommunalverwaltung der Gewerkschaft ver.di am 14.2.2011 in Berlin (überarbeitete Fassung 25.2.11)

Wright, B. E. (2001): Public-Sector Work Motivation: A Review of the Current Literature and a Revised Conceptual Model. In: Journal of Administration Research and Theory, Jg. 11, S. 559–586

Verzeichnis der Abbildungen und Tabellen

Abbildungen

Tabellen

Zeitfracht Medien GmbH
Ferdinand-Jühlke-Straße 7
99095 Erfurt, Deutschland
produktsicherheit@kolibri360.de